CWM TAWE

D1643386

Cyfres y Cymoedd

Cwm Tawe

Golygydd
Hywel Teifi Edwards

GOMER

Argraffiad cyntaf—Gorffennaf 1993

ISBN 1 85902 001 1

ⓗ y cyfranwyr

Dymuna'r cyhoeddwyr ddiolch i Alun Sutton Publishing, cyhoeddwyr *The City of Swansea: Challenge and Change* (gol. Ralph A. Griffiths) am eu caniatâd i gynnwys trosiad o'r erthygl 'The City and its Villages' gan Ieuan Gwynedd Jones yn y gyfrol hon.

Dymuna'r cyhoeddwyr gydnabod cymorth a chyfarwyddyd Adrannau'r Cyngor Llyfrau Cymraeg.

Argraffwyd gan
J. D. Lewis a'i Feibion Cyf., Gwasg Gomer, Llandysul, Dyfed

Cynnwys

Cyflwyniad

Hon yw'r gyntaf mewn cyfres arfaethedig o gyfrolau blynyddol a fydd yn trafod agweddau ar ddiwylliant Cymraeg Cymoedd y De mewn gwahanol gyfnodau. Fe darddodd y syniad o Adran y Gymraeg, Prifysgol Cymru, Abertawe ond fel y dengys cynnwys y gyfrol hon bydd cyfranwyr gwadd yn ein cynorthwyo i sylweddoli'r syniad. Pleser yw cael diolch i'r rhai sydd wedi cydweithio ag aelodau cefnogol iawn staff yr Adran i lunio'r gyfrol ac mae'r ffaith fod sêl bendith dau o'n cyn-Athrawon ar y fenter, sef yr Athro Ellis Evans a'r Dr Brynley Roberts, wrth fodd calon pawb ohonom.

Y mae i'r cymoedd le nodedig yn hanes y diwylliant Cymraeg a'r gobaith wrth lansio'r gyfres hon yw y bydd yn agoriad llygad i lawer ac yn symbyliad i rai o'n myfyrwyr ymchwil yn y brifysgol wneud mwy o waith manwl mewn meysydd ffrwythlon iawn. Fe fydd, ac fe ddylai fod, achos o bryd i'w gilydd i gael cynnwys y gwahanol gyfrolau yn brin neu'n anghytbwys ond carwn nodi ymlaen llaw nad diffyg gweledigaeth golygydd truan sydd i gyfrif am bob bwlch yn ei ddarpariaeth. Wrth ollwng y gyfrol gyntaf hon 'rwy'n ymwybodol iawn fod yng Nghwm Tawe ddeunydd cyfrolau eraill tebyg.

'Rwy'n dra diolchgar i'r prifeirdd Meirion Evans a Dafydd Rowlands—prifeirdd Cwm Tawe wrth gwrs, am ganiatáu i'r Adran gomisiynu eu hawen; i Mrs Gaynor Miles, ysgrifenyddes yr Adran, am ei holl waith wrth baratoi'r erthyglau ar gyfer y wasg; ac i Wasg Gomer a Dyfed Elis-Gruffydd yn arbennig am ymgymryd â'r prosiect a gwneud pob dim, yn ôl eu harfer, i roi iddo gychwyn teg.

Hywel Teifi Edwards

Rhagair

Hyfrydwch i mi yw cael y fraint o gyflwyno Rhagair i'r gyfrol sylweddol hon a gyhoeddir gan Adran y Gymraeg yng Ngholeg Abertawe ym Mhrifysgol Cymru, cyfrol sy'n lansio 'Cyfres y Cymoedd'. Mae cymaint y dylid ei ddweud mewn cyd-destun fel hwn, llawer iawn mwy nag y gellir ei gywasgu o fewn terfynau rhagdraeth rhesymol ei faint.

Carwn ddweud ar unwaith fod aelodau'r Adran yn gyfan a'i chefnogwyr, tan ysbrydoliaeth arbennig ac arweiniad brwd yr Athro Hywel Teifi Edwards, i'w llongyfarch yn galonnog ar yr hyn a gyflawnwyd yn y gwaith nodedig hwn. Arwyddair Coleg Abertawe yw 'Gweddw crefft heb ei dawn'. Yma y mae dawn ac athrylith a theyrngarwch wedi'u hamlygu yn odidog gan y cyfranwyr, rhai y mae eu perthynas â'r Adran a'r Coleg ac â Dinas Abertawe a Chwm Tawe wedi bod yn symbyliad gwiw iddynt. Esgorodd hyn ar waith sy'n fodd i eraill ddysgu cymaint am y fro a'r cwm y canolbwyntir arnynt. Dangosir yma ddeubeth ar unwaith, sef bod cynifer o awduron galluog y gallai'r Golygydd eu galw i'w gynorthwyo a bod cynifer o weddau diddorol ar hanes a diwylliant Cwm Tawe yn cael sylw gan y cyfranwyr. Yn ddiamau gellid cynaeafu llawer eto trwy gydweithrediad fel hyn i'n hyfforddi am gyfoeth diwylliant y fro, nid yn lleiaf y diwylliant gwerin byrlymus hwnnw y sylwodd y diweddar Athro T. J. Morgan ar rai agweddau arno yn ei Ddarlith Agoriadol fel Athro'r Gymraeg yn y Coleg. Mae'n galondid meddwl yr anelir at gyhoeddi rhagor o gyfrolau fel hon yn ymwneud â diwylliant cymoedd De Cymru. 'Rwy'n siŵr y caiff y cynllun ardderchog hwn gefnogaeth gref.

Mae'r arlwy yn y gyfrol gyntaf hon yn anghyffredin o amrywiol a chyfoethog gan ddechrau gyda cherddi ymlyngar dau o brifeirdd y Cwm, Dafydd Rowlands a Meirion Evans. Dangoswyd yn ddawnus o'r newydd gan y Dr Christine James le allweddol bwysig Hopcyn ap Tomas ab Einion o Ynysdawy, gyda'i lys diwylliedig, yn hanes llenyddiaeth Gymraeg. Unwaith eto trafodir y tebygolrwydd bellach bod cyswllt agos iawn rhyngddo ef a thrysor llawysgrifol Cymraeg pennaf yr Oesoedd Canol. Tynnir sylw hefyd at ei ddewrder a'i allu ar faes y gad a'i haelioni bonheddig.

Wedyn cawn ymdriniaeth gynhyrfus o ddiddorol ar yr hyn a alwodd y Dr Brynley Roberts yn 'Ddiwylliant y Ffin' yn Abertawe yn y bedwaredd ganrif ar bymtheg. Rhoir sylw eto yn arbennig i yrfa David Davies, y llyfr-rwymwr, a ddaeth i Dre-boeth yn 1819 a darlunnir diwylliant y capeli yn y fro. Cynhwysir trosiad o drafodaeth goeth yr Athro Ieuan Gwynedd Jones ar dwf Bwrdeisdref a Dinas Abertawe a'i phentrefi, gan olrhain hynny o'r bedwaredd ganrif ar bymtheg ymlaen tan heddiw. Manylir yn drawiadol iawn ar y berthynas rhwng y Cwm ynghyd â'r gefnwlad ar y naill law a'r Fwrdeisdref gynyddol seciwlar a dominyddol ar y llaw arall.

Cawn ddwy bennod yn ymdrin yn alluog â chyflwr a theithi a thrawsnewid yr iaith Gymraeg yn y fro. Yn y naill trafodir gan Mr Heini Gruffydd dueddiadau yn hanes allanol y Gymraeg yng Nghwm Tawe ac yn Abertawe ei hunan, eto o'r bedwaredd ganrif ar bymtheg ymlaen. Rhoddir sylw arbennig i'r berthynas rhwng newid neu amrywio iaith ac addysg a chrefydd. Yn y llall ymdrinir yn oleuedig a manwl â nodweddion tafodieithol Cymraeg Cwm Tawe, cyfoeth unigryw y dulliau cynanu a'r eirfa, a'r cyferbyniad rhwng yr hyn a fu a'r hyn a geir heddiw, gyda'r duedd gymhleth i elfennau 'anlleol' ac 'unffurfiol' fod yn fwyfwy cynhyrchiol. Mae yma adlewyrchiad da o beth o waith arloesol y Dr Jones a'i fyfyrwyr ymchwil ym maes tafodieitheg a ieithyddiaeth gymdeithasegol.

Gan yr Athro Hywel Teifi Edwards cawn gyfraniad swmpus a nodweddiadol ddifyr a threiddgar ar ddechreuad y cynnwrf eisteddfodol lleol yn y Cwm, sef dwy Eisteddfod a gynhaliwyd yn olynol yn Ystalyfera yn 1859 ac 1860. Dyfynnir yr 'imperial tongue' yn helaeth ac yn briodol ddeifiol a dangosir sut y gellir canfod mewn eisteddfodau fel y rhain yr elfennau diwylliannol grymus hynny a ddylanwadodd gymaint, er drwg yn llawer rhy aml, ar ddiwylliant Cymru ail ran y bedwaredd ganrif ar bymtheg a dechrau'r ganrif hon. Cyfeirir hefyd at y chwech Eisteddfod Genedlaethol a gynhaliwyd yn Abertawe.

Mae pennod ddillyn y Dr Rhidian Griffiths ar gôr enwog 'Ivander' Griffiths yn chwedegau'r ganrif ddiwethaf ac un W. D. Clee yn nhridegau'r ganrif hon yn dangos cynnydd a pharhad gweithgarwch corawl yng Nghwm Tawe o ganol y ganrif ddiwethaf ymlaen. Dyma gyfraniad deallus feirniadol i hanes cerddorol Cwm Tawe a Chymru.

Cyflwynir golwg bwyllog gan y Parchedig Noel Gibbard ar gyfraniad y Parchedig J. Tywi Jones, y Glais, golygydd *Tarian y Gweithiwr* o 1914 tan 1934, cefnogwr cynnar y ddrama Gymraeg, emynydd, cenedlaetholwr pybyr a heddychwr diffuant. Ceir yma, er enghraifft, gyferbynnu'n annisgwyl a diddorol ddawn Tywi ag eiddo

Saunders Lewis. Cawn drwodd a thro werthfawrogiad hyfryd o gyfraniad amlweddog un a barchodd y dyrchafol yn y diwylliant Cymreig. I gloi'r gyfrol cawn gyfraniadau trawiadol gan ddau o staff iau yr Adran. Mae Mr Robert Rhys yn trafod cymhellion llenyddol J. J. Williams, Treforys, a'i anallu i ganfod y gymdeithas ddiwylliannol yn grwn. Condemnir yn ddigyfaddawd felltith yr 'awen lednais' yn ei waith a'r llurgunio a gafwyd oherwydd ei sentimentaliaeth a'i grefyddolder gwag—dweud cryf a diflewyn ar dafod. Mor wahanol medd Mr Rhys, yw gwaith Gwenallt ac Alan Llwyd a'r ymosod ar ystrydebau gan Neil Rosser. Mae a wnelo'r tri hyn â Chwm Tawe. Ac ar awdlau eisteddfodol Gwenallt, yn arbennig awdl 'Y Sant', y mae'r Dr Peredur Lynch yn canolbwyntio, yn oleuedig afieithus, o safbwynt yr ymwrthod ag estheteg gyfyng John Morris-Jones a'i gymrodyr. Dadansoddir y chwalu a fu ar safbwyntiau Morris-Jones a'i syniadaeth gul a dieneiniad, rhan bwysig o'r gwrthryfel yn erbyn telynegrwydd llesmeiriol dechrau'r ganrif a throbwynt allweddol bwysig yng ngyrfa'r prifardd annwyl a anwyd yn yr Alltwen, ger Pontardawe.

Dyma drafodaethau y mae'n iawn ac yn hawdd i mi eu cymeradwyo yn ddiffuant, gyda newydd-deb, pwyslais teg a deniadol ar y cyfnod modern ynghyd â gwerthfawrogiad o bwysigrwydd yr Oesoedd Canol, a chydag arwyddion digamsyniol mai dechrau sydd yma ar gyfres o gyfrolau cyffelyb a fydd yn cyfoethogi'n dirnadaeth ni o hanes a diwylliant Cymreig a Chymraeg amryw o gymoedd enwog ein gwlad.

Gwn y bydd lliaws o bobl yn ymfalchïo gyda mi yn yr arwyddion clir sydd yma o ffyniant Adran y Gymraeg yn Abertawe. Bûm i'n dal cyswllt â hi bellach mewn amryfal ffyrdd am bump a deugain o flynyddoedd a gwn yn bur dda am ei hynt a'i helynt, ei Hathrawon a'i Darlithwyr oll a llu o'i myfyrwyr. Graddiodd toreth o fyfyrwyr disglair ynddi. Y cyntaf i raddio gyda Chlod yn y Dosbarth Cyntaf yno, yn 1928, oedd Thomas John Morgan; yr ail oedd David Myrddin Lloyd, yn 1929; y trydydd a'r pedwerydd yr un flwyddyn, yn 1931, oedd Grafton Melville Richards a'r annwyl Elizabeth Young a wasanaethodd yn ffyddlon a dawnus yn Llyfrgell gyfoethog y Coleg cyhyd. Digwyddodd hyn mewn cyfnod pryd yr oedd tri gŵr tra dysgedig ac amrywiol eu doniau yn dysgu yn yr Adran, sef Henry Lewis, Saunders Lewis a Stephen J. Williams.

Lawer yn ddiweddarach, tua diwedd yr wythdegau peryglwyd parhad yr Adran mewn modd gwir anfad, fel y gŵyr rhai ohonom yn well na'i gilydd. Mae gennyf i resymau da dros wybod am y cynllwynio dengar a ddigwyddodd bryd hynny. Ysywaeth, ni allaf ddweud nad oedd hyn yn rhemp oddi fewn i rengoedd Prifysgol Cymru ei hunan. Oddi allan, yn Llundain, ceid pwysau anghyffredin o ysgeler i ddiraddio un Adran (o blith holl Adrannau Cymraeg a Chelteg Prifysgol Prydain), ac un yn unig, ar gyfrif ei hysictod tybiedig. Nid oedd modd i'r sawl a fu'n groch a chlwyfus eu hymateb i un ergyd gymhleth yn argymhellion cynhaliol Adroddiad Llundeinig, mewn rhan a oedd yn trafod Adrannau Cymraeg Prifysgol Cymru, ddeall union natur y cymhlethdod peryglus ac arteithiol a lechai'n ddirgel y tu ôl i'r ergyd dwyllodrus o boenydiol honno. Osgowyd y *gwir* berygl a oedd ar fin dinistrio yr Adran benodedig.

Nid yn lleiaf oherwydd hynny, ond hefyd am gryn lawer o resymau eraill, da yw gallu llongyfarch y Golygydd a'i gydweithwyr ar gynhyrchu'r gyfrol gyfoethog hon. Da hefyd yw gallu ailadrodd yn llawen yr union eiriau a arferwyd gennyf ar derfyn Adroddiad i Gyngor Coleg Abertawe bymtheng mlynedd yn ôl—boed i'r Adran a'r Coleg a gyflawnodd gymaint o gampau cyn hyn ddal i ffynnu'n gryf a graenus am yn hir i'r dyfodol.

Coleg Iesu,   *D. Ellis Evans*
Rhydychen

'Welsh'

(Wedi cau un o byllau Morgannwg hwn oedd y poni olaf i'w droi ma's i
bori—mewn cae rywle yn Lloegr.)

Rwy'n dy gofio 'slawer dydd
yn dod i'r wyneb,
wythnos Porthcawl y coliar,
o'r tywyllwch i dwyll Awst.
Diosg dy harnais du,
a dangos dy bedolau
i lygaid goleuni
ym meri-go-rownd y maes.
Torri rheffynnau fel tannau tynn
nes colli dy ben.
Meddwi ar y blewyn blynyddol,
a gweryru'n agored yn erbyn y byd.

Ar derfyn gŵyl,
dy arwain eilwaith i'r erwau main
i lusgo'r un hen lwyth,
a byw o'r gasgen chaff
am flwyddyn arall.

Heddiw, yn amgueddfa'r ddôl
aeth y gic ohonot am byth;
ac yn y cornel hwn o gae estron
nid yw dy weryru gwan, hiraethus
yn tarfu dim
ar gynulleidfa'r pryfed.

Meirion Evans

Y Pentref Hwn

('Ym Mhontardawe yng Nghwm Tawe y ganed fi . . . Y pentref hwn a
wnaeth yr argraff ddyfnaf arnom ni pan oeddem ni'n blant ac yn llanciau ac
yn llancesi . . .' *Gwenallt*)

Ac arnaf innau.
Ond mae'r lle wedi newid.
Fyddet ti ddim yn napod y lle erbyn hyn.
Di-hwter, di-ffwrnais, a di-fwg;
gwenwyn y gwaith cemi ynghladd dan friallu;
tip Tarenni Gleision yn byramid o binwydd;
archfarchnad lle bu'r gwaith stîl—
a does neb yn cofio, wrth lwytho troli rhwng y silffoedd,
taw yma y llosgwyd dy dad yn golsyn.
Mae'r hen dristychau'n anghofiedig.

Ydy, mae'r lle wedi gwella.
Does neb yn chwydu mwyach yn 'fudr goch' i fwced—
ar wahân efalle i ambell hynafgwr o'r oes a fu,
cysgod gweithiwr fel haul ar bost,
drychiolaeth byr ei gam, byrrach ei wynt,
a lliw gwêr cannwyll-ar-fin-diffodd dan ei groen.
Ond mae rheiny'n marw ma's yn glou,
fel 'yr Wtopia ar gopa Gellionnen'.
Does neb yn boddi cathod a chŵn yn y cnel;
mae pobol yn bwydo'u Rottweilers yn dda,
cystal bob tamaid â chŵn maldodus gynt y Plas;
ac mae gwŷr-tai-cownsil-ar-y-dôl mor gefnog i bob golwg
â hen feistri'r gweithfeydd,
os ydy soser lloeren yn arwydd golud.

A'r hen Neuadd Gyhoeddus.
Yno y clywest ti Adelina'n canu;
yno yr enillodd Ellis yr Ysgwrn gadair
ddwy flynedd cyn ei ladd.
Ac yno y gweles i Tommy Davies, Cwmgors, yn cael ei lorio
gan flac du
mewn cylch sgwâr o waed a chwys a Vaseline.

Ma' golwg y diawl ar y lle erbyn hyn;
efalle y tynnan'nhw fe lawr cyn hir,
a phlannu yno lannerch cymen lle gall ymwelwyr eistedd
rhwng blodau yn yr haul.
Cystal hynny â dim, o gofio cyn lleied heddiw
sy'n gwybod pwy oedd Patti a Hedd Wyn.
(A Tommy Davies o ran hynny.)
A ta'p'un i, mae gennym bellach Ganolfan Hamdden
sy'n orlawn frwd pan ddaw George Melly ar ei rawd.

Fe wyddost, wrth gwrs, am y Ganolfan Hamdden;
yno, y tu fa's i'w muriau,
ar lechen lwytlas mewn ffynnon
mae d'enw di—
bardd 'y bywyd diwydiannol peiriannol hwn'.
Paid â phoeni am y caniau Coke a'r gwag becynnau condoms
sy'n arnofio'n fud fel petalau lili'r dŵr
ar wyneb llonydd pwll yr anfarwolion;
nid sarhad arnat ti a'th debyg
yw fod crots yn pisho i'r pownd.
Sgwetson nhw ffor' hyn—'Boys will be boys!'
Ac fel gwetes i, ma'r lle wedi newid.
Mae'r hen bentre wedi ymbrydferthu.
Diflannodd y mwg ac mae'r awyr yn iach.
Ma'r lle wedi gwella, medden nhw.

Dafydd Rowlands

'Llwyr Wybodau, Llên a Llyfrau': Hopcyn ap Tomas a'r Traddodiad Llenyddol Cymraeg

Christine James

Gogleisiol o niwlog yw hanes cynnar traddodiad llenyddol Morgan-nwg, a defnyddio enw'r oesoedd canol am y wlad sy'n gorwedd rhwng afonydd Tawe a Gwy: niwlog am fod rhaid ymgodymu â chyfeiriadau ansylweddol nad oes modd eu pwyso a'u mesur a'u dadansoddi bellach fel y cawn wneud â chynnyrch llenyddol cyfnodau diweddarach, a gogleisiol am fod y cyfeiriadau hyn, er mor aneglur, yn gadael pawb sy'n eu trafod yn ysu am ragor![1] I fynd yn ôl at gyfnod cynnar iawn, mae *Buchedd Gwynllyw,* sef hanes bywyd tywysog o sant a fu'n rhodio'r dalaith hon yn ystod y bumed ganrif, mae'n debyg, yn cynnwys sôn am fardd a ganodd fawl i fywyd a gwyrthiau'r sant ac a ganodd hefyd gerddi am hanes ei genedl;[2] ond ni oroesodd yr un o'i gerddi, a chan na luniwyd y fuchedd tan tua 1100, efallai na ddylem osod gormod o bwys ar ei thystiolaeth am fywyd llenyddol Morgannwg yn y cyfnod cynnar hwnnw. Mwy dibynadwy, yn sicr, yw tystiolaeth *Llyfr Domesday,* sef y cofnod o arolwg uchelgeisiol a wnaed ar orchymyn Gwilym Gorchfygwr yn 1086 o'i holl diriogaethau newydd. Dengys cofnodion Gwent yn y ddogfen honno fod gan y brenin Gruffudd ap Llywelyn, a lwyddasai i glymu'r rhan fwyaf o Gymru'n undod gwleidyddol llac cyn ei farwolaeth annhymig yn 1063, fardd (*ioculator regis*) o'r enw Berddig a dderbyniasai diroedd ar gyffiniau Gwent yn rhodd gan ei frenin:[3] ysywaeth, ni oroesodd llinell o'i waith yntau, ond ar sail ein gwybodaeth o ganu beirdd llys mewn mannau eraill yng Nghymru gallwn fod yn bur hyderus mai cerddi mawl i'r brenin oedd cyfran sylweddol iawn o ganu coll Berddig. A bydd y sawl a ddarllenodd *Pedeir Keinc y Mabinogi* yn cofio'r croeso brwdfrydig a gafodd Gwydion a Lleu yng Nghaer Arianrhod wedi cael mynediad yno yn rhith 'beird o Uorgannwc';[4] ni ddywedir wrthym sut adloniant a ddisgwylid ganddynt, ond mae gwres y croeso'n awgrymu'n gryf fod gan feirdd Morgannwg enw da mewn llysoedd yn nhaleithiau eraill Cymru yn y cyfnod pan roddwyd y chwedlau hyn at ei gilydd yn eu ffurf bresennol sef, mae'n debyg, hanner olaf yr unfed ganrif ar ddeg.[5] Tua chanol y ganrif ddilynol, yn 1158, yn ôl cofnod yn *Brut y Tywysogyon,* fe laddwyd un o feirdd y dalaith. Ei enw oedd Gwrgant ap Rhys, ac er na wyddom ddim oll amdano nac am natur ei waith, ni ellir anwybyddu teyrnged syml y *Brut* iddo fel 'y prydyd goreu a oed'.[6]

O gymryd y cyfeiriadau gwasgarog hyn gyda'i gilydd, gallwn fentro—er gwaethaf y niwl, megis—dynnu rhai casgliadau petrus am feirdd a barddoniaeth Morgannwg yn y cyfnod cyn-Normanaidd a hyd at ganol y ddeuddegfed ganrif. Cawn ddarlun o feirdd cydna-byddedig o safon uchel, yn ymgysylltu ag arglwydd neu dywysog arbennig ac yn canu mawl iddo, ond a chanddynt ryddid hefyd i ymweld â llysoedd tywysogion ac arglwyddi eraill ar dro lle y caent eu croesawu'n deilwng ac anrhydeddus. Yn ddiddorol ddigon, dyma'r union ddarlun o'r gyfundrefn farddol a geir o astudio'r corff mawr o farddoniaeth a oroesodd o daleithiau eraill Cymru—Gwynedd a Phowys yn benodol, a'r Deheubarth a Brycheiniog i raddau llai—ac a gyfansoddwyd yn y cyfnod bras 1100-1300, sef cynnyrch Beirdd y Tywysogion neu'r Gogynfeirdd. Dyma gorff mawr o ganu mawl i dywysogion ac arglwyddi yn anad dim, cynnyrch urdd o grefftwyr a ymfalchïai yn eu gwaith, a hwnnw'n waith cwbl broffesiynol; ac yn gorff o farddoniaeth sydd fel petai'n cadarnhau'r dehongliad a gynigiwyd ar gyfeiriadau llenyddol niwlog Morgannwg yn y canrifoedd blaenorol.

Er bod gwaith y Gogynfeirdd a oroesodd o daleithiau eraill Cymru yn dyst pendant i fywyd llenyddol yr ardaloedd hynny yn y ddeuddegfed ganrif a'r drydedd ganrif ar ddeg, erys y niwl o hyd yn dew dros Forgannwg yn ystod y canrifoedd hynny, heb yr un awdl i'r tywysogion brodorol a barhâi i lywodraethu dros eu mân deyrnasoedd yn y Blaenau, nac ychwaith i'r arglwyddi Normanaidd a reolai yn y Fro. Yn wir, prin odiaeth yw hyd yn oed gyfeiriadau at Forgannwg yng ngwaith beirdd y taleithiau eraill; cymaint felly nes ein gyrru i ystyried amau dilysrwydd ein casgliadau ynghylch y cyfeiriadau rhithiol hynny at farddoniaeth Morgannwg mewn cyfnodau cynharach. Ond wedyn, yn y bedwaredd ganrif ar ddeg, mae'r niwl yn dechrau ymwasgaru o'r diwedd; a thrwy gyd-ddigwyddiad ffodus yng nghyd-destun y gyfrol hon, o Abertawe a'r cyffiniau y cilia gyntaf, wrth i ddau gymeriad gwahanol iawn i'w gilydd (er i ambell un gael achos i'w cysylltu, fel y gwelwn yn ddiweddarach) gamu i olau'r dydd.

Bardd yw'r cyntaf o'r ddau, sef Casnodyn (*fl.* 1320-40), y cyntaf o feirdd Morgannwg y mae peth o'i waith wedi goroesi inni.[7] Brodor o Gilfái oedd hwn yn ôl tystiolaeth cyfoeswr iddo, Hywel Ystorm,[8] ac

yn sicr mae ei waith yn llawn cyfeiriadau at fannau penodol ym
Morgannwg. Er bod peth dryswch ynglŷn â pha gerddi yn union y
dylid eu priodoli i Gasnodyn,[9] mae'r darlun cyffredinol a gyfyd o'i
waith yn berffaith glir. Dyma fardd a ganai fawl a marwnad i
noddwyr hysbys ym Morgannwg, ond a gafodd gyfle hefyd, y mae'n
amlwg, i ymweld â llysoedd noddwyr yng Ngheredigion a Gogledd
Cymru. Er iddo sôn mewn un man ei fod yn siarad tafodiaith
Morgannwg, sef y Wenhwyseg,[10] ni cheir arlliw o'r dafodiaith honno
ar ei waith. Yr eirfa hynafol a'r gystrawen astrus o lenyddol sy'n
nodweddu canu'r Gogynfeirdd fel cyfangorff a ddefnyddir ganddo
yntau yn ei gerddi, ac ymhyfryda yn ei 'gerd berffeith' gan ei
chyferbynnu â 'sothachieith beird keith Kaeaw'.[11] Ond nid etifedd
i'r Gogynfeirdd o ran ei fynegiant yn unig mo Casnodyn; mae'n
olynydd teilwng iddynt hefyd o safbwynt ei arddull, er enghraifft yn
ei ddefnydd o drosiadau a chymariaethau ystrydebol a'i hoffter o
eiriau cyfansawdd, a hefyd yn ei fydryddiaeth, yn ei ddefnydd o
fesurau'r awdl ac yn y ffordd y gwelir hoffter traddodiadol y
Gogynfeirdd o gytseinedd ac odl fewnol yn dechrau ymsefydlogi'n
drefn gaeth y gynghanedd.[12] Ni ellir yn hawdd roi cyfrif digonol am
ganu cyfoethog Casnodyn oni chymerir yn ganiataol ei fod yn un o
linach hir o feirdd proffesiynol a flodeuai ym Morgannwg ar hyd y
canrifoedd, yn canu mawl i dywysog ac arglwydd ac yn meithrin a
gwarchod eu crefft am genhedlaeth ar ôl cenhedlaeth, er nad oes yr un
llinell o'r canu hwnnw wedi goroesi inni cyn gwaith Casnodyn.

Eto i gyd, nid Casnodyn ond yn hytrach cymeriad arall o gyffiniau
Abertawe sy'n peri bod y niwloedd a fu'n amdoi hanes cynnar
traddodiad llenyddol Morgannwg yn toddi'n derfynol yn y bedwaredd
ganrif ar ddeg. Ei enw yw Hopcyn ap Tomas ab Einion, a gellid
dadlau mai hwn yw'r gŵr pwysicaf a mwyaf dylanwadol a fu yn hanes
llenyddiaeth Cwm Tawe hyd y dydd heddiw, a'i le yn hanes llenydd-
iaeth y genedl gyfan yn bur allweddol.

Yn sicr, roedd haneswyr llenyddiaeth y ganrif ddiwethaf a
dechrau'r ganrif hon yn gyfarwydd iawn â Hopcyn ap Tomas o
Ynysdawy ac aelodau eraill o'i deulu enwog, a chyfeirient atynt gyda
brwdfrydedd parchus.[13] Ni sylweddolent fod yr hyn a gyflwynwyd
ganddynt fel ffeithiau diymwâd mewn gwirionedd yn ffrwyth
dychymyg ac athrylith arbennig Iolo Morganwg—cynheddfau a
ddefnyddid yn hael ac yn helaeth ganddo yn ei awydd ysol i weld
cydnabod ei Forgannwg enedigol yn darddle pob gwedd ar ddiwylliant

Darlun ar waelod tudalen yn un o'r llawysgrifau a gysylltir â Hopcyn ap Tomas
(*Llyfrgell Genedlaethol Cymru*)

y genedl. Yn ôl Iolo, roedd Einion, tad-cu Hopcyn ap Tomas, yn neb llai na'r Einion Offeiriad y cysylltir ei enw'n draddodiadol â gramadeg barddol sy'n cynnwys y drafodaeth gynharaf y gwyddom amdani ar egwyddorion mydryddol ac athronyddol Cerdd Dafod;[14] wedi marwolaeth ei wraig, meddai Iolo, y cymerodd Einion urddau offeiriad, a mynd yn gaplan i Syr Rhys ap Gruffudd, y gŵr y cyflwynwyd y gramadeg iddo yn ôl rhai o gopïwyr yr unfed ganrif ar bymtheg, ac yn ôl Thomas Wiliems o Drefriw (1550?-1622?), y gŵr y lluniwyd y gramadeg er ei anrhydedd. Roedd ei fab, Tomas ab Einion, a'i ŵyr Hopcyn ap Tomas, hwythau yn wŷr pwysig yn ôl fersiwn Iolo o hanes llenyddiaeth Gymraeg, gan eu bod hwy, rhyngddynt, yn awduron 'Llyfr y Greal', y Mabinogion a'r saga ramantaidd am Taliesin a gyhoeddwyd yn ddiweddarach gan Charlotte Guest yn ei hargraffiad enwog o chwedlau'r Mabinogion.[15] O blith aelodau'r teulu arbennig hwn o Gwm Tawe, Hopcyn ap Tomas ei hun oedd prif ffocws ffantasïau'r arch-ramantydd: roedd Hopcyn *à la* Iolo nid yn unig yn awdur rhyddiaith nodedig ond hefyd yn fardd o bwys a arddelai'r enw barddol Casnodyn, a phriodolwyd nifer o gerddi iddo;[16] ond ei waith pwysicaf yn ôl Iolo oedd yr 'Yniales', sef casgliad o ramantau, damhegion, gramadegau, achau, geirfâu barddol, brutiau ac englynion.[17]

Bellach fe'n dysgwyd gan yr Athro G.J. Williams i fod yn wyliadwrus iawn o honiadau 'gor-ddiddorol' Iolo Morganwg.[18] Ond wedi diosg Hopcyn ap Tomas a'i deulu o'r gwisgoedd ysblennydd a weodd Iolo o'u cwmpas, a oes unrhyw beth wedi'i adael ar ôl a fydd o ddiddordeb i'r hanesydd llên diduedd a gwyddonol? Yr ateb pendant yw, 'Oes'. Oherwydd y ffaith drawiadol yw fod yr Hopcyn ap Tomas 'go iawn', er nad mor gyffrous o ramantaidd ag un Iolo efallai, lawn mor ddiddorol â hwnnw—ac ar un olwg, o leiaf, yn dwyn rhyw debygrwydd teuluaidd.

Daethom yn gyfarwydd bellach â chyfeirio at Hopcyn ap Tomas fel 'Hopcyn ap Tomas o Ynysdawy'. Hen blas canoloesol y gellir gweld ei olion o hyd ar lan afon Tawe oedd yr Ynysdawy hwn (y cymer pentref modern Ynystawe ei enw oddi wrtho), ac ar lan yr afon ger porth Parc Ynysdawe, nid nepell o safle'r hen dŷ, gwelir cofeb i Hopcyn ap Tomas. Eto ofer yw chwilio achres teulu Ynysdawy am yr un Hopcyn ap Tomas gan y gwyddom bellach na pherthynai i'r teulu hwnnw trwy na gwaed na phriodas. Ond nid oes rhaid crwydro'n bell o Ynysdawy i ganfod gwir deulu a chynefin Hopcyn ap Tomas. Dangosodd Dr Prys Morgan fod enw Hopcyn ap Tomas ab Einion yn digwydd yn achres teulu Ynysforgan,[19] plas cyfagos ryw hanner milltir i waered Tawe o Ynysdawy, a safai lle y saif ffermdy bach Ynysforgan bellach, yng nghysgod yr M4 ger Cyffordd 45. Ac er mor anghydweddol yw'r safle i blas canoloesol cyfyd trosiad ohono sy'n gweddu i'r cyd-destun presennol, gan mai rhan o ddiben yr ysgrif hon yw disgrifio safle Hopcyn ap Tomas ar briffordd y traddodiad llenyddol Cymraeg!

Gellir bwrw amcan ynghylch dyddiadau Hopcyn ap Tomas o gyfeiriadau mewn dogfennau cyfoes. Digwydd llofnod ei dad, Tomas ab Einion, mewn gweithred a luniwyd yn 1337 sy'n enwi tiroedd yng

Nghilfái,[20] a theg fyddai casglu fod Tomas yn ei oed a'i amser ar y
pryd. Mewn gweithred ddyddiedig Medi 1408, trosglwyddwyd
tiroedd Hopcyn ap Tomas i'w fab yntau, Tomas ap Hopcyn,[21] ac
ymddengys fod Hopcyn wedi marw erbyn hynny. Rhydd y ddwy
ddogfen hyn, felly, y cyfnod bras *c.*1330-*c.*1408 ar gyfer oes Hopcyn,
ac mae'r unig ddigwyddiad hysbys yn ei fywyd y gellir ei ddyddio'n
bendant yn cyd-fynd â'r dyddiadau bras hynny—er bod rhaid tybio
ei fod yn hen ŵr ar y pryd. Digwydd enw Hopcyn ap Tomas mewn
llythyr a anfonwyd yn 1403 gan faer a bwrdeisiaid Caerllion-ar-Wysg
at eu cymheiriaid yn Nhrefynwy. Yn y llythyr hwnnw dywedir i
'Hopkyn ap Thomas of Gower'[22] gael ei wysio i Gaerfyrddin gan
Owain Glyndŵr pan oedd hwnnw yn y dref y flwyddyn honno.
Roedd Glyndŵr am ymgynghori â Hopcyn ap Thomas 'as he huld
him maister of Brut, that he schuld do hym to understonde how and
what maner hit schold be falle of hym.'[23] Ystyr yr ymadrodd 'maister
of Brut', mae'n debyg, yw fod Hopcyn ap Tomas yn awdurdod ar yr
hen ddaroganau neu ganu proffwydol, a bod Glyndŵr felly am
glywed beth oedd gan y beirdd i'w ddweud am ei ddyfodol cyn
mentro ymlaen ar hyd y de o Gaerfyrddin. Roedd ateb Hopcyn ap
Tomas yn deilwng o'r hen ddaroganau cyfrwys: delid Glyndŵr
ymhen fawr o dro 'under a black baner', rywle rhwng Caerfyrddin a
Gŵyr. Ni wireddwyd ei ddarogan, wrth gwrs, ond diau iddo gael yr
effaith a fwriadwyd ar Glyndŵr gan na fentrodd hwnnw rhagddo tua
Gŵyr.[24] Mae'n debyg y dylem wylio rhag llyncu holl fanylion y stori
hon yn anfeirniadol gan ei bod yn gwbl bosibl fod rhai ohonynt yr un
mor apocryffaidd â rhai Iolo, ond y mae'r hanesyn yn cyflwyno un
agwedd ar gymeriad a phersonoliaeth Hopcyn ap Tomas y gellir ei
chadarnhau o gyfeiriadau eraill, sef bod ganddo ddiddordeb neilltuol
mewn un gangen o farddoniaeth Gymraeg—yn wir, ei fod yn
awdurdod cydnabyddedig arni. Yn y cyd-destun hwn, dylid nodi fod
cyfran helaeth o'r hen ddaroganau sydd wedi goroesi yn tarddu o
Forgannwg, neu o leiaf yn cynnwys cyfeiriadau at leoedd ym
Morgannwg, a'i bod yn gwbl bosibl felly fod gan y 'maister of Brut'
gasgliad ohonynt yn ei gartref yn Ynysforgan. Ac a yw'n gyd-
ddigwyddiad llwyr fod un o'r brudwyr enwocaf, sef Rhys Fardd
(neu'r Bardd Bach), yn frodor o Ystumllwynarth yng Ngŵyr, a bod
'Y Cwta Cyfarwydd' (llsgr. LlGC Peniarth 50), llawysgrif enwog
sy'n cynnwys casgliad o gerddi darogan ac o ddaroganau eraill,

wedi'i chopïo rywle yng Ngŵyr neu Orllewin Morgannwg rywbryd yn ystod hanner cyntaf y bymthegfed ganrif?

Fodd bynnag, mae'n gwbl eglur nad y canu brud oedd unig ddiléit llenyddol Hopcyn ap Tomas; roedd ei chwaeth dipyn ehangach a mwy catholig na hynny. Mae Llyfr Coch Hergest (llsgr. Rhydychen, Coleg yr Iesu 111), a gopïwyd *c.* 1400 ac a ddisgrifiwyd gan yr Athro Ceri W. Lewis—yn gwbl deilwng—fel 'the richest single manuscript compilation of medieval Welsh literature',[25] yn cynnwys pum awdl fawl i Hopcyn gan feirdd a fu yn eu blodau yn ystod ail hanner y bedwaredd ganrif ar ddeg—cyfoeswyr iddo felly—sef Madog Dwygraig, Dafydd y Coed, Ieuan Llwyd fab y Gargam, Meurig ab Iorwerth a Llywelyn Goch ap Meurig Hen.[26] Mae'r darlun cyfansawdd a grëir gan y pum cerdd hyn yn taflu goleuni anarferol o

Rhan o Lyfr Coch Hergest

glir a gwerthfawr ar eu gwrthrych, a'r goleuni hwnnw yn ei dro yn tasgu i sawl cyfeiriad arall, ychydig yn annisgwyl.

Mae awdlau'r Llyfr Coch i Hopcyn ap Tomas gan feirdd y gellir eu hystyried ymhlith yr olaf o'r Gogynfeirdd, ac ar yr olwg gyntaf maent yn gwbl nodweddiadol o'r corff mawreddog hwnnw o ganu sydd yn ymestyn yn ôl i *c.* 1100. Molir Hopcyn am yr union rinweddau hynny a oedd yn ddisgwyliedig mewn person o'i statws cymdeithasol breintiedig—rhinweddau a aeth yn ystrydeb yn y canu mawl Cymraeg (er na fu'r mynegiant o'r rhinweddau hynny yn ystrydebol yng ngwaith y beirdd gorau, beth bynnag). Cwbl ddisgwyliedig felly yw'r cyfeiriadau at ei statws bonheddig a'i dras uchel.

> Kymeint yw y vreint vro ny diffic—nawd
> Ar mwyaf yn hawd o vonhedic

meddai Meurig ab Iorwerth amdano (col.1374, ll.6-8), ond fe'i gosodir gan Ieuan Llwyd yn 'llin teyrned' (col.1415, ll.13). 'Teyrn hil kedyrn' oedd ef i Meurig ab Iorwerth yntau (col.1373, ll.4), tra bod Llywelyn Goch yn manylu ar ei ach uniongyrchol:

> Llin Domas diuas llawen dofi—cler
> Llin Einyawn ener llew vn ynni (col.1307, ll.35-7).

Nid oes dim annisgwyl ychwaith yn y darlun a grëir ohono fel milwr dewr ac effeithiol mewn brwydr. Disgrifiodd Madog Dwygraig ef fel 'Tew aestrom yng gryt Tywi Ystrat' (col.1310, ll.15-16). 'Llew durwaew' oedd ef i Lywelyn Goch (col.1308, ll.24) a 'Llewpart Gwyr' i Ieuan Llwyd fab y Gargam (col.1415, ll.18-19), a chyfarchodd Meurig ab Iorwerth ef fel 'Dor dursaf dewr diarswyt' (col.1373, ll.2-3). Ceir y mynegiant mwyaf cyflawn ar y wedd hon ar gymeriad Hopcyn ap Tomas yn y llinellau hyn o eiddo Dafydd y Coed:

> Gwrd Hopkyn loewwynn leweid—lary gleindyt
> Gwr aruawc yg gryt ny byt nyw beid
> Vab Thomas valch ras vylchreid—yghamawn
> Uab Einyawn vyrdlawn drin greulawndreid
> Twr tir Tawy rwy rieid—rugyl didaryf
> Taer yw ae dur aryf tyreu diwreid
> Taryan holl Wyr mewn anturyeid—grwydyr
> Wrth aros ymrwydyr wr Arthureid (col.1376, ll.31-8).

Mae ei gyffelybu i Arthur yn fodd i awgrymu gallu milwrol eithriadol,
a manteisiodd Madog Dwygraig a Llywelyn Goch ar yr un ddyfais:
'Ior annyan Arthur' (col.1311, ll.3), 'Wiw Arthur eil' (col.1308,
ll.19).

Ond un wedd yn unig ar bersonoliaeth Hopcyn ap Tomas oedd ei
ddewrder a'i fedrusrwydd ar faes y gad. Mae awdlau'r Llyfr Coch yn
pwysleisio nodweddion eraill yn ei gymeriad—rhai a ystyriwn ni yng
Nghymru ddiwedd yr ugeinfed ganrif yn rhai mwy 'cymeradwy' a
'gwareiddiedig' na dewrder a ffyrnigrwydd o bosibl, a rhai a gawn yn
anodd eu cysoni â'r darlun o'r Hopcyn rhyfelgar. Ond rhaid bod yn
ofalus rhag pwyso'r oesoedd canol yn nhafol heddiw. Ystyrid y
nodweddion amrywiol a 'chyferbyniol' hyn yn gwbl angenrheidiol
mewn bonheddwr cyflawn a delfrydol ac fe'u molid gan y beirdd
Cymraeg, o'r cychwyniadau cyntaf yn y chweched ganrif hyd
ddirywiad terfynol y canu mawl yn yr ail ganrif ar bymtheg, heb
awgrym o syndod na gwrth-ddweud.

Cwbl draddodiadol felly yw'r pwyslais ar ddoethineb mawr
Hopcyn ap Tomas. Disgrifia Meurig ab Iorwerth ef fel 'Selyf vn
nawt' (col.1373, ll.24 a cf. ll.14), ac ymhellach 'Hopkyn eirgoeth
doeth wrth ymdeithic' (ll.30-1). Fe'i cymherir â Selyf Ddoeth gan
Madog Dwygraig yntau, 'Kynnedueu Selyf' (col.1310, ll.18), ond
teyrnged Dafydd y Coed iddo sy'n fwyaf syml drawiadol, 'Ior dethol
ar y doethon' (col.1375, ll.26-7).

Nodwedd arall a ddisgwylid mewn bonheddwr delfrydol oedd
haelioni, a chwbl draddodiadol yw'r cyfeiriadau at y rhinwedd hwn
yn Hopcyn ap Tomas. Cyfeiria Madog Dwygraig ato fel 'llaw
digaeat' (col.1310, ll.12-13), a sonia Ieuan Llwyd fab y Gargam am
'bunnoed rodi' (col.1416, ll.3). 'Haeluab Thomas' oedd ef i Ieuan
Llwyd (col.1415, ll.5), ond cyfarchodd Llywelyn Goch ef fel 'ri
Ryderchnaws' (col.1307, ll.44), gan ei gyffelybu i un o'r tri gŵr hael
diarhebol a gofféid yn nysg draddodiadol y beirdd.[27] Aeth Dafydd y
Coed gam ymhellach a mynnu i Hopcyn ragori ar haelioni Tri Hael
Ynys Prydain:

> Mwy a ryd kynnyd kynnedyf gwawr—trwyhadyl
> No'r trihael y gerdawr (col.1375, ll.40-2).

Ymhlyg yn y rhan fwyaf o gyfeiriadau at haelioni Hopcyn yw'r
darlun ohono yn ei 'galchlys ger Tawy' (col.1375, ll.38-9) yn arlwyo
gwleddoedd ac yn dosbarthu rhoddion.

O win ac eur enw Garwy
Ny roes neb vael wyneb vwy (col.1375, ll.39-40)

yw honiad Dafydd y Coed amdano, a digon tebyg yw'r darlun a
gyflwynir gan Lywelyn Goch:

> A lliaws dreul med a llestri—aryant
> A hir ogonyant a hwyr gyni (col.1308, ll.8-10).

Bron na chawn yr argraff fod haelioni yn rhinwedd cwbl reddfol yn
Hopcyn ap Tomas: 'Hael o wir annyan' yw dyfarniad Meurig ab
Iorwerth amdano (col.1373, ll.33-4), a mynegir yr un syniad gan
Llywelyn Goch:

> Nyt reit y eirchyeit erchi—ym kanllaw
> Y law o reidyaw a wyr rodi (col.1307, ll.37-8).

Mae'r llinellau diwethaf a ddyfynnwyd yn cyflwyno gwedd benodol,
gwbl draddodiadol ar haelioni unrhyw fonheddwr gwerth ei halen yn
yr oesoedd canol, os gallwn dderbyn tystiolaeth y beirdd ar y mater
hwn—gan dderbyn yr un pryd na allwn ddisgwyl i'r dystiolaeth
honno fod yn ddiduedd. Amlygai'r uchelwr delfrydol ei haelioni trwy
roi rhoddion i 'eirchiaid', sef y rhai a ddeuai i'w lys i ofyn ganddo, a
byddai beirdd, a ddisgywliai dâl am eu canu, ymhlith y pwysicaf—a'r
mwyaf lluosog bid siŵr—o'r eirchiaid a ymwelai ag unrhyw lys
penodol. Mae'n amlwg nad oedd llys Hopcyn ap Tomas yn eithriad
yn hyn o beth, ac y mae'r pum bardd y cadwyd eu hawdlau iddo yn
Llyfr Coch Hergest yn nodi eu profiad personol o'r haelioni hwn. 'Da
yw ymy a diomed' yw tystiolaeth gyffredinol Ieuan Llwyd fab y
Gargam (col. 1415, ll.40-1), ond mae Llywelyn Goch yn fwy penodol
am un wedd ar haelioni Hopcyn iddo:

> Haelach no neb or hoewlu
> Heilyawd ym win ywch heli (col.1308, ll.20-1).

Sonia Dafydd y Coed yntau am roddion penodol eraill a gafodd o law
hael Hopcyn:

> Y nobleu yn veu vyw difri—vackwy
>   Ae vwckwrn ae sendri
>   Ae garyat oreu gwiwri
> Oe ras mawr a roes y mi (col.1376, ll.9-11).

Does ryfedd yn y byd i deimladau o gariad tuag at y noddwr hael hwn
gael eu hennyn yn y beirdd hwythau. Gadawer i Ddafydd y Coed
siarad dros y lleill ar y pwynt hwn: 'Llwyr garaf naf nawcan punt'
meddai (col.1375, ll.15), gan gyfeirio at fesur cyfoeth aruthrol
Hopcyn ap Tomas, er na allwn wybod bellach, mae'n debyg, union
arwyddocâd y cyfeiriad hwnnw.

O ddarllen awdlau'r Llyfr Coch i Hopcyn ap Tomas fe ddaw'n
amlwg nad y pum bardd y mae eu cerddi iddo wedi eu cadw oedd yr
unig rai i ymweld â'r noddwr hwn yn ei lys ar lannau Tawe a derbyn
o'i haelioni.

Ef yw ystor kerdoryon
O vor Morgannwc hyt Von (col.1375, ll.23-4)

meddai Dafydd y Coed amdano, gan greu darlun o lu aneirif o feirdd
ledled Cymru yn cyrchu llys Hopcyn ap Tomas, ac ategir y darlun
hwn gan gyfeiriadau yn yr awdlau eraill. Mae'n 'glerwyr vrenhin'
(col.1415, ll.11) i Ieuan Llwyd fab y Gargam, sydd hefyd yn cyfeirio
ato fel 'temyl Gwynedveird' (col.1415, ll.5) ac yn sôn am 'heird gler
uabsant' (col. 1415, ll.6-7). 'Temyl beird byt' oedd ef ym marn
Meurig ab Iorwerth (col.1373, ll.6), sydd hefyd yn sôn amdano fel
'kler gartrefic' (col.1374, ll.8-9). Gellid mynd ymlaen i bentyrru
enghreifftiau i'r un perwyl. Wrth gwrs nid oes dim arbennig mewn
gweld cyfeiriadau o'r fath mewn awdl fawl i noddwr hael gan y byddai
beirdd yn rhan hanfodol o'r olygfa arferol yn llys unrhyw fonheddwr
o noddwr yn y cyfnod hwn. Yr hyn sydd yn drawiadol, fodd bynnag,
yw lluosowgrwydd y cyfeiriadau at feirdd a barddoniaeth yn yr
awdlau i Hopcyn ap Tomas, nes peri inni amau fod yma fwy na
mynegiant o gonfensiwn a thraddodiad yn unig, ond yn hytrach
ddatganiad neu ddisgrifiad o nodwedd bersonol ac unigolyddol.
Cawn yr argraff fod beirdd a barddoniaeth yn chwarae rhan arbennig
—onid anghyffredin—o amlwg ym mywyd beunyddiol Ynysforgan:
cymaint felly nes bod Dafydd y Coed yn cyfeirio at y lle fel 'neuad
bardonieid' (col.1377, ll.15), gan ddefnyddio ansoddair na chadwyd
yr un enghraifft arall ohono yn ein llenyddiaeth ganoloesol;[28] a ellir
dehongli hyn fel awgrym o arbenigrwydd y sefyllfa yng nghartref y
noddwr hwn?

Mae'n bosibl y ceir cadarnhad pellach i amlygrwydd eithriadol
beirdd a barddoniaeth yn llys Hopcyn ap Tomas o destun byr,

hytrach yn anghonfensiynol, yn Llyfr Coch Hergest sydd yn honni
rhestru 'casbethau' Gwilym Hir, saer Hopcyn ap Tomas. Mae'r
testun yn ddigon byr i'w gynnwys yn llawn yma:

> Tri chaspeth Gwilim Hir saer Hopkyn ap Thomas: efferen Sul a dadlau
> a marchnat. A chas gantaw heuyt tauarneu a cherdeu a chreireu. Tri dyn
> yssyd gas gantaw, effeirat a phrydyd a chlerwr (col.600).

Er na wyddom bellach gyd-destun llunio'r rhestr hon, ai o ran hwyl
ai o ddifrif, mae'n awgrymog iawn yn y cyd-destun presennol fod tri
o'r naw cas beth a restrir—cerddi, prydydd a chlerwr—yn ymwneud
â beirdd a barddoniaeth. Tybed a oes yma enghraifft o grefftwr mewn
maes arall ar aelwyd Hopcyn ap Tomas yn diflasu'n llwyr ar yr
amlygrwydd a fwynhâi'r beirdd yno (neu ynteu'n cenfigennu wrtho?)
ac yn mynegi ei ddiflastod mewn modd dychanus trwy ddefnyddio'r
union ddull a ddefnyddid gan y beirdd eu hunain i gadw eu dysg
draddodiadol. Ond efallai fod hyn oll yn enghraifft o feirniad modern
yn mynnu gweld mewn testun canoloesol yr hyn y mae'n dymuno ei
weld.

Fodd bynnag, fe geir prawf cwbl ddiymwâd o ddiddordeb neilltuol
Hopcyn ap Tomas mewn beirdd a barddoniaeth o'r awdlau mawl eu
hunain, a hynny nid o'r cyfeiriadau 'barddonol' a grybwyllwyd
eisoes ond yn hytrach o ddyrnaid o linellau dadlennol o ddiddorol
sy'n sôn yn benodol am ymwneud Hopcyn ei hun â'r maes hwn. Nid
rhyw noddwr 'goddefol' mo Hopcyn ap Tomas y mae'n amlwg, un a
dalai'r beirdd am eu gwaith gan adael i'r cwbl olchi drosto'n
ddieffaith. I'r gwrthwyneb, cawn ddarlun o noddwr tra diwylliedig a
ymddiddorai'n fanwl a deallus yng ngwaith y beirdd a'u dysg
draddodiadol, ac un a ystyrid ganddynt hwythau yn gryn awdurdod
ar eu crefft. Cyfeiria Meurig ab Iorwerth ato fel 'Tat y gerdwryaeth
vat vawr' (col.1373, ll.6-7) a threwir nodyn digon tebyg gan Ieuan
Llwyd fab y Gargam wrth ei ddisgrifio fel 'doctor kerd vat' (col.1415,
ll.35). Ond y mae Ieuan Llwyd hefyd yn fwy penodol fyth ynghylch
gafael arbennig Hopcyn ap Tomas ar wybodaeth lenyddol: 'Lleyc yw
pawp . . . wrth Hopkyn' meddai, gan ychwanegu cyfeiriad at y
'Llwyr wybodeu llen a llyfreu' a oedd ganddo (col.1415, ll.24-6).
Cawn ddarlun hyfryd o noddwr a drafodai gyfansoddiadau hen a
newydd gyda'r beirdd a ymwelai â'i lys yn Ynysforgan, gan wneud
hynny'n 'eirgoeth' yn ôl Meurig ab Iorwerth (col.1373, ll.30) ac

mewn 'parabyl pereid' yn ôl Dafydd y Coed (col.1377, ll.22)—iaith gyfaddas i'r maes cyfoethog a drafodid, ac iaith a oedd ynddi ei hun yn arwydd o'i ddiwylliant mawr.

Peth pur bersonol yw chwaeth lenyddol: 'nid yw pawb yn gwirioni'r un fath' biau hi wrth drafod llenyddiaeth ddiweddar, ac mae'n bur sicr fod yr un egwyddor ar waith yn yr oesoedd canol, a'r beirdd a'u noddwyr fel ei gilydd yn ymateb yn fwy cadarnhaol i ryw weddau penodol ar y traddodiad barddol, neu ddatblygiadau arno, nag i rai eraill. Yn ddiddorol iawn, mae'r pum awdl i Hopcyn ap Tomas a gofnodwyd yn y Llyfr Coch yn rhoi ambell awgrym—ac weithiau mwy nag awgrym—ynghylch ei chwaeth lenyddol yntau.

Yn gyntaf, os yw'r awgrym a gynigiwyd uchod yn gywir, sef bod Ynysforgan yn gyrchfan nodedig o boblogaidd gan y beirdd, nid afresymol fyddai tybio fod corff helaeth o gerddi mawl i Hopcyn ap Tomas wedi bodoli ar un adeg ac mai gweddillion, neu yn gywirach, efallai, hufen y canu hwnnw sydd wedi'i gofnodi a'i gadw inni yn Llyfr Coch Hergest. Os felly, mae'n drawiadol mai pum *awdl* iddo a gadwyd o ganrif a welodd ddisodli'r awdl ar raddfa eang fel prif ddull y bardd mawl gan fesur 'newydd' y cywydd,[29] a dehonglodd yr Athro G.J. Williams y ffaith hon fel awgrym o geidwadaeth lenyddol Hopcyn a'i hwyrfrydedd i anwesu'r dulliau newydd a ddaethai'n boblogaidd yn ystod ei oes hir.[30]

Yn ail, ceir ambell gyfeiriad yn yr awdlau sydd yn awgrymu fod gan Hopcyn ap Tomas ddiddordeb arbennig yn yr hen ddaroganau neu gerddi proffwydol—cyfeiriadau sydd yn ategu dilysrwydd sylwedd yr hanesyn a nodwyd eisoes lle y'i disgrifir fel 'maister of Brut'.

> Eovynllwyr y gwyr egori—yt vrawt
> A dywawt praff[w]awt y proffwydi

yw tystiolaeth Llywelyn Goch (col.1307, ll.41-2) ar y mater hwn, a chadarnheir hyn gan Ddafydd y Coed wrth iddo ddisgrifio Hopcyn fel 'praff awdur verw proffwydeid' (col.1377, ll.18). Ai yng nghyddestun ei ddiddordeb a'i arbenigedd ym maes y daroganau Cymraeg y mentrodd Dafydd y Coed wisgo ei ddymuniad ar gyfer ei noddwr hael fel gair o broffwydoliaeth yn ei awdl iddo: 'Gwelwyf idaw hir oes' (col.1376, ll.15)?

Yn drydydd, mae'r awdlau mawl yn cynnwys cyfeiriadau sydd yn rhoi gwybodaeth fwy penodol fyth inni am chwaeth lenyddol a diddordebau diwylliannol Hopcyn ap Tomas. Mae'n amlwg fod Hopcyn nid yn unig yn noddwr beirdd ond hefyd yn gasglwr llawysgrifau, ac yn ffodus eithriadol fe nododd Dafydd y Coed rai o'r llyfrau neu weithiau llenyddol a oedd ganddo yn ei feddiant yn Ynysforgan mewn pedair llinell sydd wedi denu cryn sylw gan ysgolheigion sy'n astudio'r cyfnod canol:

> Mwnei law mae yn y lys
> Eurdar y Lucidarius
> A'r Greal ar Ynyales
> A grym pob kyfreith ae gras (col.1376, ll.20-2).

Cadarnheir peth o'r wybodaeth hon gan Ieuan Llwyd yn ei awdl yntau:

> Dysgawd lyvreu loewvreint dawnus
> Lucidarius lwys y daered (col.1415, ll.38-40).

Yn yr ychydig linellau hyn fe gedwir inni restr o rai o'r llyfrau a oedd gan un bonheddwr arbennig yn ei feddiant yn ei lys yng Nghwm Tawe yn ystod ail hanner y bedwaredd ganrif ar ddeg. Mae'r gweithiau a enwir gan y beirdd yn rhai hysbys at ei gilydd, ac felly mae'r rhestr yn ddiddorol am ei bod nid yn unig yn ein cynorthwyo i greu darlun mwy cyflawn o ddiwylliant yr ardal yn y cyfnod hwn, ond hefyd am ei bod yn rhoi cipolwg prin inni ar gynnwys llyfrgell unigolyn adnabyddus yn yr oesoedd canol.

Byd crefyddol yn ei hanfod oedd byd y dyn canoloesol Ewropeaidd, ac yr oedd yn barod i gydnabod ôl llaw Duw ar bob agwedd ar ei fywyd a'i amgylchfyd. O'r herwydd, nid oedd cymdeithas yr oesoedd canol mor barod ag yr ydym ni yn niwedd yr ugeinfed ganrif i dynnu gwahaniaeth clir a phendant rhwng y 'crefyddol' a'r 'seciwlar', ac yr oedd llenyddiaeth grefyddol (yn ôl ein safonau cyfoes) yn gymaint rhan o ddiwylliant arferol y bonheddwr canoloesol yng Nghymru ag ydoedd gwaith y beirdd, dyweder, neu ein chwedlau rhyddiaith traddodiadol. Nid yw'n syndod o gwbl felly fod gán Hopcyn ap Tomas o leiaf un llyfr crefyddol yn ei lyfrgell. Roedd y *Lucidarius,* neu *Hystoria Liwsidar,* yn gyfieithiad neu'n hytrach yn grynodeb Cymraeg o waith Lladin, *Elucidarium Sive Dialogus de Summa Totius Christianae*

Theologiae, a luniwyd naill ai yn ne'r Almaen neu o bosibl yn Lloegr
gan fynach o'r enw Honorius Augustodunensis tua dechrau'r
ddeuddegfed ganrif.[31] Yn ei ffurf Ladin wreiddiol, roedd yr
Elucidarium yn un o draethodau diwinyddol mwyaf poblogaidd Ewrop
yn yr oesoedd canol, ac a barnu wrth nifer y copïau o'r cyfieithiad
Cymraeg sydd wedi goroesi (dau ar hugain ohonynt, gan gynnwys y
rhai anghyflawn neu dameidiog) a hefyd nifer y cyfeiriadau llenyddol
ato megis eiddo Dafydd y Coed ac Ieuan Llwyd, cafodd dderbyniad
yr un mor wresog yng Nghymru. Mae poblogrwydd eithriadol y
gwaith i'w briodoli, mae'n debyg, i ddwy brif nodwedd arno. Yn
gyntaf, dewisodd Honorius gyflwyno ei ddeunydd mewn dull hynod
o boblogaidd a ddefnyddid yn effeithiol ar gyfer cyflwyno pob math ar
wybodaeth yn yr oesoedd canol ac wedi hynny, sef ar lun deialog neu
holi ac ateb rhwng disgybl a'i athro: gorwedd apêl y dull hwn yn ei
uniongyrchedd syml ac agos-atoch, ac mae'n ddull sy'n ei fenthyg ei
hun yn esmwyth naturiol i'r Gymraeg. Ond yn ei gynnwys y
gorweddai apêl pennaf y gwaith i gynulleidfa'r oesoedd canol. Nid
rhyw ddiwinyddiaeth athronyddol a dadleugar wedi'i hanelu at
gynulleidfa ysgolheigaidd a chraff mo gynnwys yr *Elucidarium* ond yn
hytrach grynodeb neu gompendiwm o athrawiaethau Cristnogol,
wedi'u trefnu o dan dri phennawd, sef Crist, yr eglwys a'r bywyd sydd
i ddyfod, a phob cwestiwn ac ateb wedi'u teilwra'n ofalus yn y fath
fodd ag i gyfleu sicrwydd diamheuol a darparu gwybodaeth anffaeledig
ynghylch y pynciau a drafodid. Anwybyddodd Honorius y
cwestiynau diwinyddol mawr a dyrys a oedd yn trethu meddylwyr
gorau Ewrop yn ei ddydd, ac yn hynny o beth gellir dadlau fod ei
draethawd eisoes yn ddyddiedig a hytrach yn henffasiwn yn ei oes ei
hun. Ond yn eironig ddigon rhoddodd ei osgo syml a phendant tuag
at brif athrawiaethau'r Ffydd ryw apêl oesol neu ddiamser i'w waith,
ac fe'i derbynnid gan genhedlaeth ar ôl cenhedlaeth o eglwyswyr
cyffredin a lleygwyr diwylliedig ar draws Ewrop o'r ddeuddegfed
ganrif, nes ei ddisodli yn y pen draw gan weithiau crefyddol o fath
newydd a gynhyrchwyd gan frwdfrydedd heintus ac ysgolheictod
bwriadus y Diwygiad Protestannaidd. Ar ddiwedd y bedwaredd
ganrif ar ddeg, fodd bynnag, roedd yr *Elucidarium* eto ar anterth ei
boblogrwydd a barnu wrth ddyddiad y copïau sydd wedi goroesi,[32] ac
mae'r ffaith fod gan Hopcyn ap Tomas gopi ohono yn ei lys ar lan
Tawe yn gymaint prawf o boblogrwydd y testun yng Nghymru ar y
pryd ag ydyw o'i chwaeth a'i grebwyll yntau fel dyn diwylliedig

'Ewropeaidd', ac yn awgrym ei fod ef, o ran ei syniadaeth ddiwinyddol o leiaf, yn debyg iawn i'r rhan fwyaf o'i gymheiriaid ar draws gwledydd Cred yn y cyfnod hwn.

Perthyn elfen o amwysedd ymddangosiadol i'r ail o'r gweithiau a enwir gan Ddafydd y Coed, sef y *Greal*. Ceir enghreifftiau o ddefnyddio'r gair 'Greal' yn y bymthegfed ganrif a'r unfed ganrif ar bymtheg ym Morgannwg yn deitl llyfr gwasanaeth eglwysig yn cynnwys antiffonau neu anthemau i'w canu yn yr Offeren,[33] ac yn sicr ni fyddai dim annisgwyl mewn gweld perchennog copi o'r *Elucidarium* yn berchen hefyd ar lyfr eglwysig o'r fath. Fodd bynnag, ceir enghreifftiau hŷn, o'r bedwaredd ganrif ar ddeg ymlaen, o arfer y gair 'Greal' i gyfeirio at y ddysgl a ddefnyddid gan Grist yn y Swper Olaf;[34] yn ôl traddodiad, defnyddiodd Joseff o Arimathea yr un ddysgl i dderbyn dafnau o waed Crist yn ystod y Croeshoeliad, ac yn ddiweddarach fe'i cludwyd ganddo i Brydain. Daeth y Greal Sanctaidd yn ffocws cylch o chwedlau neu storïau yn adrodd helyntion ac anturiaethau marchogion Arthur yn eu hymchwil amdano, a gallwn fod yn weddol hyderus mai yn yr ystyr olaf hon y defnydiwyd y gair wrth restru'r gweithiau a oedd ym meddiant Hopcyn ap Tomas. Mae deall y cyfeiriad at y *Greal* yn yr ystyr hon yn sicr yn cydweddu'n well â'r enghreifftiau eraill o'r gair a gadwyd o'r bedwaredd ganrif ar ddeg, ond yn bwysicach na hynny efallai, yn yr ystyr hon y gorwedd esmwythaf yng ngherdd Dafydd y Coed, gan mai ar yr amrywiaeth eang o weithiau llenyddol o wahanol fathau a oedd ynghadw yn Ynysforgan y mae pwyslais y llinellau hyn. A cheir cadarnhad pellach i'r dehongliad hwn ar y teitl o gyfeiriadau eraill, fel y cawn drafod eto.

Mae'r testunau Cymraeg a adwaenir fel *Ystoryaeu Seint Greal* yn gyfieithiad a wnaed yn y bedwaredd ganrif ar ddeg o ddwy ramant Ffrangeg annibynnol, *La Queste del Saint Graal* a *Perlesvaus,* a luniwyd tua dechrau'r drydedd ganrif ar ddeg.[35] Perthynai'r ddau, yn eu ffyrdd gwahanol, i fudiad llenyddol pur boblogaidd a ffasiynol yn Ffrainc ar y pryd, mudiad a welai ar y naill law ymgais i gysylltu'r chwedl Arthuraidd (cyfraniad mwyaf Cymru i ddychymyg Ewrop, o bosibl) â chyfnod y Testament Newydd a thrwy hynny sefydlu'r Greal Sanctaidd yn un o brif themâu llên Ffrainc, ac un a oedd yn dyst ar y llaw arall i symud pendant oddi wrth yr hen arfer Ffrengig o gyfansoddi naratif ar fesur ac odl i lunio storïau rhyddiaith. Mae prif thema *La Queste* a *Perlesvaus* yn sylfaenol debyg, ac yn sawru o

Gristnogaeth asgetig: er mai marchogion llys Arthur yw'r gorau yn y byd, mae eu diffygion moesol yn eu rhwystro rhag cyflawni'r gamp uchaf oll a chanfod y Greal; cedwir y fraint arbennig honno i farchog ysbrydol a moesol berffaith, sef Persifal (cefnder cyfandirol Peredur y traddodiad Cymreig) yn *Perlesvaus,* a Galaad neu Galaath (sy'n fwy cyfarwydd bellach fel Galahad), arwr newydd sbon a ddyfeisiwyd yn arbennig ar gyfer y dasg yn *La Queste.* Mae nifer y copïau llawysgrif o'r ddau destun hyn ac eraill ar yr un thema yn dyst i boblogrwydd eithriadol chwedlau'r Greal yn Ffrainc yn ystod y drydedd a'r bedwaredd ganrif ar ddeg, ac yn ystod y ddwy ganrif hynny hefyd fe welwyd tuedd—bron na allwn alw'r peth yn ffasiwn—i gyfieithu gweithiau llenyddol o'r Ffrangeg i ieithoedd brodorol eraill gorllewin Ewrop a'r tu hwnt, a'r Gymraeg yn eu plith. O'r amrywiaeth o destunau a gyfieithwyd yr oedd y rhamantau Arthuraidd, gan gynnwys chwedlau'r Greal, ymhlith y mwyaf poblogaidd. O ganlyniad, mae cael ar ddeall fod gan Hopcyn ap Tomas gopi o *Ystoryaeu Seint Greal* yn ei lys yn Ynysforgan yn ei osod, o ran ei chwaeth lenyddol, yng nghanol ffasiwn a ysgubai dros y rhan fwyaf o orllewin Ewrop yn ei ddydd: roedd yn berchen ar waith na ellir ei ddisgrifio ond fel un o'r 'brigwerthwyr' gorau a fu yn hanes llenyddiaeth ganoloesol y gorllewin, er y dylid pwysleisio yma hefyd flaengarwch eithriadol ei berchnogaeth ar destun Cymraeg o chwedlau'r Greal, fel y cawn drafod eto. Mae'n amlwg fod Hopcyn ap Tomas, yn y cyd-destun hwn beth bynnag, yn ddyn a fynnai fod ar flaen y ffasiwn.

Os yw enwi'r *Lucidarius* a'r *Greal* yn fodd i osod Hopcyn ap Tomas mewn cyd-destun Ewropeaidd eang ar y naill law, pwysleisio ei ddiddordeb mewn agweddau gwahanol ar ddysg draddodiadol Gymreig a wna Dafydd y Coed wrth grybwyll dau destun arall a oedd yn ei feddiant. Mae'n debyg mai ffurf ar y gair *aniales,* sef Cymreigiad o'r Lladin *annāles* sy'n golygu 'cronicl neu waith hanesyddol, mewn rhyddiaith neu ar gân',[36] yw *Ynyales.* Bu gan y Cymry erioed ddiddordeb yn eu hanes fel cenedl, ac mewn cyfnodau cynnar roedd cadw'r hanes hwnnw yn rhan o waith y beirdd fel urdd ddysgedig. Fe'i cedwid ganddynt ar lafar, ar ffurf achau, trioedd a thardd-chwedlau, a bu'r ystôr hon o wybodaeth hanesyddol draddodiadol yn fwynglawdd cyfoethog a chyfleus iddynt ar gyfer cyffelybiaeth a chyfeiriadaeth yn eu hawdlau mawl. Dyna pam y mae triawd a gofnodir yn Llyfr Coch Hergest yn honni fod gwybodaeth am hanes yn un o'r tri pheth sy'n rhoi helaethrwydd i fardd.[37] Mewn ystyr real iawn felly, fe ellid dadlau mai llys noddwr oedd *milieu* arferol hanesyddiaeth Gymraeg gynnar.

Fodd bynnag, ochr-yn-ochr â'r hanesyddiaeth lafar hon rhaid gosod traddodiad hanesyddol cwbl wahanol ei ddull a'i gyfrwng a ddaeth yn gynyddol bwysig yng Nghymru'r oesoedd canol. Traddodiad ysgrifenedig oedd hwn a feithrinid yn bennaf, mae'n debyg, mewn sefydliadau mynachaidd neu eglwysig, a'r Lladin oedd ei gyfrwng. (Y Lladin wrth gwrs oedd iaith arferol dysg ysgrifenedig trwy wledydd gorllewin Ewrop tan tua'r ddeuddegfed ganrif neu'r drydedd ganrif ar ddeg, ac er bod sawl enghraifft o Gymraeg ysgrifenedig wedi goroesi o'r wythfed ganrif ymlaen fe awgrymwyd na ddaeth ysgrifennu Cymraeg yn wirioneddol gyffredin tan rywbryd yn y drydedd ganrif ar ddeg.)[38] I'r traddodiad hwn y mae'n rhaid troi er mwyn canfod *Ynyales* Hopcyn ap Tomas.[39]

Er bod y Lladin *annāles* (yn union fel y gair Saesneg *annals* sy'n tarddu ohono) yn gallu golygu 'cofnod hanesyddol' mewn ystyr gyffredinol ac eang, fe'i defnyddir yn arbennig ar gyfer gweithiau hanesyddol ar ffurf blwyddgofnodion, lle y rhestrir prif ddigwyddiadau y naill ar ôl y llall fesul blwyddyn. Dull eglwysig oedd hwn yn ei wraidd, a ddatblygodd o arfer yr Eglwys o nodi digwyddiadau diddorol neu arwyddocaol ar dablau'r Pasg, ond fe'i mabwysiadwyd yn bur eang yn y Gorllewin fel dull hwylus o gofnodi hanes 'seciwlar' hefyd. Goroesodd nifer o groniclau Lladin o'r math hwn sy'n ymwneud â hanes Cymru, megis y *Cronica de Wallia,* neu'r tri chronicl gwahanol a gyhoeddwyd dan y teitl *Annales Cambriae,*[40] ac nid yw'n amhosibl fod cerdd Dafydd y Coed yn cyfeirio at destun Lladin o'r fath, fel y gwelir eto; ond y pwysicaf o ddigon o'r gweithiau hanesyddol o'r math hwn yng nghyd-destun Cymru yw'r cyfieithiadau Cymraeg sydd wedi goroesi o destun Lladin coll, a adwaenir fel *Brut y Tywysogyon.*[41] Mae'r *Brut* yn agor yn y flwyddyn 682 ac yn parhau hyd 1282,[42] ac er mai croniclo digwyddiadau o bwys yn syml ac yn uniongyrchol oedd nod sylfaenol yr awdur, a ysgrifennai tua diwedd y drydedd ganrif ar ddeg, caniatâi iddo'i hun gael ei gyffroi gan yr hanes ar brydiau, a'r cyffro hwnnw'n rhoi lliw a drama i ambell adran o'i gronicl. Mae'n bur eglur mai Cymro twymgalon oedd awdur y *Brut* gan fod ei gronicl yn bell o fod yn amhleidiol a diduedd, a chynigia ddehongliad traddodiadol a beiblaidd ar hanes y genedl, sef bod llwyddiant milwrol yn dod yn sgil gweithredu ffydd yn Nuw. Cawn fod yn hyderus y byddai gan uchelwr diwylliedig fel

Hopcyn ap Tomas ddiddordeb byw yn hanes ei genedl, a gellir yn hawdd gredu y byddai testun fel *Brut y Tywysogyon*, a gyflwynai'r hanes hwnnw mewn fframwaith gwladgarol a beiblaidd, at ddant y gŵr hwn o Gwm Tawe. Onid yw'r ffurf Ladinaidd *Ynyales* a ddefnyddiwyd gan Dafydd y Coed yn awgrymu'n wir mai'r Lladin oedd cyfrwng y llyfr hanes a fu ym meddiant Hopcyn ap Tomas, tybed ai copi o *Brut y Tywysogyon* oedd yr *Ynyales* a enwir—neu efallai rhan o'r *Ynyales,* oherwydd y mae'n bosibl fod mwy na gofynion y gynghanedd wedi peri i'r bardd ddefnyddio'r teitl dieithr hwn ar destun a oedd, erbyn y bedwaredd ganrif ar ddeg, eisoes yn adnabyddus fel y *Brut* neu *Brut y Tywysogyon.*

Mae cofnod cyntaf *Brut y Tywysogyon* yn dangos yn glir fod yr awdur yn synio am ei waith fel parhad o destun hanesyddol arall, tra phoblogaidd yn yr oesoedd canol, sef *Historia Regum Britanniae* a luniwyd gan Sieffre o Fynwy *c.* 1136-8.[43] Ond er gwaethaf yr ymgais bwriadol hwn i gysylltu'r ddau destun, rhaid cydnabod fod nod a chwmpas a dull gwaith Sieffre yn dra gwahanol i eiddo awdur anhysbys y *Brut.* Nid dull yr *annāles* a ddewisodd Sieffre ar gyfer ei *Historia* ond yn hytrach ddull a ddaeth i fri yng ngorllewin Ewrop yn y ddeuddegfed ganrif, sef y naratif esboniadol sydd yn olrhain achos digwyddiadau hanesyddol ac yn eu hesbonio a'u dehongli. O'r herwydd, mae *Historia* Sieffre ar un olwg yn ymddangos yn llawer tebycach i'n syniad modern o lyfr hanes na chofnodi moel *Brut y Tywysogyon,* ond ni pherthynai i Sieffre anianawd yr hanesydd diweddar sydd yn seilio'i farn ar ymchwil ysgolheigaidd i ddogfennau dibynadwy. Roedd ganddo ddawn storïwr, ac ychwanegodd dalp go hael o'i ddychymyg ffrwythlon ei hun at unrhyw ffynonellau dilys a oedd ganddo wrth law wrth iddo lunio'i lyfr. Bwriad ysgogol Sieffre, fe ymddengys, oedd darparu hanes priodol o deilwng i drigolion gwreiddiol Ynys Prydain—hanes a fyddai nid yn unig yn bodloni'i bobl ei hun ond hefyd y gymdeithas Normanaidd a oedd yn araf fwrw ei gwreiddiau i diriogaethau newydd ar draws rhannau helaeth o Forgannwg a Gwent yn yr union gyfnod hwn. Olrheiniodd Sieffre dras y Brytaniaid yn ôl i Brutus, arwr a ddihangodd o Gaerdroea, ac ar ôl iddo ef a'i ddilynwyr ymsefydlu ym Mhrydain dilynir hanes brenhinoedd y genedl trwy'r goresgyniad Rhufeinig a dyfodiad y Saeson hyd at Gadwaladr, y brenin a gollodd benarglwyddiaeth yr ynys i'r Saeson yn derfynol. Er gwaethaf cychwyniadau aruchel y genedl yn y byd clasurol a'i hanes ysblennydd sy'n cyrraedd uchafbwynt gogoneddus yn nheyrnasiad Arthur, prif thema'r gwaith yw dirywiad a darostyngiad y genedl yn sgil ei gwaseidd-dra a'i llwfrdra cynhenid.[44]

Cafodd gwaith Sieffre gylchrediad eang iawn; yn wir, nid gormod fyddai honni mai dyma lyfr hanes mwyaf dylanwadol yr oesoedd canol yn y byd gorllewinol. Ac er y pwyslais ar golli bri ac urddas y dyddiau gynt, bu *Historia* lliwgar a bywiog Sieffre o Fynwy yn dra phoblogaidd yng Nghymru, yn bennaf mae'n debyg am ei fod yn paentio darlun mor ogoneddus o orffennol y genedl, ac fe'i cyfieithwyd i'r Gymraeg droeon o ddechrau'r drydedd ganrif ar ddeg ymlaen dan y teitl *Brut y Brenhinedd.*[45] Mae cael ar ddeall, fel y cawn weld eto, fod copi o'r *Historia,* neu gyfieithiad ohono, ym meddiant Hopcyn ap Tomas yn Ynysforgan eto yn ategu'r darlun ohono fel dyn diwylliedig nodweddiadol o'i oes, y tro hwn o ran ei grebwyll hanesyddol. Diau y byddai pwyslais Sieffre ar ogoniant y cyfnod Arthuraidd yn apelio'n bersonol at ŵr a ymddiddorai, fel y gwelsom eisoes, yn y chwedlau a dyfasai o gwmpas Arthur a'i farchogion; ymhellach, byddai prif thema'r *Historia,* sef mai'r Cymry oedd gwir etifeddion Prydain gyfan ond iddynt golli'r benarglwyddiaeth trwy frad a dichell, a'r amwysedd bwriadol sy'n cwmpasu hanes diwedd y cyfnod Arthuraidd ac a ganiatâi obaith am adferiad i'r hen ogoniant gynt, yn ategu a chyflenwi diddordebau'r 'maister of Brut' yn yr hen gerddi darogan.

Mae rhai copïau o *Brut y Brenhinedd* wedi'u rhagflaenu gan gyfieithiad o lyfr Lladin arall, *De Excidio Troiae Historia,* a adwaenir yn Gymraeg fel *Ystoria Dared,*[46] sydd yn olrhain hanes rhyfel Caerdroea hyd at y pwynt lle y dechreuodd Sieffre ar ei hanes yntau. Ni pherthyn i *Ystoria Dared* nac urddas *Brut y Tywysogyon* na bywiogrwydd dramatig *Brut y Brenhinedd*; hytrach yn ddigynllun yw'r gwaith hwn mewn gwirionedd, a digon di-fflach ei fynegiant, ac mae'n ddigon posibl mai'r unig reswm iddo gael ei gyfieithu i'r Gymraeg oedd am ei fod yn gosod dechreuadau honedig y genedl yng Nghaerdroea mewn perspectif ychydig yn ehangach, ac yn ffurfio rhagymadrodd estynedig ond twt i waith Sieffre.

Tybed onid oedd yr *Ynyales* a enwir gan Ddafydd y Coed yn destun cyfansawdd a gyfunai *Brut* Sieffre (ynghyd â chopi o *Ystoria Dared,* o bosibl) â rhyw gronicl fel *Brut y Tywysogyon,* ac mai dyna pam y defnyddiodd y bardd yr enw generig 'ynyales' yn hytrach nag enwi testun penodol a hysbys. Mae'r cyfryw gyfuniadau uchelgeisiol o destunau hanesyddol wedi goroesi o'r bedwaredd ganrif ar ddeg,[47] a byddai dangos (fel y gwneir yn nes ymlaen) fod Hopcyn ap Tomas yn berchen ar destun hanesyddol mawreddog o'r fath a honnai olrhain hanes y genedl o'i dechreuadau yng Nghaerdroea hyd ddiwedd y drydedd ganrif ar ddeg ond yn gymesur â'i ddiwylliant eangfrydig mewn meysydd eraill, ac yn awgrym ei fod, yn ei ymwybod â hanesyddiaeth Gymreig, fel mewn meysydd eraill, yn ŵr tra dysgedig.

Go brin y gall fod unrhyw amheuaeth ynghylch natur y gwaith olaf a enwir yn rhestr Dafydd y Coed o'r llyfrau a fu ym meddiant Hopcyn ap Tomas: 'A grym pob kyfreith ae gras'. Rhaid ei fod yn cyfeirio at lawysgrif a gynhwysai fersiwn o Gyfraith Hywel, y gyfraith frodorol Gymreig a gysylltir yn anwahanadwy gan draddodiad a chan y llyfrau cyfraith eu hunain ag enw Hywel Dda ap Cadell, brenin a deyrnasodd dros y rhan fwyaf o Gymru am gyfnod byr rhwng *c.*942 a'i farwolaeth yn 949 neu 950.[48] Fodd bynnag, er ei bod yn gwbl bosibl i Hywel wneud rhyw waith diwygio digon sylfaenol ar gyfreithiau ei wlad yn y cyfnod hwnnw, mae'r llawysgrifau cyfraith sydd wedi goroesi o'r oesoedd canol (rhyw ddeugain ohonynt i gyd, o'r cyfnod rhwng diwedd y ddeuddegfed a diwedd y bymthegfed ganrif) yn cynnwys deunydd amrywiol iawn o ran ei oedran—peth ohono yn hynafol iawn yn tarddu o gyfnodau ymhell cyn oes Hywel, peth y gellir yn hawdd gredu ei fod yn perthyn i'r ddegfed ganrif, a pheth eto y gellir dangos yn glir ei fod yn perthyn i'r drydedd a'r bedwaredd ganrif ar ddeg. Mae llawysgrifau Cyfraith Hywel yn ymrannu'n dri grŵp neu deulu o destunau: dull Iorwerth, a gysylltir â Gwynedd, dull Blegywryd a gysylltir â Dyfed, a dull Cyfnerth a gysylltir â Phowys neu efallai â Gororau Cymru. Anghywir fodd bynnag fyddai gorbwysleisio'r patrwm taleithiol hwn oherwydd un gyfraith a weinyddid ledled Cymru oedd Cyfraith Hywel yn y bôn, ac mae'r llawysgrifau sydd wedi goroesi—yn enwedig efallai y rhai a gopïwyd yn ystod y bedwaredd ganrif ar ddeg a'r bymthegfed ganrif—yn dangos mor barod yr oedd y cyfreithwyr i fenthyca deunydd o lawysgrifau'r dulliau eraill. Nid yw parodrwydd copïwyr y llawysgrifau diweddar hyn i ddatblygu cynnwys eu llyfrau cyfraith trwy dynnu i mewn iddynt ddeunydd 'newydd' o wahanol ffynonellau ond yn adlewyrchu'r ffaith fod y gyfraith frodorol ei hun wedi parhau i ddatblygu a newid trwy gydol y cyfnod canol. Oherwydd ni ddiddymwyd Cyfraith Hywel gyda chwymp Llywelyn yn 1282 ac Ystatud Rhuddlan yn 1284; parhawyd i arfer Cyfraith Hywel mewn rhai mathau o achosion

ac mewn rhai ardaloedd, yn y Tywysogaethau Seisnig newydd a
grewyd gan yr Ystatud ac yn arglwyddiaethau'r Mers Normanaidd
fel ei gilydd, tan ganol yr unfed ganrif ar bymtheg a Deddfau Uno
Harri VIII.[49]
   Pam y byddai gŵr fel Hopcyn ap Tomas yn cadw copi o lyfr
cyfraith yn ei gartref? Mae gennym bob lle i gredu fod gwybodaeth
o'r gyfraith frodorol yn cael ei hystyried yn yr oesoedd canol yn
gymaint rhan o gynhysgaeth y Cymro diwylliedig â'r brutiau a'r
hengerdd. 'Darllen cyfraith rugliaith raid' oedd un wedd ar fywyd
diwylliannol ei noddwyr yn Nannau a nodwyd gan Llywelyn Goch ap
Meurig Hen, er enghraifft,[50] ac mewn cerdd gan Gutun Owain i
Elisau ap Gruffudd ab Einion honnir fod y gyfraith wrth 'wreiddyn
pob cyfrwyddyd', sef yn hanfodol i wybodaeth neu ddysg gyflawn.[51]
Ceir ateg i hyn o gyfeiriad y llyfrau cyfraith eu hunain o bosibl. Mae
amryw o'r llawysgrifau sydd wedi goroesi yn rhai bychan eu maint,
wedi'u copïo'n aml gan law drwsgl ar femrwn digon salw; llyfrau
poced oedd y rhain a ddefnyddid bob dydd gan gyfreithwyr wrth eu
gwaith, ac olion y defnydd cyson hwn yn ddigon clir ar eu dalennau
treuliedig. Mae eraill, fodd bynnag, yn gyfrolau urddasol, yn fwy o
ran maint ac ar femrwn da, yn gynnyrch copïwyr proffesiynol, ac
mae'r nodweddion corfforol hyn ynghyd â chyflwr glân eu dalennau'n
awgrymu'n gryf nad llyfrau gwaith mohonynt ond yn hytrach llyfrau
llyfrgell;[52] dyma destunau a gopïwyd, mae'n siŵr, at ddefnydd
uchelwyr diwylliedig fel Hopcyn ap Tomas a'i debyg. Mae hyd yn
oed cynnwys rhai o'r llyfrau 'llyfrgell' hyn yn tueddu i gadarnhau'r
dehongliad hwn, oherwydd blith draphlith â'r deunydd cyfreithiol
'byw' ac ymarferol berthnasol fe gynhwyswyd hefyd nid yn unig
ddeunydd cyfreithiol hynafol na allai fod unrhyw arwyddocâd
ymarferol iddo erbyn cyfnod y copïo, ond yn ogystal ddeunydd
chwedlonol neu ffug-hanesyddol heb unrhyw gysylltiad amlwg na
honedig â'r gyfraith, ond a fyddai'n sicr o ddiddordeb i'r darllenydd
diwylliedig 'cyffredin' ac yn enwedig i ŵr fel Hopcyn a oedd, i feddwl
Ieuan Llwyd o leiaf, yn cwmpasu 'Llwyr wybodeu llen a llyfreu' (col.
1415, ll.26).
   Eto mae'n bosibl fod rheswm pellach pam y bu llawysgrif yn
cynnwys testun o'r gyfraith frodorol ym meddiant Hopcyn ap
Tomas. Fel y gwelsom, roedd Cyfraith Hywel yn fyw iawn o hyd yn
ail hanner y bedwaredd ganrif ar ddeg, ac yn gyfochrog â'i ddiddordeb
hynafiaethol a diwylliannol yng nghyfreithiau ei wlad, nid yw'n

amhosibl fod gan Hopcyn ap Tomas ddiddordeb ymarferol ynddynt
hefyd. Yn ôl llawysgrifau dull Iorwerth, yr arfer yng Ngogledd
Cymru oedd cynnal achosion cyfreithiol gerbron brawdwr proffesiynol,
neu ynad, a hyfforddid yn drwyadl at ei waith er na wyddom bellach
odid ddim am gyfundrefn yr hyfforddiant hwnnw.[53] Cwbl wahanol
oedd yr arfer yn Ne Cymru yn ôl llawysgrifau dull Blegywryd: yma
yr arfer oedd cynnal achos gerbron lliaws o frawdwyr, a'r unig
gymhwyster angenrheidiol a nodir gan y testunau yw fod y brawdwyr
hyn yn dirberchnogion.[54] Nid hawdd yw esbonio'r gwahaniaeth
sylfaenol hwn yng ngweinyddiad y gyfraith rhwng de a gogledd, ond
ceir cadarnhad i'r patrwm mewn dogfennau canoloesol, ac nid oes
reswm dros ei amau yn ei graidd.[55] Dim syndod felly fod llawysgrifau
dull Blegywryd yn gosod llawer iawn mwy o bwys na rhai Iorwerth ar
y gyfraith ysgrifenedig ac ar ganfod barn briodol mewn achos penodol
ar dudalennau 'brawdlyfr' neu lyfr cyfraith;[56] a chan y dirwyid y
brawdwyr o fraint tir yn hallt pe gellid dangos iddynt farnu yn groes
i'r gyfraith ysgrifenedig mewn achos arbennig, ni ellid amau'r
pwysigrwydd a'r parch a osodid ganddynt ar lawysgrifau Cyfraith
Hywel. Cwestiwn na ellir ei ateb yn hawdd yw i ba raddau y
gweithredai 'pob perchen tir' yn ei dro fel brawdwr amatur o'r fath,
yn unol â honiad y llawysgrifau, neu i ba raddau y gadewid i elfennau
mwyaf dysgedig a blaenllaw y gymdeithas weithredu'n gyson ar ran
y lleill, neu o leiaf arwain y gweithgareddau, nes iddynt gael eu
hystyried gan y gymdeithas o'u cwmpas yn wŷr hyddysg a phrofiadol
yng Nghyfraith Hywel.

Yn sicr, o garfan felly y daeth haen ychwanegol o wŷr cyfraith i'r
golwg yn y bedwaredd ganrif ar ddeg: cyfeirir yn nogfennau ariannol
y cyfnod, ac yn y llawsgrifau cyfraith diweddarach, at ddosbarthwyr,
gwŷr hyddysg yng Nghyfraith Hywel a gyflogid gan y Goron i gywiro
camddyfarniadau a wnaethpwyd gan y brawdwyr o fraint tir.
Gwyddom am dros ddeugain o achosion lle y bu dosbarthwyr ar
waith, ac enwir mwy na deg ar hugain o ddosbarthwyr unigol, a'r hyn
sy'n drawiadol yw cynifer ohonynt sy'n adnabyddus mewn cyd-
destunau eraill. Gwŷr blaenllaw yn y gymdeithas oedd y dosbarthwyr
—gwŷr megis Rhydderch ab Ieuan Llwyd o Barc Rhydderch yn
Ystrad Aeron a hanai o deulu o noddwyr nodedig y cysylltir dwy
lawysgrif lenyddol ganoloesol hynod bwysig â hwy, sef Llyfr Gwyn
Rhydderch a Llawysgrif Hendregadredd,[57] a diau fod amryw o'r
lleill, er nad mor amlwg â Rhydderch erbyn heddiw efallai, yn cyfuno

diddordebau diwylliannol â'r ymwneud ymarferol hwn â'r gyfraith. A oedd Hopcyn ap Tomas yn ddosbarthwr, neu ynteu'n frawdwr o fraint tir, yn debyg i'w gymheiriad o Barc Rhydderch? Ai dyna pam yr oedd ganddo lawysgrif yn cynnwys 'grym pob kyfreith ae gras' yn ei lys yn Ynysforgan? Yr ateb syml yw na wyddom; yn sicr, hyd yn hyn ni ddaethpwyd o hyd i'w enw mewn dogfennau cyfoes a fyddai'n profi'n derfynol ei ddiddordeb ymarferol yn y gyfraith.[58] Fodd bynnag, gellir nodi ystyriaeth sydd, er yn bell o brofi dim, o leiaf yn awgrymu iddo weithredu yn y modd yma. O droi at yr awdlau mawl iddo yn Llyfr Coch Hergest, gwelir ambell awgrym o'i ymwneud ymarferol â'r gyfraith. Mae Madog Dwygraig a Dafydd y Coed ill dau yn cyfeirio ato fel 'ynat'; er na ddefnyddir y gair hwn yn gyffredin yng nghyd-destun gweinyddiaeth y De, fe all awgrymu ei ymwneud cyson â'r gyfraith ar lefel led uchel. Mewn man arall, mae Dafydd y Coed yn defnyddio trosiad awgrymog iawn: mae Hopcyn yn 'Da lyuyr y gyfreith' (col.1377, ll.5). Cyfeiria Madog Dwygraig at nodweddion ynddo sy'n gymwysterau arbennig o addas ar gyfer gŵr cyfraith:

> Kyflawn y wyneb kof lan ynat
> Kynnedueu Selyf kein vod seilyat—dawn
> Kyfyawn ac unyawn y digonyat (col.1310, ll.17-19),

a sonnir yn y llinell nesaf am 'karyat barngoeth'. Er bod rhaid gochel rhag 'ysbrydoli' llenyddiaeth yr oesoedd canol ag ystyron sy'n ategu'n gyfleus unrhyw ddamcaniaethau a goleddwn amdani, anodd peidio â gweld yn y cyfeiriadau hyn—a nifer o rai eraill tebyg yn yr awdlau mawl i Hopcyn ap Tomas—ryw awgrym o ymwneud ymarferol â'r gyfraith rhagor na rhyw ddiddordeb cyffredinol ynddi yn unig.

Awgrymodd yr Athro G.J. Williams mai ysbrydoli cyfeiriadau yn y pum awdl yn Llyfr Coch Hergest sydd wrth wraidd 'rhamant' Iolo Morganwg am Hopcyn ap Tomas a'i deulu; dyma'r deunyddiau crai a ddefnyddiodd Iolo i weu mantell mor afradlon o gyfoethog o'u cwmpas.[59] Roedd pwyslais yr awdlau ar wybodaeth aruthrol Hopcyn o ddysg y beirdd a'u presenoldeb llethol yn Ynysforgan yn fodd i droi tad-cu Hopcyn, Einion ap Gethin, yn neb llai nag Einion Offeiriad, awdur y gramadeg barddol enwog. Roedd enwi'r *Greal* a'r cyfeiriadau mynych at Arthur a chymeriadau eraill y chwedl Arthuraidd fel Caw a Gwalchmai, heb sôn am grybwyll cymeriadau eraill o'r chwedlon-

Cwm Tawe

iaeth ganoloesol megis Amig ac Elphin, yn ddigon i droi Hopcyn a'i dad, rhyngddynt, yn awduron y Mabinogion a Chwedl Taliesin. Nid oedd Iolo'n sicr o ystyr y gair 'ynyales', mae'n debyg, a dyna pam y trodd hwnnw'n rhyw fath o lyfr lloffion o lenyddiaeth gymysg ond pwysig a luniodd Hopcyn neu a gasglwyd ganddo.

Awgrymwyd fod hyn oll yn enghraifft wych o'r ffordd y medrai meddwl ffansïol Iolo greu ambell fricsen ddigon cywrain gyda ychydig iawn o wellt yn ei ymgais i ddyrchafu traddodiad llenyddol Morgannwg a phrofi blaenoriaeth y dalaith ym mhob agwedd ar ddiwylliant Cymru.[60] Fodd bynnag, yn yr achos hwn, nid yw'n amhosibl iddo lwyddo i ganfod peth gwellt o leiaf ar gyfer ei waith adeiladu, a bod y ffantasi arbennig hon wedi egino o hedyn o wirionedd —o fath. Er y tueddwn bellach i gysylltu enw Iolo Morganwg â ffugiadau llenyddol, rhaid peidio ag anghofio na bychanu ei wybodaeth fanwl ddihafal am lawysgrifau a thestunau yr oesoedd canol a chopïau dilys ohonynt. Yn ei ymwneud beunyddiol â'r deunyddiau crai hyn mae'n ddigon posibl i Iolo ddod i'r un casgliad ag a wnaeth yr Athro G. J. Williams dros ganrif yn ddiweddarach, ac amau fod cysylltiad uniongyrchol rhwng Hopcyn ap Tomas a'r Llyfr Coch ei hun—a'r testunau sydd ynddo o chwedlau'r Mabinogion a gramadeg Einion Offeiriad, ymhlith llu o bethau eraill. Os gwir hyn, byddai'r cyswllt tybiedig hwn yn gymaint sail i honiadau Iolo am deulu Hopcyn â chynnwys y pum awdl mawl.

Beth bynnag am Iolo, G.J. Williams oedd y cyntaf i awgrymu mewn print mai un o lyfrau Hopcyn ap Tomas ei hun oedd y Llyfr Coch yn wreiddiol, er mai â Hergest Court yn swydd Henffordd y cysylltid y llawysgrif er canol yr unfed ganrif ar bymtheg.[61] Fe'i harweiniwyd i gynnig hyn ar sail tair ystyriaeth: yn gyntaf, fe gopïwyd y Llyfr Coch tua diwedd y bedwaredd ganrif ar ddeg, yn ystod oes Hopcyn; yn ail, gwelir tuedd yn y bedwaredd ganrif ar ddeg i foneddigion gomisiynu copïwyr i lunio casgliadau o farddoniaeth neu ryddiaith at eu defnydd personol—dwy enghraifft amlwg fyddai Rhydderch ab Ieuan Llwyd o Ystrad Aeron a Gruffudd ap Llywelyn o'r Cantref Mawr; yn drydedd, mae'r Llyfr Coch, fel y gwelsom, yn cynnwys pum awdl mawl i Hopcyn, un i'w fab Tomas ap Hopcyn, ynghyd â rhestr o 'gasbethau' Gwilym Hir, saer Hopcyn ap Tomas. Wedi gwneud y cynnig diddorol hwn fodd bynnag, â G.J. Williams yn ei flaen i bwysleisio fod 'hyn oll yn drwyadl ansicr, er cydnabod

mai uchelwr llengar fel Hopcyn ap Tomas a fyddai'n eiddgar i
sicrhau casgliad mawr o destunau rhyddiaith ac o'r hen ganu.'[62]

Mae'r hyn a ymddangosai'n 'drwyadl ansicr' i G.J. Williams yn
1948 bellach yn ymddangos yn gwbl debygol; mae gwaith diweddarach
ar nifer o lawysgrifau Cymraeg yr oesoedd canol yn awgrymu'n lled
bendant erbyn hyn y gallwn nid yn unig gyfrif Llyfr Coch Hergest
ymhlith y llyfrau a gedwid unwaith yn Ynysforgan ond hefyd
adnabod sawl llyfr arall a fu ym meddiant Hopcyn ap Tomas neu ryw
aelodau eraill o'i deulu.

Mae'r cam cyntaf mewn unrhyw ymgais i brofi perchnogaeth y
Llyfr Coch neu i adlunio catalog llyfrgell Ynysforgan yn un hytrach
yn annisgwyl efallai, gan fod gofyn inni edrych ymhellach o dipyn
na'r prif gasgliadau o lawysgrifau canoloesol Cymraeg sy'n ymgartrefu
yn llyfrgelloedd academaidd Cymru a Lloegr. Yn llyfrgell y Public
Library Company, Philadelphia, Pennsylvania ceir llawysgrif
Gymraeg dameidiog a'i phrif gynnwys yn gopi o *Ystoria Dared* ynghyd
â *Brut y Brenhinedd*.[63] Mae'r naill destun a'r llall bellach yn anghyflawn
ac ni pherthyn iddynt unrhyw arbenigrwydd neilltuol. O ddiddordeb
anhraethol fwy yw'r nodyn a ychwanegodd copïydd y *Brut* i ddiwedd
ei gopi o'r testun hwnnw:

> y llyuyr hwnn a yscriuennwys howel vychan uab howel goch o uuellt yn
> llwyr onys gwnaeth agkof adaw geir neu lythyren. o arch a gorchymun y
> vaester nyt amgen Hopkyn uab thomas uab einawn ...

Dyma brawf digon clir fod llsgr. Philadelphia 86800 yn un a
gomisiynwyd gan Hopcyn ap Tomas, ac a fu unwaith mae'n siŵr
ynghadw yn Ynysforgan; nid amherthnasol yw pwysleisio mai
llawysgrif yw hon sy'n cynnwys y testunau hanesyddol *Ystoria Dared* a
Brut y Brenhinedd—er na fu copi o *Brut y Tywysogyon* erioed ynghlwm
wrthynt, mae'n debyg.[64] Ai dyma'r *Ynyales* a enwodd Dafydd y
Coed?

Mae llaw Hywel Fychan yn un ddigon adnabyddus yn y llawysgrifau
Cymraeg—goroesodd wyth ohonynt y gellir eu priodoli'n gyfan gwbl
neu'n rhannol iddo, a dichon y daw rhagor eto i'r golwg.[65] Go brin
y dylem gysylltu pob un o'r rhain yn ddigwestiwn ag Ynysforgan; ar
y llaw arall, anodd peidio â chredu nad yw o leiaf rai ohonynt *ex libris*
Hopcyn ap Tomas. Gwaith Hywel Fychan yw llsgr. LlGC Peniarth
11, er enghraifft; hon yw'r hynaf a'r mwyaf cyflawn o'r llawysgrifau

sy'n cynnwys *Y Seint Greal* yn Gymraeg, ac anodd peidio â'i chysylltu
â chyfeiriad Dafydd y Coed at y *Greal* yn ei awdl fawl. Os Hopcyn yn
wir oedd comisiynydd a pherchennog gwreiddiol Peniarth 11, a chan
nad oes cyfeiriad hŷn at *Y Seint Greal* nag eiddo Dafydd y Coed, fe
awgrymwyd mai 'o arch a gorchymun' Hopcyn y troswyd y
rhamantau Ffrangeg hyn i'r Gymraeg.[66] Os gwir hynny, fe roddai
ystyr arbennig i linell yn awdl Meurig ab Iorwerth sy'n disgrifio
Hopcyn fel 'Koeth awdur messur moesseu Ffrenghic' (col.1374,
ll.3-4), ac fe roddai sail cadarnach o lawer i awgrym pellach nad oedd
yr Athro G.J. Williams yn wir fodlon i'w wneud, gan honni ei fod yn
'rhy fentrus'.[67] Sylwasai yntau ar y coloffon yn llsgr. LlGC Llan-
stephan 2 ar ddiwedd cyfieithiad Cymraeg o *Ffordd y Brawd Odrig*:

> Ac uelly y teruyna *Siwrnei y Brawt Odoric* yn India; yr hwnn a drossawd
> Syre Davyd Bychein o Vorgannwc, o arch a damunet Rys ap Thomas
> vab Einyawn, y veystyr ef,[68]

ond ni fynnai fynd mor bell ag awgrymu mai brawd Hopcyn ap
Tomas oedd y Rhys hwn gan nad yw ei enw yn ymddangos yn
achau'r teulu.[69] Fodd bynnag, roedd gan Hopcyn fab o'r enw Rhys,
ac mae'n ddigon posibl mai enw teuluaidd oedd hwn. Mae'r ffaith
syml hon, ynghyd â'r tebygrwydd trawiadol rhwng geiriad y coloffon
hwn a choloffon llsgr. Philadelphia 86800, a nodweddion tafodieithol
yn y cyfieithiad o *Ffordd y Brawd Odrig* sy'n awgrymu mai gŵr o Gwm
Tawe oedd Dafydd Fychan, oll yn ein gorfodi i ystyried y posib-
ilrwydd fod yma enghraifft o ddau frawd yn trefnu ac yn comisiynu
cyfieithu testunau poblogaidd y dydd i'r Gymraeg ac yn gwneud
hynny mae'n debyg o gartref y teulu yn Ynysforgan. Os yw'r
dybiaeth hon yn gywir, gosodai hynny Hopcyn a'i deulu yng nghanol
bwrlwm o weithgarwch cyfieithu testunau poblogaidd i'r Gymraeg,
o'r Lladin a'r Ffrangeg yn bennaf, a ddaeth â thon newydd o
ddylanwadau Ewropeaidd i lenyddiaeth Gymraeg yn ei sgil yn y
cyfnod rhwng y drydedd ganrif ar ddeg a'r bymthegfed ganrif.[70]
    Ateg pellach i'r dyb mai brawd i Hopcyn ap Tomas yw'r Rhys ap
Tomas ab Einion a enwir ar ddiwedd *Ffordd y Brawd Odrig* yw'r ffaith
fod yr un enw yn digwydd mewn llawysgrif arall o waith Hywel
Fychan, sef LlGC Llanstephan 27 (neu Lyfr Coch Talgarth).
Testunau crefyddol yw prif gynnwys Llyfr Coch Talgarth, ac ar
ff.152-3 ceir swyn-weddi sydd yn cynnwys enwau cyfrin ar Dduw ac

a ddilynir gan weddi Ladin. Ar ganol y gweddïau hyn fe ddigwydd yr enwau *Rys, Rys vab Thomas* a *rys uab thoma*[s] *uab einyavn,* a dehonglwyd y rhain fel enw'r sawl y copïwyd y llawysgrif hon ar ei gyfer.[71] Os gwir hyn, dyma lawysgrif a gopïodd Hywel Fychan ar gyfer rhyw Rhys ap Tomas ab Einion, ac mae'r ffaith mai gyda chopi o'r cyfieithiad Cymraeg o'r *Elucidarium* y mae llsgr. Llanstephan 27 yn agor yn ormod o gyd-ddigwyddiad inni beidio ag ystyried y posibilrwydd fod y llyfr hwn hefyd yn un o lyfrau Ynysforgan. Ai dyma'r *Lucidarius* y soniodd Dafydd y Coed a Ieuan Llwyd fab y Gargam amdano yn eu cerddi mawl i Hopcyn?

Hyd yma gwelwyd Hywel Fychan yn copïo testunau hanes, chwedlau'r Greal a'r *Elucidarium.* A fedrwn ganfod llyfr cyfraith yn llaw yr un copïydd, ac felly cael enghraifft o bob un o'r llyfrau a grybwyllwyd gan Dafydd y Coed yn yr un llaw? Un arall o law-ysgrifau Hywel Fychan yw llsgr. Rhydychen, Coleg yr Iesu 57, a gyfrifir ymhlith y pwysicaf o destunau dull Blegywryd o'r gyfraith i oroesi i'r cyfnod diweddar.[72] Ei phrif ddiddordeb yw'r ffordd yr ychwanegwyd cynffon hir o ddefnyddiau pellach at y testun Blegywryd sylfaenol—y llawysgrif gynharaf i wneud hynny ar raddfa helaeth— a'r defnyddiau hynny yn cynnwys ar y naill law ddarnau o destunau a gysylltir fel arfer â Gwynedd, yn ymwneud â meysydd megis cyfraith tir ac etifeddiaeth a barhâi mewn grym ar ôl Ystatud Rhuddlan, ac ar y llaw arall ddeunydd o ddiddordeb hynafiaethol, megis yr hanes chwedlonol am Ddyfnwal Moelmud yn mesur Ynys Prydain. Tueddir i gysylltu'r math hwn o destun cyfreithiol cyfansawdd â defnydd cynghorwyr neu ddosbarthwyr, a thynnodd Daniel Huws sylw at y ffaith fod y llawysgrif hon yn dwyn olion darllenwyr canoloesol a ymddiddorai'n ymarferol yn ei chynnwys, megis y 'nifer fawr o "glustiau" ' ar ymylon dail y llyfr, er hwylustod dod o hyd i'r lle yn y testun'.[73] Anodd fyddai anghytuno â'r farn mai 'rhan o drysor llys Hopcyn ap Tomas' oedd llsgr. Coleg yr Iesu 57 hithau, ac iddi gael ei defnyddio ganddo nid yn unig 'wrth ddyfarnu neu gynghori ar broblemau cyfreithiol ymarferol, ond y mae'n fwy na thebyg fod y llawysgrif yn cael lle hefyd gyda'r chwedlau a'r testunau crefydd a hanes yn elfen yn niwylliant amlochrog ei pherchen.'[74]

Temtasiwn mawr yw cysylltu'r pedair llawysgrif hyn yn llaw Hywel Fychan â'r pedwar testun a enwir yng ngherdd Dafydd y Coed; 'rhy fentrus' fyddai gwneud y cysylltiad hwnnw mewn termau

rhy bendant, efallai, ond mae'r gyfatebiaeth, serch hynny, yn
ogleisiol o ddiddorol.

Yr unig lawysgrif arall lle y ceir enghraifft estynedig o law Hywel
Fychan yw'r un y mae'n rhaid ei hystyried fel ei *magnum opus,* sef llsgr.
Rhydychen, Coleg yr Iesu 111, sy'n fwy adnabyddus o lawer fel Llyfr
Coch Hergest. Ynddi cydweithiodd Hywel â dau gopïydd arall i
gynhyrchu un o lawysgrifau Cymraeg pwysicaf yr oesoedd canol a
gwaith y mae'n rhaid ei gyfrif ymhlith ein prif drysorau diwylliannol
fel cenedl. Fel y nodwyd eisoes, y mae ysgolheigion yn y maes bellach
yn barod i gymryd y cam y petrusodd G.J. Williams rhagddo, a
chysylltu'r Llyfr Coch yn lled bendant â'r noddwr hynod ddiwylliedig
hwn o Gwm Tawe. Mae'r Llyfr Coch yn llawysgrif uchelgeisiol o
fawreddog; yn gwbl briodol y'i disgrifiwyd fel 'llyfrgell' ynddi ei hun,
gan ei bod yn cynnwys enghreifftiau o bron pob math o lenyddiaeth
Gymraeg y cyfnod—eithriadau amlwg, pwysig yw'r farddoniaeth
gynharaf, testunau crefyddol, a chopi o'r cyfreithiau—ac anodd
peidio â chredu na chynlluniwyd ei chynnwys yn fwriadol yn un
cyfanwaith cyfoethog, naill ai gan Hywel Fychan neu gan Hopcyn ap
Tomas ei hun.[75] Dadansoddodd Morfydd E. Owen gynnwys y Llyfr
Coch i'r categorïau canlynol:

  i) triawd hanesyddiaeth Gymreig draddodiadol, sef *Ystoria Dared, Brut
      y Brenhinedd* a *Brut y Tywysogyon*;
  ii) detholiad o destunau 'doethineb' a phroffwydol;
  iii) testunau meddygol, gwyddonol, hanesyddol a gwirebol;
  iv) gramadeg barddol;
  v) chwedlau'r Mabinogion yn gyflawn, sef uchafbwynt rhyddiaith
      Gymraeg y cyfnod;
  vi) casgliad o farddoniaeth y Gogynfeirdd a pheth canu a gysylltir â
      diwedd cyfnod yr Hengerdd, sef canu Cylchoedd Myrddin a
      Llywarch Hen.[76]

Mae pob un o'r categorïau hyn yn haeddu ymdriniaeth iddo'i hun,
ond yr hyn y mae'n rhaid ei bwysleisio yma yw ysblander y bwriad a
orwedd y tu ôl i'r llawysgrif arbennig hon. Dyma ymgais i gynnwys
rhwng dau glawr hufen llenyddiaeth a diwylliant Cymru, yn
gompendiwm anghymharol o destunau Cymraeg Canol.

Nid yw'n syndod efallai fod rhaid inni ddyddio llunio'r gwaith
uchelgeisiol hwn rywle tua diwedd oes Hopcyn. Mae'r ffaith fod y
Llyfr Coch yn cynnwys copïau o'r pum awdl fawl a ganwyd iddo yn

awgrymu'n naturiol fod rhaid ei ddyddio'n ddiweddarach na'r rheini, ac yn ddiweddarach hefyd na'r testunau a enwir yn unigol gan Ddafydd y Coed. Gan fod copi'r Llyfr Coch o *Brut y Tywysogyon* yn dod i ben yn 1382, rhaid dyddio copïo'r llawysgrif hon rywbryd rhwng y dyddiad hwnnw a marwolaeth Hopcyn ap Tomas *c.*1408. Cwestiwn mwy anodd o lawer i'w ateb, fodd bynnag, yw ymhle y copïwyd y Llyfr Coch. Awgrymodd yr Athro Morgan Watkin mai yng nghanolbarth neu yng ngogledd Ceredigion y digwyddodd hynny, gan dderbyn y farn fod darnau helaeth o'r Llyfr Coch yn gopi uniongyrchol o'r Llyfr Gwyn a luniwyd ar gyfer Rhydderch ab Ieuan Llwyd o Ystrad Aeron;[77] awgrymodd yr Athro J. E. Caerwyn Williams y dylem gysylltu llawysgrifau Hopcyn ap Tomas â 'rhai o fynachlogydd Morgannwg',[78] gan feddwl mae'n siŵr am Abatai Nedd a Margam yn arbennig, ac yn wir fe ddarganfu Nesta Lloyd ac F. G. Cowley awgrym o gyswllt penodol rhwng un o destunau'r Llyfr Coch ac Abaty Margam.[79] Fodd bynnag, rhaid i unrhyw drafodaeth ystyrlon ar fan copïo Llyfr Coch Hergest ddechrau gyda'r hyn sy'n hysbys am y gŵr a fu'n bennaf gyfrifol am ei gopïo.[80]

Mae ein gwybodaeth sicr am Hywel Fychan yn dechrau, ac yn gorffen, gyda'r ychydig prin a ddywed amdano'i hun yn y coloffon a ychwanegodd at ddiwedd ei destun o *Brut y Brenhinedd* yn llsgr.

Abaty Nedd, *c.* 1849

Philadelphia 86800: sef ei enw, a'r ffaith ei fod wedi copïo'r llawysgrif
honno i gomisiwn Hopcyn ap Tomas. Ond gellir casglu tipyn mwy
amdano o ddarllen rhwng y llinellau. Mae'r ffaith ei fod yn ei enwi ei
hun o gwbl yn awgrym pendant nad mynach mohono gan mai'r
duedd oedd i gopïwyr mynachaidd aros yn ddienw, fel y byddai eu
llafur yn gogoneddu Duw yn hytrach na hwy eu hunain.[81] Cadarn-
heir statws lleyg Hywel Fychan gan ei arddull wrth ysgrifennu.
Byddai mynach o gopïydd wedi'i hyfforddi i osod ei lythrennau ar
femrwn mewn rhythm cyson a digyfnewid a adlewyrchid yng ngolwg
ei dudalen gorffenedig; nid yw'r fath gysondeb yn nodweddu llaw
Hywel Fychan. Er ei fod yn gopïydd hyfforddedig a phroffesiynol,
gwelir yn ei law ei ymateb i'r hyn y mae'n ei gopïo—ei ddiddordeb a'i
ddiflastod, ac weithiau'r awydd i'w ddifyrru ei hun gyda rhyw luniau
bach ar ymylon y dalennau. Erbyn y bedwaredd ganrif ar ddeg roedd
y mynachlogydd wedi dechrau cyflogi copïwyr lleyg, ac mae
dogfennau Abaty Margam mor gynnar â'r drydedd ganrif ar ddeg yn
cynnwys enwau sy'n awgrymu'n gryf nad oedd yr arfer hwnnw'n
gwbl ddieithr ym mynachlogydd Morgannwg.[82] A fedrwn gasglu mai
un o'r brodyr lleyg hyn oedd Hywel Fychan? Er nad yw hynny'n
amhosibl, mae'r ffaith ei fod yn disgrifio Hopcyn ap Tomas fel 'y
vaester', gan nodi ei fod yn ysgrifennu 'o arch a gorchymun' y gwrda
hwnnw, yn codi'r posibilrwydd fod Hywel Fychan naill ai'n gopïydd
crwydrol a âi o noddwr i noddwr yn cynhyrchu llyfrau i gomisiwn,
neu ynteu fod ganddo le lled sefydlog ar aelwyd Hopcyn ap Tomas.
Yn wir, os oedd cyfoeth Hopcyn yn gymesur â'i ddiwylliant—a
chofier disgrifiad Ddafydd y Coed ohono fel 'naf nawcan punt'—ni
fyddai rheswm dros amau'r posibilrwydd fod *scriptorium* yn Ynysforgan
lle y gallai Hywel Fychan a'i debyg gynhyrchu llyfrau i ddiwallu
syched aruthrol eu noddwr a'i deulu am ddysg a diwylliant Cymraeg.
Ysywaeth, ni wyddom hanner digon am fan copïo'r rhan fwyaf o
lawer o lawysgrifau Cymraeg yr oesoedd canol i fedru tafoli'r awgrym
diwethaf hwn yn effeithiol, ond dadleuodd Gifford Charles-Edwards
na allasai'r *scriptoria* mynachaidd gyflenwi'r galw a ddatblygasai
erbyn y bedwaredd ganrif ar ddeg am lawysgrifau Cymraeg o bob
math.[83] Cymaint â hyn sy'n sicr, fodd bynnag: rhaid fod y *scriptorium*
a gynhyrchodd y Llyfr Coch yn ganolfan gopïo o gryn bwysigrwydd,
man lle y gallai'r copïwyr gael gafael ar amrywiaeth eang a chyfoethog
o destunau i'w cynnwys yn y compendiwm mawr hwn.

Ac eithrio ychydig o ychwanegiadau diweddarach, mae Llyfr Coch

Hergest yn gynnyrch tri chopïydd gwahanol a fu'n cydweithio â'i gilydd dros gyfnod cymharol fyr.[84] Fel yn achos Hywel Fychan, mae enghreifftiau eraill o waith y ddau gopïydd anhysbys arall wedi goroesi, ond unwaith eto ni ellir bod yn sicr i ba raddau y dylid cysylltu'r gweithiau eraill hyn â Hopcyn ap Tomas a theulu Ynysforgan gan na chafwyd hyd yma ddim mor derfynol ddiamwys â choloffon llsgr. Philadelphia 86800. A defnyddio unwaith yn rhagor yr ymadrodd a ddefnyddiodd G. J. Williams bron hanner canrif yn ôl, mae'r cwbl yn 'drwyadl ansicr'; ac eto mae yma rai ystyriaethau tra diddorol y mae'n bosibl y daw goleuni pellach arnynt gyda thwf ein gwybodaeth am gopïwyr a llawysgrifau'r cyfnod canol.

Mae'r llaw a gynhyrchodd y rhan fwyaf o draean olaf y Llyfr Coch, gan gynnwys cerdd Dafydd y Coed a'i chyfeiriadaeth lyfryddol, hefyd i'w gweld yn llsgr. LlGC Peniarth 32, lle y copïodd un o'r testunau harddaf o Gyfraith Hywel sydd wedi goroesi; yn wir, y Llyfr Teg yw'r enw a roddodd William Maurice, yr hynafiaethydd enwog o'r ail ganrif ar bymtheg, ar y copi arbennig hwn o'r cyfreithiau. Mae gosodiad bwriadus gytbwys y testun ar y ddalen a chyflwr ardderchog y dail yn awgrymu mai fel llyfr llyfrgell y bwriadwyd hwn yn ei ddydd yn hytrach nag fel brawdlyfr at ddefnydd ymarferol gweinyddu'r gyfraith, ac os yn Ne Cymru, yng nghyffiniau Ynysforgan, y'i copïwyd nid cwbl annisgwyl hynny o sylwi mai testun dull Iorwerth, sef y dull a gysylltir yn benodol â Gwynedd, yw ei gynnwys ac nid dull Blegywryd. Ai llawysgrif a gopïwyd i fodloni diddordebau diwylliannol a hynafiaethol Hopcyn ap Tomas oedd y Llyfr Teg, a llsgr. Rhydychen, Coleg yr Iesu 57 yn llyfr cyfraith iddo droi ato pan fynnai ymwneud â'r gyfraith ar lefel ymarferol?

Mae'r llaw sydd yn agor y Llyfr Coch i'w gweld mewn nifer o lawysgrifau canoloesol: LlGC Peniarth 190, sydd yn cynnwys copi o'r *Elucidarium,* a Pheniarth 19, sydd yn cynnwys dilyniant o destunau hanesyddol, *Ystoria Dared, Brut y Brenhinedd* a *Brut y Tywysogyon,* a'r rheini'n dwyn perthynas lled agos â fersiynau'r Llyfr Coch.[85] A yw'n bosibl mai at y llyfrau hyn y cyfeiriodd Dafydd y Coed wrth sôn am y *Lucidarius* a'r *Ynyales,* yn hytrach na'r fersiynau yn llaw Hywel Fychan y soniwyd amdanynt eisoes? Yr un llaw anhysbys hon a fu'n gyfrifol am gopïo rhan arall o lsgr. Peniarth 32, sy'n cynnwys cronicl Lladin byr sy'n rhoi manylion am hanes Morgannwg (ai dyma *Ynyales* Dafydd y Coed?), a hefyd LlGC Llanstephan 4, ac awgrymodd Graham C. Thomas fod y cyfieithiad Cymraeg o'r *Bestiaire d'Amour*

Ffrangeg a geir yn Llanstephan 4 wedi'i gopïo i Hopcyn ap Tomas, onid wedi'i gyfieithu iddo.[86]

Fodd bynnag, teg yw nodi fod llaw Hywel Fychan i'w gweld hefyd mewn llawysgrif a gysylltir yn benodol â noddwr heblaw Hopcyn ap Tomas. Ychwanegodd Hywel ychydig o ddeunydd yn y gofod gwag a adawyd gan y copïydd gwreiddiol ar waelod col.467 ac ar frig col.468 yn Llyfr Gwyn Rhydderch (llsgr. LlGC Peniarth 4 & 5), ar ganol chwedl *Culhwch ac Olwen*.[87] Mae perthynas testunau Llyfr Coch Hergest a rhai Llyfr Gwyn Rhydderch yn hen ysgyfarnog a rhaid ymwrthod rhag ei gwrsio yn y fan hon,[88] ond mae'r ffaith i'r Llyfr Gwyn, a gysylltir yn anwahanadwy ag enw Rhydderch ab Ieuan Llwyd o Ystrad Aeron, fynd trwy ddwylo Hywel Fychan yn codi'r posibilrwydd fod cyswllt ymarferol rhwng y ddau deulu llengar hyn.[89] Yn sicr, ceir cyfatebiaethau rhwng Hopcyn a Rhydderch sydd fel petai'n dystiolaeth i fodolaeth uchelwriaeth ddiwylliedig yng Nghymru erbyn ail hanner y bedwaredd ganrif ar ddeg a rannai'r un dyletswyddau cymdeithasol (megis gweinyddu'r gyfraith) ac a noddai'r un beirdd (mae Llywelyn Goch ap Meurig Hen a Dafydd y Coed ymhlith y beirdd a ganodd fawl i Rydderch yntau);[90] dyma awgrym eu bod hefyd yn cyfnewid llawysgrifau. Mae pob lle i gredu mai cynnyrch *scriptorium* abaty Sistersaidd Ystrad Fflur yw Llyfr Gwyn Rhydderch;[91] os yw'r awgrymiadau a wnaed uchod ynghylch statws lleyg Hywel Fychan a man copïo Llyfr Coch Hergest yn gywir, wedyn mae Rhydderch ab Ieuan Llwyd a Hopcyn ap Tomas, yn y drefn honno, yn cynrychioli dau gam yn y proses o symud y cyfrifoldeb dros gofnodi a chadw'r diwylliant Cymraeg ysgrifenedig allan o'r mynachlogydd ac i blasau noddwyr seciwlar yn y bedwaredd ganrif ar ddeg.

O gymryd yr holl dystiolaeth gyda'i gilydd—awdlau'r Llyfr Coch a'u pwyslais ar bresenoldeb beirdd yn llys Hopcyn ap Tomas ac ar ei wybodaeth ddihafal o'r traddodiad barddol, cyfeiriadau Dafydd y Coed at destunau penodol a oedd yn ei feddiant, a'r llawysgrifau a'r copïwyr y gellir awgrymu fod ganddynt ryw gysylltiad ag ef—cawn ddarlun rhyfeddol o gyflawn o ganolfan ddiwylliannol dra phwysig yng Nghwm Tawe yn ystod ail hanner y bedwaredd ganrif ar ddeg. Daeth G. J. Williams i'r casgliad fod Hopcyn yn ŵr 'go anghyffredin, a ymddiddorai yng nghanu ac yn nysg y beirdd, un a gasglai eu cerddi ac a'u hastudiai'.[92] Ond mewn gwirionedd nid oes yr un rheswm dros awgrymu fod y math hwn o ddiddordebau yn anghyffredin nac yn

anarferol mewn bonheddwr o Gymro yn yr oesoedd canol; yn wir
mae'r dystiolaeth yn tueddu i awgrymu i'r gwrthwyneb, fod noddwyr
diwylliedig ar hyd ac ar led Cymru yn ymddiddori'n ymarferol yn eu
treftadaeth, yn gynulleidfa wybodus a chraff i ganu'r beirdd. Yn
Pedeir Keinc y Mabinogi, ar ôl i Lleu a Gwydion gael mynediad i lys
Arianrhod yn rhith 'beird o Uorgannwc', mae eu gwestai yn ymroi i
'ymdidan ... am chwedleu a chyuarwydyt',[93] sy'n awgrymu nad
oedd yn gwbl anwybodus yn y maes hwn. Dangosodd Eurys
Rowlands mai cyffelyb yw'r argraff a geir o astudio canu'r
cywyddwyr.[94] Cyfeiriwyd eisoes at y ffaith mai un o ddyletswyddau
Llywelyn Goch yn Nannau oedd 'Darllen cyfraith, rugliaith raid'; at
hyn gellir ychwanegu hefyd faes arall a grybwyllwyd ganddo yn ei
linell nesaf, sef 'Brut hen y Brutaniaid'—un arall o feysydd
diddordeb Hopcyn ap Tomas, fel y gwelsom eisoes. Disgrifiodd
Lewis Glyn Cothi ei ddyletswyddau amrywiol yn llys Gwilym ap Siôn
o Lanegwad mewn termau manylach o lawer, sydd yn dangos inni fod
gan y bonheddwr hwn yntau ddiddordebau eang mewn gwybodaeth
draddodiadol, a'i fod yn berchen ar lyfrau:

> A'm swydd gyda'm arglwydd mên
> oedd ddeall iddo awen;
> darllen art arall yn well,
> darllen ystoria wellwell,
> hanes drwy'r sïens a drig,
> achau'r ynys a'i chronig,
> a'r hen gerdd ar hyn o gof,
> a rhieingerdd yr hengof.

Mae'r meysydd gwybodaeth a nodir yma eto yn ddigon tebyg i'r rhai
yr ymddiddorai Hopcyn ap Tomas ynddynt. Ond ni cheir yn y
dyfyniadau hyn unrhyw awgrym o ymwneud ymarferol y bonheddwr
ym meysydd ei ddiddordeb; creadur goddefol yw ef i bob ymddangosiad,
a'r bardd yn darllen neu yn cyfrannu gwybodaeth iddo ef.

Fodd bynnag, mae cerddi eraill yn rhoi argraff dra gwahanol, yn
dangos yn glir fod Hopcyn ap Tomas yn bell o fod yn unigryw yn ei
ymwneud gweithredol â meysydd dysg draddodiadol Gymraeg. Er
enghraifft, mewn cywydd gan Lewis Glyn Cothi i Ddafydd ap Rhys
ap Meurig ceir darlun hyfryd o fonheddwr a bardd yn eneidiau hoff
gytûn dros eu llyfrau, y naill yn cyfrannu i ddealluriaeth y llall o'r
hyn y maent yn ei ddarllen:

Darllen ein dau'r llyfrau'n llwyr,
dileu sôn, dadlau synnwyr . . .
Dafydd, wrth gywydd Gwiawn,
a'i deall ym mewn dull iawn.

Ac ni'n gadewir dan unrhyw gamargraff ynghylch gwybodaeth eang
a thrylwyr Gwilym ab Ieuan o Argoed wedi darllen geiriau Hywel
Dafi amdano:

Efô ŵyr awdl ac araith,
efô ŵyr synnwyr y saith.
Crwth eilweith croyw a thelyn,
cywydd i Forfudd a fyn,
cerddwriaeth llyfr cerddorion,
canuau'r brudiau o'r bron.
Efô ostyngodd fost dengwyr,
ac yntau wnaeth gant yn wŷr.
O threiir dadl athrawon,
ni threia neb eithr ein iôn.
O gedais lythr yn eisiau,
efô'm dysg pan fôm ein dau.

A berthyn unrhyw arbenigrwydd i Hopcyn ap Tomas felly? A oedd
unrhyw sail i'r honiadau mawr a wnaed drosto ar ddechrau'r ysgrif
hon, wrth fynnu fod iddo le allweddol yn hanes llenyddiaeth Gymraeg?
'Oes', yw'r ateb pendant i'r ddau gwestiwn hyn, a hynny ar sawl
cyfrif. Er gwaethaf honiadau'r beirdd am ddiddordebau llenyddol a
diwylliannol eu noddwyr hwythau, ni cheir yn unman arall yn
llenyddiaeth Gymraeg yr oesoedd canol ddarlun o ŵr mor ddwfn ei
ddysg ac mor amlweddog ei ddiwylliant â Hopcyn ap Tomas. Cawn
yr argraff fod ei wybodaeth yn ddiarhebol yn ei oes ei hun, ac mai
gwirionedd yn hytrach na gormodiaith ddisgwyliedig y canu mawl
sydd wrth wraidd honiadau megis 'Lleyc yw pawp . . . wrth Hopkyn'
a chyfeiriadau fel 'Llwyr wybodeu llen a llyfreu'. Nid oedd Hopcyn
ap Tomas yn unigryw chwaith fel comisiynydd llawysgrifau: soniwyd
eisoes am Rydderch ab Ieuan Llwyd o Ystrad Aeron a Gruffudd ap
Llywelyn o'r Cantref Mawr, dau o gyfoeswyr Hopcyn a drefnodd i
lawysgrifau gael eu copïo ar eu cyfer, ac at y gwŷr hysbys hyn rhaid
gosod llu o rai anhysbys a drefnodd gopïo'r toreth o ddeunyddiau a
oroesodd o'r cyfnod canol, heb sôn am y llawysgrifau aneirif a

ddinistriwyd neu a gollwyd gyda threigl y canrifoedd. Unwaith eto, fodd bynnag, rhaid gosod Hopcyn ap Tomas mewn dosbarth ar wahân i'r lleill, nid yn unig ar gyfrif amrywiaeth y testunau y gwyddom eu bod yn ei lys yn Ynysforgan ar sail tystiolaeth gyfoes, ond hefyd ar sail nifer ac amrywiaeth y llawysgrifau y gellir dadlau fod ganddynt gysylltiad ag ef a'i deulu, ac a oroesodd i'r cyfnod modern. Ond uwchlaw pob peth arall, myn Hopcyn ap Tomas le arbennig ac allweddol yn hanes llenyddiaeth nid yn unig Gwm Tawe ond hefyd Gymru gyfan ar gorn ei weledigaeth fel comisiynydd ac, o bosibl, gynllunydd cynnwys Llyfr Coch Hergest. Y llawysgrif hon sy'n cynnwys yr unig destun cyflawn o chwedlau'r Mabinogion i oroesi i'r cyfnod diweddar; mae'n un o'r ddwy brif ffynhonnell ar gyfer unrhyw astudiaeth o ganu'r Gogynfeirdd; mae ynddi amryw o destunau llai, unigryw na wyddem am eu bodolaeth fel arall. Yn gwbl deilwng y disgrifiwyd Llyfr Coch Hergest fel 'un o'r llawysgrifau pwysicaf yn yr iaith Gymraeg';[95] ac mae'r allwedd ysblennydd hon i ddiwylliant yr oesoedd canol yng Nghymru yn gofeb deilwng i Hopcyn ap Tomas.[96]

NODIADAU

[1] Yr ymdriniaeth glasurol ar hanes llenyddiaeth Morgannwg yw eiddo G. J. Williams, *Traddodiad Llenyddol Morgannwg* (Caerdydd, 1948); fel y gwêl y cyfarwydd, mae'r drafodaeth bresennol yn drwm ei dyled i'r gwaith hwnnw.

[2] W. J. Rees, *Lives of the Cambro-British Saints* (Llanymddyfri, 1853), 151; A. W. Wade-Evans, *Vitae Sanctorum Britanniae et Genealogiae* (Caerdydd, 1944), 182, 183.

[3] J. E. Lloyd, *A History of Wales*, ii (Llundain, 1911), 367.

[4] Ifor Williams, *Pedeir Keinc y Mabinogi* (Caerdydd, 1930), 81.

[5] Ibid., xii-xli; cf. T. M. Charles-Edwards, 'The Date of the Four Branches of the Mabinogi', *Trafodion Anrhydeddus Gymdeithas y Cymmrodorion*, 1970, 263-98.

[6] Thomas Jones, *Brut y Tywysogyon: Peniarth MS. 20* (Caerdydd, 1941), 104.

[7] gw. *Y Bywgraffiadur Cymreig hyd 1940* (Llundain, 1953), 62-3, a'r ffynonellau a nodir yno.

[8] J. Gwenogvryn Evans, *The Poetry in the Red Book of Hergest* (Llanbedrog, 1911), col.1342, ll.13,23.

[9] Am grynodeb o'r dryswch, gw. Ceri W. Lewis, 'The Literary Tradition of Morgannwg down to the Middle of the Sixteenth Century', *Glamorgan County History*, iii (Caerdydd, 1971), 482.

[10] J. Gwenogvryn Evans, *op.cit.*, col.1239, ll.31.

[11] Ibid., col. 1246, ll.6-7.

[12] Ar ddatblygiad y gynghanedd, gw. John Morris-Jones, *Cerdd Dafod* (Rhydychen, 1925); Thomas Parry, 'Twf y Gynghanedd', *Trafodion Anrhydeddus Gymdeithas y Cymmrodorion,* 1936, 143-60.

[13] gw., er enghraifft, Lemuel James, *Hopkiniaid Morganwg* (Bangor, 1909), 3-12; Taliesin Williams (ab Iolo), *Iolo Manuscripts* (Llanymddyfri, 1848) 94-5, 179, 488-9; Thomas Stephens, *The Literature of the Kymry* (Llanymddyfri, 1849), 283, 425-6; David Watkin Jones (Dafydd Morganwg), *Hanes Morganwg* (Aberdâr, 1874), 174, 176.

[14] gw. G. J. Williams ac E. J. Jones, *Gramadegau'r Penceirddiaid* (Caerdydd, 1934); Thomas Parry, 'The Welsh Metrical Treatise attributed to Einion Offeiriad', *Proceedings of the British Academy,* xlvii (1961), 177-95; J. Beverley Smith, 'Einion Offeiriad', *Bwletin y Bwrdd Gwybodau Celtaidd,* xx (1962-4), 339-47.

[15] Charlotte Guest, *The Mabinogion from the Llyfr Coch o Hergest and other ancient Welsh MSS,* iii (Llundain, 1849) 321-400; gw. bellach Patrick K. Ford (gol.), *Ystoria Taliesin* (Caerdydd, 1992).

[16] Yr enwocaf o'r rhain yw ei 'Englynion Marwnad Dafydd ap Gwilym', gw. Taliesin Williams (ab Iolo), *op.cit.,* 94-5.

[17] gw. *Taliesin,* i (1859-60), 287; cf. Taliesin Williams (ab Iolo), *op.cit.,* 180, 185.

[18] G. J. Williams, *Traddodiad Llenyddol Morgannwg, passim; Iolo Morganwg* (Caerdydd, 1956), *passim.*

[19] Prys Morgan, 'Glamorgan and the Red Book', *Morgannwg,* xxii (1978), 46-7; gw. P. C. Bartrum, *Welsh Genealogies A.D. 300-1400,* vii (Caerdydd, 1974), 595. Cynigia Dr Morgan yr esboniad canlynol ar y cymysgu rhwng Ynysdawy ac Ynysforgan: '. . . the antiquary of Peniarth MS 120, assumed to be Rice Merrick . . . refers (around the year 1587) to ''ye two ancient houses of ye hopkins: viz: YnisDawy and Ynisforgan'', and this reference may have misled later antiquaries, because the later section of the same manuscript, which lists the two families in all their details as separate lines, has never been printed', *op.cit.,* 50.

[20] G. T. Clark, *Cartae et alia Munimenta quae ad dominium de Glamorgancia pertinent,* iv (1910), 1211-12.

[21] Ibid., 1458.

[22] Gorweddai Ynysforgan o fewn hen arglwyddiaeth Gŵyr yn yr oesoedd canol.

[23] Henry Ellis, *Original Letters* (ail gyfres), i (Llundain, 1827), 21-3. Diddorol cofio mewn oes ddiweddarach i Harri VII yntau alw heibio i'r brudiwr Dafydd Llwyd o Fathafarn ar ei ffordd i Faes Bosworth, gw. Enid Roberts, *Dafydd Llwyd o Fathafarn* (Darlith Lenyddol Flynyddol Eisteddfod Genedlaethol Cymru, 1981).

[24] J. E. Lloyd, *Owen Glendower* (Rhydychen, 1931), 69.

[25] Ceri W. Lewis, *op.cit.,* 488.

[26] gw. J. Gwenogvryn Evans, *op.cit.,* col.1307-8 (Llywelyn Goch), 1310-11 (Madog Dwygraig), 1373-4 (Meurig ab Iorwerth), 1375-7 (Dafydd y Coed), 1415-16 (Ieuan Llwyd fab y Gargam). Ceir peth gwybodaeth am bob un o'r beirdd hyn yn *Y Bywgraffiadur Cymreig hyd 1940,* ynghyd ag yn y ffynonellau a nodir yno.

[27] gw. Rachel Bromwich, *Trioedd Ynys Prydein* (Caerdydd, 1978), 504-5. Ceir cyfeiriadau sy'n cyffelybu Hopcyn i Nudd, un arall o Dri Hael Ynys Prydain, yng ngherddi Madog Dwygraig (col.1310, ll.31), Meurig ab Iorwerth (col.1373, ll.18) a Dafydd y Coed (col. 1375, ll.27); gw. Rachel Bromwich, *ibid.,* 476-7.

[28] J. Lloyd-Jones, *Geirfa Barddoniaeth Gynnar Gymraeg* (Caerdydd, 1931), 52; *Geiriadur Prifysgol Cymru*, 258.

[29] gw. Thomas Parry, 'Datblygiad y cywydd', *Trafodion Anrhydeddus Gymdeithas y Cymmrodorion*, 1939, 209-31; D.J. Bowen, 'Dafydd ap Gwilym a datblygiad y cywydd', *Llên Cymru*, viii (1964), 1-32.

[30] G. J. Williams, *Traddodiad Llenyddol Morgannwg*, 16.

[31] J. Morris-Jones & John Rhys, *The Elucidarium and other tracts in Welsh from Llyvyr Agkyr Llandewivrevi* (Rhydychen, 1894); am grynodeb hwylus o wybodaeth ddiweddar am yr awdur a chefndir hanesyddol ei waith, gw. Nesta Lloyd & Morfydd E. Owen, *Drych yr Oesoedd Canol* (Caerdydd, 1986), 10-11.

[32] Idris Foster, 'The Book of the Anchorite', *Proceedings of the British Academy*, xxxvi (1950), 222-3.

[33] J. Morgan Williams, *The Works of some Fifteenth Century Glamorgan Bards* (Traethawd MA Prifysgol Cymru, 1923), xlvi, 286, 287.

[34] *Geiriadur Prifysgol Cymru*, 1528.

[35] gw. Thomas Jones (gol.), *Ystoryaeu Seint Greal* (Caerdydd, 1992); Ceridwen Lloyd-Morgan, *A Study of 'Y Seint Greal' in relation to 'La Queste del Saint Graal' and 'Perlesvaus'* (Traethawd DPhil Prifysgol Rhydychen, 1978).

[36] Huw Thomas (gol.), *Geiriadur Lladin-Cymraeg* (Caerdydd, 1979), 63.

[37] 'Tri pheth a beir y gerdawr uot yn amyl: kyfarwydyt ystoryaeu a bardonìaeth a hengerd' (col.1142).

[38] D. Simon Evans, *Llafar a Llyfr yn yr Hen Gyfnod* (Caerdydd, 1982).

[39] Ar y maes hwn yn gyffredinol, gw. Brynley F. Roberts, 'Testunau Hanes Cymraeg Canol', yn Geraint Bowen (gol.), *Y Traddodiad Rhyddiaith yn yr Oesau Canol* (Llandysul, 1974), 274-302.

[40] Thomas Jones, *Cronica de Wallia and other Documents from Exeter Cathedral Library MS. 3514* (Caerdydd, 1946); John Williams (ab Ithel), *Annales Cambriae* (Llundain, 1860).

[41] Thomas Jones, *Brut y Tywysogyon . . . (Peniarth MS. 20 version)* (Caerdydd 1941, 1952); *Brut y Tywysogyon . . . (Red Book of Hergest version)* (Caerdydd, 1955); *Brenhinedd y Saesson* (Caerdydd, 1971).

[42] Mae rhai copïau'n parhau hyd 1332 ac eraill hyd 1461, ond ychwanegiadau at y cronicl gwreiddiol yw'r rhain.

[43] Am gyfieithiad Saesneg o'r *Historia Regum Britanniae*, gw. Lewis Thorpe, *The History of the Kings of Britain* (Penguin, 1966).

[44] Brynley F. Roberts, 'Testunau Hanes Cymraeg Canol', *op. cit.*, 282.

[45] Brynley F. Roberts, *Brut y Brenhinedd* (Dulyn, 1971).

[46] gw. B. G. Owens, *Y Fersiynau Cymraeg o 'Dares Phrygius' (Ystorya Dared)* (Traethawd MA Prifysgol Cymru, 1951).

[47] Ceir copi o destun hanes cyfansawdd o'r fath yn Llyfr Coch Hergest, Peniarth 19 a BL Cotton Cleopatra B v.

[48] gw. Dafydd Jenkins, *The Law of Hywel Dda* (Llandysul, 1986), am drafodaeth gyffredinol ar hanes a natur y cyfreithiau brodorol ynghyd â chyfieithiad Saesneg ohonynt.

[49] gw. Christine James, *Golygiad o BL Add 22,356 o Gyfraith Hywel ynghyd ag astudiaeth*

gymharol ohono â Llanstephan 116 (Traethawd PhD Prifysgol Cymru, 1984), xxv-xxxvi, ynghyd â'r ffynonellau a nodir yno.

[50] Ifor Williams & Thomas Roberts, *Cywyddau Dafydd ap Gwilym a'i Gyfoeswyr* (Caerdydd, 1935), 159.

[51] E. Bachellery, *L'Oeuvre Poétique de Gutun Owain* (Paris, 1950), 231; cf. Proinsias MacCana, 'The Three Languages and the Three Laws', *Studia Celtica,* v (1970), 62-78.

[52] Enghreifftiau da o lawysgrifau o'r fath yw LlGC Wynnstay 36, LlGC Peniarth 32 a BL Add 22,356.

[53] R. R. Davies, 'The Administration of Law in Medieval Wales: the Role of the Ynad Cwmwd (*Judex Patriae*)', yn T.M. Charles-Edwards, M.E. Owen & D.B. Walters (goln.), *Lawyers and Laymen* (Caerdydd, 1986), 258-74.

[54] Stephen J. Williams & J. Enoch Powell, *Llyfr Blegywryd* (Caerdydd, 1942), 29, 99.

[55] Mae dull Blegywryd yn datgan fod trefn y 'brawdwyr o fraint tir' yn un hynafol, ibid.; ond gw. Llinos Beverley Smith, ' "Cannwyll Disbwyll a Dosbarth": Gwŷr Cyfraith Ceredigion yn yr Oesoedd Canol Diweddar', *Ceredigion,* x (1986), 242-3.

[56] gw., er enghraifft, Stephen J. Williams & J. Enoch Powell, *op.cit.,* 17-18, 101-2.

[57] gw. Llinos Beverley Smith, *op.cit.*; Ralph A. Griffiths, *The Principality of Wales in the Later Middle Ages: 1. South Wales 1277-1536* (Caerdydd, 1972), 619; Daniel Huws, 'Llawysgrif Hendregadredd', *Cylchgrawn Llyfrgell Genedlaethol Cymru,* xxii (1981), 1-24.

[58] Os oedd Hopcyn ap Tomas yn gymeriad mor ddylanwadol a phwysig ag a awgrymir gan yr ysgrif hon, anodd esbonio pam nad yw ei enw'n amlycach o lawer yn nogfennau'r cyfnod yn gyffredinol; dichon y daw tystiolaeth gyfoes amdano i'r golwg eto.

[59] G. J. Williams, *Traddodiad Llenyddol Morgannwg,* 13-14, 147.

[60] Ceri W. Lewis, *op.cit.,* 488.

[61] G. J. Williams, *Traddodiad Llenyddol Morgannwg,* 13-14, 147. Dangosodd Prys Morgan sut y gallai'r Llyfr Coch fod wedi mynd o feddiant teulu Ynysforgan i Hergest yn ystod ail hanner y bymthegfed ganrif, a dychwelyd eto i Forgannwg, i deulu Manseliaid Margam, yn gynnar yn yr ail ganrif ar bymtheg, yn 'Glamorgan and the Red Book', *op.cit.*

[62] G. J. Williams, *Traddodiad Llenyddol Morgannwg,* 147.

[63] Ceir disgrifiad o'r llawysgrif hon ynghyd â thrafodaeth ar ei harwyddocâd, yn Brynley F. Roberts, 'Un o lawysgrifau Hopcyn ap Tomas o Ynys Dawy', *Bwletin y Bwrdd Gwybodau Celtaidd,* xxii (1967), 223-8.

[64] Ibid., 226.

[65] Am restr o lawysgrifau yn llaw Hywel Fychan, gw. Gifford Charles-Edwards, 'The Scribes of the Red Book of Hergest', *Cylchgrawn Llyfrgell Genedlaethol Cymru,* xxi (1979-80), 250.

[66] Thomas Jones (gol.), *Ystoryaeu Seint Greal,* xiv, xx-xxi. Atebir yma hefyd ddau wrthwynebiad posibl i gredu mai llsgr. Peniarth 11 oedd y *Greal* 'gwreiddiol' yn Gymraeg. Yn gyntaf, mae'n amlwg fod gan Hywel Fychan gopi o'i flaen wrth iddo lunio Peniarth 11; ond nid oes dim yn erbyn credu mai'r copi glân cyntaf o waith y cyfieithydd yw testun Peniarth 11. Yn ail, mae nodyn y copïydd ar ddiwedd testun

llsgr. LIGC Mostyn 184 o'r *Seint Greal* yn honni iddo gael ei godi 'o vnic lyfyr y vrdedic ewythr Trahaearn ab Ieuan ab Mauric'; gŵr a fu yn ei flodau yn ail hanner y bymthegfed ganrif oedd hwn, ac nid oes dim yn erbyn credu mai copi o Peniarth 11 yw Mostyn 184 ac iddo fynd i feddiant Trahaearn wedi dyddiau Hopcyn. Llsgr. Peniarth 11 wedyn fyddai'r llyfr y gofynnodd Guto'r Glyn amdano dros abad Glynegwestl, gw. John Llywelyn Williams & Ifor Williams, *Gwaith Guto'r Glyn* (Caerdydd, 1939), rhif cxviii. Ar wasgaru llyfrau Hopcyn ap Tomas, gw. Prys Morgan, *op.cit.*

⁶⁷ G. J. Williams, *Traddodiad Llenyddol Morgannwg,* 149.

⁶⁸ Stephen J. Williams, *Ffordd y Brawd Odrig* (Caerdydd, 1929), 57. 'Syr' oedd y teitl arferol a roddid yn y cyfnod hwn i offeiriad cyffredin. Er nad oes dim annisgwyl mewn gweld gŵr eglwysig yn ymgymryd â gwaith cyfieithu yn y cyfnod hwn, yn enwedig o'r Lladin (gw. nodyn 70), anodd gwybod ym mha ystyr y dylid deall y gair 'veystyr' yma—oni chyfeiria at yr un a gomisiynodd y gwaith ac a dalai amdano.

⁶⁹ P. C. Bartrum, *op.cit.*

⁷⁰ Stephen J. Williams, 'Cyfieithwyr Cynnar', *Y Llenor,* viii (1929), 226-31; Stephen J. Williams, 'Rhai cyfieithiadau', yn Geraint Bowen (gol.), *Y Traddodiad Rhyddiaith yn yr Oesau Canol,* 303-11; Ceridwen Lloyd-Morgan, 'Rhai agweddau ar gyfieithu yng Nghymru yn yr Oesoedd Canol', *Ysgrifau Beirniadol,* xiii (1985), 134-45.

⁷¹ Brynley F. Roberts, 'Un o lawysgrifau Hopcyn ap Tomas o Ynys Dawy', *op.cit.,* 224.

⁷² Melville Richards, *Cyfreithiau Hywel Dda yn ôl Llawysgrif Coleg yr Iesu LVII,* argraffiad diwygiedig (Caerdydd, 1990).

⁷³ Ibid., xi.

⁷⁴ Ibid., xxiii.

⁷⁵ Awgrymodd Eurys I. Rowlands fod a wnelo Llywelyn Goch ap Meurig Hen â threfnu cynnwys y Llyfr Coch, gw. 'Nodiadau ar y Traddodiad Moliant a'r Cywydd', *Llên Cymru,* vii (1963), 221-2.

⁷⁶ Morfydd E. Owen, 'The Prose of the *Cywydd* Period', yn A. O. H. Jarman & Gwilym Rees Hughes (goln.), *A Guide to Welsh Literature,* ii (Abertawe, 1979), 341-2.

⁷⁷ Morgan Watkin, *Ystorya Bown de Hamtwn* (Caerdydd, 1958), xxii-xxiii.

⁷⁸ J. E. Caerwyn Williams, 'Rhyddiaith Grefyddol Cymraeg Canol', yn Geraint Bowen (gol.), *Y Traddodiad Rhyddiaith yn yr Oesau Canol,* 340.

⁷⁹ F. G. Cowley & Nesta Lloyd, 'An Old Welsh *englyn* in Harley Charter 75 C 38', *Bwletin y Bwrdd Gwybodau Celtaidd,* xxv (1974),407-17.

⁸⁰ gw. Gifford Charles-Edwards, 'The Scribes of the Red Book of Hergest', *op.cit.*

⁸¹ cf. nodyn esboniadol ancr Llanddewibrefi: 'Ny mynegeis ynhev vy enw vyhvn rac gwallygyaw y gweithredoed hynn o gennvigenn. Archet hagen y darlleawdyr yscriuennv yn y nef enw y neb ae gwnaeth ac na dileer y enw o lyuyr y uuched', gw. J. Morris-Jones & John Rhys, *The Elucidarium and other tracts in Welsh from Llyvyr Agkyr Llandewivrevi* (Rhydychen, 1894), 2.

⁸² Walter de Gray Birch, *A History of Margam Abbey* (Llundain, 1897), 45, 132, 133, 153.

⁸³ gw. Gifford Charles-Edwards, 'The Scribes of the Red Book of Hergest', *op.cit.,* 251-3.

[84] Daniel Huws, 'Llawysgrif Hendregadredd', *op.cit.,* 1.

[85] gw. Thomas Jones, *Brut y Tywysogyon ... (Red Book of Hergest version),* xxviii-xxix.

[86] Graham C. Thomas, *A Welsh Bestiary of Love* (Dulyn, 1988), xviii.

[87] gw. J. Gwenogvryn Evans, *Llyfr Gwyn Rhydderch, y Chwedlau a'r Rhamantau,* adargraffiad gyda rhagymadrodd gan R. M. Jones (Caerdydd, 1973).

[88] Am grynodeb o'r gwahanol safbwyntiau pwysicaf, gw. Rachel Bromwich & D. Simon Evans, *Culhwch ac Olwen* (Caerdydd, 1988), x-xix.

[89] Ar gysylltiadau llenyddol teulu Parcrhydderch, gw. J. E. Caerwyn Williams, 'Rhyddiaith Grefyddol Cymraeg Canol', yn *Y Traddodiad Rhyddiaith yn yr Oesau Canol,* 331-6; Daniel Huws, 'Llawysgrif Hendregadredd', *op. cit.,* 15-16; D. Hywel E. Roberts, 'Noddwyr y Beirdd yn Sir Aberteifi', *Llên Cymru,* x (1968), 83-9. Yn eironig ddigon, dyma deulu llengar y gellir yn ddilys gysylltu cyfansoddi gramadeg Einion Offeiriad ag ef, o ran nawdd os nad o ran awduraeth, gw. J. Beverley Smith, 'Einion Offeirad', *Bwletin y Bwrdd Gwybodau Celtaidd,* xx (1964), 339-47.

[90] gw. J. Gwenogvryn Evans, *The Poetry in the Red Book of Hergest,* col.1308-9 (lle mae awdl Llewelyn Goch i Rydderch yn dilyn yn syth ar ei awdl i Hopcyn) a 1305. (Dilynir arweiniad D. J. Bowen , 'Agweddau ar ganu'r bedwaredd ganrif ar ddeg a'r bymthegfed', *Llên Cymru,* ix (1966), 60, wrth gysylltu awdl Llywelyn Goch â Rhydderch ab Ieuan Llwyd.)

[91] gw. Daniel Huws, 'Llawysgrif Hendregadredd', *op.cit.*

[92] G. J. Williams, *Traddodiad Llenyddol Morgannwg,* 12.

[93] Ifor Williams, *Pedeir Keinc y Mabinogi,* 82.

[94] Eurys I. Rowlands, *Poems of the Cywyddwyr* (Dulyn, 1976), xvi-xviii. Codwyd y dyfyniadau o waith y cywyddwyr yn yr adran hon o'r gyfrol honno.

[95] Brynley F. Roberts (gol.), *Gwŷr Llên Abertawe* (Abertawe, 1982), 4.

[96] Rwyf yn ddiolchgar i'r Dr Brynley F. Roberts am ddarllen drafft o'r ysgrif hon, ac am sawl awgrym gwerthfawr.

Diwylliant y Ffin
Brynley F. Roberts

Ystrydeb yw dweud mai creaduriaid amser ydym oll a'n bod yn bythol symud trwy'r blynyddoedd. Cydnabod hynny y mae dathliadau'r Calan, nid cofnodi croesi o'r naill gyfnod i un arall. Llinyn di-dor yw amser ac at ei gilydd yn ddigon disylw a digynnwrf y digwydd cyfnewidiadau. Wrth syllu'n ôl y canfyddwn fod ein byd, a ninnau'n rhan o'r byd hwnnw, wedi newid a bod ein syniadau a'n moesau, heb sôn am safonau, yn wahanol i'r hyn oeddynt gynt heb inni allu nodi pryd na sut y bu'r newid hwnnw. Ond ar ambell adeg y mae fel pe bai'r cyfnewidiadau yn y gymdeithas yn haws eu hamgyffred wrth iddynt ddigwydd a'i bod yn bosibl gweld y naill gyfnod yn darfod a'r llall yn ymffurfio. A phan ddaeërir y ffin gysyniadol honno nid yn unig mewn amser ond mewn darn o dir neu mewn un gymdogaeth mae modd ymwybod â'r profiad o fyw ar ddeufor cyfarfod cyfnodau a'u diwylliannau ar awr y trawsnewid. Ardal a chyfnod felly oedd Abertawe a'r cyffiniau tua chanol y bedwaredd ganrif ar bymtheg.

Nid oeddid eto wedi llwyddo i gytuno beth fyddai Abertawe, ai canolfan diwydiant metalau'r byd, ai tref gwyliau glan-y-môr i'r dosbarth canol, swyddogion y fyddin a'r teuluoedd tiriog a'u tebyg. Ym mlynyddoedd olaf y ddeunawfed ganrif yr oedd harddwch digamsyniol bae Abertawe a'i draethau eang wedi codi awydd ymhlith llawer o'i thrigolion i weld y dref fach hon, y clwstwr o strydoedd o gwmpas y castell ar lan orllewinol afon Tawe, yn ymgodi'n Weymouth gorllewin Cymru.

Trwy gydol blynyddoedd cynnar y bedwaredd ganrif ar bymtheg gwelwyd atyniadau diwylliannol ac adloniannol y dref yn datblygu— Assembly Rooms ar gyfer dawnsfeydd a chymdeithasu gwaraidd, Bathing House, theatr, llyfrgelloedd, y Sefydliad Brenhinol a'r Literary and Philosophical Society, a hyd yn oed rasus ceffylau. Yr oedd y dref bellach—tua 1823—yn ymestyn o waelod Wind Street i ben High Street a'r Burlais Brook (Cwmbwrla), ac o lan yr afon i White Walls ac Orchard Street. Yr oedd y boblogaeth o dan 7,000 ar ddechrau'r ganrif ond erbyn 1874 yr oedd y rhif yn tynnu at y 35,000 a'r dref yn ymestyn yn raddol i'r gorllewin, i gyfeiriad Brynmill a ffiniau'r Uplands wrth i'r dosbarth canol ffyniannus godi'u tai'n

ddigon pell o strydoedd cul afiach slymiau newydd Abertawe. Yn yr
80au byddai'r tueddiadau hyn yn grymuso a'r ardaloedd trigiannol
yn lledu i'r gorllewin a'r gogledd nes llanw'r tir gwag rhwng y pentrefi
diwydiannol yng nghwm Tawe a thros gefnen Townhill, ac erbyn
hynny yr oedd pwysau diwydiant cwm Tawe a datblygiad y dociau yn
aber afon Tawe wedi hen ladd pob gobaith am weld yma dref dawel
glan-y-môr a mwg a mwrchwll y ffwrneisi'n cadw'u lle'n dwt y tu
hwnt i ffiniau'r dref. Mewn gwirionedd, breuddwyd gwrach fuasai'r
syniad o greu Weymouth newydd erioed. Er bod ymwelydd yn 1791
wedi canmol Abertawe 'for the convenience it affords to bathers,
being almost equal to Weymouth in its white sands and beautiful
shore,'[1] yr oedd y Parch. J. Evans yn llawer mwy craff yn ei sylwadau
yn 1803:

> You will now suppose I am got into a fashionable place like Weymouth,
> surrounded by the blandishments of gaiety and pleasure: but descriptions
> sometimes lead to wrong estimates. If we enter into a comparison between
> this place and the favourite spot of the royal family, it must be made by a
> list of *negatives,*

ac â rhagddo i restru diffygion amlwg a manteision annatblygedig
Abertawe.[2] Er bod y tadau dinesig wedi deddfu mor gynnar â 1764 na
chaniateid gweithfeydd mwyn y tu mewn i ffiniau'r fwrdeistref, y gwir
oedd na ellid anwybyddu'r hyn a oedd yn digwydd ryw ddwy neu dair
milltir i fyny afon Tawe.

Dechreuodd cynnydd diwydiannol rhannau isaf cwm Tawe pan
ddaethpwyd i ddefnyddio glo yn hytrach na golosg i doddi mwynau.
Gan fod glo yn agos at yr wyneb ac yn agos at afon y gellid hwylio ar
hyd-ddi ryw dair milltir o'r môr buan y sylweddolwyd ei bod yn
rhatach dod â mwyn copr o Gernyw a Môn at y glo a chludo llwyth o lo
yn ôl yn yr un llongau i weithio peiriannau'r mwynfeydd. (Yr oedd
angen 18 tunnell o lo a 13 tunnell o fwyn i gynhyrchu 1 dunnell o gopr
puredig). Yr oedd gwaith toddi yng Nglandŵr yn 1717; erbyn 1800 yr
oedd naw arall wedi'u sefydlu, ac agorwyd gwaith enfawr yr Hafod yn
1810. Wrth i fwynau Cernyw ddarfod dyma ddechrau cyrchu
mwynau o fannau mwy pellenig o'r 20au—Chile, Cuba, De Affrica,
Awstralia. Yn 1836 dechreuwyd cynhyrchu sinc, alcam yn 1845, dur
yn 1856, nes bod glannau afon Tawe'n dagfa o ffwrneisi a thoddfeydd
metal. Agorwyd pyllau glo a lefelau i fwydo'r diwydiannau, yng

Nglandŵr, Brynhyfryd, Cwmbwrla, Penfilia, Trewyddfa, Llansamlet, Tre-boeth, Mynydd-bach, ac enwi rhai'n unig, a daeth yr holl ardal, cwm Tawe a thros Graig Trewyddfa i gyfeiriad y Mynydd-bach, yn rhwydwaith o ffyrdd a rheilffyrdd, nes bod

> ardal y prydyddwyd am ei harddwch coediog yn y 18 ganrif . . . yn fangre gweithdai, ffwrneisiau, simneiau, tai, tafarnau, ysgolion, a chapeli, camlas a rheilffyrdd a ffyrdd, a'r cyfan blith draphlith rhwng tomenni lludw a singrug a sorod ac yn y mwg.[3]

ac nid anodd dychmygu prysurdeb yr afon gyda'r llongau'n llwytho a dadlwytho a'r drafnidiaeth ar y tramffyrdd a'r gamlas.[4] Cododd pentrefi newydd o gwmpas y gweithfeydd ac yma y gwelir y cynnydd sylweddol yn y boblogaeth, rhandiroedd Clase Uchaf ac Isaf yn dringo o 2,549 ar ddechrau'r ganrif i tua 7,000 erbyn ei chanol a thros 23,000 erbyn ei diwedd. Adeiladodd rhai o'r meistri bentrefi o dai ar gyfer eu gweithwyr, Trevivian (yr Hafod) a'r enghraifft fwyaf adnabyddus, Treforys a godwyd ddiwedd y ddeunawfed ganrif. Ar Graig Trewyddfa rhwng Glandŵr a Phlas-marl codwyd Castell Morris yn 1760 ar gyfer glowyr Tre-boeth a lle yno i ddeugain o ddeuluoedd. Er bod gwaith copr yn Nhre-boeth ardal lofaol ydoedd yn bennaf. Safai ar yr hen ffordd a âi ar ochr orllewinol y bryniau a godai o lannau Tawe, o Pentre i Penfilia, Waun-gron, Tre-boeth, Tirdeunaw, Mynydd-bach i bentref Llangyfelach. Datblygodd yr ymsefydliadau ar hyd y ffordd hon, yn rhesi o dai a gerddi ar ddeutu'r heol, a'r tu cefn iddynt gaeau, bythynnod gwyngalchog a ffermydd. Nid oedd i'r pentrefi hyn ganolfan naturiol. Treforys a'r pentrefi gyda glannau'r afon oedd y canolfannau masnachol a digon o amrywiaeth siopau a chrefftau ynddynt i fodloni anghenion eu trigolion. Yno y cyrchai'r gwerthwyr a'r prynwyr (ac i Abertawe), ac mae'n arwyddocaol mai'r unig adeg bron y byddai cyrchu i hen ganolfan gymdeithasol yr ardal hon oedd adeg Ffair Llangyfelach. Dyna paham yr oedd Capel Annibynwyr y Mynydd-bach mor bwysig yn hanes y fro oblegid hwn bellach ydoedd canolbwynt ei bywyd cymdeithasol a chrefyddol.

Er cymaint y cynyddodd diwydiant yn yr ardaloedd hyn, mae'r modd y codwyd pentrefi 'Trevivian' a Threforys yn ein hatgoffa eu bod yn dal yn bur wledig eu natur. Gweithiai rhai o'r gweision ar y ffermydd ac yn y gweithfeydd, a bwriad Vivian a Morris oedd sicrhau fod eu gweithwyr yn cael digon o dir i gadw buwch a mochyn. Canlyniad

Treforys, *c.* 1860

hyn oedd fod y newid cymdeithasol yma'n arafach a mwy graddol nag
yn y cymoedd i'r dwyrain ac yr oedd ansawdd bywyd y pentrefi hyn yn
wahanol iawn i awyrgylch y dref. Yno ceid poblogaeth gymysg
gymhleth, ac amrywiaeth cymdeithasol a gynrychiolid gan slymiau
culion, tai dosbarth canol a strydoedd hardd o siopau a swyddfeydd.
Yn y pentrefi ar y llaw arall yr oedd cymdeithas fwy unffurf, yn
Gymraeg ei hiaith, gan mai o'r de-orllewinol y deuai'r mwyafrif o'r
ymfudwyr, ac yn ddosbarth gweithiol, yn dilyn crefftau'r tir a
chrefftau diwydiant. Cymdeithas egnïol ydoedd, ei haelodau yn
gweithio oriau hirion mewn pwll glo, yn un o'r toddfeydd neu ar y tir
ond yn creu difyrrwch iddi'i hun mewn eisteddfod, cymdeithas
lenyddol, clwb, amrywiol gyfarfodydd y capel, chwaraeon ac yn y
dafarn. Yr oedd bywyd yn anodd ac amodau byw ac ennill bywoliaeth
yn galed oblegid yr oedd yr ymwybod â phosibilrwydd damwain,
afiechyd a marwolaeth yn elfen na ellid ei hanghofio. Yr oedd y
capeli'n cynnig angor cymdeithasol i boblogaeth anesmwyth aflonydd
a man cyfarfod a oedd yn cryfhau'r ymdeimlad o berthyn i gorff,
ymdeimlad nad oedd yn drwyadl grefyddol o angenrheidrwydd. Yr

oedd y corff hwnnw'n gorfod magu'i arweinwyr ei hun a'r capeli hyn a
fu'n feithrinfa i bennau teuluoedd ac i arweinwyr cymdeithas ardal
gyfan. Cymharol brin oedd y tai (300 o fythynnod cerrig a oedd yn
Nhreforys yn 1819), ac wedi gadael Treforys

> the country presents the most beautiful and picturesque scenery. The
> dismal gloom of the manufactories hanging over the river Tawe is
> pleasantly contrasted by the whitened walls of their appendant villages,
> springing from the dark sides of the hills, which rise above the river.[5]

Wrth deithio o Dreforys i Dre-boeth eid heibio i byllau Cwmgelli ond
wedi cyrraedd y Mynydd-bach digon digyfannedd fyddai'r gweundir
uchel a'r ffyrdd a âi yn ôl i Dreforys tros Fynydd Garn Lwyd ac i'r
gorllewin, i gyfeiriad Cadle, afon Llan, Llanelli a Chaerfyrddin.

Yr oedd yr ardal hon yn ffin ddaearyddol naturiol—y gweundir
uchel hwn yn cynnig golygfa eang draw i'r gorllewin, cynefin llawer
o'r gweithwyr diwydiannol, a'r dynfa i'r broydd amaethyddol
tawelach lle'r arhosai eu teuluoedd yn un gyfarwydd adeg cynhaeaf
neu wyliau neu brofedigaeth. Nid hawdd, er hynny, fyddai'r daith:

> 1825:   10 May, Sister Mary died in Pant Sais.
>   Wednesday morning, I went over with the Man through Lanon
>   & Pontyberem and had a lend of a horse at foeswalter to carry me
>   over to Machros.
>   Thursday, had the Lend of a Mare in Machros and at 8 o clock I
>   was in Landysil when I heard of the Burial of my Sister last night
>   & was sore vexed with their actions. Went to Hawen to see the
>   Grave & the Farm where they lived.
>   13—Left home at 10 & came to Machros where I slept.
>   14, Saturday, Left Machros & reached home by 9 or 10 o clock
>   much fatigued.

O dorri'r siwrne gyda pherthnasau a thorri syched yn ôl yr angen,
diau y byddai'n daith lai blinderus:

> 1820:   1 June, Went to cut my hair to T. Levis, and began my journey
>   home about ½ hour past Nine in the fore noon. Caried a letter
>   over to Corseinion. Drank a pint of ale at Lanon and some
>   Bread. Did the same at Langyndeyrn in Carmarthen . . . Went
>   to Machros and there lodged and had a shilling with my ant and
>   everything was very kind and good.

2 June, Friday, Saw David gorwydd in the morning he was going
to Lime. Started from Machros about 10 o clock. Drank a pint of
ale at troedrhiw went to uncle Evans house, from there to
rhydcoch, ate meate there went from there to my grandfather
when to my astonishment they looked better than I thought. I
gave my grandmother six pence heard that my aunt peggy was
moved from gorwydd to highgate went from there to penbont
Llandysill and called for a pint of Ale and was kept there a whole
Night ate my breakfast there and by going home understood that
I had lost my pensill case somewhere.

Mynychu cymanfa'r Annibynwyr oedd neges y daith hon ond mae'n
amlwg fod ymweld â'r hen fro a galw gyda'i dylwyth yn rhan hanfodol
o'r cymhelliad i'r dyddiadurwr hwn, gŵr ifanc tua'r 20 oed a ddaethai
i Gaerfyrddin ac yna i Gastell-nedd a Thre-boeth tua 1817, ond a
ddychwelai'n gyson i gynorthwyo ar dyddyn ei rieni, i bregethu neu ar
ryw berwyl cymdeithasol arall.

Ond os oedd eangderau'r Mynydd-bach yn borth i'r hen fro, yr
oedd y cwm a'r afon yn arwain yn naturiol i dref Abertawe a'i
chymdeithas gymysg, fasnachol, gyffrous a dieithr. Yn Nhre-boeth
a'r cyffiniau ni ellid peidio ag ymglywed â dau ddiwylliant ac â dwy
gymdeithas. Gorsymleiddio hwylus yw gosod allan y deuoliaethau,
gwledig-trefol, pentrefol-canolfannau, amaethyddol-diwydiannol,
llafurol-masnachol, ond yma ar y ffin rhwng y ddau ddiwylliant ceid
gwead cymdeithasol cymhleth a gyfranogai o'r ddau. Yr oedd yma,
mae'n dra thebyg, ymwybod â ffin amser hefyd ac agwedd arall ar y
ddeufor cyfarfod fyddai'r ffin honno. Er gwaethaf y dirwasgiad a'r
ymfudo o gefn gwlad, cynrychiolai'r bröydd hynny hen grefftau a hen
ffordd sefydlog o fyw; arwyddbost i'r dyfodol fyddai'r dref a'i siopau,
ei lampau nwy, ei difyrrwch parod. Os daearwyd y trawsnewid a'r
cymysgu moddau sy'n nodweddiadol o'r ffin yn y rhan yma o gwm
Tawe, daliwyd hwy hefyd ar yr union adeg pan oedd y gymdeithas
hon yn dechrau magu ei chymeriad a'i nodweddion ei hun fel
cymuned ymneilltuol weithfaol sydd bellach wedi tyfu'n un o fythau
hanes y genedl.

Cymysg drwodd a thro oedd y diwylliant: ymneilltuaeth capeli'n
gymysgfa o grefydd a chlwb, o addoli, diwinydda ac ymgiprys torfol;
llenyddiaeth boblogaidd yn gymysgfa o emyn a phennill a baled; a
thraddodiad llafar beirdd gwlad yn cyd-fyw â chylchgronau enwadol,

David Davies

a hwythau'n eu tro yn cymryd eu lle ar y silff gyda nofelau Saesneg; y
llawlyfrau crefft Saesneg yn rhannu byd â Choelbren y Beirdd.

David Davies, llyfr-rwymwr ifanc a ddaeth i Dre-boeth yn 1819 i
weithio ym musnes y Parchg. Daniel Evans, gweinidog trwm y
Mynydd-bach, yw'r dyddiadurwr y dyfynnwyd o'i waith uchod.
Cadwodd ddyddiadur yn selog o 1819 hyd 1833 (er nad yn ddi-fwlch)
ac efallai ar ôl hynny, a bu'n boenus o onest yn ei gofnodion amdano'i
hun, ei ymwneud ag eraill ac am y byd o'i gwmpas. Mae'n beryglus
adeiladu darlun o gymdeithas ar sail un ffynhonnell o dystiolaeth ond
mae David Davies yn llais mor nodweddiadol o'i oes a'i gymdeithas
fel y gellir ei gymryd yn deip cynrychioliadol, er cymaint o unigolyn
ydyw.[6] Ar un olwg, mae ei drawsffurfio ef, a'i weddnewid o fod yn
llanc o grefftwr, ffraeth ei dafod, llon a bywiog yn y gwmnïaeth, i'r
gŵr busnes craff a'r arweinydd o weinidog dirwestol, yn ddrych o'r
newid a ddigwyddodd i gymdeithas yn ystod ei fywyd, o'i eni ym
mhlwyf Llangeler yn 1799 hyd ei farw yng Nghlydach yn 1874.

Pan ddaeth i Dre-boeth at y Parchg. Daniel Evans, yr oedd yn
naturiol iddo ymaelodi yn eglwys yr Annibynwyr ar y Mynydd-bach.
Ni fu ei ffyddlonach yn yr ysgol Sul, yr oedfaon a'r seiadau, ac nid
anodd dychmygu awyrgylch cartref Daniel Evans lle y gweithiai ac y
lletyai David gyda'i gydweithwyr a'r morynion. Cafodd ei drochi yn
sŵn pregeth a dosbarth a thystiolaeth a buan iawn y dysgodd arfer holl
eirfa dechnegol y ddiwinyddiaeth Galfinaidd a glywai mor gyson o'r
pulpud ac mewn seiad. Dysgodd ei harfer yn y gwmnïaeth gyda'i
gyfoedion, er mor serchol y gallai'r gwmnïaeth honno fod ymhlith
pobl ieuainc yr oes honno fel ymhob oes arall:

> Ymadawsom ar y Mynydd bach Evan ar merched ty a thre a minau gyda
> Hana ffordd arall . . . ac nis cefais hyd yn hyn erioed ddim gwell carfa na
> heno. yr oeddem yn sobr yn siarad am fyd ar ol hwn. sef Tragwyddoldeb,
> yn yr hwn y byddwn cyn hir yn cael ein taly am ein gwaith pa un bynnag ai
> da ai drwg y byddo. Yr Arglwydd am cymhwyso i fynd ir Nef i drigo.

Ond deuai'i afael ar yr eirfa grefyddol yn amlycach, yn naturiol, yng
nghyd-destun capel. A dyfynnu Ben Bowen Thomas:[7]

> Ofer yn wir a fuasai'r holl bregethu athrawiaethol yn ystod blynyddoedd
> cynnar y ganrif onibae fod gwerin Cymru trwy gyfrwng yr ysgol sul yn
> hyddysg yn yr ysgrythur ac yn gyfarwydd â thermau'r athrawiaethau.

Nid yw'r termau hyn yn amlycach yn unman nag yn emynau poblogaidd
y dydd. Nid oedd oes y llyfr emynau enwadol wedi gwawrio eto: y peth
tebycaf fyddai ambell gasgliad a fyddai'n tyfu'n boblogaidd a
chyffredin ei arfer. Ar lafar y dysgid llawer iawn o'r emynau ac nid
anarferol fyddai i weinidog fynd ati i gynnull y rhain a llunio casgliad
ar gyfer ei gynulleidfa yn ei eglwys, ei changhennau a'i hysgolion Sul.
Cynhwysai'r casgliad gynhysgaeth emynyddol ei bobl, yn waith
emynwyr 'cydnabyddedig' ond hefyd yn benillion lleol neu gan
aelodau o'i gynulleidfa ei hun.[8] Llenyddiaeth wir gymdeithasol yw
emynau, o leiaf pan fo'r gymuned eglwysig yn gymdeithas. Beirdd
gwlad, sef beirdd yn mynegi anghenion eu cymdeithas ac yn ymateb
iddynt, yw'r emynwyr mwyaf effeithiol, ac fel beirdd gwlad y
gymdeithas seciwlar, tynnant ar waith ei gilydd, gan adleisio emynau
cyfarwydd a chymysgu penillion wrth ddibynnu'n helaeth ar ystrydebau
a chonfensiynau ymadroddi. Fel yna y crewyd emynyddiaeth
Gymreig ac am bob un Williams neu Morgan Rhys yr oedd degau o

feirdd gwlad yn canu emynau digon cyffredin, os nad carbwl, yn seiadau'r ddeunawfed ganrif. Emyn i aelodau seiad wrth ymgynnull oedd y penillion hyn gan John Jones a gyhoeddwyd yn *Aleluia* Williams yn 1747 (Chweched Ran, t.18):

> O Arglwydd grasol, trugarha
> Gwêl yma Bechaduriaid;
> Tyred i'n plîth, cyfrana Wlîth,
> Dy Fendith i bob Enaid.
>
> O tyred yma ar hyn o Bryd
> Trwy'th Yspryd i'n cyssuro;
> A boed i'n Deisyfiadau gwael
> Trwy'r Jesu gael eu gwrando.
>
> A gwêl rai gwael, o Arglwydd hael,
> Sy'n disgwyl gael Trugaredd,
> A Chymmorth dy lân Ysbryd di
> I felus foli'th Fawredd.

ac yn yr un traddodiad y mae David Davies:

> Ar d'orchymyn wele'th bobol
> Wedi dyfod i dy dŷ,
> Nôl d'addewid tyrd i'r Canol
> Mae 'ma fwy na dau neu dri;
> Chwyth yn hyfryd ana'l bywyd
> Yn yr esgyrn sychlyd hyn,
> Gwna ni gyd mewn hwyl i foli
> 'R oed fu'n gwaedu ar y bryn.

Crefft gymdeithasol yr emynydd gwlad a ddysgodd David Davies, ac yn y seiad, trwy'r bregeth ac yn sŵn yr Ysgrythur y cafodd ei fynegiant. Cymhelliad amgylchiadau personol fyddai i rai o'i emynau:

July 8 1821: from meeting to D. Hughes's house made a hymn there on his illness thus

> Mae yma un or breiniol had,
> O dan gerydd law ei dad.
> Cyn hir daw Angau llym ei gledd
> Iw gyrchy ir dragwyddol wledd.

then went to see Hannah.

Mae lle i ofni mai'r awydd disgwylgar i fynd i gyfarfod â Hannah sy'n
cyfrif am sioncrwydd anaddas y pennill brysiog hwn. Ond câi well
gafael adegau eraill, ac arfer geirfa'r saint yn ei grym:

> Teurnasodd gras mewn arfaeth
> Ac ethol cyn creu Haul
> Mewn prynu a sancteiddio
> Trwy haeddiant Adda'r Ail;
> Rhad ras an cynnal ninau
> Trwyr anial yn ei law
> Am ras a gogoneddiad
> Cawn ganu'r ochor draw.

Neu hwn:

> Mae gras fel mor diwaelod
> Didrai difesur yw
> Mae'n llawn ar fryniau Seion
> Mae'n llawn ynghalon Duw
> Fe gariodd gras fyrddiunau
> O ymyl Uffern Dân
> Maent heddiw yngharsalem
> Yn seinio'r newydd gan.

Canai am fod crefydd y capel wedi'i gwreiddio yn holl weithgareddau'r
gymdeithas, pennill a 'gant yn Addoldy Mynydd Bach Awst 22 1824',
a phennill arall 'a gyfansoddwyd wrth fy ngwaith yn y shop cyn mynd
i'r cwrdd gweddi'.

> Pechadur wyf erioed
> O halogedig ryw
> A haeddodd ganwaith fod
> O dan ddigofaint Duw
> Ond clod i Dduw
> Rwyf hyd yn hyn
> Ty yma ir diwaelod lynn

Penillion edifeiriol yn erfyn am faddeuant cyn dyfod yr angau yw
llawer ohonynt, ond mae'r gobaith am gyfarfod â hen gyfeillion a
cheraint yn eu codi o'r dyfnderoedd du:

Y mae fy oriau'n darfod
Am dyddiau'n dod i ben
O Dduw rho im adnabod
Yr Oen fy ar y pren
Yn briod mwyn im henaid
Yn gyfaill diwahan
Im dwyn trwy afon angau
I hyfryd wlad y gan

Tua Salem rwi prysyro
Yno yn unig mae fy mryd
Yno gwn mae'm hên gyfeillion
Gorau gerais yn y byd
Yno treiliaf finau'm hailfyd
Ynghol fy anwylyd glân
Yn mhlith miloedd o nefolion
Nis gorffenir byth or gan.

Mae cofio'r byd tragwyddol
Ai ddychrynedig wedd
Yn peri im Arswydo
Yr ochor hyn ir bedd
Ond meddwl cwrdd am ceraint
O fewn ir drydedd nef
Syn peri im hiraethu
Am wir feddianu'r lle.

Os byth cai fynd ir nefoedd
I wledda gyda'm Duw
Rwi'n meddwl byddai'n cofio
Am rai om ceraint gwiw
Ac yn hyfrydu'i gweled
yn dod o'r cystydd mawr
Yn rhydd oddiwrth bob llygredd
drwg fychedd ar y llawr.

Nid David biau pob pennill yn y llyfrau nodiadau er yr un yw eu natur
i gyd. Canu personol ydyw, am mai dyna natur y grefydd:

Gwreidded grâs o fewn fy nghalon
Tyfy wnelo'n lâs i'r lan
Sobrwydd moesol fo'n weledig
Ar fy mychedd ymhob man,

Na bo imi byth ond hynny
Roddi tramgwydd i neb byw
Boed fy ngeiriau am gweithredoedd
Yn anrhydedd i fy Nuw.

Ond ni allai crefydd oes ddiwygiadol a'i thwym ias osgoi'r nodyn
cenhadol apelgar sy'n nodweddu emynyddiaeth gynnes y seiadau:

Draw mae'r ardal lle caf drigo
Ar gyffynion canaan dir
Ffrwythau cariad crist fydd yno
Yn pereiddio'r wledd yn wir
Dynion dewch, na thristewch, rhan or wledd a gewch mewn hedd.

Yn y diwedd, er gwaethaf pob sôn am farn ac angau, crefydd lawen
oedd hon, mae'n ymddangos:

Rhowndio caerau Jerico
Mae cyrn hyrddod
Seithfed dydd ar seithfed tro
Bron a dyfod
Fe ddaw'r caere i lawr trwy ffydd
O'i sylfeini
Efengyl Iesu garia'r dydd
Llwyddiant iddi.

Yn y gymdeithas, wrth wrando a threulio yn y cof benillion di-rif, y
dysgir ieithwedd, mesurau a chonfensiynau cyfansoddi fel hyn.
Hanfod canu cymdeithsol yw mai canu ydyw a gyfansoddir mewn
ymateb i amgylchiadau, fel llawer o'r penillion sy'n codi o brofiadau
seiad ac oedfa, ac o ymwneud cymdogion â'i gilydd. Ond mae llawer
o'r canu cymdeithasol yn ganu achlysuron, yn ganu a gyfansoddir pan
ddaw pobl at ei gilydd. Ym myd y canu gwerin mae'r achlysuron hyn
yn rhai cyfarwydd, boed yn noson wau, yn swper cynhaeaf, yn Fari
Lwyd, neu'r tebyg. Yr oedd achlysuron tebyg yn y byd crefyddol.
Ysgrifennwyd llawer am draddodiad yr ŵylnos yng Nghymru. Mae'n
wir i lawer o'i nodweddion llon ac ofer ddiflannu erbyn y ganrif
ddiwethaf, eto ceid yn y cyfarfodydd hyn gryn dipyn o ganu, a
hwnnw'n ganu digon trwsgwl fel y dengys y casgliad a gyhoeddodd
Carneddog o benillion a genid mewn gwylnosau yn ei ardal ef.[9] Bu
David Davies yng ngŵylnos gwraig ei feistr 31 Hydref 1820 a

mynnodd roi disgrifiad llawn o'r amgylchiad yn ei ddyddiadur. Mae'n amlwg fod yr ŵylnos yn ddefod gymdeithasol ac iddi ei hadeiledd ei hun a'i swyddogaeth arbennig. Aelodau'r gynulleidfa a fu'n gwylio'r ddwy noson gyntaf ac nid oes sôn am ŵr ordeiniedig hyd 'yr ymgladd'. Newidir cywair y gwylio y drydedd noson, sef 'y nôs y bu ei chorph yn y Tu ddyweddaf am byth'. Y ddwy noson gyntaf rhoddid lle amlwg i benillion beirdd cynulleidfa eglwys y Mynyddbach ac eglwysi eraill y cylch wrth i'r 'brodyr' roi 'gair' allan, megis y rhain:

> Farwel i chwi fy mherthinasau
> Nid yw'ch dagrau nid yw'ch gwedd
> Ni ddaw'r cariad sy'n eich calon
> Ymhellach nac hyd lann y bedd
> Pan ddel angau chwi fowch ymaith
> Da imi fod genif Dduw,
> Frynd ddaw genif pan fwy'n marw
> Hwnw garaf tra fwyf byw.

> Mae ffryndiau anwyl iawn
> Yn rhedeg maes o hyd
> O'r byd sy'n llawn o wae
> A blinder bron eu gyd.
> Pan torro'r wawr fe'u gwelir hwy,
> Yn canu clodydd marwol glwy.

> Ffarwel frodyr, ffarwel ffryndiau,
> Fe ddaeth angau i fy hôl,
> Teithiais lwybr o'r dieithraf,
> Nas dychwelaf byth yn nol,
> Un gymwynas geisia i'n rhagor,
> Gan fy mrodyr fe ddaw'r dydd,
> Hebrwng f'egwan gorph i orwedd
> Hyd ei dawel wely pridd.

> Ffarwel, ffarwel, hen gyfeillion,
> Sy wedi blaeny tua'r afon,
> Ni gawn gwrddyd yn dragywydd
> Wedi dysgy'r ganiad newydd.

'Darllenodd Llewlyn John y 103 Psalm A gweddiodd hên Roach o gatle
mewn modd difyr smala yn ol ei arfer. Ar y diwedd, rhoddodd Iory, sydd
yn byw ar dreboth, y drws nesaf i Dafydd Taylwr, y gair hwn iw gany,

> O fewn i'r llen wrth chwilio'r llyfrau
> Pwy wyr na chayr fy enw inau,
> Ar ddwyfron hardd ein harchofeiriad
> Draw groeshoeliwyd gynt gan Pilat.'

Yr 'hên Roach o gatle' oedd Roger Rogers ('Rotch o Gadle') a fu
farw, yn ôl dyddiadur David Davies, 6 Rhagfyr 1821 yn 78 oed. Yn ei
ffordd ei hun, yr oedd yntau mor nodweddiadol o'i gymdeithas â
David, yn gymeriad a fu 'ym more ei oes, ac yn mhell hyd at ganol ei
ddyddiau . . . yn nodedig o wyllt ac afreolaidd ei fywyd, fel meddwyn,
ymladdwr, a digrif-ddyn'. Ond achubwyd y pentewyn hwn o'r tân, a
threuliodd weddill ei oes 'yn gristion disglaer, ac yn ddiarhebol am ei
wresogrwydd'.[10] Tyfodd yn rhan o chwedloniaeth grefyddol ei ardal a
chyfrannodd yntau at emynyddiaeth boblogaidd ei fro:

> Pan o'wn i ar fy ngwely,—Un prydnawn, &c.,
> Heb feddwl dim ond pechu,—Un prydnawn,
> Fe ddaeth ei danllyd saethau,
> Y ddeddf a'i dychryniadau,
> I'm tori lawr yn ddiau,—Un prydnawn, &c.,
> A gado'm holl bleserau,—Un prydnawn.

> O Iesu, mhriod hawddgar,—Diolch byth, &c.,
> Ddanfonodd Duw i'r ddaear,—Diolch byth,
> Fe lanwodd y cysgodau,
> Cyflawnodd y 'Sgrythyrau,
> Bu farw dros fy meiau,—Diolch byth, &c.,
> Mae'n eiriol dros bechodau,—Diolch byth.

> Ceir gwel'd yr arfaeth foreu,—Cyn b'o hir, &c.,
> Yn esgor ar ei pherlau,—Cyn b'o hir,
> Fe gwyd y meirw allan,
> Daw'r defaid idd ei gorlan,
> Trwy waed y bugail cadarn,—Cyn b'o hir, &c.,
> Er gwaethaf dyfais Satan,—Cyn b'o hir.

Ni feddai'n wyneb angau,—Ond efe, &c.,
Pan elwyf i'r clorianau,—Ond efe,
Mi fentra yn ei glwyfau,
Heb ddim o'm cyfiawnderau,
Ni feddai ddim yn bwysau,—Ond efe, &c.,
Pan elwy' i o flaen y frawdle,—Ond efe.

Fe'm prynodd o gaethiwed,—Do yn wir, &c.,
O ddwylo'r hen gythreuliaid,—Do yn wir,
O blith y criw uffernol.
Oddiwrth euogrwydd damniol,
Fe'm golchodd yn y ffynon,—Do yn wir, &c.,
Addawodd i mi goron,—Do yn wir.

'Geiriau a hymnau' tebyg i'r penillion hyn gan yr hen Rotch a'r rhai a ganwyd yn yr wylnos, fel rhai David ei hun, sy'n rhoi blas diwylliant poblogaidd y capeli inni. Achlysuron cymdeithasol oedd y gwylnosau, ac am eu bod yn dwyn pobl at ei gilydd yr oedd yn anorfod eu bod yn cynnig cyfle i arferion neu ddefodau lletach na'r galaru ei hun. A barnu wrth nifer y penillion a lediwyd byddai mewn gwylnos gryn gasgliad o feirdd gwlad a'r rheini o wahanol gapeli a phentrefi; a than amgylchiadau fel y rhain hawdd y gallai gornest canu ac ateb ddatblygu. Pan fu farw Sara, merch Daniel Evans 25 Ebrill 1822 yn ferch 16 mlwydd oed cynhaliwyd gwylnos. Ynddi canodd David (neu Dafydd ap Dewi erbyn hyn) 'Can ir Mynydd Bach', tri phennill digon gweddus:

Wrth gydaddoli yno
Pwy wyr nad allaf fi
Gael maddeu'm holl bechodau
Er amled yw eu rhi.
Trwy rin y gwaed a redodd
Rhwng lladron ar y pren
Mae modd gwneud Dewi'n addas
Iw ddwyn i'r Nefoedd wen.

Ond cân ydyw, meddai, a ganwyd 'genif er ateb i Eben Edwards yn wylnos Sarah Evans', 'Bwriadeis y penillion uchod fel atebion ir dirmyg a ddygyd ar y Mynyddbach gan elynod'. Yn yr un llyfr nodiadau y mae cerddi eraill, 'Calon yr Athraw Bach', pum pennill wyth llinell, bob un yn dechrau â 'Calon', ac yn disgrifio llygredd

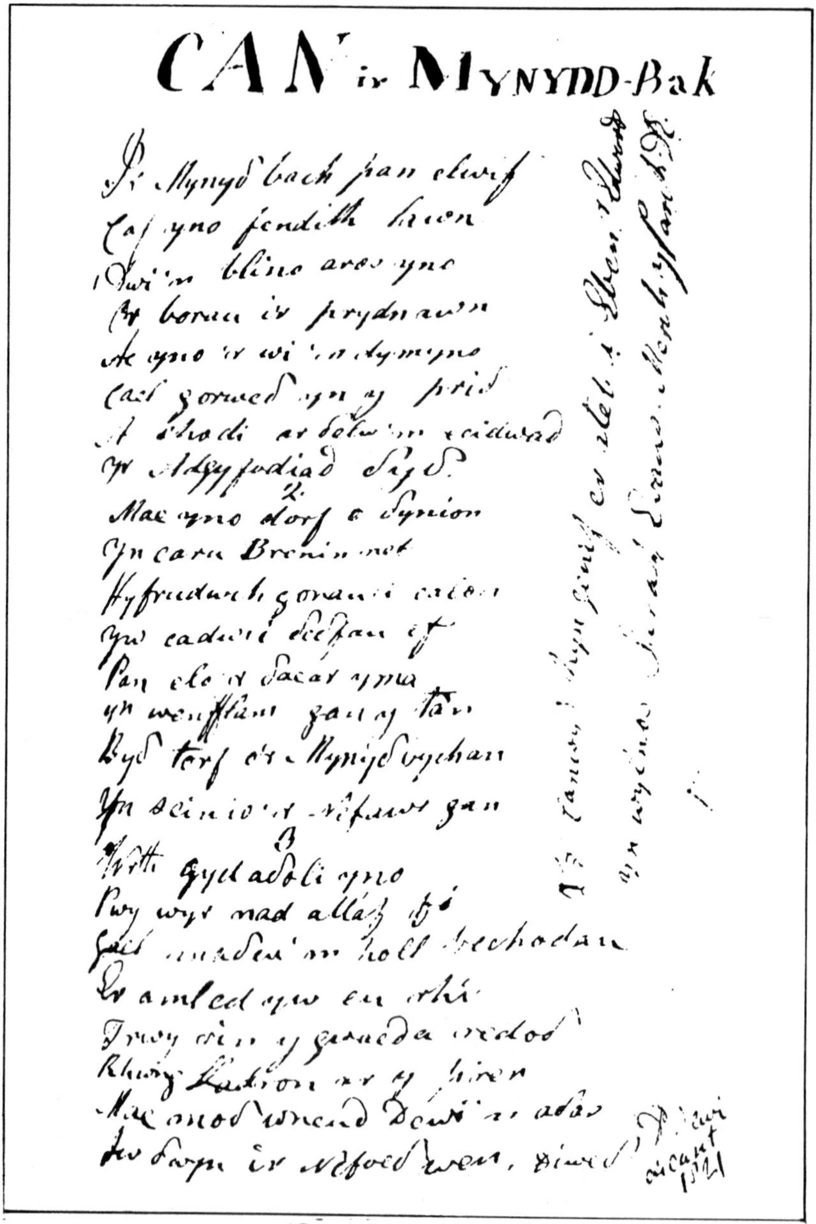
CAN ir MYNYDD-Bak

I'r Mynydd bach pan elwyf
Caf yno fendith hwn
Dw'i'n blino aros yno
O'r boreu ir prydnawn
Ac yno 'r wi'n dymyno
Cael gorwedd yn y pridd
A [illegible] ar dolw'n [illegible]
Yn Adgyfodiad Sydd.

2

Mae yno dorf o dynion
Yn caru Brenin nef
Hyfrydwch gorau i calon
Yw cadw'i deddfau ef
Pan elo 'r dacar ymma
yn wenfflam gan y tân
Bydd torf o'r Mynydd bychan
Yn seinio'r nefawl gân

3

With gydaddoli yno
Pwy wyr nad allaf fi
Gael madden'm holl bechodau
Er amled yw eu rhi
Trwy rin y gwaed a redodd
Rhwng lladron ar y pren
Mae modd i wneud [illegible] adar
I'w harpu ir Nefoedd wen. Diwedd

[illegible]
1721

'Can ir Mynydd Bach'

calon yr awdur, y diacon a'r athro ysgol Sul, Dafydd Ifans. Dilynir
hon gan

> Gofyniad i Joseph Maybrey

> O Dywed frawd ffyddlon, beth wnaf ir fath galon,
> Mae hon yn fy mlino bob mynyd or dydd.
> Os gwddost am ffynnon a olch y fath galon
> Gwna ddanfon yn union i Dafydd.

> Attebiad Joseph i'r gan uchod neu
> Meddigyniaeth i galon yr Athraw

> Fy anwil gydymaith gwn inau ysywaith
> Am galon ammherffaith fy ganwaith yn gaeth
> Gan gnawd a chan ddiafol yn dra anymmynol
> Yn fynych ynghanol anobaith . . .

> Fe bara dy galon oi herchyll archollion
> Fe olchodd rai duon yn wynion cyn hyn
> Gwnaeth sawl a Manasseh, Er cymmaint eu beiau
> Yn addas i chwarae'r aur delyn.

> Am hynny na flina ond bellach gobeithia,
> Fwna ffynnon calfaria dy byro'n ddibaid
> Ac ymbil yn ddiwyd ar Awdwr y bywyd
> Am loni dy ysbryd am ysbaid.

> Nol gado'r hon fychedd cei fynd i orfoledd
> I seinio clodforedd heb ddiwedd ir oen,
> Os cawn ni gwmpeini ein gilydd pryd hynny
> Rhown glodydd i Gelu o galon.

Diacon tra pharchus, ac arweinydd lleol dylanwadol, fyddai Jospeh
Maybrey maes o law, fel Dafydd Ifans, yntau. Mae'n amlwg fod y
traddodiad canu tribannau cyfarch ac ymddiddan yn ymgymhwyso'n
ddidrafferth i arferion ac achlysuron cymdeithasol ymneilltuaeth y
dydd, ond parhâi'r hen destunau a hen achlysuron y canu'n fyw
hefyd. Mae tinc y canu rhydd mewn ambell ymadrodd gan Dafydd ap
Dewi a soniai am ei 'Hannah fwyn dirion' ac am Gadle 'fwyneiddlan
dirion', ond mwy o syndod yw gweld Joseph Maybrey syber a sad[11]
yn canu 'Cwyn Dafydd ap Dewi am ei gariad',

Er cymmaint welais yn y byd
I ddenu mryd hyd yma
'Does dim ro(?) nghalon fach mewn hwyl
At weld fy anwil Hannah.

ac felly am wyth pennill, cyn canu'r ateb:

Dy gysan bychan di-bechod dìgrif
Fal deigryn o wirod
Medrysaidd medri osod
Er mwyn Duw ar fy min dod.

Medd y ferch

Mi gefais lawer llencyn llon,
I roi cynigion imi
O rhain eu gyd yn wir nid oedd
Neb wrth fy modd ond Dewi.

Roedd e'n rhagori arnynt hwy,
Gwnaeth hyn mi'n fwy iw garu,
Pan oeddent oll o gylch y tŷ
Doedd neb mor hu a Dewi.

Fe ddaeth im gweld trwy lawer ffôs
Pan fyddau'r nôs yn nesu,
Doedd neb mor ffyddlon i myfi
Am hanwil D. ap Dewi.

Llawer gwaith y cefais ŵg
A thafod drwg rhieni
Am imi ballu gwneud eu harch
Sef gwrthod parch i Dewi.

Yr oedd y diaconiaid a'r pregethwyr lleyg hyn yn rhan o frawdoliaeth farddol a oedd yn lletach ei chanu na chynnyrch seiad ac ysgol Sul. Dichon fod y frawdoliaeth yn ymledu o Dre-boeth a bod Dafydd ar ei fynych deithiau i ffeiriau'r ardal i werthu ei nwyddau yn cwrdd â beirdd gwlad eraill.

Cynadledd Farddonawl
a gynaliwyd rhwng Hopkin Morgan
Gwehydd o Gastellnedd Dan yr Enw
Heber; a Dafydd Davies Llyfrrwymydd
Treboeth; Dan yr enw Ascenas, Medi 15, 1825

Heber
Wele fi'n cyfleu gofyniad
Ir hwn disgwyliaf gael atebiad,
Pa un sydd drek fy nghyfaill gwiwlan
Gywrain ddysg neu gadarn anian.
    Dewi yn Ateb Medi 23, 1825
Call y Genill (?) yn gyffredin
Lle bo dysg yn mysg y werin
Ond trek anian wek o enw
Hebddi'n guaill gwyllaidd gwelw.

Aeth y 'gynhadledd' yn ei blaen yn fwy cecrus hyd fis Hydref.

Un o briod swyddogaethau'r bardd gwlad yw cofnodi troeon trwstan y fro neu leisio anghymeradwyaeth ardal o ymddygiad rhywrai. Gallai fod yn gân rybuddiol, megis 'Marwnad fy hwyad a laddawdd mab sïon Caenewydd Pentre Cwarr' sy'n adrodd helynt colli hwyaden o blith pump a oedd ganddo ond a grwydrodd 'i lwybrau na byant o'r blan'.

Yn fyan fe gododd rhyw elyn
Iw herbyn a dykryn a naeth
Or hwyed dengodd on pedair
A lladd un y bwrglar a wnaeth.

Yn ol iddo i lladd hi fe giliodd
Fe redodd o amgylk y wlad
Gan ddweud iddo i lladd hi oi wirfodd
Mae Swper da ydoedd iw dad.

Begiane i'w fam ddod ai blingo
Na'i phlyfio (medd hono) wnaf fi
Da makgen I mofyn yn arall
Gwyk leidir wi'n deall wnei di.

Mi dawaf yn nawr gan roi rhybydd
I bobol y Gwledydd i gyd
Na adont eu hwyed yn benrydd
Rhag dod iw dienydd ynghyd.

A hyn eba'i am y dihirin
Mewn ysgrin y byddo fo'n bridd
A phryfed y llawr yn filiwnau.
Fo'n tynu ei gymalau'n fo'n rhydd.

Rhoddai bywyd capel ddigon o gyfle i'r math yma o ganu a cheir gan
Dafydd fwy nag un gyfres o benillion yn datgan ei deimladau wedi
ffrae rhyngddo ac eraill yn y gynulleidfa, megis 'Pennill ar y creulon
ymddygiad a ddygir yn mlaen gan rai personau ar sydd yn dal
perthynas ar gynylleidfa yn y Mynydd bach Llangyfelach Morganwg

Mae pawb fo'n rhoi beiau'r naill ddyn ar y llall
Yn siŵr o wneud pall yn rhywle
Ond pan eir i gospi yr naill yn lle'r llall
Mae'n debyg daw r gwall i'r gole.'

neu'n fwy dadlennol a byw, 'Hanes Cyfarfod pleidiol a enllibaidd a
gynaliwyd yn y Mynydd bach yn y flwyddyn 5830 Mawrth 25.

Pob rhydd ddarllenydd all ymwedd—barned
Heb wyrni na thuedd
E gaiff iw law gu hoff wledd
Yma'r iawn am wirionedd.'

Adroddir hanes cyfarfod gweddi ac un o'r blaenoriaid yn cymryd
rhan . . .

Troe i olwg draw tuar wal
Swn wfftaidd wnae a snwffial*
''Gweled nêr ni'r blaenoriaid
Yn dduwiol rhyfeddol ar led,
Faidd neb ddweud ini feddwi
N dinas gwn ni gawn regu
Yn llym, mae'n duwioldeb
Yn ukel er kwedel neb
a diolkaf im tad nefol
Am fy mod In un dyn duwiol.

* ar ymyl y ddalen mae nodyn: "'arfera llawer wneud oernade anoddfadwy ar weddi pan ddilid bod yn   ?   gerbron Duw".[12] Canwyd emyn:

> Duw edryk o dy ukel dy
> A gwel ein mawr santeiddrwydd ni
> Faint yw'n rhagoriaeth ar y rhain
> Sy'n ddu on hamgylch megis brain.
>
> Nid santeidd neb trwy'r nen a'r llawr
> Fel ni'r swyddogion sy yma nawr.
> Y mawl fo ini am ein bod
> Heb beku na gwneud drwg erioed.

Aeth yn ddadl ymhlith yr aelodau yn y cyfarfod a chyhuddwyd un o feddwi ac ymladd. Y ddedfryd oedd iddo gael 'i yru e i ddiawl rhag ei flân':

> Amen meddau un hoho ebe'r llall
> O diolk tragwyddol be un arall
> Bentigetig, amen byth he
> Ebe'r trydydd gan ledu wefle

a thynnwyd y cyfarfod i ben.

Fel y soniwyd eisoes, digon cymysg oedd diwylliant y capeli. Gallai cwrdd chwarter gŵyl ysgolion Sul fod yn achlysuron cryn rialtwch[13] a byddai cydymdreiddiad safonau'r capel ac arferion gwyliau gwerin yn gwneud dosbarthiad twt oes ddiweddarach o Fuchedd A a Buchedd B yn ddiystyr. Yr hyn a welir ym mhenillion ac emynau David Davies yw ffrwyth pregethu athrawiaethol Daniel Evans, ond ar lefel arall dengys dyddiaduron David fel y gallai teyrngarwch capel ac anghytuno diwinyddol fynd yn ymrafael blagardus ymhlith ieuenctid. Os twymai'r diwinyddion yn eu dadleuon mewn seiad ac mewn traethawd a phamffledyn, oni chodai gwres dilynwyr yr areithwyr hyn? Pan ddigwyddai'r ymdderu a'r dadlau mewn cyd-destun lleol, dyna destun traddodiadol y bardd gwlad neu'r baledwr. Dichon fod beirdd cyfrifol yn gresynu at y chwerwi a'r ymrannu,[14]

Yn wir mae'n warth i'r crefyddwyr
Na bai unoliaeth
Ymhob athrawiaeth
Ac mewn disgyblaeth
Ac ymarferiaeth glir.

Ond tybed ai dyna'r ymateb gwirioneddol boblogaidd? Testun sbort a gafodd rhyw T.B. o Bontarddulais wrth wylio'r anghydfod parthed bedydd a chanu cân 'ir Offeiriaid ar ddyll Breuddwyd'.

Holl drigolion gwlad a threfydd—ar hyd nôs
Dewch rhowch glyst i wrando'n ufydd &c.
Chwi gewch glywed gen i ar garol
Hanes gywir a rhagorol
Am fy mreuddwyd tra rhyfeddol &c.

Ar riw nosweth mi freddwydais—ar hyd nôs
Mod I'n dod o bontarddylais &c.
Ac yn gweld rhiw dorf o ddynion
Yn ymgasglu nghyd yn gysson
Clochydd hefyd a ffeuradon—ar hyd nôs.

Troi a wnaenhwy efo i gilydd &c.
Ar llaw ddeau tua'r foelgoedydd &c.
Mynd i mewn i dy Siôn Morgan
Hen a Ieuainc mawr a bychan
Sattan hefyd yno i hynan &c.

Minau dynais dan y gronglwyd &c.
Mlaen oni aetho tua'r aelwyd &c.
Ac eisteddais yno'n ddiddig
I gael gweld a chlywed chydig
Beth oedd gan y geifir cyrnig &c.

Dechrey wnaent gyfarfod gweddi &c.
Am gael bendith ar y teylu &c.
Rhai yn gweddio rhai yn gwaeddi
Rhai yn bloeddio rhai yn brefu
Nghyd ac oerlais Henry'r Cardy &c.

Cyntaf blygau ar ei lyniau &c.
Oedd heb fysedd traed na sodlau &c;
Enw hwn oedd will llwyn adam
Un o ffyddlon weision Satan
Gynt or goppa fwriwyd allan &c.

Ar ei ol ef hen ddai Timoth &c.
Hen greuadur aflan tinboeth &c.
Roedd en sgrechen ac yn gwaeddi
Fel bytheuad ar ol dwrgi
Roedd en gwresto sdoedd en cnecci &c.

Ar ol hwnw by'r hên Hattwr &c.
Ar ei luniau'n cadw mwstwr &c.
Yn rhwbwno ac yn sgrechen
Run fath yn gymwys a march assen
Ar Diawl ei hun yn ffysto i gefen &c.

A chwedi hynny Henry Cardi &c.
Fel bwch gafar a fy'n brefu &c.
Roedd en gweflan mor aflawen
Yn codi ben a phanty i gefen
Ar diawl yn siglo i gwt mor llawen &c.

Ar ol darfod y cwrdd gweddi &c.
Ar dyrfa'n dechreu a gwasgaru &c.
Ffeurad Thomas ddaeth yn fuan
Mewn ir gegin fel ar hedfan
gweni arno'r ydoedd Sattan &c.

Cyn ei eistedd yn y gadair &c.
Gofyn wnau am gomon prayer &c.
Fe attebau y penteylu
Ar y llyfr nid win meddu
Rhaid i rhiwun fyn iw gyrchu &c.

Dick y clochydd godau fynu &c.
Ac a ddwedodd af iw gyrchu &c.
Bant fe redodd yno'n fuan
Sathru'r cwn ar baw ar cyfan
Neidiau'r berth fel bwystil aflan &c.

Ar hyd yr heol lawr fe redodd &c.
Meirch y cerbyd fe ai tarfodd &c.
Bant y rhedodd rhain ar gerdded
Tuag i fynu ac i wared
Cawsant ofon dic yn embaid &c.

Yn ol fe redodd fel anifail &c.
Ar comon prayer dan ei gessail &c.
Dyma'r llyfyr meddau dici
Rhwn pan ddarfu'w gyrchu
Ac fei rhoddes ir Penteulu &c.

Twm y Twrch gyfodau fynu &c.
Ac a ddwedodd wrth y Cardi &c.
Tri o blant sydd yn y teulu
Pregethwr ddarfu eu tanellu
Dewch gael ail fedyddio rheini &c.

Henry'r Cardy a gyfododd &c.
Wyneb tenau tua'r nefoedd &c.
Dechreu wnaeth a rhith weddio
Clapio i lygaid plethu ddwylo
Ngwallt I'n sefyll wrth ei wrando &c.

Fe ddarllene mlân yn gywrain &c.
Hen weddiau eglwys Rhyfain &c.
Cymrau'r plentyn yn ei freichiau
Galwau'r tad ar fam yn feichiau
Fel bydde arnynt ei bechodau &c.

Ar ol bedyddio'r plentyn hynny &c.
Ail fedyddia tri o'r teulu &c.
Gan ddirmygu'r ysgrythyre
Cablu drindod o bersonau
Am hyn bydd Henry yn y fflamiau &c.

Feu bedyddiwyd yn flaenorol &c.
Gan weinidog da rhagorol &c.
Rhwn sy'n gweini'r ordinhadau
'Nofni Duw a pharchu ei ddeddfau
Mawr ei barch mewn bro a bryniau &c.

Ond Twm y Twrch a Henry'r Cardy &c.
Drwg eu bychedd ydyw'r rheini &c.
Ar ol gorffen ail fedyddio
Dechreu ufed dechreu smoco
Ar Diawl yn chwerthin ac yn prancio &c.

Holl drigolion plwy Llandilo &c.
Gochelwch gael eich twyllo ganddo &c.
Rhag ich orffen pen eich gyrfa
Yn annedwyddyn gehenna
Lle bydd y Twrch er maint y [?]

A chwi drigolion Llangyfelach &c.
Gochelwch ragrith Cardy afiach &c.
Sydd yn meddwi amryw brydiau
Wedi syrthio caed ef sdyddiau
Mewn pwll grafel wrth fynd adreu &c.

Yno roedd e bron a mogi &c.
Ei gymydog ddaeth iw godi &c.
Ac wrth gael ei handlo'n ddibris
Cachodd henry yn ei frichis
Roedd e'n drewi yn arswydus &c.

Ymochelwch rhag fath ddynion &c.
Rhai sy'n cario lampau gweigion &c.
Heb ddim olew yn eu llestri
Na doethineb iw gyfrannu
Hen lwynogod ydyw rheini &c.

Cymrwch rybydd rhag fath ddynion &c.
Ac ewch yn hy at deulu Seion &c.
Sy'n ymgynyll mewn tai cyrddau
Ngwir addoli hwyr a borau
Yn lle at ffeured i dafarnau &c.

Ffarwel a llwyddiant i chwi beunydd &c.
Duw ach cadwo rhag ail fedydd &c.
Rhag eich mynd i uffern greulon
Lle mae ffeured a chlochyddion
Ar pryf yn bwyta eu colyddion &c.

                                        Amen

Ni wn i ai Dafydd a luniodd y ddau driban yma, ai eu codi a wnaeth,
ond yr un yw eu cefndir:

Trioedd Offeiriad

Tri pheth sy'n gas gan brydydd
Bost ychel dyn anghelfydd
Awen ddiflas heb fawr nwyf
A ffeiriad plwyf   ?   henydd.

Tri gwallgof mawr ar ddynion
Rhoi parch i enwau beilchion
Goddef gormes yn ddibaid
A chynal haid ffeuradon.

Mae llais beirniadol ond pleidiol i'w glywed yn y faled hon sy'n lladd
ar drachwant pregethwr am olud bydol:

Cân Benrydd

(ar ddyll breyddwyd) yn rhoddi hanes
am Mr. Bolgi ar ddrychwant am yr
arian wedi ei chyfansoddi y 29ain
o fis adar; yn y flwyddyn o oedran Moses
3392. Iw chany ar y Dôn a elwir
farwel Noni.

Rhyfedd mor gyfnewidiol yw
Pob dyn tra fyddo yma'n byw
Fe dry fel llwynog ar bob llaw
Heb ddychryn meddwl nag un braw.

Fe ddaeth rhiw newydd rhyfedd iawn
I mewn im clystiau un prydnawn
Am ryw bregethwr oedd ai fryd
Ar gasgly mwy o bethau'r byd.

Fe ddywedai am galfiniaid pyr
Mae hyn yn gweithio yno'i gur
''Pan bwi'n rhoi pregeth nid wif haws
''Ni chaf ond swllt a bara chaws''.

"Pan own yn myned mas ir wlad
Fe geisiwn gerdded ar fy nhraed
Heb gael un parch gan galfin tlawd
Na dim anrhydedd megis brawd.

Er mwyn cael elw fwy na mwy
fe aeth yn armin medde nhwy
ag mawr medd ef yn awr yw'r fraint
Rwi yn y sect fanyla or saint.

Fe drodd y rhod clywch hyn bob un
pan es i ddala gally'r dyn
Rwy'n cael anrhydedd mawr a pharch
ag ambell Sosin armin falch.

Pan bo cyhoeddiad nawr ynmhell
Daw sel a chyfrwy heb ei well
Im cario ir ty cwrdd yn lân
yn lle trafaely fel or blaen.

Ag am fy ngwaith o gwmpas awr
Caf saith a chwech o arian lawr
A barned pawb heb ginig pall
Ond ddarfy imi wneyd yn gall.

Pan bwi'n rhoi pregeth yn penrhiw
Neu yn alltblaca eto clyw
fe gai goron wych am hon
a phawb or brodyr arnai'n llon.

Caf fwyd a diod o fy mlan
A phawb yn mharchy at y tan
Yn lle cael dim ond bara chaws
Ar teyly o bosibl arnai'n draws.

Y geiriau hyn a ddaeth i mas
O ben y dwirfyn(?) penbwl bas
Sef tad y bolgi clywch i gyd
Yr hwn sydd nawr yn destyn byd.

Fe ddywed ei dad gan dyny ei drwyn
Mae machgen i yn cadw frwyn
Yn ei wefysau nawr o hyd
Tra yngolwg aniwiolion byd.

Mae ef yn pledio nawr yn lan
yn erbyn sect lle roedd or blan
Ac oni pheidiant hwy cyn hir
Fe bery iddynt golli tir.

Mae dros ddau cant ar werth bob un
O bregethau calfin gan y dyn
Ei waith ef ynt clywch hyn ar gân
Os na wnewch frys fei llysg yn tan.

Fe ddywedai ar hen stol riw dro
Nes synai'r bobl i gid trwy'r fro
Mae yn y drindod pyrlan wiw
Ddau saith heb gel bersonau clyw.

Fe drodd fy meddwl wedi hyn
Nid oes yn nawr ond un yn brin
A rhyfedd wnayf dysgeidiaith wych
Rwi'n gweld y cwbl fel trwy ddrych.

Nid ydyw hwn gan bawb or bron
Ond gwawd yn y gymdogaeth hon
ai bregeth fach och mor Dylawd
Syn abal Sinco unrhiw gnawd.

Mae'r gwalch mor falch a haman frwnt
heb barch na chlod on ddigwnt
A rhyfedd iawn fath beth yw dun
pan gaffo ei adel iddo ei hyn.

Boed hyn yn rhybydd i chwi gid
Na chafo eich bolau fynd ach bryd
Nag arian chwaith eich deny ffwrdd
Oddi wrth y sect lle rich yn cwrdd.

Ac os gofyn neb mewn bro a bryn
Pwy lyniodd y llinelle hynn
Ei enw ef da fydd gan rai
Na chaffont yn ei waith ddim bai.

Fe ddyweder cybydd yn lled frath
''Mi roddaf stened dda o lath
A baich o goed neu eithin mân
Am ddweyd pwy luniodd hyn o gân.

Yn siwr rhiw gyfaill agos iawn
Er mai ychydig oedd ei ddawn
Ir lle rwit ti bob dydd or bron
A gyfansoddodd y gan hon.

In every land all must confess
I am famous for my faithfulness
Two legs, hands, head I say no tale
I swift can run across the Vale.

Some times i in the house do stay
To keep the pilfering man away
Still to my master i am true
And for my name i apeal to you.

Holl swn fy mreyddwid sydd ar lawr
Ag yr oedd arnaf syndod mawr
Wrth weld fath ddyn mi wnes fawr dasg
I roi ei hanes yn y wasg.

Erhoso Philos

Fas est et ab hoste doceri
Doethineb iw i ddyn gymeryd ei ddysgu
    gan ei Elyn.

Terfyn Mr. Bolgi[15]

Ond, os oedd llais y bardd gwlad i'w glywed yng nghymdeithas y capel, rhaid cofio mai'r chwyldro diwylliannol a greodd ymneilltuaeth oedd codi gwerin lythrennog. Yr un bobl a lediodd eu 'geiriau' yng ngwylnos Mrs. Evans, a ddathlai droeon trwstan a charwriaethol eu cyfeillion ar gân a charol a baled, a hefyd a ddarllenai *Seren Gomer, Yr Efangylydd* a'r *Dysgedydd*. Perthynai'r hen Rotch o Gadle i fyd a oedd yn mynd heibio—dyna ran o apêl ei ddull ysmala o grefydda i'r oes newydd, oes y cylchgronau enwadol a'r cofiannau bychain, y pamffledi o emynau a'r llyfrynnau adeiladol.

Ymledai'r diwylliant print i fyd ehangach llenyddiaeth y tu allan i'r capel, i'r eisteddfodau a chyrddau llenyddol a blaguro yn y cannoedd o gasgliadau o farddoniaeth a baledi o bob math gan feirdd lleol. Yng ngwylnos Sarah Evans, dichon fod y beirdd wedi cystadlu â'i gilydd yn null yr ymrysonau cerdd, ond llawn mor arwyddocaol yw fod y David Davies ifanc nid yn unig wedi llunio cerdd ddigon rhigymllyd yn disgrifio'r angladd ac yn mynegi dwyster yr achlysur ond ei fod wedi'i chyhoeddi'n bamffledyn, *Rhybydd o Dragwyddoldeb mewn ffordd o Alar Gan, A achlysurwyd yn benaf trwy Farwolaeth Sara Efans* (J. Harris, Abertawy, 1822). Llenyddol yn hytrach na thraddodiadol yw rhai o gerddi eraill David, o leiaf yn eu testunau a'u cymhelliad. Canodd, er enghraifft, gerdd ddiwinyddol a phob pennill yn seiliedig ar eiriau'n dilyn llythrennau'r wyddor bob yn un—Arfaeth, Anfeidroldeb, Addewidiad, am Berffeithrwydd, am Benarglwyddiaeth, Brawd, Barnydd, ac ymlaen hyd Y, 'Mae ydwyf Duw o hyd/Yn ddigon oll o'r bron': ac eraill ar bynciau megis Dyn, Bywyd,

Ail breuddwyd yw bywyd dyn byw
Sydd heddiw n flodeuog ei wedd,
Y borau gan irder sydd lawn—
Fe i dodir brydnawn yn y bedd.

Angau, Cân y Gofid, Cân Tristwch, oll yn destunau confensiynol y dydd. Llenyddol hefyd yw cymhelliad penillion i'w fro, 'Can i Gadley' (Cadle), neu gerddi ar destun megis 'Crist yn bob peth'. Ni ellir amau nad oedd y gŵr ifanc hwn yn dra ymwybodol o'r hyn a oedd yn digwydd, yn llenyddol, o'i gwmpas a'i fod â'i fryd ar fod yn rhan o'r diwylliant llythrennog hwn. Nid yw'n cyfeirio at eisteddfodau na chyfarfodydd llenyddol yn ei ddyddiaduron ond dysgodd ysgrifennu yn wyddor Coelbren y Beirdd a defnyddiodd yr arwyddion hyn yn iaith gyfrinachol breifat weithiau (droeon eraill o ran difyrrwch). O gyfnod pur gynnar llofnodai'i hun wrth ei benillion 'Dafydd ap Dewi' ('a'i cant'), a rywle rywsut fe ddaeth i gyswllt â byd dieithr y canu caeth a mentro englyna,

Englyn a genais mewn cystydd ar ddydd Syl Medi 7 1823

> Ymofyn am foddion meddygol—a wnaethym
> Fy ngwella fydd wyrthiol
> Wynebu'r byd tragwyddol
> Ar fyr wnaf ni ddof nôl.

Arhosai'n fyd dieithr iddo. Y diwedd fu iddo gasglu ynghyd nifer o'i gerddi a'i emynau dros y blynyddoedd 1822-41 yn un o'i lyfrau nodiadau (llawysgrif Ll.G.C. 2224A):

> AWEN
> Dewi mewn Blagyr
> A Ganodd ef pan yn bechadur
> Awen Dewi
> ap Dafydd

Penillion, cerddi a thua 35 o emynau (bob un wedi'i rifo a'r mesur wedi'i nodi), a oedd wedi'u cynnwys yn ei ddyddiaduron yw'r rhan fwyaf o'r cerddi, ond y cymhelliad i gael casgliad o gerddi yn dwyn teitl confensiynol oedd i fod yn rhan o'r gymdeithas lenyddol newydd. Yn achos Dafydd ap Dewi, a oedd yn ymwneud â llyfrau beunydd fel llyfr-rhwymwr ac a oedd yn tyfu'n bregethwr lleyg cymeradwy, yr oedd yr uchelgais hwn yn wedd naturiol ar uchelgais cymdeithasol ac addysgol un a oedd yn troi ymhlith diaconiaid a phregethwyr ac a oedd wedi sefydlu ei fusnes ei hun. Ni ddylid diystyru addysg David Davies. Prawf yw'r penillion 'llenyddol', gan mor gonfensiynol ac ystrydebol ydynt, ei fod yn bur gyfarwydd â'r math hwn o ganu yn y llyfrynnau a'r cylchgronau. Mae ôl *Seren Gomer*, gellid tybio, yn bur drwm ar nodweddion ei waith. Mwy annisgwyl yw ei weld yn dyfynnu Lladin ar derfyn un o'i faledi, nodi ar un dyddiadur 'Davidus Davidem eius librae 1822', (*sic*) efelychu llythrennau Groeg, a nodi'r dyddiad mewn dull Hebreig a Beiblaidd. Ymarferiad i feistroli'r iaith mae'n debyg, oedd un agwedd ar y cymhelliad i gadw'r dyddiaduron Saesneg, a darllenai'n gyson yn yr iaith honno lawlyfrau crefft a nofelau.[16] Mae'n amlwg ei fod yn gryn ddarllenwr.

Y nodwedd arall ar gymeriad Dafydd a ddangosir gan ei ddyddiad-uron yw ei ddiddordeb ysol ynddo ef ei hun. Cofnodai'n fanwl, ac ailgopïai'r cofnodion, holl hanes pob dydd a chynnwys yn ogystal ei benillion a'i gerddi ynghyd ag adroddiadau llawn o gyfarfodydd yn y capel neu wylnos. Yr oedd yn hynod ymwybodol o'i dras a chredai naill ai y byddai hanes ei fywyd o ddiddordeb i ddarllenwyr y dyfodol, neu fod angen iddo'i gyfiawnhau ei hun a'i ymddygiad gerbron ei gymdogion; oherwydd creadur hynod o groen-denau ydoedd a fyddai mewn ffrwgwd mynych â'i gydaelodau ar y Mynydd-bach. Aeth ati i ysgrifennu hanes ei fywyd ei hun, ond yr hyn sy'n arwyddocaol yw iddo ddefnyddio dau gyfrwng i wneud hynny. Tua 23 neu 24 oed, ac yntau newydd briodi (o raid, gan iddo 'oedi gormod' cyn gwneud, fel y dywedodd), lluniodd 'Can Newydd yn cynnwys Bychedd Dafydd ab Dewi y cyfansoddwr ohoni. Cenir ar y galon drom my heavy heart', 32 o benillion rhugl, a ffurf ddiweddarach ar y gân 'Man gofion o'm helynt hyd yn 24 oed a ganwyd yn y flwyddyn 1824'. Olrheiniodd ei hanes o'i eni mewn 'Henfryn hyfryd ar lan Teifi', ei yrfa, ei ddyfodiad i Dre-boeth, y modd yr anogwyd ef i ddechrau pregethu yn y cylch, a'r helynt pan ddarganfuwyd fod ei annwyl Hannah yn feichiog cyn iddynt briodi. Er iddynt dderbyn cerydd a'u diarddel o'r seiad dros dro, ac er i David ymostwng yn ddigon grasol ac edifeiriol gan ganu ambell bennill yn ei wrthgiliad, go brin fod ei natur danllyd wedi'i thawelu a bu'n hawdd iawn ei gythruddo byth wedyn, fel y sylwyd eisoes wrth grybwyll rhai o'i benillion mwyaf ymosodol. Llithrigrwydd y baledwr a'r rhigymwr yw arddull naturiol Dafydd ap Dewi a dyma'r cyfrwng y teimlai fwyaf cysurus ynddo. I raddau, estyniad yw'r gerdd hunangofiannol ar y canu troeon trwstan neu gyfarch sy'n nodwedd-iadol o waith bardd gwlad. Ond nid dyma'r confensiwn hunangofiannol i arweinydd eglwys ac nid dyma'r dull a weddai i un a ddeisyfai ddynwared y gweinidogion y gwnâi gymaint â hwy. Gwelai yn y cylchgronau enwadol ysgrifau mewn arddull bur wahanol, megis, ar antur, hon o *Seren Gomer*, Gorffennaf 1823:

Buddiol iawn, ac adeiladol, yw cofio am y rhai a aethant oddiwrth eu gwaith i fwynhau eu tragywyddol wobr; yn enwedigol y rhai sydd wedi treulio ac ymdreulio yn y gair a'r athrawiaeth, gan ddysgleirio megys goleuadau o faintioli rhagorol yn eglwys Dduw; y rhai y gellir dywedyd am danynt, yn ngeiriau Paul, wrth goffâu am brif dduwiolion yr Hen Destament, "Ffydd y rhai dilynwch, gan ystyried diwedd eu hymarweddiad hwynt''. A chan fod y SEREN yn gyfrwng i roddi Bywgraffiadau gerbron y cyffredin, yn gystal ag amrywiol wybodaethau defnyddiol ereill, yr wyf yn hyderu na bydd coffadwriaeth y gwas ffyddlawn ac enwog hwn i Iesu Grist, yn annerbyniol; er nad yw ddichonadwy i mi ei roddi mor gyflawn ag y dymunwn, o herwydd meithder yr amser o'i farwolaeth, yr hyn sydd wedi taflu llèni o anghof dros lawer o'r pethau buddiol a allesid gael ar y maes cnydfawr o'm blaen. Eithr, ''Gwell hwyr nâ hwyrach''.

Ganwyd y gŵr rhinweddol hwn yn y Dref-fach, Llanfair-nant-gwyn, swydd Benfro, yn y flwyddyn 1732, o deulu tra chyfrifol, . . .

Rhoes gynnig arni ei hun:

Pan yn rhodio ymlaen trwy ddyffrynoedd adfyd a gorthrymder yngwlad siomedigaethau; Aethym i fyfyrio ar amryw droion yn nyfnion ragluniaethau Duw gwedi hir dremio ar y creadigawl fyd, y Bodau wybrawl ynghyd au holl Lyoedd, edrychais arnaf fy hunan trodd fy meddwl 'nôl at fy rhieni, a bwriedais gasglu ychydigin ou hanes hwnt at fy hanes fy hun er difyru fy hil ar fy ol mewn oesoedd i ddyfod.

Fy Nhad oedd Fab i un Dafydd ab Evan, Dafydd, Siors Hywel, yn hanu o Dylwyth Pen yr Alltfadog, Trigle fy Nhadcu oedd y Wernfach yn Mhlwyf Llangeler, yno y ganwyd iddo amryw o Blant, Nid wyf yn gwybod pwy oedd yr hynaf, ond cyfleaf enwau yr hyn a wn I fel y canlyn, Thomas, John, Mary, Daniel, Evan, ac Elizabeth. Fy Nhad I oedd Evan, ganwyd Ef fel yr wyf yn meddwl ryw bryd yn y flwyddyn 1774. Amgylchiadau rhagluniaethol a barodd iddo yn ieuangc fyned ar ei wasanaeth ei hanes yn ei febyd ai ieuenctid sydd anhysbys imi, hyd onid aeth i le a elwid Danycoed ar lan afon Teifi.

Llaciodd yr arddull pan aeth ati yn ddiweddarach i barhau'r stori ond llwybr cyfarwydd y bachgen tlawd i'r weinidogaeth yw'r hanes, pur debyg i hanes ei feistr, Daniel Evans, ond gan lanc nad oedd, hyd yn hyn, yn ddim mwy na gweithiwr llwm ei fyd, beth bynnag am ei uchelgais. Ni ddaw'r stori'n fyw nes bod Dafydd yn troi i adrodd hanes ymgais i'w ddiarddel o gymdeithas eglwys y Mynydd-bach ar gam gyhuddiad yn ei erbyn, ac yma gwelir mai'r un yw'r hunan-gofiannydd a'r bardd gwlad, ond fod ganddo ddawn dweud storïol tra effeithiol:

ond fel ''nas diffyg arf ar was gwych'' hwy a wnaethant feiau taclys yn fy erbyn yr ail ddydd o fawrth trwy haeru imi feddwi yn llangyfelach yn y

ffair am bod mewn gwesty yno tua deg ar gloch; yn rhegu; tyngu; ac
ymladd. gan lusgo rhyw ddyn wrth ei goler oddi ar y llofft ir seler.
eu tystion or pethau a ganfyddir eu bod yn eitha geirwir pan wypir fy mod yn
y gwelu gartref cyn naw ar gloch ac wedi ymadael o Langyfelach cyn 7. ar
gloch. Nid oedd y tust a ddywedau i mi regu a thyngu yn fwy na 12 oed. ac
nid oedd yn fy adnabod pan euthym ato ymhen 4 diwrnod wedi clywed ei
dystiolaeth. Gofynais iddo ''a welaist ti fi yn ffair Llangyfelach?''
Atebodd, ''Ni wn i ddim falle mau do, mi welais lawer nad own i nabod ac
falle ifi'ch gweld chwithe''   H. ''Wyddost ti'n enw I?   A. na wn I.
H. Ble rwi'n byw?   A. wn i ddim.   H. Pwy welaist ty yn ymladd yn y
ffair, yn tyngu a rhegu ar llofft Evan Rees?   A. David Davies y Book-
binder.''   H. Odu hwnnw yn debyg i fi? O nag odu. Mae e lawer yn
fyrrach na chwi!! . . . Golygaf y weithred honno (h.y., ei gamgyhuddo) yn
un o brif fradwriaethau'r byd, addas i'w rhifo gyda ''Brad y cyllyll
hyrion'' &c

ac â ymlaen i adrodd fel y bu hyn yn fodd i'w droi yn erbyn crefydd gan
ymroi 'i ddilyn ar ol pob drwg a chefais lai o dwyll mewn annuwiolion
nac yn y rhai a elwid yn flaenoriaid eglwysydd crefyddol'. Ond gorfu
arnynt 'gyfaddef ei bwriadau uffernol' yn ei erbyn a phwyswyd arno i
faddau iddynt a dychwelyd. [17]

Gŵr a oedd yn ymglywed â newid yn statws yr arweinydd ymneilltuol
oedd y Dafydd ifanc. Yr oedd yn dal yn rhan o fyd llon, cellweirus hen
gymdogaeth cefn gwlad ond yr oedd byd newydd diwylliant llythrennog
y capeli yn ymagor o'i flaen ef a'i gydweithwyr. Trwy gyfrwng ei
ddyddiaduron a'i gofnodi hunanymwybodol daliwn hwy yn croesi'r
ffin o'r naill fyd a'r naill gyfnod i'r llall. Cafodd fyw'n hen, hyd 1874.
Erbyn ei farw yr oedd wedi llwyddo i'w weddnewid ei hun fel yr oedd y
gymdeithas hithau wedi newid. Gweinidog egnïol llafurfawr eglwys
bedyddwyr Clydach ydoedd, yn ddirwestwr pybyr, yn golofn
awdurdodol yr achos, yn ŵr busnes medrus. Trosglwyddodd i'w fab,
y Parchg. D. R. Davies, eglwys gref, busnes llwyddiannus a safonau
safadwy'r gymdeithas ymneilltuol Victoraidd. Câi ei fab fywyd llawer
llai trafferthus na'i dad, a llawer llai diddorol.

NODIADAU

¹ E. D. A. Clarke, *A Tour through the south of England and Wales and part of Ireland*, 1791: gw. J. E. Ross, *Letters from Swansea*, Llandybïe, 1969, 59.

² J. Evans, *Letters written during a tour throughout South Wales in the year 1803*, London, 1804, 169.

³ R. O. Roberts, 'Economi Rhanbarth a Chylch Abertawe rhwng 1700 a 1800', yn Ieuan M. Williams, *Abertawe a'r Cylch*, Llandybïe, 1982, 117. Ceir trafodaeth lawn gan Ieuan Gwynedd Jones, 'The Swansea Valley: life and labour in the nineteenth century', *Llafur*, 4 (1984), 57-71.

⁴ Gw. am y darlun cyffredinol W. R. Lambert, 'Some impressions of Swansea and its copper works in 1850', *Glamorgan Historian*, 5 (1968), 207-12.

⁵ *A handbook for travellers in south Wales*, London, 1860, 21-23.

⁶ Ceisiais adrodd hanes David Davies ar sail ei ddyddiaduron (sydd yn llyfrgell Coleg y Brifysgol, Abertawe, a'r Llyfrgell Genedlaethol) yn 'Davies y Binder', *Trafodion y Cymmrodorion*, 1985, 187-229, a rhyw fath o droednodyn i'r erthygl honno yw hon.

⁷ Ben Bowen Thomas, *Drych y Baledwr*, Aberystwyth, 1958, 12-13.

⁸ Enghraifft deg o hyn yw llyfr emynau gofalaeth ac ysgolion Sul Daniel Evans, sef *Swp o Ffigys* lle y ceir nifer o emynau gan feirdd Tre-boeth, Treforys a'r Mynydd-bach. Gw. E. Wyn James a Brynley F. Roberts, 'Gomer, John Evans a *Swp o Ffigys* Daniel Evans', *Cylchgrawn Llyfrgell Genedlaethol Cymru*, 25 (1988), 313-40.

⁹ *Y Traethodydd*, 1911, 194-208, a gw. Gwynfryn Richards, 'Yr Wylnos', *Ar lawer trywydd*, Abertawe, 1973, 42-58, y penillion tt.54-55, Catrin Stevens, *Cligieth, C'nebrwn ac angladd*, Llanrwst, 1987, 20-21. Mae gan Carneddog gasgliad helaeth o emynau gwlad yn *Y Traethodydd*, 1911, 81-95, 239-57.

¹⁰ Thomas Rees a John Thomas, *Hanes Eglwysi Annibynnol Cymru*, II, 12-13.

¹¹ Ceir peth o hanes Joseff Mayberry gan Samuel Williams, *Hanes Eglwys Seilo, Glandwr*, Llanelli, 1928, 16, sefydlydd yr Ysgol Nos a'r Cyrddau Gweddi 'er nad oedd yn aelod crefyddol ar y pryd'. Yn 'ddyn o welediad clir ac o ewyllys gref' bu'n godwr canu, ysgrifennydd a chyhoeddwr yn Seilo, ac ef oedd y diacon cyntaf yn yr eglwys.

¹² David hefyd a ganodd y pennill hwn:

> Dyma dymor y dywigiad
> Wedi gwawrio ar ein gwlad
> Rhag ein beiau ffiaidd erchull
> Boed in sefyll ar ein trad
> Rhoi cynffonau wrth lythrennau
> Beiau balkder ynddynt nhw
> Nid yw addas wrth weddio
> Weud fel hyn Duw-ŵ-ŵ-ŵ.

¹³ Ar nodweddion 'dathliadol'; a 'chystadleuol' cyfarfodydd ysgolion Sul gweler 'Davies y Binder' (uchod nodyn 6), t.210, a throednodyn 46.

¹⁴ *Drych y Baledwr*, 13-14.

¹⁵ Ni wn o ble y codwyd y dyfyniad Lladin, llinell o *Metamorphoses* IV, 428, Ofydd (Diolchaf i Mr. Ceri Davies am y wybodaeth hon). Y mae enw'r awdur ar derfyn y

gerdd yn drawslythreniad dealladwy o ymadrodd Groeg, 'bydd wych, gyfaill', a oedd yn ffordd gydnabyddedig o orffen ac arwyddo llythyr. Mae'n bosibl fod y llinell Ladin wedi dod o ryw gasgliad o ddiarhebion neu wirebau clasurol ond ni wn a oedd defnyddio'r ystrydeb Roeg yn boblogaidd mewn rhai cylchoedd (Cymraeg neu Saesneg) yn y cyfnod hwn.

Mae'r cyfeiriadau at Ben-rhiw ac Alltyblaca yn y gerdd hon yn awgrymu mai cynnyrch 'y smotyn du' yng ngwaelod sir Aberteifi ydyw. Ond yr oedd y dadlau a'r ymryson rhwng Undodiaid a Chalfiniaid yn nodwedd gyffredin yn y bywyd ymneilltuol yn hanner cyntaf y ganrif (gw. Gwili, *Hanfod Duw a Pherson Crist*, Liverpool, 1931, pen. XII, Owen Thomas, *Cofiant . . . John Jones Talsarn*, Wrexham, 1874, pen. XI) ac yr oedd Abertawe'n un o ganolfannau'r ddadl. Yr oedd capel Gellionnen, lle y bu ymraniad yn 1805 a charfan yn ymadael i godi capel Baran, yn ddigon agos at Dre-boeth a'r Mynydd-bach ac er mai â chynulleidfa Blaen-gwrach i'r dwyrain yr oedd cysylltiadau'r capel hwnnw, byddai'n ddigon naturiol i brydydd yn yr ardaloedd hyn a godwyd yn Llangynllo a Llangeler sôn am Ben-rhiw ac Alltyblaca.

[16] Mae rhestr o'r llyfrau a rwymai David Davies yn ddangoseg dda o ba fath o lyfrau a oedd yn cylchredeg yn y parthau hyn tua 1820-1830: llyfrau emynau, esboniadau, Beiblau, *Taith y Pererin*, llyfrau defosiwn, ond hefyd *Hyffordddwr Meddygol, Practical Builder, Cabinet Guide, Strangers in the glen, Life of Franklin, Tom Jones* a *Cottage on the Cliffs*. Y mae rhestr yn Appendix 2, 'The Revd. David Davies: a Victorian bookbinder', yn David A. Stoker, *Studies in the provincial book trade of England, Scotland, and Wales before 1900*, Aberystwyth, 1990, 13-32.

[17] Y mae'r gallu hwn i ddal union eiriau anghydfod a chyflwyno golygfa'n fyw yn ymddangos droeon ym mhenillion David ac yn arbennig yn ei ddisgrifiad o'r ymraniad diweddarach yn y gynulleidfa ar Dre-boeth yn Ll.G.C. 21737C.

Y Ddinas a'i Phentrefi

Ieuan Gwynedd Jones

Ar unrhyw adeg bron yn ystod y bedwaredd ganrif ar bymtheg gellid edrych dros Abertawe o sawl uchelfan cyfleus. Petai rhywun yn ddigon egnïol i ddringo'i lethrau moel ac yn ddigon dwl i fentro i ganol y cymylau o fwg gwenwynig a fyddai'n gordoi ei gopa, ceid yr olygfa orau o ben Bryn Cilfái. Rhyw 600 troedfedd i fyny, wrth ymyl yr Hen Felin Wynt, gellid gweld am lawer milltir i bob cyfeiriad a gwerthfawrogi mor odidog yr ymbriodai Abertawe â'r tirlun fel petai natur am roi pob mantais iddi. I'r gorllewin, lle'r ymestynnai'r harbwr ar hyd y foryd, draw tu hwnt i Ystumllwynarth a'r Mwmbwls ym mhen pella'r bae, yr oedd unigeddau gwledig Penrhyn Gŵyr a'i blwyfi bychain niferus, ei ffermdai gwyngalchog a'i glystyrau o fythynnod, ac yn y pellter, esgair grom a moel Pen-Bryn yn suddo i foryd dywodlyd afon Llwchwr. O edrych i'r gogledd-ddwyrain, gellid syllu yn union i fyny i Gwm Tawe hyd at odre'r Mynydd Du a'r rhes fawreddog honno o fannau a wynebai'r gorllewin, Bannau Caerfyrddin, Fan Gyhyrich, Fan Nedd a'r Fan Fawr. Yno 'roedd rhostir a llechweddau llwm, gwlad o blwyfi eang a ffermydd prin, gwlad denau ei phoblogaeth ac eithrio'r cwm ei hun y dangosai'r cymylau o fwg a godai ohono hwnt ac yma ymhle 'roedd y diwydiannau trwm. O ben Bryn Cilfái, hefyd, gellid syllu dros foryd brysur afon Nedd ar ei gweithfeydd smeltio a'i ffowndris drwyn yn nhrwyn ag adfeilion ei habaty canoloesol a thremio'n syth i fyny i'r cwm coediog hyfrytaf hwnnw a draw at y colofnau mwg dros Ferthyr Tudful a Dowlais a yrrai ias i lawr y cefn o'u gweld hyd yn oed o gymaint pellter.

Efallai mai ar Fryn Cilfái y safodd comisiynwyr y ffiniau yn 1832 pan ddaethant i Abertawe i bennu ffiniau'r fwrdeistref seneddol newydd. Eu tasg gyntaf oedd penderfynu a ddylid cynnwys plwyf St. John a phentrefan St. Thomas gyda'r hen dref a'r etholfraint. I setlo'r mater, dringasant i fan uchel uwchlaw'r dref i weld drostynt eu hunain sut yr oedd y boblogaeth wedi'i dosbarthu. Yr oedd yng Nghwm Tawe eisoes weithfeydd smeltio mawr a llewyrchus wedi'u cysylltu â'i gilydd ac â'r harbwr gan dramffyrdd a chamlesi. I'r dwyrain, yn rhedeg ar hyd morwastadedd tywodlyd rhwng afonydd Nedd a Thawe, 'roedd Camlas Port Tennant nad oedd ond newydd ei hagor yn 1824 fel estyniad i Gamlas Nedd y gorffennwyd ei hagor

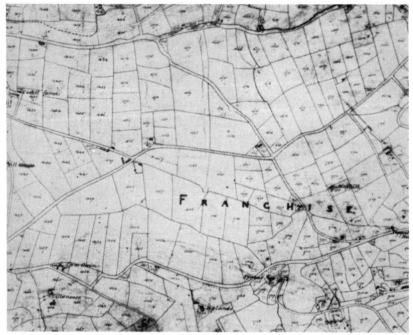

Town Hill, Abertawe, 1846

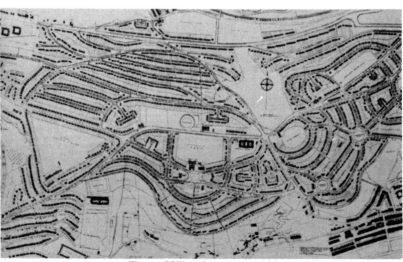

Town Hill, Abertawe, 1930

yr holl ffordd o Bontneddfechan i Giant's Grave yn 1799. I'r
gorllewin a'r de, ar hyd glannau Bae Abertawe, rhedai'r dramffordd
o bentref Ystumllwynarth, lle cyfoethog ei fwynau a'i wystrys, ei
bysgod a'i lysiau a'i ffrwythau. Yn dirwyn i fyny i Gwm Tawe a
gweithfeydd smeltio ar bob ochr iddi cyn belled ag y gwelai llygad yr
oedd Camlas Abertawe a fuasai er 1798 yn cysylltu'r dref a'r harbwr
â'i chefnwlad lle'r oedd cyfoeth o fwynau. O'u gweld fel hyn oddi fry
ac ar adeg gymharol ffyniannus, yr oedd yn rhesymol tybio y byddai
St. Thomas, unwaith y'i cysylltid â'r dref gan bont dros y Tawe, yn
datblygu'n borthladd ac y byddai St. John yr un fel yn tyfu fel
estyniad gogleddol i'r dref. Yr hyn a wêl y llygad a gred, ac yn y fan
ymgorfforwyd y ddau le yn y fwrdeistref seneddol.

Yr egwyddor wrth wraidd y newid hwn oedd fod bwrdeistrefi
mawr, a oedd yn dal i dyfu, i gwmpasu'r rhannau hynny a ystyrid yn
arweddau integrol o'u cymdeithasau. Felly, yr oedd St. John, gan ei
bod wedi'i diwydiannu'n drwm, i bob pwrpas yn estyniad o ran fwyaf
gogleddol y dref, ac 'roedd St. Thomas eisoes yn un â'r dref o ran
perchnogion a deiliaid ei thir, diddordebau economaidd ei thrig-
olion a'u dibyniaeth ar eglwys blwyf y Santes Fair i ddiwallu eu
hanghenion crefyddol. Yr oedd yr un egwyddor yn berthnasol i'r
clystyrau gwasgaredig o dai a oedd wedi ymgrynhoi o gwmpas y
gweithfeydd smeltio ar ddwy lan y Tawe. 'Roedd y rhai ar y lan
orllewinol ym mhlwyf St. John, a'r lleill ar y lan arall ym mhlwyf
Llansamlet. Yr oedd yn berthnasol, hefyd, i drefgordd hollol wahanol
Treforys, tair neu bedair milltir i fyny'r cwm. Yno, yn ei hawl ei hun,
'roedd tref ddiwydiannol lewyrchus yn tyfu'n gyflym, tref a allai
ymffrostio nad yn Abertawe yr oedd ei gwreiddyn. 'Roedd hwnnw
ym mhentrefan Clâs ym mhlwyf Llangyfelach ac, fel y cawn weld,
'roedd ei phoblogaeth wedi'i strwythuro'n wahanol i Abertawe. Er
hynny, fe'i cysylltid o ran economi ag Abertawe ac yr oedd yr hyn a
oedd yn gymwys i Landŵr llawn mor gymwys, hefyd, i Dreforys.
Petrusodd y comisiynwyr cyn argymell y dylid ei chynnwys,
oherwydd gallai rhyddfreinio pleidleiswyr ychwanegol ddymchwel
cydbwysedd gwleidyddol y fwrdeistref estynedig, ac 'roedd hynny'n
fater i wleidyddion. Ond barnwyd nad oedd mwy na phump ar
hugain o ddarpar bleidleiswyr yno a phenderfynwyd ymgorffori
Treforys yn y fwrdeistref newydd—penderfyniad a oedd i ddylan-
wadu'n drwm ar ogwydd datblygiad cymdeithasol y drefgordd yn
ddiweddarach. Yn y modd hwn, ac am resymau cyfansoddiadol a

gwleidyddol yn bennaf, cafodd Abertawe, nad oedd ond 230 cyfer o fewn ei hen ffiniau, ei bod wedi ymehangu i gynnwys rhandir o 5,400 cyfer.

Fel yn 1832, ailosodwyd y ffiniau seneddol eto yn 1867 er mwyn ymgorffori yn y fwrdeistref y maestrefi hynny a oedd wedi tyfu yn y cyfamser. Yn Abertawe 'roedd y rhain yn bur sylweddol, yn enwedig i'r gogledd-orllewin. Felly, estynnwyd y ffin o gwmpas Treforys tua'r gogledd ac i'r de tuag at Abertawe i gynnwys trefgorddau ffyniannus Pentre-poeth, Trewyddfa a Phlas-marl a'r ardaloedd poblog o gwmpas Cwmbwrla. Ychwanegodd y newidiadau hyn boblogaeth gyfan o ryw 3,000 at y fwrdeistref seneddol. Gwnaed un newid terfynol yn 1885 pan rannwyd yr etholaeth yn ddwy, Dosbarth Abertawe yn y gogledd a Thref Abertawe yn y de, gyda'r llinell a'u gwahanai yn rhedeg ar hyd ffin ddeheuol St. John a ffin ogleddol St. Thomas. Fel y cawn weld, codeiddiodd y rhaniad hwn wahaniaethau cymdeithasegol pwysig rhwng y ddwy ran o'r fwrdeistref a oedd mewn bod er degawdau cynnar y ganrif.

Er i'r newid cyntaf a phwysicaf i'r ffiniau yn 1832 sefydlu hyd a lled y fwrdeistref a dylanwadu'n drwm ar ei chymeriad, nid oedd wedi effeithio ar y ffordd y llywodraethid y rhannau cyfansoddol o'r fwrdeistref. Nid oedd gan hen gorfforaeth ac etholfraint y dref unrhyw awdurdodaeth tu hwnt i'w ffiniau cyfyng ei hun, a pharheid, fel cyn y Ddeddf Diwygio (Reform Act), i lywodraethu'r gwahanol boblogaethau a gysylltid â hi ar gyfer ethol aelodau seneddol gan sefydliadau sir a phlwyf. Newidiodd y sefyllfa yn gyflym yn 1835 pan basiwyd y Ddeddf Corfforaethau Trefol (Municipal Corporations Act): gwnaed ffiniau 1832 yn ffiniau'r gorfforaeth newydd-anedig. O hyn ymlaen, dôi'r holl gymunedau o fewn y ffiniau hynny dan awdurdodaeth—anghyflawn braidd—y gorfforaeth newydd, a thasg gymharol syml ydoedd i gomisiynwyr y ffiniau bennu terfynau'r wardiau newydd y rhannwyd y fwrdeistref iddynt yn awr. Byddai dwy ohonynt: yr un uchaf yn cynnwys y rhannau gogleddol a oedd newydd eu hymgorffori, a'r isaf yn cyfateb fwy neu lai i'r hen dref a'r etholfraint. Y ddwy ward hyn oedd y ddwy etholaeth seneddol a grewyd gan Ddeddf Ailddosbarthu (Redistribution Act) 1885.

Goroesodd y ffiniau hyn newidiadau cymdeithasol mawr y ganrif gan greu'r fframwaith o fewn pa un y datblygodd cyfundrefn o lywodraeth leol i fod yn fwyfwy democrataidd ac effeithiol. Yn arbennig, golygai rhoi'r cyfrifoldeb am iechyd y cyhoedd ynghyd â gweinyddiad y rheoliadau a'r deddfau iechydol newydd yn nwylo'r cyngor tref yn 1850, fod diwedd ar yr hen wrthdrawiadau rhwng rheolau'r cynghorwyr tref, y comisiynwyr gwellhad a'r swyddogion plwyf. 'Roedd Deddfau Iechyd y Cyhoedd i gario'r un pwysau yng ngwahanol rannau'r fwrdeistref. Pan ymlwybrodd G.T.Clark drwy'r fwrdeistref yn 1849 er mwyn casglu tystiolaeth ar gyfer ei *Report to the General Board of Health . . . into the Sewerage, Drainage, and Supply of Water, and the Sanitary Condition of . . . Swansea,* daeth i'r casgliad y byddai'n 'unadvisable, no less on sanitary than on economical considerations, to exclude any part of the borough from the operation of the Act'. Yr oedd Abertawe erbyn hyn, ac felly y byddai mwyach beth bynnag ei theitl—ai cyngor bwrdeistrefol, cyngor dosbarth trefol, bwrdeistref sirol neu ddinas—ac waeth beth am estyniadau diweddarach i'w ffiniau, yn dref gyfansawdd, yn gymuned o drefi a phentrefi diwydiannol llai a oedd yn ymwybodol o'u hunigolyddiaeth tra'n cydnabod eu bod yn aelodau o gyfangorff mwy.

Unffurfiaeth lwyd y mwyafrif o'r llefydd a ddygwyd rhwng ffiniau'r Abertawe estynedig, yn hytrach na'u hunigolyddiaeth, a wnâi'r argraff ddyfnaf ar sylwebyddion o'r tu allan. Y rheswm am hynny oedd fod y llefydd hyn wedi'u codi ar yr un sail ddiwydiannol ac wedi datblygu law yn llaw â'r gweithfeydd smeltio. Codasai rhai o'r meistri copr dai o safon uchel wrth ymyl eu gweithfeydd er mwyn atynnu—a chadw—eu crefftwyr a'u teuluoedd. Un lle o'r fath oedd Tre-Vivian a edrychai dros waith copr enfawr yr Hafod; lle arall, llai ei faint, a godwyd gan deulu Grenfell ar gyfer eu gweithwyr oedd Pentre-chwyth ar lan ddwyreiniol yr afon ym mhlwyf Llansamlet. Yn fwy trawiadol, cynlluniwyd a chodwyd Treforys gan Syr John Morris ar ddiwedd y ddeunawfed ganrif i fod yn fodel o bentref ar gyfer cartrefu ei weithwyr. Mewn egwyddor, o leiaf, 'roedd i fod yn gymuned gyflawn a chanddi ei siopau, ei heglwys a'i chapeli o fewn ergyd carreg i'r gweithfeydd lle cyflogid y mwyafrif o'r trigolion. Ond eithriadau amlwg oedd llefydd o'r fath i'r rhesi o fythynnod bychain, ac afiach yn aml, a godwyd gan adeiladwyr llygad y geiniog i ateb y gofyn cynyddol.

Un nodwedd a oedd yn gyffredin i'r cymunedau hyn oedd twf. Pan estynnwyd y ffiniau gyntaf, 'roedd yn Abertawe boblogaeth o 18,884, 13,256 ohonynt yn byw yn y dref a'r etholfraint, 690 yn St. John, tua 3,000 yn Nhreforys, tua 1,500 ym Mhentre-chwyth a phentrefi eraill

Gwaith copr enfawr yr Hafod, *c.* 1840

ar y lan ddwyreiniol, a 438 yn St. Thomas. Erbyn canol y ganrif (1851), 'roedd y boblogaeth gyfan wedi cynyddu i 31,139: rhifai trigolion y dref 21,533, Treforys 7,302, St. John 1,215 a St. Thomas 1,089. Erbyn 1891 yr oedd wedi treblu i ychydig dros 90,000. Bellach, 'roedd Treforys yn dref o dros 20,000 a thyfasai St. Thomas yn borthladd ar wahân o ymron 7,000 o bobl. Ni thyfasai'r dref agos mor gyflym, ond tyfodd yn sylweddol fel y cynyddai ei phwysigrwydd o ran busnes a marchnata ac yr ymestynnai ei maestrefi preswyl tua Bro Gŵyr. A chanddi boblogaeth o 48,000 nid oedd cystedlydd iddi yn ne-orllewin Cymru.

Yr oedd y trefgorddau hyn a oedd o fewn y fwrdeistref ond oddi allan i'r dref a'r etholfraint, yn llwyr ddiwydiannol eu natur a phob un ohonynt, fwy neu lai, yn dibynnu ar y diwydiannau metelegol a'r diwydiannau a oedd yn gysylltiedig â'r rheini. Ond yr oedd gwahaniaethau, hefyd. Yr oedd cloddio am lo yn hŷn na smeltio, a'r ffaith fod glo mor hawdd cael ato o fewn cyrraedd yr harbwr a rhannau isaf y cwm a oedd i gyfrif am leoliad y diwydiant smeltio yn Abertawe yn y lle cyntaf. 'Roedd masnachu helaeth a chynyddol yn digwydd yn ogystal ar hyd y glannau, a brithid yr ardal gan lofeydd bychain a chanolig eu maint, pob un ohonynt yn cynhyrchu ar gyfer y ffwrneisi ac ar gyfer allforio. Pentrefi glofaol yn eu hanfod oedd Fforest-fach, Penlle'r-gaer a Choced, ond gwahaniaethent oddi wrth y cymunedau diwydiannol hŷn yn y cwm, neu gerllaw iddo, megis Bon-y-maen, yr oedd eu cysylltiadau'n gryfach â threfgorddau smeltio Glandŵr a Thremansel. I wahanol raddau, felly, 'roedd y glowyr ymhobman yn ddosbarth pwysig o weithwyr ac yn dra niferus yn y pentrefi i'r gogledd o'r dref lle'r oeddent mewn mwyafrif. Tyfu mewn pwysigrwydd yr oedd y gweithwyr tun, hefyd. O ganol y ganrif ymlaen, datblygodd y diwydiant tunplat yn gyflym iawn ac erbyn trydydd chwarter y ganrif rhanbarth Abertawe oedd canolbwynt y diwydiant hwn ym Mhrydain ac yr oedd i'r 'Gorllewin', fel y cyfeirid ato yng nghylchoedd yr undebau llafur, ei gymeriad ei hun.

I raddau helaeth yr oedd pob trefgordd o fewn i ffiniau'r cyngor tref yn dal i fod yn gymunedau hunangynhwysol, gwahanredol, na fynnent eu hystyried namyn estyniadau o Abertawe. Dyna'r gwir am Dreforys a geisiodd droeon yn aflwyddiannus i dorri'r cyswllt ag Abertawe gan ddadlau ei bod yn ddigon mawr o safbwynt economi ac yn ddigon gwahanol yn ddiwylliannol i sefyll ar ei thraed ei hun. Ymdebygai'r trefgorddau llai yn rhannau gogleddol yr ardal fwy, o ran eu strwythurau cymdeithasol, i Dreforys nag i Abertawe. 'Roedd hyn oherwydd fod y diwydiannau a'u cynhaliai yn llai amrywiol na'r rhai a gynhaliai eu cymydog dominyddol. Pentrefi glofaol neu bentrefi tunplat oeddent, ac adlewyrchid natur gymharol ang-hymhleth eu heconomïau yn eu strwythurau cymdeithasol.

Yr oedd Abertawe, ar y llaw arall, yn lle cymhleth iawn. Safai ar sail ddiwydiannol a gynhwysai nid yn unig y gweithfeydd metelegol sylfaenol ond hefyd ddiwydiannau cynhyrchu eraill, yn weithfeydd peirianegol a chemegol, yn grochendai a gwneuthurwyr crwsiblau. Ceid glofeydd ar gyrion gorllewinol y dref, chwareli a gwaith brics yn cyflenwi'r diwydiant adeiladu a oedd yn cyson dyfu, a byddinoedd o grefftwyr a gwragedd yn y fasnach ddillad a'r diwydiant bwyd. Yn goron ar y cyfan, hyd at dwf Caerdydd, Abertawe oedd y porthladd mwyaf yn y sianel ac 'roedd ganddi'r iardiau adeiladu ac atgyweirio llongau gyda'r mwyaf soffistigedig yn y deyrnas. Fel pe na bai hynny'n ddigon, gallai ymffrostio yn ei galwedigaethau, yn y bancwyr a'r cyfreithwyr a'r meddygon a'r llengoedd o glercod yr oedd yn rhaid eu cael i redeg eu swyddfeydd ac i wasanaethu'r drefn lywodraethol a oedd yn ymddatblygu. Nid heb reswm yr adwaenid Abertawe fel metropolis Cymru.

Yn yr un modd, yr oedd strwythur cymdeithasol y dref yn llawer mwy cymhleth na strwythur y pentrefi a'r trefi bychain o fewn cylch

ei dylanwad. O fesur yn ôl incwm, neu alwedigaeth, neu breswylfod,
yr oedd dosbarthiadau neu grwpiau penodol ar gyfer y rhan fwyaf o
bobl. Ni thrigai dug Beaufort, y gŵr ar frig y goeden gymdeithasol,
yn yr ardal, ond ei deulu ef a fuasai'r prif dirfeddiannwr ynddi ers tro
byd ac yr oedd ei bŵer yn y gymdeithas, pŵer a sianelid trwy ei
stiwardiaid, yn gymesur â'i gyfoeth. Islaw iddo 'roedd yr uchelwyr
preswyl a chanddynt stadau yn y gymdogaeth, rhai a fanteisiai ar, ac
a hybai, yn aml, y twf mewn cynhyrchu ac adeiladu tai ar eu tiroedd.
Un enghraifft o'r math hwn o *entrepreneur* a oedd yn ddiwydiannwr ei
hun yw Lewis Llewelyn Dillwyn, A.S., mab i'r diwydiannwr Lewis
Weston Dillwyn a oedd wedi priodi aeres teulu Llewelyn ym
Mhenlle'r-gaer.

'Roedd uchelwyr trefol i'w cael, hefyd, sef disgynyddion i hen
deuluoedd o fasnachwyr a ffurfiai ddosbarth *bourgeois* dilys ar wahân
i'r uchelwyr tirol uwchlaw iddynt, a'r dosbarth canol diwydiannol a
oedd yn ymffurfio. Enghraifft nodedig o'r dosbarth hwn oedd yr
hynafiaethydd George Grant Francis, F.S.A.,Y.H., un o sefydlwyr a
llywydd Sefydliad Brenhinol De Cymru, awdur y gyfrol amhrisiadwy,
The Smelting of Copper in the Swansea District (London, 1881), ac un o
gymwynaswyr mwyaf Abertawe. Y dosbarthiadau canol newydd
oedd cyfalafwyr, *entrepreneurs* yr ardal, hwy oedd y smeltwyr copr a'r
meistri haearn (megis teulu'r Vivians), yr arianwyr a'r bancwyr, y
llongiadwyr a'r adeiladwyr llongau (megis William Jenkins), a'r
cyfanwerthwyr a'r masnachwyr mawr a oedd yn creu cyfoeth newydd
ac yn gosod eu delw ar Abertawe'r ganrif ddiwethaf. Ni allai'r
Burrows iach a llednais, lle'r arferasai uchelwyr yr hen oruchwyliaeth
ddilyn eu hen ddiddordebau ffasiynol, wrthsefyll am hir hawliau'r
teuluoedd esblygol hyn, ac erbyn canol y ganrif daethai doc a warws,
rheilffordd a seidin i feddiannu'r tir o gwmpas eu hen gartrefi. Gyda
chwrs amser aeth y gwahaniaethau hyn o fewn i'r dosbarth canol yn
llai amlwg fel mai prin y gellid gwahaniaethu rhwng cyfalafwyr ac
uchelwyr tirol, a rhwng uchelwyr tirol a diwydianwyr, wrth iddynt
glosio at ei gilydd.

Nid monolith o beth oedd y dosbarth gweithiol, ychwaith. Labrwyr
oedd y rhan fwyaf o'r gwrywod, er y tâl i ni gofio fod eu caledwaith
yn gofyn am amrywiol sgiliau. O ran statws a chyflog 'roedd cryn
fwlch rhyngddynt a'r ffwrneiswyr y dibynnai llwyddiant y prosesau
smeltio ar eu sgiliau. 'Roedd y glowyr, hefyd, ac nid heb hawl, yn dra
balch o'u sgiliau ac yn uwch eu stad na'r rhai na weithiai yn y ffas. O

angenrheidrwydd, cyn dyddiau trafnidiaeth gyhoeddus trigai'r ddau grŵp hyn a weithiai mewn diwydiannau mor enbyd o beryglus ac afiach mor agos i'w llefydd gwaith â phosibl, a dyna sy'n cyfrif am y ffaith fod mwy a mwy o bobl yn tyrru i rannau hyna'r dref a'r ardaloedd agosaf at y gweithfeydd, a bod yr hen ardaloedd dosbarth canol preswyl wedi newid eu cymeriad fel y symudai eu cyn-drigolion i fyw yn y maestrefi dymunol a oedd yn datblygu i'r gorllewin o'r dref. Fel hyn y daeth patrymau preswyl i adlewyrchu'n gymwys natur y gymdeithas yn y dref estynedig.

Gwahanol iawn oedd y datblygiadau cymdeithasol yn y cymunedau diwydiannol y tu allan i ffiniau'r fwrdeistref, oherwydd mewn rhai pethau 'roedd mwy yn gyffredin rhwng y trefgorddau hyn a'r trefi a'r pentrefi i'r gogledd iddynt yng Nghwm Tawe nag a oedd rhyngddynt a'r dref ei hun. Dim ond rhan o Gwm Tawe, y rhan fwyaf datblygedig mae'n wir, oedd y pedair milltir rhwng y dref a Threforys. 'Roedd y gweddill ohono, i'r gogledd o Dreforys a chyn belled ag Ystradgynlais ac Aber-craf, pellter o ryw bymtheg milltir, hefyd wedi'i ddiwydiannu, ac 'roedd ei drefi a'i bentrefi yn tyfu'n gyflymach o hyd. O ddilyn cwrs yr afon o'i cheg i'w tharddle, neu o ddilyn Camlas Abertawe o aber y Tawe i'w man cychwyn yn Hen Neuadd, ger Aber-craf, eid trwy nifer o bentrefi diwydiannol ffyniannus a dotio wrth fynd at hyfrydwch y wlad rhyngddynt a oedd mor llwyr wahanol i ddiffeithwch du y pedair milltir gyntaf. Dwy neu dair milltir yn uwch i fyny na Threforys 'roedd Clydach, a gweithfeydd haearn a dur Ynys-pen-llwch wrth ymyl lle cynhyrchid tunplat ers canol y ddeunawfed ganrif. Yma, yng Nghlydach, ac yn nyffryn braf yr afonig a roes i'r lle ei enw, 'roedd amryw o lofeydd lle gellid cloddio glo enwog Graigola heb fawr ddim trafferth. Milltir neu fwy yn uwch i fyny'r cwm 'roedd Pontardawe, hen bentreflan ym mhlwyf Llan-giwg wedi'i leoli ar lan orllewinol yr afon lle croesai'r briffordd o Landeilo i Gwm Nedd y Tawe. 'Roedd Pontardawe, a phentref glofaol yr Allt-wen ar ochr arall yr afon, yn datblygu'n ganolfan haearn a thunplat pwysig. Yno mae'r cwm yn culhau'n sydyn fel mae'r afon yn cyflymu ar hyd ei gorlifdir rhwng llethrau serth ac uchel y mynyddoedd ar bob ochr. 'Roedd cyfoeth o lo yn y bryniau hyn a chreithiwyd y Tarenni a Mynydd Marchywel ar y lan ddwyreiniol, a Mynydd Allt-y-grug ar y lan arall, gan olion cloddio. Yma, rhedai hen hewl y plwyf ar hyd teras yn ochrau Allt-y-grug, ac ar hyd yr hewl hon yr oedd ymsefydliadau glofaol bychain megis

Pontardawe

Godre'r-graig a Phant-teg wedi ymddangos, gan ymestyn at ei gilydd ac edrych i lawr a draw at yr afon, y rheilffordd a'r gamlas ac at y glofeydd ar lethrau'r mynydd tu hwnt. Yn uwch i fyny eto, yn sefyll ym mhen pella'r rhan gul hon o'r cwm lle llifai afon Twrch i'r Tawe, 'roedd Ystalyfera, a rhyw filltir arall i fyny'r cwm 'roedd Ystradgynlais, pentref gwaith glo a thunplat arall.

Gwahaniaethai'r trefgorddau hyn oddi wrth y rhai yng Nghwm Tawe isaf yn bennaf o ran maint eu mentrau diwydiannol a'u pwyslais llwyr ymron ar godi glo a chynhyrchu tunplat. Yma, dibynnai smeltio haearn ar y farchnad dunplat a honno yn ei thro a benderfynai ffawd y fasnach leol. Ffaith arall oedd eu bod wedi'u lleoli ym maes y glo carreg a hyn, yn fwy na'r un ffactor arall, a oedd wedi rhwystro twf y diwydiant yn y parthau hynny. Oherwydd nid yn ddiweddar y daethai'r diwydiant haearn i'r fro. 'Roedd y garreg haearn leol wedi'i smeltio er cyn cof yn y cymoedd coediog hyn y llifai eu nentydd byrlymus i'r Tawe. Gosodwyd y seiliau ar gyfer gweithfeydd haearn Ynyscedwyn yn Ystradgynlais yn gynnar yn y ddeunawfed ganrif pan fewnforiwyd golosg yn danwydd i'r ffwrneisi bychain. Gyda dyfodiad Camlas Abertawe ar ddiwedd y ganrif, cludwyd glo daear o Glydach, ond nid tan i George Crane a David Thomas o Ynyscedwyn ddarganfod sut i ddefnyddio'r glo carreg i smeltio'r garreg haearn, ac i J.Palmer Budd, perchennog y gwaith, berffeithio'r dechnoleg, y ffrwydrodd y diwydiant haearn yn y cwm. Yn 1837 y bu hynny; erbyn 1839 'roedd gwaith haearn Ystalyfera wedi'i adeiladu ac wrthi'n cynhyrchu. Erbyn canol y ganrif, yr oedd yno un ar ddeg o ffwrneisi, gefail newydd, deugain ffwrnais ('puddling and balling') a gweithlu o 4,000.

Felly, erbyn canol y ganrif ddiwethaf, yr oedd yng Nghwm Tawe un o'r canolfannau diwydiant mwyaf blaengar a dyfeisgar ei thechnoleg yn y wlad. Ymhell o fod namyn atodiad pitw a oedd yn israddol i, neu'n ddibynnol ar, Abertawe, yr oedd y cwm yn bod yn ei hawl ei hun. 'Roedd iddo ei drefniadaeth ariannol a'i farchnadoedd ei hun, ei weithlu tra chreffus ei hun ac at hynny, ar ôl dyfodiad y rheilffordd i fyny'r cwm yn yr 1860au, ei gysylltiadau effeithiol ei hun â'i farchnadoedd—gartref a thramor. Ystalyfera oedd y brif ganolfan, ond wrth law 'roedd gweithfeydd haearn eraill wedi'u seilio ar y maes glo carreg: yn Ystradgynlais ac Aber-craf, ac i'r gorllewin ar hyd y Twrch a'r Llynfell ym Mrynaman. Bychan oedd cyfanswm cynnyrch y gweithfeydd hyn o'i gymharu â'r miloedd a gyflogid ym mharthau isaf Cwm Tawe; ond pan alwai cenhedlaeth hŷn i gof yr olwg a oedd ar bethau cyn y trawsnewidiad yn yr 1840au, ni allent ond rhyfeddu fod cymaint wedi newid mewn cyn lleied o amser.

Oherwydd fod y gweithfeydd haearn hyn yn cynhyrchu'n bennaf i ateb galw marchnad leol o weithfeydd tunplat, ni allent oroesi ond tra byddai digon o alw am eu plat haearn i wrthbwyso anfanteision costus eu lleoliad. Seliwyd eu tynged pan ddechreuodd dur ddisodli haearn yn y broses o wneud tunplat o 1868 ymlaen, ac erbyn 1890 daethai smeltio haearn ym Mrynaman ac Ystalyfera i ben. Ffynnodd y gweithiau tun, fodd bynnag, ar fariau dur wedi'u mewnforio o Abertawe neu lefydd ymhellach i ffwrdd, neu, yn achos gwaith Gilbertson ym Mhontardawe, ar fariau a gynhyrchwyd yn y fan a'r lle. Yn yr un modd, cynyddodd y galw am lo carreg a glo daear y cwm ac erbyn diwedd y ganrif 'roedd Cwm Tawe, o'r aber i'r tarddle, yn gadwyn o bentrefi diwydiannol clwm o gylch gweithfeydd tun a glofeydd, pob un ohonynt i bob pwrpas yn hunangynhaliol, yn gymharol fychan a chyfunrhyw a gwahanredol ac yn annibynnol ar eu cymdogion bras i'r de iddynt.

Hyd yn oed mor ddiweddar â'r 1880au, mewnfudwyr, neu blant i fewnfudwyr, gan mwyaf oedd y bobl a drigai ac a weithiai yn y rhanbarth. Yr oedd gwahaniaethau pendant, fodd bynnag, o ran y ffordd y cawsai'r rhanbarth ei boblogi. 'Roedd trwch poblogaeth y fwrdeistref yng nghanol y bedwaredd ganrif ar bymtheg (1851) o'i chyferbynnu â phoblogaeth cymunedau'r cwm, wedi'u geni'n lleol. Ganed ychydig dros 60 y cant yn y fwrdeistref, 3 y cant yng Ngŵyr a 3 y cant arall yng ngweddill Morgannwg; ganesid 13 y cant arall mewn rhannau eraill o Gymru. Daethai ychydig dros 14 y cant o Loegr, y rhan fwyaf ohonynt—bron 9 y cant—o siroedd y de-orllewin. Ganesid bron 4 y cant yn Iwerddon. Ugain mlynedd yn ddiweddarach, 'roedd y canran a aned yn Abertawe wedi dyblu. Daliai Abertawe i ddenu pobl o'r tu allan, ond er fod canran y rhai a aned y tu allan i'r fwrdeistref wedi aros yn weddol gyson o gwmpas 40 y cant, cynyddai canran y rhai a ddôi o Loegr. Mae'r wedd hon ar y patrwm demograffig yn helpu i esbonio sut yr âi'r fwrdeistref yn fwyfwy seisnigedig.

Nodwedd ar boblogaeth y fwrdeistref am y rhan orau o'r ganrif sy'n werth sylwi arni yw'r modd y dosbarthwyd y prif garfanau ymhlith y mewnfudwyr. Ar y cyfan, tueddai'r Saeson a oedd yn dominyddu'r galwedigaethau proffesiynol a'r gwasanaethau

cyhoeddus fyw yn agos at y dref ei hun, gan drigiannu, os oeddent yn
weddol dda eu byd, y maestrefi newydd a oedd yn traflyncu'r hen
bentrefi gwledig a'r ffermydd ar gyrion gorllewinol y dref. Y
Gwyddyl oedd y bobl fwyaf ar wahân. Heb ennill parch, fe'u
tynghedwyd i fod y tlotaf o'r tlodion, wedi'u gwahardd gan
ragfarnau'r mwyafrif rhag cystadlu ar dir cyfartal am waith a heb
ddewis ganddynt, o'r herwydd, ond byw yn y rhannau mwyaf afiach
a phoblog o'r dref. Ond fe'u tynnwyd at ei gilydd, hefyd, gan iaith a
diwylliant a oedd yn gyffredin iddynt a chan eu hawydd i gadw
cymaint ag a oedd yn ymarferol yn eu cynefin newydd. Tynnai'r
Cymry i'r gweithfeydd smeltio, y gweithiau tun a'r pyllau glo ar
gyrion y fwrdeistref, yn arbennig i Dreforys, Cwmbwrla, Plas-marl a
Glandŵr. 'Roedd y trefi a'r pentrefi hyn, felly, i fwy graddau o lawer
na'r dref a'r porthladd, yn hanfodol Gymreig a Chymraeg. Ond
'roedd y ffaith fod llawer o Gymry, yn ddynion a merched, yn
grefftwyr, yn weision tai a busnesi, yn ogystal ag yn siopwyr, yn wŷr
proffesiynol ac yn bobl fusnes yn sicrhau fod stamp Cymreig ar
ddiwylliant yr holl fwrdeistref ac nid yn unig ar y rhannau hynny
ohoni lle'r oedd y Cymry mewn mwyafrif.

Cymry bron yn ddieithriad oedd pobl pen ucha'r cwm. Mewn-
fudwyr o blwyfi cyfagos yn siroedd Caerfyrddin, Morgannwg a
Brycheiniog oedd y mwyafrif ohonynt o ddigon, a dyna fel y bu
pethau, mae'n debyg, tan ddegawdau olaf y bedwaredd ganrif ar
bymtheg. 'Roedd rhai o'r mewnfudwyr yn amlwg yn symud am yr ail
dro, ar ôl profi eisoes fywyd diwydiannol yn Abertawe neu Lanelli,
Merthyr Tudful neu Gwmafan; lleiafrif oedd y rhain, crefftwyr a
gyflogwyd gan y meistri haearn mae'n fwy na thebyg, ond waeth beth
am hynny Cymry oeddent o ran iaith a diwylliant. Dôi'r mwyafrif ar
eu hunion o'r wlad. Fodd bynnag, ni chefnasant ar y wlad yn llwyr
oherwydd byddai'n arferiad i deuluoedd ymweld â'u cyn-gartrefi yn
gyson, yn enwedig adeg cynhaeaf; a pheth arall, nid oedd amgylchedd
y trefi wedi'i sarnu gan ddatblygiadau diwydiannol a threfol i'r un
graddau â pharthau isaf Cwm Tawe. At hynny, nid oedd yr hen
gymuned amaethyddol wedi'i dileu, na thir amaeth da wedi'i ddwyn
gan ddiwydianwyr ac adeiladwyr tai ar yr un raddfa ag yng
nghyffiniau Abertawe; nid oedd yr amgylchedd wedi'i wenwyno i'r
un graddau ac yn wir gyda thwf y boblogaeth ffynnodd y ffermydd a
oroesodd ar lethrau'r bryniau ac ar lawr y cwm yn rhyfeddol.

Nid oedd osgoi cymeriad dosbarth gweithiol y trefi a'r pentrefi
diwydiannol hyn yng Nghwm Tawe. Tystiai popeth ynglŷn â hwy i'r
ffaith lywodraethol honno: pensaernïaeth y trefgorddau, arddull eu
hadeiladau, maint ac amlygrwydd y capeli yn eu strydoedd unffurf-
isel a'r olwg ddigynllun ar y cyfan; yr heidiau o wŷr a gwragedd, hen
ac ifanc, i gyd yn byw nid nepell o'u llefydd gwaith, pawb wedi'u
gwisgo'n briodol ar gyfer eu tasgau yn y ffwrneisi a'r melinau, y
gefeiliau a'r siediau, y pyllau glo a'r peiriandai, a phawb, heb
eithriad, dan ddisgyblaeth rhythmau gwaith.

Oherwydd cymunedau oedd y rhain a fowldiwyd gan ffeithiau
anesgor gwaith ei hun. Yn gyffredin iddynt i gyd, i weithwyr copr a
sinc, plwm, arian ac aur, i weithwyr haearn a thunplat, i fwnwyr y
garreg haearn a'r glo fel ei gilydd, oedd yr amodau byw yr oedd yn
rhaid iddynt ymdopi â hwy yn y lle gwaith ac yn eu cartrefi. I'r
mwyafrif mawr ohonynt boed hen neu ifanc, gwryw neu fenyw,
'roedd gwaith yn beryglus a chaled iawn. 'Roedd y gweithwyr
ffwrnais yn byw'n feunyddiol mewn ofn niwed enbyd neu farwolaeth
sydyn oherwydd gorlif y metel tawdd neu dasgiadau ohono, tra
ofnai'r glowyr ffrwydriad a chwymp. 'Roedd gofyn i weithwyr yn y
felin a'r gwneuthurwyr tunplat fod yn ystwyth yn ogystal â chryf, ac
wrth gwrs 'roedd rhaid i'r holl weithwyr hyn allu gwrthsefyll gwres
mawr. Yn y gweithiau smeltio anfferrus 'roedd yr awyrgylch
gwenwynig yn berygl ychwanegol ac 'roedd yr un peth yn wir am y
tramwyfeydd tywyll a'r ffas yn y glofeydd. A phan ddychwelai'r
gweithwyr copr i'w cartrefi a'r llethrau moel uwchlaw'r gweithfeydd,
ni allent ddianc rhag y tawch tocsig a oedd mor amlwg yn wenwyn i'r
amgylchedd naturiol. Nid yw'n rhyfedd fod y gweithwyr ffwrnais yn
welw eu gwedd, yn dreuliedig a thenau a chaled yr olwg, neu fod y
boblogaeth gyfan yn dueddol i ddioddef gan brinder anadl a bod y
glowyr newydd ddod o'r wlad yn ymwelwi'n fuan.

'Roedd gwaith, hefyd, yn helpu i lunio'r cymunedau esblygol
mewn ffyrdd llai amlwg. Gwelid hynny'n arbennig yn y pentrefi lle'r
oedd y glowyr a'r gweithwyr tun yn rhan sylweddol o'r gweithlu. Yr
oedd yn rhaid gweithio fel tîm yn y ddwy alwedigaeth. 'Roeddent i
gyd yn dra chrefftus, yn arbennig felly y gweithwyr a oedd yn
cynhyrchu yn y gweithiau tunplat. 'Roedd pob aelod o'r timau
cynhyrchu ynghlwm wrth drefn hierarchaidd o fedr a phrofiad a
barhâi am oes, a dysgent werth cyd-ddibyniaeth a bod yn rhaid wrth
barch a chydweithrediad rhwng y naill a'r llall. Yn wahanol i unrhyw

grŵp arall o weithwyr, ni ddewisid aelodau'r timau hyn ar gyfer swyddogaethau penodedig o fewn i'r timau neu ar gyfer unrhyw dîm neu griw arbennig gan y rheolwyr; enwebwyd hwy gan aelodau'r tîm ei hun. Sicrhâi hyn mai cyfeillgarwch a pharch o bobtu fyddai'r ddolen gyswllt yn y grŵp ac mai balchder mewn cydymgais a fyddai'n sicrhau ansawdd y cynnyrch.

Nodwedd arall ar y gweithiau tun, fel ar y gweithiau copr, oedd bod teuluoedd cyfan yn gweithio ynddynt. Dilynai meibion eu tadau i weithio yn y melinau pacio, ac ymhen amser, ar ôl pasio'n rheolaidd trwy'r gwahanol raddfeydd, caent eu hunain yn aelodau o dîm. O'r herwydd ceid bod yr un rhwymau teuluol clòs yn y gweithiau ag a oedd yn y cymunedau y tu allan, rhwymau a atgyfnerthai'r ymdeimlad o berthyn ac o falchder cymunedol a oedd mor nodweddiadol o'r bobl. Felly, ystyriai trigolion Treforys fod eu tref yn wahanol iawn i Abertawe: 'roedd Treforys yn gynnes a chyfeillgar, a phobl Abertawe yn oeraidd, ffroenuchel a Seisnig, a'u bechgyn yn fwy ewn a chegog. Er gwaethaf ei hagosrwydd a'r tebygrwydd hanfodol rhwng sawl rhan cyfansoddol ohoni a Threforys, yr oedd Abertawe fel gwlad estron na theimlai pobl Treforys yn gartrefol ynddi ac o ba un yr oedd yn dda ganddynt ddianc i awyrgylch naturiol a chyfeillgar eu tref eu hunain. Digon tebyg, i raddau fwy neu lai, oedd teimladau trigolion y pentrefi eraill yn y rhanbarth. Tarddent o wahaniaethau diwylliannol dwys, y pwysicaf o ba rai oedd iaith a chrefydd.

Yr ydym eisoes wedi sylwi mai cynnyrch amrywiol yr ymfudo o blwyfi cyfagos, yn enwedig o siroedd Caerfyrddin a Brycheiniog, oedd poblogaeth Cwm Tawe. Y mae'n fwy na thebyg fod mwyafrif llethol yr ymfudwyr yn siarad Cymraeg, ac eithrio'r mewnlif cyson a sylweddol o rannau Saesneg Bro Gŵyr. O gyfnod cynnar yn hanes diwydiannu'r cwm y mae'n glir fod tuedd amlwg i fewnfudwyr Saesneg ymsefydlu yn y dref neu'n agos ati, ac i'r Cymry, ar y llaw arall, ymgartrefu yn y maestrefi diwydiannol. Er enghraifft, yr oedd ardal y dociau yn St. Thomas, ardal a oedd yn tyfu'n gyflym, gan mwyaf yn Saesneg ei hiaith erbyn canol y bedwaredd ganrif ar bymtheg. Yn yr un modd, pentref Saesneg oedd Ystumllwynarth. 'Roedd ei gefnwlad, plwyfi de-ddwyrain Gŵyr, o ble y dôi iddo fewnlif cyson o ymsefydlwyr parhaol a thros dro, mor Saesneg â phentref yng Nghernyw, a dibynnai ei economi lawn cymaint ar dwristiaeth ag ar gynnyrch y môr a'r tir. Buasai Ystumllwynarth a'r Mwmbwls erioed, ac 'roeddent i barhau felly, yn gymuned ar wahân

i'w chymydog bras. Gydag aildrefnu llywodraeth leol yn 1889, daeth
Ystumllwynarth i fod yn ddosbarth trefol pur eiddigus o'i ymreolaeth
weinyddol. Milltir neu ddwy i'r gogledd o'r dref ar lan orllewinol yr
afon 'roedd Glandŵr yr un mor ddigamsyniol yn faestref Gymraeg,
fel Treforys hithau. Dyma sy'n esbonio'r gwahaniaeth ieithyddol
trawiadol rhwng y dref a'i maestrefi, a rhwng y dref a phen ucha'r
cwm lle'r oedd y gwahaniaethau, mewn gwirionedd, yn fwyaf eglur.
Pan ymsefydlai teuluoedd Saesneg mewn pentrefi Cymraeg, yn fwy
aml na pheidio caent eu sugno i mewn i ddiwylliant y mwyafrif neu eu
gadael ar yr ymylon. I'r gwrthwyneb, pan ymsefydlai teuluoedd
Cymraeg yn y dref ceisient atgynhyrchu yn eu hamgylchfyd newydd
yr hyn a ystyrient yn nodweddion hanfodol y diwylliant a adawsent ar
ôl, yn arbennig eu crefydd, a chawsant gryn lwyddiant. Ond, yn y
dref, nid oedd ganddynt yr un fantais hegemonig ag a feddent ym
mhentrefi'r cwm, ac o ganlyniad nid oedd eu swyddogaeth yn y
diwylliant trefol ehangach yn un ddominyddol. Yr ymgymysgu hwn
rhwng dau ddiwylliant ieithyddol yr oedd gan sefydliadau crefyddol
ran mor amlwg ynddo a roes i'r ardal gyfan ei hunaniaeth unigryw.

Mae hyn i'w weld yn amlwg ym mhatrwm twf crefydd yn y
gwahanol rannau o'r fwrdeistref ac yn yr ardal drwyddi draw. Y
nodwedd amlycaf arno, yr un a adawodd yr argraff ddyfnaf
ar ymwelwyr o Loegr, oedd ei grefyddolder anarferol. Aethai
gwyddonwyr cymdeithasol Oes Victoria i gredu ar sail yr ystadegau
am grefydd a oedd ar gael iddynt, yn ogystal â'u harsylwadau a'u
hymofyniadau eu hunain, fod crefydd a diwydiant mewn rhyw ffordd
yn anghydnaws. Yma, yn Abertawe a'i threfgorddau cyfansoddol,
ymddangosai fod 'Llafur a Gweddi . . . Crefydd a Diwydiant' mewn
cytgord â'i gilydd. 'Roedd mwy na digon o lefydd addoliad ar gael.
Erbyn 1851, gallai'r dref ddarparu ar gyfer dwy ran o dair ei
thrigolion yn ei 31 capel ac eglwys, a'r fwrdeistref yn ei chrynswth ar
gyfer mwy na dwy ran o dair ei phoblogaeth gyfan mewn 68 o
addoldai. Nid oedd un o'r trefgorddau unigol na fedrai ddarparu ar
gyfer 60 y cant o'i phoblogaeth, ac 'roedd gan un ohonynt, Treforys,
le i ddim llai nag 84 y cant o'i thrigolion. Ymhellach i fyny'r cwm,
ceid yr un math o ddarpariaeth, gyda lle ar gyfartaledd i 61 y cant o'r
boblogaeth yn amrywio o 98 y cant yng Nghlydach i 47 y cant yn
Ystradgynlais, lle nad oedd diwydiant wedi gwneud cymaint
cynnydd. Wedi eu cynnwys yn yr ystadegau hyn mae'r capeli a'r
eglwysi a godwyd ar hyd yr hen gefnffyrdd a arweiniai i'r ucheldir,

ond yn ddi-os ffenomen drefol oedd y ddarpariaeth ryfeddol hon mor gynnar yn hanes y broses o ddiwydiannu a'r mewnlif cyson o bobl Gymraeg o'r plwyfi cyfagos i'r canolfannau poblog newydd sy'n cyfrif amdani.

Anghenion yr hen enwadau ymneilltuol yn bennaf a roes fod i'r ddarpariaeth hon, oherwydd nid oedd yr Eglwys Anglicanaidd ond prin ddechrau ailadeiladu ar raddfa helaeth. O'r 83 capel a oedd yn y rhanbarth yn 1851, 'roedd 55 ohonynt naill ai'n gapeli i'r Annibynwyr neu'r Bedyddwyr, a phob un ohonynt wedi tyfu o glwm bychan o fam eglwysi yn y rhan fwyaf Piwritanaidd hon o Forgannwg. Ac eithrio yn rhai o gapeli'r dref, Cymraeg oedd iaith addoli, a'r Gymraeg, gan amlaf, oedd iaith y drefniadaeth enwadol ddatganoledig, lac a grewyd ganddynt yn eu cymdogaethau, a hi, hefyd, oedd yr iaith a'u cysylltai â'u gorffennol. Dyna'r gwir pa un a oeddent yn gynulleidfaoedd ffasiynol, da eu byd mewn capeli trawiadol o fawr yn y dref a gawsai'u codi yn ôl yr arddull bensaernïol newydd-glasurol, megis Mount Pleasant, capel Saesneg i'r Bedyddwyr a adeiladwyd yn 1825 ar gost enfawr o £4,500, neu'n gynulleidfaoedd dosbarth canol, tlawd a godai dai cwrdd a fyddai'n cyfateb o ran maint a dyluniad i batrymau cyfarwydd eu cefndir gwledig.

Hanner canrif yn ddiweddarach, pan oedd y boblogaeth wedi chwyddo i dros 150,000 a Chwm Tawe wedi'i drefoli o'r naill ben i'r llall, yr un, i bob pwrpas, oedd natur y ddarpariaeth. Tyfasai pob un o'r hen enwadau a daethai rhai newydd i fod. Yn y fwrdeistref sirol a oedd newydd ei chreu—i fod yn gymwys, yn neoniaeth wledig Dwyrain Gŵyr, ynghyd â phlwyf Ystradgynlais—'roedd yr Anglicaniaid wedi ychwanegu saith eglwys newydd, un ohonynt ar gyfer cynulleidfa Gymraeg. 'Roedd pedair o'r eglwysi ychwanegol wedi'u hadeiladu yn yr 1880au, tra fod eglwys blwyf y Santes Fair hithau wedi'i hailadeiladu a'i helaethu rhwng 1895 ac 1899. Gallai eglwyswyr hir eu cof ystyried yn falch a bodlon yr hyn a gyflawnwyd ganddynt. Nid fod y twf hwn yn gyfartal â thwf y boblogaeth: mewn termau cymharol yr oedd y ddarpariaeth wedi gwaethygu; ond ni ddychmygai'r un arweinydd crefyddol fod modd i unrhyw un o'r eglwysi—hyd yn oed yr holl eglwysi gyda'i gilydd—ymdopi â chynnydd o 400 y cant yn y boblogaeth mewn mwy neu lai genhedlaeth.

Atgyfnerthwyd cymeriad Anghydffurfiol y fwrdeistref sirol. Erbyn 1906 'roedd ynddi dros 90 o gapeli Anghydffurifol, at ba rai y dylid ychwanegu casgliad tryfrith o sectau—nodwedd ar y fwrdeistref nad oedd yn bod hanner canrif ynghynt. Ym mhen ucha'r cwm yr oedd bellach dros drigain o gapeli a rhaid ychwanegu atynt y llefydd addoli niferus a dyfasai gyda threfoli cyrion gorllewinol y fwrdeistref a gawsai'u cynnwys yn nosbarth gwledig Abertawe a dosbarth trefol Ystumllwynarth.

Yr un, hefyd, i bob pwrpas oedd y patrwm ieithyddol. Capeli Cymraeg oedd pob capel yng Nghlydach, Llan-giwg ac Ystrad-gynlais. 'Roedd lluosogrwydd o gapeli Cymraeg yn nosbarth gwledig Abertawe, lle 'roedd trefi dur a thunplat cwbl newydd yn datblygu'n gyflym ar ddechrau'r ugeinfed ganrif. Nid oedd y cyfartaledd gyfuwch ag ydoedd yn rhai o'r ardaloedd yn y cwm, ond nid oedd dwywaith am Gymreigrwydd digamsyniol trefgorddau megis Gorseinon a Thregwyr. Tynnent at drefi'r cwm, er gwaethaf eu hagosrwydd at Abertawe a'r ffaith eu bod newydd eu creu. Yn wir, yn y fwrdeistref sirol y digwyddodd y newid ieithyddol gyntaf. O gapeli'r Bedyddwyr, 'roedd 14 o'r 22 yn gapeli Saesneg, a'r un fel 17 o'r 29 capel i'r Annibynwyr, 15 o gapeli'r Methodistiaid Calfinaidd, a 4 o'r 5 capel i'r Wesleaid. Saesneg oedd iaith yr enwadau llai yn ogystal â'r deg achos anenwadol a oedd wedi ymddangos er 1851. Felly, erbyn diwedd y ganrif 'roedd dwy ran o dair y capeli yn y fwrdeistref sirol yn rhai Saesneg, ac 'roedd y sefyllfa a oedd ohoni hanner canrif ynghynt wedi'i gwyrdroi. Ymddengys mai'r 1870au oedd degawd y trobwynt. Hyd at 1877, achos Cymraeg oedd pob capel ychwanegol a godwyd gan y Methodistiaid Calfinaidd; ar ôl y dyddiad hwnnw, achosion Saesneg oedd pob un a godwyd. Yn yr un modd, achosion Saesneg oedd 8 o'r 14 capel a godwyd gan yr Annibynwyr ar ôl 1870, 10 o'r rhai a godwyd gan y Bedyddwyr, a 5 o'r 6 a godwyd gan y Wesleaid. Yr oedd y duedd yn glir ac yn arwydd fod yr hen wahaniaethau cymdeithasol rhwng canol y fwrdeistref a'i chymunedau amgylchynol yn mynd i ddwysáu.

Er mor ymylol y gallant ymddangos i ni, byddai gan y gwahan-iaethau economaidd a diwylliannol hyn rhwng y fwrdeistref a'i phentrefi, a rhyngddynt hwy a chymunedau mwy diweddar y cwm, ddylanwad pendant ar y ffordd y byddai'r cymunedau cymharol yn datblygu. Ni ellir sôn am berthynas syml rhwng craidd a chyrion, oherwydd o ran eu bywyd mewnol, o ran y ffordd y byddent yn

mynegi eu bodolaeth gyfun, maentumiai'r trefgorddau llai eu
hannibyniaeth. Bu i grefydda yn y Gymraeg, fel y gwelsom, ran
allweddol yn y gwaith o gadarnhau'r annibyniaeth hon, ond ni ddylid
credu o'r herwydd mai cymunedau dan bawen y capeli oeddent, ac
mai'r capeli oedd yr unig, neu hyd yn oed y mwyaf poblogaidd, o'r
sefydliadau a grewyd ganddynt. I'r gwrthwyneb, y mae'n rhyfeddol
pa mor gyflym y lluosogodd cymdeithasau a chlybiau—rhai ohonynt
o natur seciwlar ddi-lol. Yn bennaf yn eu plith 'roedd y cymdeithasau
cyfeillgar, cymdeithasau a fu'n dra niferus trwy gydol y bedwaredd
ganrif ar bymtheg. Y mae'n debygol fod mwyafrif mawr y
gweithwyr, os nad y cyfan ohonynt, yn aelodau gweithredol o un neu
fwy o'r cymdeithasau hyn. Yn 1873, er enghraifft, 'roedd 170 o
gyfrinfeydd wedi ymaelodi â'r prif urddau, yn bennaf â'r 'Manchester
Unity of Odd Fellows' a'r 'Ancient Order of Foresters', ac ag un urdd
Gymreig frodorol, Urdd Ddyngarol y Gwir Iforiaid, a sefydlwyd yn
1836 gyda'r bwriad deuol o noddi'r Gymraeg a'i diwylliant yn
ogystal â darparu'r budd-daliadau arferol i gwrdd â gwahanol
anghenion. O ran eu nifer a'u haelodaeth 'roeddent yn fwy lluosog a
phoblogaidd na'r capeli hyd yn oed, er nad yw'n dilyn, o'r herwydd,
eu bod yn fwy dylanwadol. Ymffrostiai rhai o'r trefgorddau mwy eu
maint mewn clybiau darllen ac iddynt weithiau, fel yng Nghlydach,
Cwmaman (1884), Brynaman (1898) a Garnant (1890), eu
hadeiladau'u hunain. Yn ddiweddarach, daeth neuaddau'r
gweithwyr i ateb y gofynion deallol hyn gan gynnull llyfrgelloedd
sylweddol. A lle bynnag y'u ceid, ceisiai'r 'mechanics' institutes'
gyflawni ar gyfer eu cymunedau rai o'r swyddogaethau addysgol a
arloeswyd gan y Sefydliad Brenhinol clodwiw yn Abertawe (1835).

Cyfranogai'r holl sefydliadau hunangymorth a llesäol hyn o'r un
athroniaeth foesol, ceisient sylweddoli'r un amcanion cymdeithasol,
a mabwysiadwyd ganddynt fwy neu lai yr un math o seremonïaeth
gyhoeddus. Ddiwrnod gŵyl a the parti, gorymdaith Ysgol Sul ac
ymdaith fanerog, gŵyl bregethu a chyfarfodydd areithio agored—
tystient i gyd i'r un rhethreg gymunedol. O'r safbwynt hwn nid oedd
tref Abertawe fawr gwahanol. 'Roedd ei hadnoddau'n helaethach a
mwy soffistigedig, ei neuaddau a'i pharciau (ond nid ei chapeli) yn
fwy eu maint a'u nifer, a'i manteision o ran llwyfannau cyhoeddus a'r
wasg yn drawiadol; ond ni ddibynnai cymunedau'r cwm ar y rhain ac
aent eu ffordd eu hunain. Cylchredai newyddiaduron Abertawe
trwy'r ardal, ond daeth y bobl o hyd i'w priod lais yn *Tarian y*

Gweithiwr, a gyhoeddwyd yn Aberdâr (1875-1934), ac yn fwyaf arbennig yn *Llais Lafur*, a gyhoeddwyd yn Ystalyfera (1898-1971). 'Roedd y ddau wythnosolyn hyn yn ddwyieithog. Gwahanol oedd y stori o ran chwaraeon a gemau tîm poblogaidd. Ni allai un o'r trefgorddau gystadlu ag adnoddau'r clybiau pêl-droed yn Abertawe. Erbyn diwedd y bedwaredd ganrif ar bymtheg, gwyliai cynifer ag 20,000 y gemau cydwladol ar faes clwb rygbi Abertawe yn Sain Helen, maes a gafwyd ar les gan y gorfforaeth yn 1887. Ac eto, ni wnâi hyn ond adlewyrchu poblogrwydd rhyfeddol rygbi yn holl drefgorddau'r cwm. Dechreuwyd sefydlu clybiau rygbi yn gynnar yn yr 1870au, arweiniodd clwb rygbi Abertawe y ffordd yn 1873 ac fe'i dilynwyd y flwyddyn wedyn gan Dreforys, nad oedd fyth ymhell ar ôl. Blodeuodd y gêm rygbi yn y degawdau dilynol a sefydlwyd sawl clwb pwerus: Ystalyfera yn 1880, Pontardawe yn 1884, Ystrad-gynlais ac Aber-craf yn 1890, clybiau Cwm Aman o 1884 ymlaen a Threbanos yn 1897. Yn wir, gellir olrhain cynnydd trefoli oddi mewn a thu allan i ffiniau'r fwrdeistref o ddilyn dyddiadau sefydlu clybiau o'r fath. Nid oedd fyth amheuaeth am ragoriaeth clwb rygbi Abertawe, ond cuddiad ei gryfder oedd fod cylch eang o'i gwmpas yn ei fwydo'n gyson â chyflenwad o chwaraewyr medrus a brwd.

Ymgorfforid bywyd deallol a llenyddol y trefgorddau hyn naill ai ar wahân neu mewn cyswllt â chymunedau eraill o'r un fath yn y gymdeithas ehangach, yn y modd mwyaf clodwiw yn yr eisteddfod. Y sefydliad hwn oedd cynnyrch mwyaf nodweddiadol diwylliant capel-ganoledig dosbarth gweithiol De Cymru yn y bedwaredd ganrif ar bymtheg. Dyma'r sefydliad *par excellence* a luniodd ac a gyfeiriodd ei gynnydd meddyliol ac artistig. Yr oedd yn sefydliad tra phoblogaidd a democrataidd gan ei fod yn cael ei drefnu gan, ac yn dibynnu ar, gefnogaeth capeli unigol, grwpiau o gapeli, a chymdeithasau cyfeillgar—yn enwedig yr Iforiaid. Am genedlaethau, 'roedd yr eisteddfod yn rhan hanfodol o gylch defodol o ddigwyddiadau blynyddol yn y trefgorddau i gyd. Trwyddi hi'n bennaf y nithiai'r gymuned y sawl a fynnai ei anrhydeddu yn rhinwedd rhagoriaeth dawn neu fedr. Fwyfwy o ganol y ganrif ymlaen daeth yn arferiad i gyhoeddi cerddi a thraethodau arobryn, os nad fel pamffledi, yna yn y wasg leol. Trwy'r eisteddfod, felly, 'roedd modd gwneud enw a chael eich cydnabod tu hwnt i'ch cynefin. Fel hyn gallai'r dyn cyffredin gael mynediad i fyd deallol helaethach a gallai'r gymuned a roes faeth iddo deimlo ei bod yn cyfrannu mewn ffordd arwyddocaol at ledaeniad y diwylliant brodorol.

Gwelir cymaint yr ysgogodd y diwylliant cystadleuol hwn yr awydd i gyfrannu o ystyried bywyd cerddorol y dref a'r cwm. Pan oedd gan bob trefgordd ei chorau ac weithiau ei cherddorfeydd, pan oedd pob trefgordd yn perfformio oratorios a gweithiau eraill, ni allai'r chwaeth gyhoeddus lai na gwella ac ymledai math o ddiwylliant gwladaidd ymhlith y bobl.

Cymerai tref Abertawe ran yn y diwylliant capel hwn: nid oedd yn ganolbwynt iddo ac nid oedd y rhan a chwaraeodd y dref yn allweddol i'w ddatblygiad. Yn hanesyddol, yr oedd Ymneilltuaeth wedi ymledu i'r dref o'i hamgylchion yn hytrach na'r ffordd arall o gwmpas. Yr oedd Mynydd-bach, mam eglwys yr Annibynwyr, ac Ilston, yng ngogledd Gŵyr, lle sefydlwyd achos cynta'r Bedyddwyr yng Nghymru yn 1649, y tu allan i'r fwrdeistref. Ar y cyfan yr oedd yr un peth yn wir am ei maestrefi diwydiannol, hefyd, ac yn sicr nid oedd ar grefydd ym mhentrefi a threfi'r cwm fawr o ddyled i eglwysi'r dref ger yr aber. Yr un oedd y sefyllfa o ran eu bywyd diwylliannol. Âi rhagddo'n annibynnol ar Abertawe, fe'i hysgogwyd gan y bobl eu hunain, ei gefnogi a'i feithrin gan eu harweinwyr eu hunain a'i ariannu gan arian-wrth-gefn prin y cymunedau gyda chymorth haelioni'r *bourgeoisie* lleol. Yr oedd diwylliant trefol Abertawe yn hŷn, yn gyfoethocach, yn fwy amrywiol, yn derbyn nawdd helaethach a heb ei gyfyngu a'i rwystro mewn difrif gan y diwylliant capel a dyfasai o'i fewn. Yr oedd yn ddiwylliant mwy seciwlar na diwylliant y cwm, ac yr oedd y cyferbyniad yn drawiadol rhwng ei theatrau a'i neuaddau cyhoeddus wedi'u lleoli yng nghanol ei siopau a'i arcêds, ei westai a'i dafarnau, ei dai bwyta a'i gaffis, a diwylliant plaenach, weithiau mwy Piwritanaidd, y gefnwlad.

Gellid gweld un gwahaniaeth annisgwyl rhwng y dulliau cyferbyniol hyn o fyw ym maes gwleidyddiaeth, gwleidyddiaeth leol a seneddol. 'Roedd y diwylliant capel a oedd mor nodweddiadol o'r trefgorddau yn y cwm ac o faestrefi diwydiannol Abertawe yn hollol ddemocrataidd, oherwydd fel rhan hanfodol o'u hideoleg porthai'r capeli a'u sefydliadau cysylltiol hawl a chyfrifoldeb aelodau i wneud penderfyniadau dros y gymuned. Eto i gyd, 'roedd y cyfle i gymryd rhan yn anghyfartal. Ceid y cyfle gorau yn y fwrdeistref ei hun lle'r oedd y Ddeddf Corfforaethau Bwrdeistrefol (Municipal Corporations Act, 1835) a deddfau dilynol, megis y gyfres o Ddeddfau Iechyd y

Cyhoedd, wedi ei gwneud yn bosibl i rai etholwyr chwarae rhan ddemocrataidd mewn llywodraeth leol. Ni châi trefgorddau y tu allan i'r ffiniau bwrdeistrefol fwynhau cyffelyb freintiau tan Ddeddf Cynghorau Sir 1888, deddf a greodd nid yn unig gynghorau sir, ond cynghorau dosbarth gwledig a threfol yn ogystal. Dim ond pan etholid aelodau i fyrddau gwarcheidwaid deddf y tlodion y câi trethdalwyr y cwm unrhyw lais fel pleidleiswyr a than 1870, pan wnaed Pontardawe yn un o ddosbarthiadau deddf y tlodion, yng Nghastell-nedd y gweinyddid y gwaith hwn a oedd mor bwysig o ran ei oblygiadau i'r unigolyn a'r cyhoedd fel y'i gilydd. 'Roedd y byrddau ysgol ymhobman bron yn feysydd cad, ond gan fod barn y mwyafrif yn llethol o blaid Anghydffurfiaeth Ryddfrydol, ni cheid fawr o ddadlau nac ymladd etholiadau'n ffyrnig. Cenfigennai pobl y cwm wrth y manteision amgenach a fwynhâi dosbarthiadau gweithiol Abertawe yn hyn o beth. Serch hynny, nid ar chwarae bach y câi undebwyr llafur egnïol y dref fynediad i gylch cyfrin y bywyd bwrdeistrefol. Gydag estyniad hawlfraint llywodraeth leol yn yr 1880au, a chymorth gweithredol rhai o Ryddfrydwyr amlycaf y dref, gallai'r dosbarthiadau gweithiol weld fod meddiannu grym yn bosibilrwydd real yn hytrach na man gwyn man draw. Darparai gwleidyddiaeth llywodraeth leol addysg wleidyddol nad oedd modd ei chael, cyn hynny, yn y cymoedd. At hynny, yr oedd yn Abertawe sefydliadau eraill—megis bwrdd rheolwyr yr ysbyty, er enghraifft—nad oeddent tu hwnt i gyrraedd ymyrraeth wleidyddol, ac yr oedd bodolaeth sefydliadau o'r fath yn her i arweinwyr radicalaidd y dosbarthiadau gweithiol. I'r gwrthwyneb, ni allai dosbarthiadau gweithiol Cwm Tawe ond sylwi o hirbell; ni allent gyfrannu i'r un graddau. Yn hyn o beth, 'roedd Abertawe o safbwynt datblygiadau gwleidyddol ar flaen y gad.

'Roedd yr un ystyriaethau cyffredinol yn berthnasol i wleidyddiaeth seneddol. Cyn y mesurau mawr i ailddosbarthu ac estyn yr etholfraint yn 1884 ac 1885, 'roedd y drefn gynrychiadol yn annemocrataidd. Gallai cael pleidlais ddibynnu nid yn unig ar incwm dyn a gwerth trethiannol ei dŷ, ond hefyd ar natur yr etholaeth y trigai ynddi. Felly, tra bod hawl i bleidleisio gan nifer fawr a chynyddol o ddeiliaid yn etholaeth Dosbarth Abertawe, nid dyna'r sefyllfa yn etholaeth Sir Forgannwg, er fod amgylchiadau materol y deiliaid yr un yn y ddwy etholaeth. Yr oedd yn achos cwyn fod gweithiwr tun a drigai yn Nhreforys yn cael pleidlais tra bod gweithiwr tun a drigai ym

Mhontardawe neu Glydach yr ochr arall i'r ffin yn gorfod bod hebddi. Peidiodd y gŵyn hon â bod yn sgil diwygiadau 1884-5, pan rannwyd hen etholaeth Abertawe yn ddwy a chynnwys plwyf Llangiwg yn etholaeth newydd Gŵyr. Fel honno, 'roedd Dosbarth Abertawe, a gynhwysai drefgorddau diwydiannol Cymraeg y cwm o fewn i'r fwrdeistref, yn gadarn Anghydffurfiol-Ryddfrydol, ac felly y parhaodd y ddwy etholaeth tan iddynt syrthio i afael y blaid Lafur ar ôl y Rhyfel Byd Cyntaf. 'Roedd rhaniad y Dref, a gynhwysai'r hen graidd masnachol yn ogystal â'r maestrefi dosbarth canol newydd i'r gorllewin, yn geidwadol ei fryd ac o'r herwydd yn faes brwydro etholiadol yn aml. Felly, cydnabyddai'r ffiniau seneddol newydd fodolaeth cymunedau gwleidyddol a amrywiai'n fawr a'u gwreiddiau, fel y gwelsom, yn ddwfn yn hanes yr union gymunedau hynny.

Ac eto, er mor wahanredol a chyfunrhyw oeddent, er mor hunanddigonol ac er mor gadarn yr ysbryd cymunedol y gellid ymdeimlo'n gryf ag ef ar gornel stryd fel ar ochr mynydd, tueddai pob newid i'w sugno i fewn i'r dref ddominyddol. Fel y tyfai Abertawe o ran maint, cyfoeth, grym a bri, fel yr ymdebygai fwyfwy i ddinas, gwanhâi'r hen annibyniaeth leol. Tra lleihâi gwell cyfleusterau teithio y pellterau rhwng y dref a'r cwm, difethodd enciliad y Gymraeg ei gwasg a golygodd hynny golli rhai o warcheidwaid mwyaf effeithiol y gymuned. Yn dilyn hyn, 'roedd maestrefoli'r holl gwm yn rhwym o ddigwydd, a chyda cholli'r hen ddiwydiannau a roesai fod i'r cymunedau a dirywiad y grefydd a'u hysbrydolodd, ymddengys fod rhai ohonynt wedi'u tynghedu i fod yn drefi noswyl. Ac eto, mae eu hanes yn ystod cyfnodau o ddirwasgiad economaidd a fu bron yn ddigon enbyd ar adegau i fygwth eu bodolaeth fel petai'n addo dyfodol mwy gobeithiol. Goroeswyd tariff McKinley ar fewnforio tunplat yn 1891, yn ogystal â chau'r hen felinau pacio fesul un a chynhyrchu tunplat mewn melinau strip awtomataidd newydd yn Llangyfelach a Llanelli yn yr 1950au. Yn yr un modd, daethant i ddelerau â chau'r pyllau glo, proses a ychwanegodd mor drist o amlwg at esgeulustod a llymdod y cyfnod rhwng y ddau ryfel. Fe ddylai hyn ein hatgoffa fod gan y cymunedau a ymffurfiodd yng Nghwm Tawe dros gyfnod mor hir allu i ymaddasu ac ymgynnal a fydd yn gryf o'u plaid wrth wynebu her y blynyddoedd sydd i ddod. Tawodd *Llais Llafur*, llais y cwm, yn 1971, ond yn 1979 ymddangosodd papur newydd, papur bro, wedi'i ysgrifennu, ei agraffu a'i ddosbarthu gan y bobl eu hunain.

Mae'r hyn a welir o ben Bryn Cilfái heddiw yn dra gwahanol i'r hyn a welai'r comisiynwyr 150 o flynyddoedd yn ôl wrth iddynt edrych dros y dref a syllu drwy'r cymylau mwg tua'r bryniau draw. Ond y mae hanes y ddinas a'i phentrefi yn ein hatgoffa fod o dan wyneb y newidiadau mawr a welsant seiliau cadarn eu parhad, a bydd y rhain yn dal waeth faint o newid a ddigwydd eto yn y dyfodol.

Iaith Gudd y Mwyafrif

Y Gymraeg yn Abertawe ganol y bedwaredd ganrif ar bymtheg

Heini Gruffydd

Mae'n debyg i'r Llywodraeth gyhoeddi *Adroddiadau i Gyflwr Addysg yng Nghymru* (1848) yn y Gymraeg am fod trwch y boblogaeth yng Nghymru yn siarad Cymraeg, a'r Gymraeg yn unig y pryd hwnnw. Amcangyfrifwyd bod 400,000 o Gymry uniaith[1] ac mae'n amlwg bod angen i adroddiad o'r fath gael ei gyfieithu er mwyn cael dylanwad ar y Cymry—ac fe gafodd y dylanwad a ddymunwyd, wrth gwrs. Mae cyfieithydd y gyfrol, druan, yn gwadu unrhyw gyfrifoldeb am ei chynnwys, ond mae'n drueni heddiw bod cymaint o'n haneswyr yn dal i ddyfynnu o'r adroddiad Saesneg yn hytrach nag o'r un Cymraeg.

I geisio deall natur ieithyddol tref fel Abertawe ganol y ganrif ddiwethaf ac i unioni ychydig ar y diffyg sylw a gafodd y cyfieithydd petrus ac anhysbys, dyma un o sylwadau'r Adroddiad yn y cyfieithiad Cymraeg:

> Mae'r iaith Saesonig yn ymdaenu yn nghymydogaeth prif-ffyrdd y wlad, ac yn y siroedd hyny a ymylant ar Loegr. Mae y gweithwyr Saesonig sydd yn cyniwair i'r gweithfeydd, yn nghyd ag eraill sydd yn gallu siarad Saesoneg, yn gwneyd eu rhan tuag at daenu yr iaith dros Gymru. Mewn gair, yn mhob man lle mae rhyw gyffro a masnach yn myned yn mlaen, mae'r iaith Saesonig yn ennill tir, ac mewn rhai manau yn gyflym. Mae'r ffyrdd haiarn a chynydd y gwahanol weithfeydd yn cynhyrchu yr un effaith.[2]

Peuoedd y Gymraeg

Yn ddiarwybod mynegodd yr Adroddiad hwn y syniad a ddaeth yn gyffredin mewn blynyddoedd diweddar ymhlith cymdeithasegwyr iaith—sef bod gan iaith mewn sefyllfa ddwyieithog beuoedd a all gynnal yr iaith leiafrifol, a'r dystiolaeth yn yr Adroddiad yw bod byd gwaith wedi dechrau troi'n un o beuoedd y Saesneg tua chanol y ganrif ddiwethaf.

Mae astudiaethau o gymdeithaseg iaith ym mhob cwr o'r byd bellach yn rhoi sylw manwl i beuoedd ieithoedd. Peidiwn ag ofni'r jargon—y cyfan a olyga peuoedd ('domains') yw sefyllfaoedd neu feysydd fel y teulu, byd gwaith, addysg, crefydd, adloniant, y cyfryngau torfol, iaith llywodraeth ac yn y blaen. Serch hynny, y mae meddwl am iaith yn perthyn i beuoedd arbennig, ac yn ffynnu yn y peuoedd hynny, er bod iaith arall yn meddu ar beuoedd eraill yn yr un diriogaeth, yn fodd o weld y cydbwysedd rhwng y naill iaith a'r llall, ac o olrhain tueddiadau iaith yn y gymdeithas.

Un o'r prif arbenigwyr yn y maes yw Joshua A. Fishman, y mae ei lyfr diweddaraf, *Reversing Language Shift*, (1991) yn debyg o ddod yn feibl i selogion ieithoedd bach. Ryw ugain mlynedd yn ôl rhoddodd Fishman grynodeb hwylus o'r hyn a allai ddigwydd i ieithoedd lleiafrifol yn gyffredinol yn y byd gorllewinol, yn wyneb dylanwad iaith estron ar adeg diwydiannu:

> the needs as well as the consequences of rapid and massive industrialization and urbanization were frequently such that members of the speech community providing productive manpower rapidly abandoned their traditional sociocultural patterns and learned (or were taught) the language associated with the means of production much earlier than their absorption into the sociocultural patterns and privileges to which that language pertained. In response to this imbalance some reacted by further stressing the advantages of the newly gained language of education and industry while others reacted by seeking to replace the latter by an elaborated version of their own largely preindustrial, preurban, pre-mobilization tongue.[3]

Yn wahanol i'r Ffindir ac eraill o wledydd Ewrop ddiwedd y ganrif ddiwethaf, methodd y Cymry â chreu iddynt eu hunain system addysg a llywodraeth yn eu hiaith eu hunain, ac ymroesant, yn hytrach, i'r patrwm nodweddiadol a ddisgrifia Fishman:

> Since the formerly separate roles of the home domain, the school domain, and the work domain are all disturbed by the massive dislocation of values and norms that result from simultaneous immigration and industrialization, the language of work (and of the school) comes to be used at home.[4]

Mae enciliad y Gymraeg o beuoedd ieithyddol yn y ganrif ddiwethaf wedi bod yn allweddol yn ei dirywiad. Yr oedd am gyfnod yn iaith y gymdeithas, y capel, llenyddiaeth ac addysg ymneilltuol, a cheir syniad am rai o'i pheuoedd ychydig yn gynt yn yr Adroddiad:

Hwyrach na chyfarfyddech chwi ddim, hyd nod yn y lleoedd mwyaf
Cymreigaidd, â neb rhieni nas dymunent i'w plant ddysgu Saesoneg, ac
eto Cymraeg ydyw y iaith yn mha un y dygir pob peth yn mlaen o'u
cwmpas—megys pregethu—cyfarfodydd gweddi—ysgolion Sabbathol—
cymdeithasau (*clubs*)—neithiorau—angladdau, a'r cyhoeddiadau misol.
Y Gymraeg ydyw cyfrwng ei ymwneyd â'r holl bethau hyn. Achosir hyn,
mewn rhan, gan angenrheidrwydd, ond, mewn rhan hefyd, gan
ddewisiad.[5]

Yna dyfynnir tystiolaeth y Parch. D. A. Williams: 'Yn nghymdeithasau
(*benefit clubs*) y Cymreigyddion mae hi yn ddeddf na chaiff dim
Saesoneg ei siarad.'

Cadarnheir y syniad o natur gyfyng peuoedd y Gymraeg mewn
sylwadau golygyddol cymharol ddiragfarn ym mhapur newydd
Abertawe, *The Cambrian*, wrth drafod yr Eisteddfod a gynhaliwyd yn
Aberdâr yn 1846. Diwinyddiaeth a llenyddiaeth yw priod feysydd y
Cymry yn ôl y dehongliad hwn: "Chapel going and Eisteddfod-
visiting appear to constitute the whole of their [y Cymry] intellectual
life . . . it is in theology and bardic competitions we must seek the
intellectual traits and manifestation of this keen, quick-witted and
vivacious people.[6]

Y mae'r Gymraeg yn amlwg eisoes wedi ei chyfyngu i nifer fach o
beuoedd y tu allan i'r cartref; cafodd ei diystyru fel iaith swyddogol ym
myd gwaith, masnach, y gyfraith a llywodraeth; ac ym myd addysg,
roedd pethau'n newid tuag at y Saesneg er bod yr Adroddiad yn
rhagweld yr anawsterau:

Nis gellir gyru o'r ysgolion hen iaith a gerir fel y Gymraeg; oblegid cyhyd
ag y paräo y plant i fod yn anwybodus o un arall, rhaid ei defnyddio fel
cyfrwng idd eu dysgu, er mai gosod y Saesneg yn ei lle a ddylai fod yn
rhan bwysicaf o'r addysg a gyfrenir. Mwy anhawdd fyth fydd i iaith yr
ysgol fyned yn drech na iaith y teulu.[7]

Mae'r Adroddiad yn cydnabod gafael y Cymro ar ei iaith gan ddweud,
'Mae yn fwy o feistr ar ei iaith ei hun, nag ydyw Sais o'r un sefyllfa ar y
Saesoneg'[8] ac yn derbyn bod y Cymro am osgoi'r Saesneg oherwydd
ei anallu yn yr iaith honno.

Er gwaethaf yr holl wrthwynebu a fu i rai rhannau o'r Adroddiad,
mae modd credu nad oedd R.R.W. Lingen yn rhy bell o'i le wrth
hawlio nad oedd y Gymraeg yn perthyn yn rhwydd i'r peuoedd

newydd. Mae dirmyg Lingen yn amlwg pan sonia am y Cymry yn y gweithfeydd, ond y tu ôl i'r dirmyg mae rhyw gymaint o wir nad oedd y Cymry yn fodlon ei dderbyn:

> Yn y gweithfeydd, ni cheir byth mo'r Cymro mewn swyddfa. Nid ydyw byth yn dyfod yn glerk, neu yn oruchwyliwr (*agent*). Fe eill ddyfod yn arolygwr, neu i gymeryd gwaith dan un arall; ond nid ydyw hyn yn ei dderchafu ef uchlaw gweithiwr, a'i osod yn mhlith y rhai sydd yn gweini cyfreithiau y tir. Fel yn y wlad, felly hefyd yn y gweithfeydd, mae ei anwybodaeth o'r iaith Saesonig yn ei gadw o dan y gorddorau (hatches), gan yr anghymhwysai hyny ef i gyrhaedd a chyfranu y wybodaeth angen-rheidiol. Iaith amaethwyr o'r hen ffasiwn, duwiynyddion, a phobl wledig, ydyw'r Gymraeg, tra mae'r byd i gyd o'i gwmpas yn Saesonigaidd . . . Gadewir iddo fyw mewn is-fyd o'i eiddo ei hun, ac y mae mudiadau cymdeithas yn ysgubo mor gyfangwbl dros ei ben, fel na chlywir byth son am dano . . . [9]

Roedd yn anodd i Gymry'r cyfnod dderbyn yr haeriadau hyn, yn rhannol am iddynt gael eu mynegi mewn modd mor ymosodol, a cheisiwyd gwrthbrofi'r haeriad yn *Y Drysorfa*:

> Dywed Mr. Lingen yn ei Adroddiad nad yw gweithiwr o Gymro byth yn cael dyrchafiad swyddogol yn y gweithfäoedd—nad yw ef byth yn dyfod yn ysgrifennydd nac yn oruchwyliwr. Mewn adolygiad ar hyny, mae gohebydd yn y *Principality* yn enwi lliaws mawr gwybodus iddo ef, yn Merthyr a'r gymdogaeth yn unig, a ddyrchafwyd yn y gweithfeydd i swyddau o barch a chyfrifoldeb. [10]

Nid yw tystiolaeth Abertawe, serch hynny, yn cyfateb i hyn. Er bod y Gymraeg yn dal yn ei bri ymhlith gweithwyr copor a thun-plat Abertawe yn 1863 ('Welshmen . . . in the copper trade . . . are unrivalled . . . but there is one most important trade . . . which Welshmen have made almost peculiarly their own. I mean the tin-plate trade . . .') mae Maer Abertawe, Evan Mathew Richards, yn gofyn 'why is it that Welshmen do not enjoy an equal share in the superior places of management in the extensive works where they are employed?' Yr ateb, mae'n debyg o hyd, yw nad yw'r Cymry Cymraeg yn hyddysg yn y Saesneg, '. . . it must be admitted that it is from a deficiency of superior education . . .' [11]

Gwaetha'r modd, derbyniodd rhai o'n prif lenorion y syniad na allai'r Cymro addasu i'r byd masnachol, fel y gwelwn yng ngwaith O.

M. Edwards: 'Credaf mai pobl y wlad ydym, trefi bychain yw ein trefi ni ym mhob man ond lle y mae dylanwad y Saeson masnachol wedi gorbwyso dylanwad y Celt', [12] ac o gofio damcaniaeth Fishman, ac o wybod am y modd y datblygodd y Saesneg yn unig iaith swyddogol masnach a busnes, ofer yn y pen draw oedd ceisio gwrthbrofi'r honiadau.

Yn wir, cafwyd proffwydoliaeth deg o natur gymdeithasol a ieithyddol Cymru ddiwedd y ganrif mewn cyfarfod a gynhaliwyd yn Neuadd y Dref Abertawe yn 1845 i drafod addysg yng Nghymru. Rhoddwyd anerchiad Cymraeg gan y Parch. D. Rees, Llanelli, (sic: mae'n sicr mai'r Parch. T. Rees yw hwn, a ddaeth yn ddiweddarach yn weinidog ar Ebenezer, Abertawe) ond fe'i dyfynnwn yn y Saesneg a gafwyd yn *The Cambrian*:

> . . . our country is to be ploughed with railways and instead of being on the outskirt of the kingdom, we shall, in a manner, become its centre: midway between London and Ireland. There will be an influx of Englishmen, English money, English manners and habits, English talking, English vices and sins. We should be prepared to meet our neighbours on equal ground—make the best use of their money, to acquire their business habits, and resist their sins. [13]

Iaith crefydd

Ond pan ddywedwyd wrth George Borrow yn 1854 nad oedd dim Cymraeg i'w chlywed i gyfeiriad Abertawe o Landŵr—'Does dim pwynt siarad y Gymraeg ymhellach na hyn'—rhoi sylw a wnaed i rai peuoedd yn unig. Wrth geisio gweld i ba raddau roedd y Gymraeg yn dal yn ei grym yn Abertawe o gwmpas canol y ganrif ddiwethaf, rhaid cadw mewn cof y gwahaniaeth rhwng iaith y gwahanol beuoedd a cheisio dod o hyd i'r Gymraeg yn y gymdeithas, efallai yn bennaf ym mheuoedd y cartref a chrefydd. Os edrychir ar fywyd swyddogol a masnachol y dref, fel y'i dehonglir ym mhapurau'r cyfnod, gellir tybio nad oedd y Gymraeg yn bod i bob pwrpas. Mae angen chwilio felly am dystiolaeth mewn mannau eraill i fywyd Cymraeg y dref y pryd hwnnw.

Ddechrau'r bedwaredd ganrif ar bymtheg, ac yntau ar ei ddeg egni o blaid y Gymraeg yn y dref, ymhyfrydai Joseph Harris yng ngwaith yr ysgolion Sul dros y Gymraeg: 'y mae mwy o alw am lyfrau Cymreig, a'r deg cymaint yn medri darllen Cymraeg y blyneddau

hyn yn y Dywysogaeth nag a fu erioed o'r blaen'[14] a gwawdia
ymdrechion y Cymry i ddysgu'r Saesneg, 'nid yw yr hyn a ddysgir o
Saesneg gan blant y Cymry yn gyffredin, mewn ysgolion Seisnig, ond
prin digon i beri i'r Saeson eu gwawdio, a chwerthin am eu penau.
Hefyd nis gwyddom am un genedl dan y nefoedd yn ymhyfrydu dysgu
estroniaeth i'w plant o flaen yr eiddynt eu hunain, ond y Cymry!'
Roedd ymlyniad Joseph Harris wrth y Gymraeg yn un cadarn, a
rhagflaenai genedlaetholwyr Cymraeg y ganrif yn hyn o beth. Meddai
yn *Seren Gomer* yn 1818, 'Nid ydym yn gwybod am ddim a ellai fod yn
llawer mwy gwrthun ac anaturiol, ond ymddygiad tad-leiddiad neu
fam-leiddiad, nâ nod dyn yn diystyru iaith ei fam, ei genedl, a'i holl
henafiaid, ac yn dymuno ei thrancedigaeth, . . . yn neillduol iaith mor
odidog ag yw y Gymraeg . . . a ragora ymhell ar glyt-ieithodd
diweddar Ewrop.'[15]

Serch hynny, ar ôl i Joseph Harris ei hun ddod yn weinidog yn y
Backlane yn 1801, dechreuodd bregethu unwaith y Sul yn y Saesneg
'er lles yr aelodau Saesonig a'u teuluoedd ag oeddynt yn byw yn y
dref.'[16] Casglodd y capel Cymraeg yn wythnosol i godi capel i'r di-
Gymraeg, a sefydlwyd achos Mount Pleasant yn 1826 o ganlyniad i'r
ymdrechion. Mae'n amlwg bod brwydr ieithyddol ar waith yn
Abertawe, a'r naill iaith a'r llall yn ymgiprys am oruchafiaeth.

Darlun go druenus o gyflwr pobl y dref (o ryw ddeng mil o bob-
logaeth) ar dro'r bedwaredd ganrif ar bymtheg a geir, ac roedd yn
amlwg bod digon o gyfle i'r enwadau ymneilltuol gryfhau:

> Yr oedd agwedd foesol Abertawy yn resynus i'r eithaf pan ddechreuodd
> Mr. Davies ei weinidogaeth yma [Ebenezer, Abertawe]. . . . nid oedd ond
> un capel Cymreig yn yr holl dref, sef capel y Bedyddwyr, yr hwn ni
> chynwysai ar ei eithaf dros dri chant a haner o bobl. Yr oedd y glowyr a'r
> gweithwyr eraill yn y dref a'r cyffiniau yn debycach i farbariaid nag i
> breswylwyr gwlad wareiddiedig. Tystia amryw hen bobl oedd yn
> ddiweddar yn fyw, ei bod yn berygl bywyd i gerdded ystrydoedd y dref a'r
> pentrefi cyfagos ar 'nos Sadwrn y cyfrif' am y byddai heidiau o ddyhirod
> meddw a chreulon yn wastad yn barod i ymosod ar y neb a elai yn agos
> atynt. Byddent hefyd yn arfer ymosod ar dai yn y nos, gan daflu ceryg
> mawrion atynt, nes dryllio y drysau a'r ffenestri, a phrin y medrent siarad
> gair heb fytheiro allan regfeydd a chableddau. Peth anghyffredin iawn
> gynt, yn yr ardaloedd hyn, fyddai cael gweithiwr yn proffesu crefydd.[17]

Un rheswm arall am boblogrwydd y capeli ymneilltuol Cymraeg
oedd bod y Saesneg wedi cael blaenoriaeth lwyr yn eglwys y Santes

Fair yn y dref erbyn dechrau'r ganrif. Yn sgîl y Cymreigio a ddigwyddodd yn Abertawe trwy fewnlifiad o'r wlad hyd at chwedegau'r ganrif, daeth diffyg darpariaeth Gymraeg yr eglwys yn amlwg, ac mewn cynhadledd o'r Arch-ddiaconiaeth yng Nghaerfyrddin yn 1863, beirniadwyd ficer Abertawe am nad oedd yn medru'r iaith. Meddai Mr. Powell Jones o Gasllwchwr yn y cyfarfod hwnnw, 'The Vicar of Swansea had done wonders since his arrival there; he was undoubtedly a good and excellent man, but here was a town in which there were Welsh people—thousands of them—almost wholly unprovided for by the Church. (Hear, hear.)'[18]

Ceisiodd yr eglwys ddarparu ar gyfer y Cymry Cymraeg trwy ehangu eglwys Gymraeg St. John's, y Stryd Fawr, Abertawe, a gwelir yr hysbyseb hwn yn 1824:

> As an immediate ENLARGEMENT of this CHURCH is become highly necessary in consequence of the daily increasing population of its own Parish and neighbourhood, together with its present disproportion to contain the great influx of Welsh hearers, now desirous of attending the Ministry of its present Pastor, we earnestly hope all friends of Christianity, and of the Established Church in particular, will liberally contribute . . .[19]

Serch hynny, erbyn 1827, ceir gwasanaeth Saesneg yn yr eglwys, yn ogystal â'r gwasanaethau Cymraeg cyson, ac mae'r Cymry Cymraeg yn cwyno am y gost ychwanegol iddynt, 'We do not consider that we should, as a Welsh Parish, go to the expense of lighting the Church with gas lamps or candles for the English Service which is only allowed by permission, and not required for the Welsh Service, which is always performed at half past two o'clock in the winter, and at three o'clock in the summer.'[20]

Mae hanes yr eglwys o hynny ymlaen yn dilyn patrwm y Gymraeg yn y dref i raddau helaeth. Meddir bod anwadalwch offeiriaid wedi peri lleihad yn y gynulleidfa Gymraeg, ac adeiladwyd Eglwys St. John's yn yr Hafod erbyn 1880. Serch hynny, ailagorwyd yr eglwys St. John's wreiddiol yn Eglwys St. Mathew yn 1886 ar gyfer gwasanaethau Cymraeg, a pharhaodd yr eglwys hon yn un Gymraeg nes iddi gau yn 1930, er mawr siom i eglwyswyr Cymraeg y dref.

Pan agorwyd eglwys newydd Cilfái yn 1845, cafwyd pregethau yn y nos yn y ddwy iaith, ac roedd yr eglwys yn llawn ar gyfer y ddwy bregeth.[21] A hyd yn oed yn 1863, roedd yr arfer hwn yn parhau. Meddai'r Parchedig J. Griffiths ei fod yn byw mewn plwyf cymysg ei

iaith, a'i fod yn cynnal 'a mixed service in the morning, with a sermon
in English of a quarter of an hour's length, and a sermon in Welsh of a
somewhat greater length if the number of Welsh predominated.'[22]
Gwnâi yr un modd yn y prynhawn.

Eto yn 1827 ceir adroddiad am gyfarfod pregethu nerthol sy'n
adlewyrchiad da o natur Gymraeg trigolion y dref y pryd hwnnw.
Roedd aelodau capel Crug-las, heb fod ymhell o ganol y dref, wedi
trefnu 'i gael John Jones a'i gyfaill i bregethu yno ar ddydd y ffair, yr
hon a barhai dri diwrnod . . . Yr oedd cryn wroldeb yn angenrheidiol i
drefnu gwasanaeth crefyddol yn wyneb y fath nerthoedd o anuwioldeb.
Yr oedd mewn ystyr yn drefniad o ryfel rhwng Arglwydd y lluoedd a
Baal . . .'[23] Dyfynnir o gofiant John Jones ac mae'r disgrifiad a geir
ganddo yn rhoi syniad inni o fywiogrwydd y gymdeithas Gymraeg
ddi-grefydd. Mae'n werth ei ddyfynnu'n helaeth am ei fod yn un o'r
ychydig enghreifftiau sydd ar glawr o hyn:

> tua chanol y Maesglas, i berffeithio y ffair wagedd, yr oedd y ffidlen yn
> chwareu, a'r rhai mwyaf ymroddgar i wagedd yn dawnsio o'i flaen. Pan
> aeth nerthoedd y weinidogaeth yn fawr iawn, peidiodd y dawnsio. Nid
> oedd y ffidler, meddai y gwr oedd yn edrych, wedi sylwi ar y cyntaf fod ei
> gyfeillion wedi rhoddi i fyny ddawnsio . . . Ac yn lled ddisymwth, dyna yr
> offeryn cerdd yn cael ei ollwng ar y ddaear, fel yr arian ar bennau y
> priciau, a'r hwn oedd yn ei chwareu yn tynnu ymlaen i wrandaw y
> bregeth. Ni bu arfau rhyfel erioed mewn brwydr yn cael eu taflu i lawr
> gyda mwy o arwyddion colli y dydd, nag ar Faesglas, Abertawe, y waith
> honno; canys o rhwng pedair a phum mil o bobl, nid oedd ond o ddau i dri
> chant yn y cwr pellaf, o ryw ddieithriaid crwydrol, gyda rhyw *show*, heb
> adael y gwagedd, a throi at yr Efengyl. A dywedir na fu byth wedd ar ffair
> wagedd Abertawe ar ol hynny.

Dywedir ymhellach 'nad oedd cymaint ag un oedd yn deall Cymraeg
wedi aros gyda'r ffair wagedd.'

Yn ystod y cyfnod cynnar hwn yr adeiladwyd nifer o gapeli
Cymraeg Abertawe, ac roedd y rhain yn ganlyniad hanes arloesol
achosion yr Annibynwyr a'r Bedyddwyr yn arbennig. Efallai mai yn
nifer y capeli, yr ysgolion Sul ac yn nifer aelodau'r rhain y ceir y
dystiolaeth fwyaf eglur o nerth yr iaith yn y dref y pryd hwn, gan
danlinellu mai i bau crefydd, yn anad un defnydd cyhoeddus arall, y
perthynai'r iaith.

Mae Adroddiad 1847 yn nodi fod gan Abertawe 54 o ysgolion

dyddiol, ac 20 o ysgolion Sul ac y mae'n cydnabod bod yr ysgolion Sul Cymraeg yn rhai grymus, 'The Sunday-schools in the upper town are very large, and conducted mainly in Welsh.'[24] Roedd gan yr ysgolion Sul ymneilltuol ryw 1,700 o ddisgyblion; ychydig dros 200 oedd yn yr ysgolion Sul eglwysig.

O'r 20 hyn roedd 7 yn cynnig hyfforddiant yn y Saesneg yn unig, ac 13 yn cynnig hyfforddiant yn y Gymraeg neu yn y ddwy iaith. Roedd yr ysgolion Sul Cymraeg neu ddwyieithog ymhlith y cryfaf: 181 fel arfer yn mynd i ysgol Sul capel Bethesda, 179 i Ebenezer, 135 i Gapel y Twyn a 120 i Gwmbwrla a 90 i Trinity. Y cryfaf ymhlith y rhai Saesneg oedd capeli Lady Huntington yn y Burrows, gyda 130 o aelodau ac Abertawe, lle roedd 110, a hefyd yr Eglwys yn York Place, gyda 114.

Ond mae'n bwysig cofio nad yr un oedd ffiniau trefol Abertawe'r pryd hwnnw â heddiw. Cafodd y ffiniau eu hestyn ar adegau yn ystod y ganrif ddiwethaf a'r ganrif hon, wrth i'r pentrefi a amgylchai'r dref dyfu nes ymdoddi'n uned drefol. Os ydym am geisio dehongli natur ieithyddol yr Abertawe 'fwy' neu Abertawe heddiw, fe welwn, yn ôl Adroddiad 1847 eto, fod 43 o ysgolion Sul yn yr ardal sy'n cynnwys Treforys, Glandŵr, Llansamlet a'r cylch. Roedd y 23 ysgol Sul a ychwanegir wrth ehangu cylch Abertawe i gyd yn dysgu trwy gyfrwng y Gymraeg, ac yn eu plith roedd nifer o ysgolion Sul nerthol iawn, e.e. 270 o ddisgyblion yn ysgol Sul yr Annibynwyr yng Nglandŵr, ryw ddwy filltir o ganol Abertawe, dwy ysgol yn Nhreforys, gyda 190 a 160 o ddisgyblion, 130 yn Foxhole, ochr draw'r afon, i gyfeiriad y dref, 102 ym Mynyddbach, mam-eglwys capeli'r Annibynwyr, 88 gyda'r Methodistiaid yn Llwynbrwydrau, ger Llansamlet, a 76 ym Methel, Sgeti, gyda'r Annibynwyr. Cawn felly mai saith yn unig o'r 43 o ysgolion Sul yn y cylch a ddysgai trwy gyfrwng y Saesneg yn unig. Gyda'r blynyddoedd tyfodd nifer o'r ysgolion Sul Cymraeg yn sylweddol. Roedd gan Ddinas Noddfa, Glandŵr, 400 o aelodau yn ei hysgol Sul yn 1880, a chan Seion, Treforys 493 o aelodau.[25]

Mae'r nifer o gapeli Cymraeg yn y cylch, a nifer yr ysgolion Sul, yn dystiolaeth o gyfnod rhyfeddol o ran gweithgaredd Cymraeg, na cheir ond cipolwg prin ohono yn y wasg Saesneg yn y cyfnod hwnnw. O wybod faint o waith a oedd ynghlwm wrth sefydlu Canolfan Gymraeg Abertawe, Tŷ Tawe, yn 1987, o ran codi arian, cynnal gweithgareddau a chadw trefn, ni all dyn ond rhyfeddu at egni a phrysurdeb Cymry Abertawe ganol y ganrif ddiwethaf.

Dyma restr o rai o'r capeli amlycaf a adeiladwyd neu a adnewyddwyd
yn y blynyddoedd hyd at saithdegau'r ganrif ddiwethaf, ynghyd ag
ambell un cynharach:

1782   adeiladu Libanus, Treforys
1799   adeiladu Crug-glas, Abertawe
1802   adeiladu Philadelphia, Treforys
1803   adeiladu Ebenezer, Abertawe
1826   helaethu yno
1863   helaethu yno eto
1818   adeiladu Bethel, Llansamlet
1849   ailadeiladu yno
1824   adeiladu Dinas Noddfa, Glandŵr
1828   adeiladu y Trinity, Abertawe
1865   ailadeiladu y Trinity
1828   adeiladu capel Foxhole
1829   adeiladu Siloh, Glandŵr
1831   ailadeiladu Libanus, Treforys
1831   adeiladu Bethesda
1839   adeiladu Siloam, Pentre Estyll
1857   helaethu yno eto
1840   adeiladu Caersalem Newydd, Tre-boeth
1840   adeiladu Bethlehem, Cadle
1840   adeiladu Canaan, ger Foxhole
1841   adeiladu capel y Glais
1863   ailadeiladu yno
1842   ailadeiladu Bethel, Sgeti
1866   ailadeiladu capel mwy yno
1843   adeiladu Seion, Abertawe, yn y Stryd Fawr
1843   ailadeiladu Ebenezer, Llwynbrwydrau
1844   adeiladu Pentre Estyll
1864   ailadeiladu yno
1845   adeiladu Horeb, Treforys
1869   ailadeiladu capel mwy yno
1847   adeiladu Seion, Treforys
1848   cychwyn Soar, Abertawe, yn y Trade's Hall yna adeiladu
1849   ailadeiladu Seion, pan ddaeth y rheilffordd
1851   adeiladu Adulam, Bôn-y-maen
1845   adeiladu capel y Babell, Cwmbwrla
1851   codi capel mwy yno
1848   adeiladu Soar, yn y Stryd Fawr, Abertawe
1850   adeiladu Soar, Treforys
1851   adeiladu capel Glandŵr

1869   adeiladu capel newydd yno
1860   ffurfio eglwys Tanygraig
1862   adeiladu Carmel, Llansamlet
1865   ailadeiladu Mynydd-bach
1863   adeiladu Libanus, Cwmbwrla
1867   adeiladu Philadelphia, yr Hafod
1868   adeiladu Saron, Birchgrove
1872   adeiladu Tabernacl, Treforys
1878   adeiladu Bethania, Treforys

Meddir mewn man arall, 'Er fod y capeli Zoar, Pentre-estyll, Ebenezer, Capel Sion Glandwr a'r capel hwn [Cwmbwrla] o fewn llai na milldir i'w gilydd, y mae yma ddigon o drigolion i'w llenwi oll, a digon yn ngweddill i'r enwadau eraill.'[26] Caiff natur ieithyddol y capeli a'r eglwysi yn Abertawe, rhwng y môr a Threforys, ei chadarnhau yng Nghyfrifiad Crefydd 1851. Nodir gan Ieuan Gwynedd Jones, a olygodd argraffiad o'r cyfrifiad hwn, nad oes modd bod yn gwbl sicr ynglyn â'r ystadegau hyn[27] ond y mae'r duedd ieithyddol yn yr ardal yn amlwg. Mynychodd mwy na 13,000 wasanaethau yn y capeli a'r eglwysi ar noson y cyfrif, ac o'r rhain roedd mwy nag 8,000 wedi mynychu gwasanaethau Cymraeg. Atgyfnerthwyd y Cymreictod hwn gan ddylifiad Cymry Cymraeg i'r ardal yn ystod y blynyddoedd nesaf.

Iaith y boblogaeth
Derbynnir bod y Gymraeg yn iaith bonedd y dref, heb sôn am y werin, hyd at ran olaf y ddeunawfed ganrif.[28] Enghraifft gymharol ddiweddar o agwedd y bonedd at yr iaith oedd y modd y mynnodd Lewis W. Dillwyn yn 1821 gyflwyno hysbysiadau Cymraeg i'r *London Gazette*, gweithred feiddgar a chefnogol i'r iaith oherwydd 'the Welsh language had never before appeared in an official paper.'[29]

   Roedd dechrau'r ddeunawfed ganrif yn gyfnod o dwf diwydiannol araf a chyson, twf a gyflymai wrth i'r ganrif fynd yn ei blaen. Cynyddodd poblogaeth Abertawe o 6,099 yn 1801 i 19,115 yn 1841, ac i 51,260 yn 1861. Roedd nifer y mewnddyfodiaid erbyn hyn yn llawer mwy lluosog na'r trigolion gwreiddiol, ac mae tystiolaeth y cyfrifiad am y flwyddyn honno'n dangos yn glir mai Cymry oedd y mwyafrif helaeth o'r rhain, a theg barnu bod y rhan fwyaf o'r Cymry'n medru'r iaith. Ganwyd 4,000 o drigolion Abertawe yn Sir Gaerfyrddin, a 34,400 yn Sir Forgannwg ond ychydig a ddaeth o Geredigion, am fod y pyllau plwm yno ar eu hanterth tua 1870. Tua

13% o boblogaeth y dref y flwyddyn honno oedd wedi eu geni yn
Lloegr: tua 550 yn dod o Lundain, ond y nifer fwyaf yn dod o'r siroedd
agosaf at Gymru, ar dir a môr: rhyw 1,400 o Swydd Gaerloyw, a 3,800
o Wiltshire a Chernyw.[30] Ni ddaeth y mewnlifo mawr o Loegr tan
ddiwedd y ganrif a dechrau'r ganrif hon: erbyn 1901 roedd gan y dref
95,000 o bobl, a 160,000 yn 1921.

Roedd Gwaith Copor Llangyfelach, yng Nglandŵr, eisoes wedi
agor yn 1717, a dechreuwyd smeltio copor yng ngwaith y Fforest, ger
Treforys, yn 1748.[31] Cychwynnwyd hefyd weithiau Plas Canol
(Middle Bank), Plas Isaf a Phlas Uchaf (1782, yn eiddo i Gwmni
Mwyngloddio Parys, Môn) cyn diwedd y ddeunawfed ganrif, ac
agorwyd gwaith enwog y Vivians yn yr Hafod yn Abertawe tua 1810.
Dilynwyd y rhain gan waith y Morfa tua 1835, yn eiddo i gwmni
Williams, Foster & Co., a gwelwn yn nes ymlaen dystiolaeth mai
Cymry Cymraeg oedd y mwyafrif helaeth o'r gweithwyr yn y gweith-
feydd copor hyn. Mae'n amlwg i'r diwydiannau cynnar Gymreigio'r
dref, ac fe welwn eu dylanwad yn nhwf capeli Cymraeg y dref, a oedd
ar eu hanterth o gwmpas 1875.

Mae'n werth cofio, yr un pryd, fod Abertawe hyd at ganol y ganrif,
yn dal yn gymharol wledig. Yn ôl cyfrifiad 1851 roedd yn y dref 669 o
ffermwyr a 718 o weithwyr amaethyddol, 763 o weithwyr copor a 948
o lowyr. Heb wybodaeth fanwl drwy gyfrifiad, anodd profi iaith y
rhain, ond ceir rhyw gymaint o dystiolaeth o enwau caeau fferm
Townhill yn 1838, a gafodd eu henwi gan y tenantiaid, ac mae saith
o'r wyth cae yn rhai Cymraeg, neu'n cynnwys elfen Gymraeg, e.e.
Cae Main, Cae Waun, Cae Cwm, Cae Wern, Cae Quar.[32]

Mae'r dystiolaeth sydd ar gael am y gweithwyr copor hefyd yn
pwyso'n gryf tuag at y Gymraeg. Bu arolygwyr Adroddiad 1847 yn
ymweld ag Ysgol yr Hafod, ysgol y gwaith copor, a agorwyd y
flwyddyn honno. Holwyd yno'r 23 disgybl gorau, a chafwyd bod 19
ohonynt yn mynychu ysgolion Sul Cymraeg.[33] Meddir am y
gweithwyr, 'They were mostly Welsh, with few English or Irish
among them; a copperman was always the son of a copperman.'

Mewn adroddiad arall ar ysgolion yr Hafod, dywedir eto mai'r
Gymraeg yn unig oedd iaith y trigolion yn bennaf: 'The Infant School
is in a condition of neatness, order, discipline, and complete
organisation, which under the circumstances of a rude neighbour-
hood, in which the vernacular tongue is almost wholly Welsh, is very
creditable to its matron teacher.'[34] Yn wyneb y math hwn o

Wind Street, Abertawe, *c.* 1852

dystiolaeth a sylwadau rhai fel Samlet Williams (gw. isod), ac o gofio bod 46.5% o drigolion Abertawe'n siarad Cymraeg yn ôl cyfrifiad 1891, byddai'n hawdd credu bod o leiaf dri chwarter trigolion yr Abertawe estynedig yn siarad y Gymraeg o gwmpas 1850, yn hytrach na'r 'hanner' a amcangyfrifwyd gan J. D. H. Thomas.[35]

Gweld y Saesneg yn ehangu'n gyflym yn y dref a wnaeth Adroddiad 1847, ond roedd yn rhaid i hwn hefyd gyfaddef fod y Gymraeg a'r Saesneg yn rhannu'r dref yn gyfartal:

> The town is exposed to the influx of Welsh from the country lying at the back of it, and of English from its port. The two languages pretty equally divide it; but English was said to be rapidly spreading, and that, if it were not for the immigration from the country, Swansea would in a few years become an entirely English-spoken town. I was told that children addressed by their parents in Welsh most commonly replied in English. At present in the upper part Welsh chiefly is spoken; from about the centre of the town to the sea English prevails. The Welsh part is chiefly inhabited by colliers, copperman, quay-porters, and labourers of all sorts . . .[36]

Ceir yn yr Adroddiad dystiolaeth am natur ieithyddol y 'Vale of Swansea', a gynhwysai ardal y gweithfeydd copor, gan P. S. L. Grenfell, y diwydiannwr. Meddai ef fod gwybodaeth y gweithwyr o'r Saesneg yn 'very limited'[37] ac ychwanegodd, 'Many of the workmen speak none at all, and those that do, scarcely understand anything beyond the common routine phrases applying to their own peculiar station.' Credai ef, fel yr arolygwyr, mai dysgu'r Saesneg i'r gweithwyr oedd yr unig fodd effeithiol o godi'r 'exceedingly low and defective tone of principle, morality, and truth of this people.'

Yn ystod y blynyddoedd nesaf gwelwyd twf sylweddol yn y diwydiannau, ac am ddegawdau cafwyd mewnlif o Gymry Cymraeg a atgyfnerthodd safle'r Gymraeg fel y tystia nifer aelodau capeli Cymraeg y dref. Yn ddiweddarach yn y ganrif, ac yn ystod dechrau'r ugeinfed ganrif, y cafwyd y mewnlifo mawr o Loegr a gyfrannodd at newid natur ieithyddol y dref.

Disgrifir natur ieithyddol ardal Cwmbwrla, ryw ddwy filltir o ganol Abertawe, gan Samlet Williams:

> Ychydig yw'r dieithriaid a'r dyfodiaid yma, oddieithr y rhai sydd wedi dyfod i gyfaneddu yma ynglyn â'r gweithfeydd alcan a dur. Yr hen frodorion a'u hiliogaeth, fe welir, yw rhan liosocaf o'r ardalwyr. Ychydig iawn o ddylanwad yr iaith Saesneg sydd wedi ymwthio i mewn i'w plith

hyd yn hyn, ac y mae hyn yn rheswm lled eglur ac yn brawf o ba genedl ydynt, heblaw eu hymdrech i gadw y Gymraeg yn flodeuog yn eu plith, drwy ei siarad ar yr aelwydydd, a thrwy gynnal dosbarthiadau ar hyd y blynyddoedd i addysgu yr ieuenctyd mewn gramadeg Cymraeg.[38]

Cadarnheir mai'r Gymraeg yw iaith trigolion y dosbarth gweithiol yn Abertawe yn y Cyfrifiad Crefyddol a gafwyd yn 1851. Wrth sôn am Eglwys St. John's, a oedd y pryd hwnnw yn y dref, meddir, 'and from the service being performed in it in the Welsh, as well as the English, language is of considerable benefit to the inhabitants of this part of the town, who are mostly of the poorer class, and speak only Welsh.'[39]

Newid iaith addysg a chrefydd

Ond yn wyneb y mewnfudo diweddar, roedd methiant y Cymry Cymraeg i amddiffyn peuoedd addysg a chrefydd gydag amser, a'u methiant i fentro i beuoedd y Saesneg, yn allweddol yn y modd y newidiwyd natur ieithyddol y dref.

Roedd y pwyslais o blaid addysg Saesneg yn bod cyn Adroddiad 1847. Cadarnhau'r duedd a wnaeth yr Adroddiad, nid ei chreu. Roedd yn Abertawe 54 o ysgolion dyddiol yn 1847 ac ynddynt dros 2,000 o ddisgyblion. O'r holl ysgolion hyn, dim ond mewn pedair ysgol y defnyddid y Gymraeg, a hynny fel cyfrwng i esbonio'r Saesneg, sef ysgol y Babanod, Cilfái, Ysgol Plant Cilfái, Ysgol Merched y Wyrcws, Abertawe, ac Ysgol Bentref Llansamlet. Yng Nghilfái, gweinidog lleol, David Jones, yn wreiddiol o Sir Gaerfyrddin, ac a ofalai am gapel yng Nghlydach, oedd yn gyfrifol am yr ysgol, ond er ei fod yn defnyddio'r Gymraeg ar y Sul, mae'n amlwg ei fod yn cydymffurfio â phatrwm yr ardal trwy gyflwyno'r Saesneg yn ystod yr wythnos. Byddai ysgolion Treforys, Llangyfelach heb sôn am rai canol Abertawe, yn ysgolion eglwys, ysgolion preifat—nifer fawr ohonynt yn ysgolion bychain yng ngofal un athrawes—ac ysgolion gwaith, i gyd yn defnyddio llyfrau Saesneg yn unig, ac yn cyflwyno Gramadeg Saesneg.

Byddai rhai capeli Cymraeg y pryd hwn hefyd yn defnyddio'r ysgolion Sul i gyflwyno'r Saesneg, a dywedir bod gan gapel y Bedyddwyr, Bethesda, fwy o ddisgyblion Saesneg na Chymraeg. Roedd gan gapel Ebenezer bedwar bachgen mewn dosbarth Saesneg er bod y rhain yn fwy hyddysg yn y Gymraeg.[40]

Gyda'r blynyddoedd, cynyddu'n ddi-ball wnaeth yr awydd i
feistroli'r Saesneg, fel yr awgrymir gan y math hwn o sylw a
ymddangosodd mewn llythyr yn *The Cambrian*, yn 1863, 'There is no
denying the fact that the Welsh language is a serious hindrance to the
successful communication of knowledge to our scholars.'[41] Yn yr un
flwyddyn, a'r Eisteddfod Genedlaethol yn Abertawe, ceisiai Henry
Hussey Vivian, fel Llywydd, ddadlau ei bod yn iawn cadw'r Gymraeg
i bwrpasau'r eisteddfod a llenyddiaeth, 'It has been objected to
Eisteddfodau that they tend to maintain the old language of Welsh.
Now, I would ask, why should not the language of Welsh be maintained?
(Cheers) Is it not a fine, a beautiful language? Is it not a poetic
language? . . . Then why should not the language exist? I cannot see
any reason; on the contrary, I would do everything I could to maintain
it. (Applause).'[42] Ond wedyn daw'r OND. Er gwaethaf ambell i 'no,
no' o'r gynulleidfa, aeth yn ei flaen i ddweud 'By means of the English
language alone can any one in this country advance in life—
the higher prizes in the land are open only to those who speak English
. . . even in the lower walks of life the man who is a good English
scholar has a great advantage over one who speaks Welsh only. (Hear.
hear.)' Ac argymhella ddysgu'r iaith estron i blant bach—damcaniaeth
ieithyddol a dderbyniwyd yn frwd gan addysgwyr ganrif yn ddiwedd-
arach.

Ar ôl yr araith hon, cyfarchwyd Henry Hussey Vivian gan Clwydfardd
yn wresog:

> Mae'n Llywydd dedwydd yn dân—dros ein gwlad,
>   Dros ein gwlad hyfrydlan,
>   A phery'n hiaith, wiwiaith lan,
>   Yn fyw hefyd drwy Vivian.

Fel yr awgrymwyd uchod, er gwaethaf yr ysfa i droi fwyfwy at y
Saesneg, gwelwyd penllanw anghydffurfiaeth Gymraeg Abertawe o
gwmpas 1875. Y flwyddyn hon oedd blwyddyn gryfaf capel Ebenezer
o ran aelodau hyd y gwyddom, gan na chyhoeddwyd adroddiadau'r
capel cyn 1870. Mae yn yr adroddiad enwau 790 o aelodau yn 1875, gan
gynnwys y rhai a fu farw neu a newidiodd eu haelodaeth y flwyddyn
honno a'r rheiny'n byw mewn rhyw 200 o strydoedd. Hyd y gallaf
weld o fap o Abertawe o'r flwyddyn 1878, dim ond rhyw ddeg o'r
strydoedd hynny oedd yn bellach na milltir o gapel Ebenezer, a rhyw

ddeg ar hugain o'r aelodau fyddai'n byw yn y strydoedd hyn. Roedd y mwyafrif helaeth o aelodau Ebenezer, felly, yn byw naill ai yng nghanol Abertawe neu yn y filltir i'r gogledd o'r capel i gyfeiriad y gweithfeydd copor. Roedd 70 ohonynt, er enghraifft, yn byw yn y Stryd Fawr, 23 yn Stryd Rhydychen, a 46 yn yr Hafod neu Stryd yr Hafod a 33 yn Stryd Aberdyberthi. Wrth graffu ar y map o ganol Abertawe, o'r orsaf i'r dociau, anodd canfod mwy na hanner dwsin o strydoedd lle nad oedd gan y capel hwn aelodau, ac un o blith nifer mawr o gapeli oedd Ebenezer, wrth gwrs.

Ond yr un pryd roedd Cymry Cymraeg wrthi'n rhan o'r ymdrech i godi capeli Saesneg yn Abertawe, a'r amlycaf o ddigon yn hyn o beth oedd y Parchedig Dr. Thomas Rees, gweinidog Ebenezer y cyfnod hwnnw, a symudodd i Abertawe o gapel Cymraeg Carmel, Cendl, Sir Fynwy, yn 1862. Pan oedd yno cymerodd ran amlwg yn ymgyrch achosion Saesneg yr Annibynwyr trwy drefnu cynhadledd at y pwrpas yn 1853[43] a medd John Thomas yn ei gofiant iddo mai iddo ef 'yn ddiau y perthyn yr anrhydedd o gychwyn unrhyw symudiad ffurfiol i'r amcan'[44] ac o'r tri a wnaeth fwyaf dros achosion Saesneg yn y de, meddir mai 'Mr. Rees, yn ddiau, . . . oedd y penaf o'r tri' ac roedd 'sefydlu achosion Seisonig yn Nghymru wedi myned a'i holl feddwl'. Ym mis Tachwedd, 1860, gydag eraill, gan gynnwys Henry Richard, ffurfiodd 'Gymdeithas Achosion Seisonig Deheudir Cymru a Sir Fynwy'.

Ei 'orchwyl mawr' wrth ddod i Abertawe oedd 'cychwyn achosion Seisonig yn Abertawy'[45] er iddo barhau i gymryd ei ran yn yr ymgyrch yn Ne Cymru'n gyffredinol, gan fynychu holl gyfarfodydd yr ymgyrch. Fe'i cawn yn 1865 yn annerch cyfarfod ar yr achosion Saesneg yng Nghymru ym Mryste, lle y mae'n ailadrodd byrdwn ei araith yn Abertawe ugain mlynedd ynghynt. Dywed fod 'English-men, English capital and enterprise, English customs, and unhappily, English vices, with very little English virtue and religion' yn rhaeadru dros Gymru a gwêl ei bod yn ddyletswydd ar Gymry Cymraeg i sefydlu eglwysi Saesneg ar gyfer y boblogaeth Saesneg newydd. Iddo ef fel gweinidog eglwys Gymraeg, roedd angen 'not a small amount of the grace of self-denial' i berswadio rhyw ugain o'r aelodau mwyaf 'intelligent, respectable, and wealthy' i ymadael â'i eglwys i gychwyn achos Saesneg.[46] Barna fod dau draean o boblogaeth Abertawe a'r cyffiniau ar y pryd yn siarad Saesneg—barn y mae'n rhaid ei hamau'n fawr o gofio bod yn agos at hanner y boblogaeth yn Abertawe ei hun yn

Y Parchedig Thomas Rees

siarad Cymraeg yn 1891—ac yn Castle Street yn unig yr oedd gan yr
Annibynwyr achos Saesneg. Apelia i'r Saeson am gefnogaeth
ariannol i'w ymgyrch am ei fod am weld anghydffurfiaeth yn parhau
yng Nghymru mewn cyfnod pan fyddai'r Gymraeg wedi diflannu o'r
tir, er mor 'repugnant to our feelings as Welshmen' fyddai hynny. [47]
Yn erbyn y Dr. Thomas Rees hwn, a'i gydweithiwr selog a'i gof-
iannydd, y Parchedig John Thomas, Lerpwl, yr ymosododd Michael
D. Jones yn huawdl a dirmygus, gan eu galw'n 'ddoctoriaid traws-
weryddol' (cafodd y Parch. T. Rees ei radd o brifysgol Marietta,
America, am ei lyfr ar hanes anghydffurfiaeth yng Nghymru) a fyddai

'fel dau was y gôg yn canlyn cynffonau gwŷr y Neuadd Goffadwriaethol' (sef y Memorial Hall, pencadlys Annibynwyr Lloegr) 'yn eu hymgyrch i ddad-Gymreigio Cymru, a gwaseiddio ein cenedl.'⁴⁸

Mae'n eironig bod llawer o'r capeli Saesneg a sefydlwyd gan y Cymry, bellach, ganrif yn ddiweddarach, wedi dod i ben. Beth bynnag, cynhaliwyd cyfarfod yn y dref 'rhywbryd tua 1865' (tybed a yw John Williams yn cyfeirio at gyfarfod a gynhaliwyd nos Lun, Medi 13, 1869?—gw. isod) i annog cychwyn achosion Saesneg, ac anerchwyd, ymhlith eraill, gan Henry Richard A.S.⁴⁹

Cychwynnwyd yr achosion Saesneg cyntaf trwy ymdrechion David Davies a chyda chefnogaeth aelodau capel Ebenezer yn Heol y Castell, Abertawe, yn 1814. Medd John Thomas i'r Parchedig Thomas Rees fynd ar daith gasglu i Essex a Chaint yn 1845 i glirio dyled y capel hwn,⁵⁰ a hwn oedd y 'cynyg cyntaf o'i eiddo i gasglu yn mysg y Saeson am yr hyn y daeth ar ôl hyny mor nodedig'.⁵¹ Ond yn chwarter olaf y ganrif y gwelwyd y symudiad i godi achosion Saesneg yn magu nerth yn y dref. Cyfrannai aelodau Ebenezer, er enghraifft, £12 yn flynyddol at hyn, ond prif gyfraniad y capel oedd mynd ati o dan arweiniad y Parch. T. Rees, eu gweinidog, i roi cymorth i sefydlu achosion newydd Saesneg. Yr achos Saesneg amlycaf a gafodd eu cefnogaeth oedd capel Walter Road, Abertawe y dechreuwyd ei adeiladu yn 1868, ar ôl cychwyn cyfarfodydd Saesneg yn neuadd gerdd yr Albert Hall. O'r 27 o aelodau a gychwynnodd yr achos yno, roedd deuddeg yn aelodau yn Ebenezer. Cynhaliwyd y cyfarfod agoriadol yn Walter Road yn 1869 ac am ddeng mlynedd y Parch. Thomas Jones, Cymro Cymraeg o Raeadr, a fu'n weinidog yn Nhreforys hyd at 1858, oedd y gweinidog. Ar ôl iddo gychwyn yn Walter Rd., gwrthodai bregethu yn Gymraeg ar unrhyw achlysur.⁵² Nos Lun, Medi 13, 1869, cynhaliwyd cyfarfod cyhoeddus i hybu'r achosion Saesneg, a chafwyd 'areithiau cynhyrfus' gan Dr. Rees a Henry Richard A.S.⁵³

Cychwynnwyd capel Saesneg Fleet St. yn 1868 trwy ei ymdrechion, ac ymadawodd nifer o aelodau Ebenezer i gychwyn capel Saesneg yn Heol Caerfyrddin, Abertawe, yn 1875. Yn 1882, eto o dan ddylanwad yr un gŵr, agorwyd Hill Chapel, gydag aelodau Ebenezer yn rhoi cymorth gyda gwasanaethau'r achos Saesneg ac yn talu £343 at ei godi. Capel arall oedd un yn Clarence Terrace, a agorwyd yn 1884, eto trwy ddylanwad y Parch. T. Rees. Wedi codi'r Tabernacl, Treforys yn 1872, troes Libanus yn gapel Saesneg, a chodwyd achos

Saesneg hefyd yng Nglandŵr. Yma roedd y capel Saesneg yn eiddo i'r capel Cymraeg: y Cymry Cymraeg a aeth ati i'w noddi. Codwyd achos Saesneg eto yn Llansamlet.

Mae'n werth nodi na chafwyd yr un gefnogaeth i bob achos Saesneg newydd o du'r Cymry. Er bod Bethel, Sgeti wedi cael adeilad newydd yn 1884, penderfynwyd ei ddefnyddio ar gyfer gwasanaethau Saesneg yn unig, a'r Parch T. Rees bregethodd yno gyntaf yn Saesneg. Unwaith eto, roedd baich ariannol yr adeilad newydd ar y Cymry, ac roedd disgwyl i'r hen gapel Cymraeg fod yn gyfrifol am £320 o'r £711 a gostiodd yr adeilad newydd. Meddir fod ym mysg y Cymry 'deimlad cryf yn erbyn cychwyn achos Seisonig'.[54] Ni lwyddodd y Cymry, serch hynny, i wrthwynebu'r symudiad ac yn y modd hwn sefydlwyd capeli Saesneg mewn rhannau Cymraeg o'r dref, yn ogystal ag yn yr ardaloedd mwy Seisnigedig, fel San Helen (1865), Sandfields (1867— y talwyd amdano gan arian a godwyd gan y Parch. T. Rees tuag at achosion Saesneg), a Fabian's Bay (1861) a ddechreuwyd yn achos Cymraeg ond a drowyd yn 1862 yn un Saesneg, gydag Ebenezer eto'n talu hanner y gost adeiladu. Roedd y Parchedig John Thomas, hyd yn oed, yn credu fod y Parchedig T. Rees a'i gydweithwyr yn 'cario pethau dros y terfynau' am nad oedd 'yn gweled y wlad yn myned yn Seisonig mor gyflym ag y gwelent hwy hi, ac y gallesid cymryd y peth yn fwy araf'. Y gwir yw, meddai, fod yr 'achosion Seisonig ar yr ymenydd'.[55] Fel hyn y bu i'r Cymry Cymraeg ildio i raddau helaeth un o'r ychydig feysydd yn Abertawe y bu ganddynt oruchafiaeth ieithyddol ynddo trwy gydol y ganrif ddiwethaf.

Cofier hefyd am y mewnfudo mawr a fu i Abertawe tua diwedd y ganrif. Cyfrifiad 1891 oedd y cyntaf i fesur nifer y Cymry Cymraeg, ac y mae manylion hwn bellach ar gael i'w hastudio, fesul stryd. Mae patrwm ieithyddol Abertawe y cyfnod hwn yn destun astudiaeth fanwl arall, ond digon yma yw nodi bod strydoedd cyfain rhwng Glandŵr, dyweder, a Threforys yn dal bron yn gwbl uniaith neu ddwyieithog, tra bo strydoedd nes at y dref, fel stryd Aberdyberthi yn yr Hafod, er enghraifft, yn prysur lanw â mewnddyfodiaid. Gwelir bod canran uchel iawn o'r rhai dros eu 60—rhai a fyddai'n ugain oed yn 1851, yn siarad Cymraeg, ond mae rhyw 8 o bob 10 o'r rhai yn y strydoedd hyn sy'n uniaith Saesneg yn iau na 40 oed, a chyfran helaeth iawn ohonynt wedi dod i Abertawe o dde Penfro, neu o siroedd Lloegr ger y ffin â Chymru, neu o'r siroedd yr ochr draw i'r môr. Hanes o drychineb fu hanes yr iaith yn Abertawe o nawdegau'r ganrif ddiwethaf hyd at heddiw.

Er bod cyfrifiad 1991 yn dangos bod rhyw 35% o hen bensiynwyr Treforys, er enghraifft, yn siarad Cymraeg, dim ond 12.6% o'r plant 5-10 oed sy'n siarad Cymraeg yno. Erbyn hyn mae mwy o blant yn siarad yr iaith, o ran canran, yn saith o wardiau gorllewin Abertawe nag yn yr ardaloedd Cymraeg traddodiadol yn y dwyrain, sy'n fesur o lwyddiant y twf graddol mewn addysg Gymraeg. Y gobaith gorau ar hyn o bryd yw y bydd y nifer o siaradwyr Cymraeg yn Abertawe yn cadw at y 10% presennol.

Sôn am y bywyd Cymraeg

Nid yn y capeli yn unig y cafwyd ymdrechion i roi trefn ar fywyd Cymraeg y dref ganol y ganrif ddiwethaf. Yn 1838 sefydlwyd cymdeithas 'Cymreigyddion Aber Tawy' gan D. R. Stephens, gyda William Williams Aberpergwm, cwm Nedd, yn noddwr, 'er mai ''Gomer'' ardderchog, a ''Ieuan Ddu'' ei fab, a gynhyrfasant gyntaf am dani.'[56] Yn 1839 cynhaliwyd eisteddfod yn Abertawe o dan nawdd y gymdeithas hon, gyda Taliesin ab Iolo a Carnhuanawc yn feirniaid, ond pan adawodd D. R. Stephens y dref, daeth y gymdeithas hon i ben. Ac mae'r eisteddfodau a gynhaliwyd yn Abertawe, wrth gwrs, yn haeddu sylw.

Gyda thwf yr ymwybyddiaeth ymneilltuol, diddorol sylwi nad oedd yr eisteddfod hyd yn oed yn cael ei hystyried yn weithgaredd gweddus bob amser. Meddai Samlet Williams am eisteddfod a gynhaliwyd yn Adulam ganol y ganrif, 'A rhyfedd fel yr edrychai y saint yng nghapel y Cwm ar y peth fel peth pechadurus iawn, fel pe buasai bodau anwn i gael eu gollwng yn rhydd i ddyfod yno.'[57] Mae'n sicr fod gan ymneilltuaeth ran yn y broses o gyfyngu'r Gymraeg i bau crefydd, gwaetha'r modd.

Mae'n rhaid pori hwnt ac yma i geisio rhoi at ei gilydd ddarlun o fywyd Cymraeg Abertawe ganol y ganrif. Gan fod cyn lleied o dystiolaeth ar gael mewn mannau swyddogol a chyhoeddus, mae'n drueni nad aeth y Cymry Cymraeg ati, ar y cyfan, i ddehongli'r cyfnod, a rhoi cig am yr ystadegau. Mae yma'n sicr destun nofelau ond roedd tueddfryd Cymry'r cyfnod yn erbyn rhoi ar glawr eu profiadau a'u hamgylchiadau byw.[58]

Mae rhai cerddi'n aros o waith Gwyrosydd ac eraill sy'n ymwneud ag amgylchiadau bob dydd, ond mae caneuon Gwyrosydd am sefydliadau fel y 'Bogus Workingmen's Club' a'r 'Clwb Arian' yn perthyn i 80au'r ganrif.[59]

Islwyn

Hydref 24, 1853 y bu farw Ann Bowen yn ugain oed; un ar hugain oedd Islwyn, a ddaethai i Abertawe i gael addysg yno, ac yn 1864 priododd â Martha Davies eto o Abertawe. Ac yntau'n gyfarwydd â'r dref a nifer o'i chymeriadau, mae ganddo ambell gerdd goffa a cherddi eraill iddynt, ond nid ydynt ar y cyfan yn ychwanegu llawer at ein darlun o'r dref. Cerdd ar farw plentyn Mr. a Mrs. Phillips, o Lansamlet yw 'Nora Rachel'[60] a marwolaeth un arall o'u merched yw testun 'Annie Mary'.[61] Cerdd i goffáu un o flaenoriaid eglwys y Trinity yw 'Er Cof'[62] ond un llinell yn hon sy'n sôn am Abertawe, 'Crefyddol yn y teulu clyd ac yn y drystiog dref' a hon yn lled awgrymu bod natur y Cymry crefyddol yn wahanol i natur pobl y dref, syniad a geir eto yn 'William John, Abertawe', lle y dywedir

> Pan fyddai arddanghosfa yn y dref,
> Idd ei ystafell ddirgel elai ef.
> Ni chlywai braidd olwynion masnach byd,
> Na gyriad y cerbydau trwy'r ystryd.[63]

Ymhlith ei gerddi eraill i rai yn Abertawe mae 'Cyflwyniad Tysteb',[64] i'r Parch. D. Howells, (Crug Glas) ac awdl i 'David Howells, Abertawe'.[65] Ni cheir mwy na chipolwg ar fywyd crefyddol y dref yn hon, e.e.

> Am oes, y Cyrddau Misol—lywyddodd
> Drwy lwyddiant bendithiol;

Sonnir am y Crug Glas, a gofynna

> Anwyl Wr, pwy gawn i'w le
> Er tywys Abertawe?
> Ni wel y dref, farwol dro,—
> Ei Lot sancteiddiol eto.''

A cheir darlun o angladd niferus,

> Eang oedd i'w gynhebrwng e
> Barotoad Abertawe;
> Gweinidogion bron heb rif,
> Henuriaid yn aneirif. [66]

Cerdd goffa i Mr. D. Bowen, Abertawe yw 'Cyfaill', [67] ac nid yw'n syn iddo ganu cerdd goffa i D. R. Stephens, yr eisteddfodwr pybyr a sefydlodd Gymdeithas y Cymreigyddion yn Abertawe. [68] Canodd Islwyn gerdd foliant i Richard Hughes, Ynystawe, gŵr busnes a ganmolir am ei elusengarwch yn 'Cân o Glod', [69]

> Ni welir ei weithwyr dan fraw ger ei fron,
> Ei wyddfod sy'n gysur, a'u llafur sy'n llon;

ac mae Islwyn yn un o'r cyntaf i ganu i'r Forgannwg ddiwydiannol, fel y gwna yn ei awdl i Gymru, [70] e.e.

> A dwyn allan dunelli
> O lo'n fwyd i'n haelwyd ni.

Mae hoffter Islwyn o Abertawe i'w weld yn glir yn 'Maer Abertawe' [71] lle ceir sôn am y môr a'r afon:

> Er crwydro'n mhell mae swn dy don
> Yn dilyn fel rhyw gerub-gân . . .
> Gan mor gysurol fyth i mron
> Yw swn dy Dawe, sain dy don . . .

Canmolir y Maer am ei fod yn rhoi croeso i bobl o bob enwad, ac ymhyfryda Islwyn y gall ganu iddo ''fel bardd y teulu''.

John Williams

Gan ddau hanesydd lleol, John Williams, ysgolfeistr Waun-wen ddiwedd y ganrif ddiwethaf, a'r Parch. W. Samlet Williams, y deuir agosaf at gofnodi profiadau cymdeithas Gymraeg y ganrif ddiwethaf. Llyfrau'n cofnodi hanes lleol sydd ganddynt yn bennaf, ond wrth gofnodi ffeithiau bu'r ddau'n hael eu sylw i gymeriadau a digwyddiadau

John Williams, Waun-wen

Y Parchedig W. Samlet Williams

diddorol, gan roi cymorth inni yn ein hymdrech i adeiladu darlun o'r ardal o gwmpas canol y ganrif. Er bod *Hanes a Hynafiaethau Llansamlet* gan y Parch. W. Samlet Williams[72] yn ymwneud yn bennaf ag un ardal, rhoddir sylw ynddo i gymeriadau, addoldai, gweithgareddau cerddorol a llenyddol, ysgolion, ffyrdd a gweithfeydd, ac arferion. Mae'n ddogfen eithriadol o fanwl, ac yn gymysgedd braf o ffeithiau a gwybodaeth am bobl sy'n rhoi anadl einioes i'r cyfnod. Ef hefyd yw awdur *Hanes Methodistiaeth Gorllewin Morgannwg I*[73] sydd eto'n fanwl yn y sylw a rydd i unigolion. Llyfrau llai, ond nid llai diddorol, sydd gan John Williams, ysgolfeistr Waun-wen. Mae ei benodau ar ei hanes cynnar yn *Ddoe a Heddiw*[74] yn rhoi darlun byw o gymdeithas Gymraeg ardal yr Hafod ganol y ganrif ddiwethaf, tra bo darnau o'i lyfrau ar hanes yr Annibynwyr yn y dref —*Eglwys Gynulleidfaol Ebenezer Abertawe*[75] ac *Eglwysi Annibynnol Abertawe a'r Cylch*[76] yn cynnig cipolwg ar fywyd ehangach na byd y capeli. Ychwaneger at y rhain *Y Parch William Humphreys a rhai o'i ffrindiau*,[77] ei lyfr byr ar rai o bobl yr ardal. Llai o bwys yw ei lyfryn o gerddi, *Myfyrion uwch Beddau'r Proffwydi*,[78] lle ceir sôn am rai o'r gweinidogion a gladdwyd ym mynwent Bethel, Sgeti, e.e.

> Gŵr hyddysg mewn gwybodau
> Oedd bugail Castle Stryd;
> Un dreuliodd mewn myfyrdod
> Ei fywyd ar ei hyd;

meddai am y Parch. W. Jones.

Yn naturiol ddigon, caiff bywyd crefyddol yr ardal sylw manwl ganddynt, ond rhwng y ffeithiau am bregethwyr a'r modd y cychwynnwyd eglwysi, ceir cipolwg ar fanylion mwy personol ac ar ddigwyddiadau penodol. Nodwedd o'r cyfnod oedd bod angen i bregethwyr deithio'r wlad wrth eu gwaith, a disgrifia John Williams yn *Ddoe a Heddiw* y Parchedig T. Rees yn cyrraedd Sgeti o Lanelli yn 1844, er mwyn pregethu yng nghapel Bethel, ac yntau newydd gerdded deng milltir. Cyrhaeddodd dŷ tad-cu John Williams, Shon Cnol, yn chwys diferol, a gofyn am 'fasned o laeth a bara chaws'. Ceir sôn wedyn am daith y Parch. T. Rees i America i werthu ei lyfr ef a'r Parchedig John Thomas ar hanes yr Annibynwyr yng Nghymru (ail amcan y daith oedd i'r Parch. T. Rees weld bedd ei fab, Ebenezer, a fu farw yn America). Cynhaliwyd cyfarfod ffarwelio mawr yn Ebenezer yn 1876, ac un cymeriad lleol yn proffwydo y câi'r gweinidog 'faint a fynno o faco ymron am ddim' yn America, gan ei fod yn mynd i 'wlad y smocwyr'. Bu angladd hynod o emosiynol yn Abertawe pan fu farw gwraig y gweinidog ac yntau'n dal yn America,[79] ac yn gorfod dychwelyd adref heb weld bedd ei fab. Naw mlynedd yn ddiwedd-arach, ar ddiwrnod ei gladdu ef ei hun ym mynwent Bethel, Sgeti, cafwyd yr angladd mwyaf a fu erioed yn y dref, a'r 'rhyfeddaf a welwyd erioed yn Abertawe . . . 'Roedd yr heolydd o'r capel (Walter Road) hyd y gladdfa fel coedwig o wŷr a gwragedd, ac hyd yn oed y cloddiau yr un modd.'[80]

Gwelir yn glir gan John Williams sut roedd gweithwyr copor ac alcam yn cymryd rhan amlwg ym mywyd crefyddol Cymraeg yr ardal, gan ddod yn weinidogion neu'n swyddogion eglwysi. Un o'r rhain oedd y Parchedig William Humphreys, Cwmbwrla, a anwyd yn 1824 yng Nghastell Trewyddfa, sef y bloc fflatiau hynaf yng ngwledydd Prydain, medd rhai, y mae ei weddillion yn dal uwchben Glandŵr heddiw. I weddillion y 'castell' hwn yr ysgrifennodd Gwyrosydd yn ddiweddarach, ar ôl i'r wal a wynebai Abertawe syrthio o ganlyniad i waith chwarel ar y bryn o dan y castell,

> Ar goryn uchel Trewyddfa,
> Uwch twrf y byd mewn hedd,
> Y castell welir megys teyrn
> Ar ei garegawg sedd.[81]

Bu farw tad y Parchedig William Humphreys yn 1837, a bu'n rhaid i'r bachgen ddechrau gweithio ym melin gopor y Meistri Vivian yn yr Hafod, fel 'roller-man', ac yno y bu tan 1851, pan ddaeth yn weinidog. Yn ystod yr ugain mlynedd o ferw crefyddol wedi 1850, pan adeiladwyd cynifer o gapeli yn Abertawe, bu gan y Parch. W. Humphreys ran o bwys 'er na sonir byth am ei enw ef pan genir clodydd arwyr yr Enwad yn y cylch.'[82] Yn 1854 roedd e'n weinidog ar gapel Brynteg, Casllwchwr gan gerdded chwe milltir bob tro yr âi yno, 'Rwy'n cerdded milldir bob deng mynyd bryd bynag yr âf i Brynteg', meddai.

Ymhlith cymeriadau eraill y mae sôn amdanynt gan John Williams mae Shon Ifan, Aberdyberthi (o ardal yr Hafod) a oedd 'fel yr arian byw, yn gorfforol ac yn feddyliol'[83] hyd yn oed yn 80 mlwydd oed. Buasai'n gweithio fel gwyliwr yng ngwaith yr Hafod, 'ac am hyny yn gorfod absenoli ei hun bob yn ail Sul o'r capel' ond ac yntau'n hen ŵr, 'ymlwybrai mor ysgafndroed a llances deunaw oed', a byddai'n gweddïo gan siarad â Duw 'megys pe buasent yn gymydogion agosaf i'w gilydd'. Glöwr oedd Philip Lloyd, y gwelid ar ei wyneb a'i ddwylo 'olion llafur ac aflwciau y lofa'.[84] Ni ddysgodd Henry William ddarllen nes bod bron yn ugain oed, o gwmpas 1840, a'r flwyddyn honno dechreuodd weithio fel toddydd copor yng ngwaith yr Hafod, lle y gweithiodd trwy gydol ei fywyd 'mewn awyr o'r fath fwyaf afiachus, yn foreu bob amser, ac yn aml hefyd yn hwyr'. Disgrifir ef yn fanwl:

gwyneb hir a theneu, boch-esgyrn uchel ac amlwg, trwyn hir a theneu, a'i flaen yn ymylu ar fod yn fachog, llygaid tywyllion yn gorwedd yn ddwfn yn eu seidyllau, talcen crwn a llawn, pen yn gorchymyn diddosben 7¼, dim olion gwaed yn ei ruddiau, ei groen yn ganaid wyn, ac olion y frech wen yn drwchus ar hyd ei groen, a gên yn ddangoseg ei fod yn ddyn o benderfyniad diysgog.[85]

Etholwyd ef yn ddiacon yng Nghwmbwrla ac yn drysorydd yr eglwys. Roedd yn siaradwr cyhoeddus galluog, er ei fod yn amharod i ddefnyddio'i ddawn i'r cyfeiriad hwnnw.

Hanes nodweddiadol o nifer o Gymry'r cyfnod sydd i John Davies, yn wreiddiol o sir Gaerfyrddin, a symudodd gyda'i rieni i Forgannwg. Cafodd ef waith yn y gwaith alcam ym Mhontardawe yn 1855. Ond ac yntau mor frwd dros anghydffurfiaeth ac mor ffyddlon i'r capel yn yr Alltwen, bu'n rhaid iddo adael y pentref am mai eglwyswyr pybyr oedd perchenogion y gwaith alcam, ac 'nid oedd modd i neb ond Eglwyswyr . . . i gyd-dynu â'r perchenogion, . . . faint bynag fyddai eu cymhwysderau neu eu cymeriad.' Cafodd John waith mewn gweithdy ffitio ar lan yr afon yn Abertawe, a bu ef a'i wraig yn byw ym Mhentregethin nes ei farw annhymig yn 1864 yn 38 oed. Yn ei angladd 'yr oedd pawb, gwŷr a gwragedd, hen ac ieuainc, crefyddol ac anghrefyddol, yn wylo dagrau yn hidl.'[86]

Gweithiwr copor oedd tad John Williams, a gweithiodd i'r Meistri Vivian am 43 o flynyddoedd. Pan oedd yn ifanc 'gogwyddai i'r arferiad o ymyfed a diota'[87] ond am ei fod yn gadarn o gorff, 'ni feddwai, er yfed digon i feddwi eraill.' Beth bynnag, cafodd droed-igaeth at achos dirwest, a daeth yn ddiacon ac yn drysorydd yng nghapel Cwmbwrla. Byddai gweinidogion yn aros yn ei dŷ pan fyddent ar eu taith i'r Hafod, ac roedd yn gyffredin iddynt gerdded 'ugain milltir neu fwy ar y Saboth'[88] ac felly y daeth John Williams yn gyfarwydd â holl weinidogion y cylch.

Dechreuodd John Williams ei hun weithio'n ifanc. Roedd wedi diflasu ar fynychu'r ysgol pan oedd yn 12 oed, 'nid am fy mod yn cashau addysg, eithr am na theimlwn yr addysgid fi. Absenolai'r meistr ei hun yn dra aml o'r ysgol, gan adael y 200 neu fwy o blant yng ngofal yr is-athrawon' ac aeth i weithio mewn melin wlân y drws nesaf i'w gartref. Mae'r disgrifiad ganddo o'r gwaith yn werth ei gofnodi o ran yr eirfa, ac o ran y darlun a rydd o weithwyr Cymraeg y cyfnod: 'Hoffwn swn y wennol a'r carfan, a si yr edafedd a'r pwythyn, ynghyd â chrician yr olwynion. A phan gawn gyfle rhoddwn help i'r llancesau oedd yn dirwyn y pinnau ar spowls i'r gwehyddion.'[89]

Nid oedd ei dad yn fodlon iawn iddo ddechrau gweithio, ond cytunodd gan ddweud 'tria ynte, i gael gweld shwt lici di'r gwaith'. Cafodd ei gyflogi, ac yn dilyn pum mlynedd o waith caled, pan ddaeth yn 'wehydd blaenaf yn y siop—yn gwau ar y gŵŷdd mawr', streiciodd holl wehyddion Abertawe. Yn hytrach na derbyn dwbwl ei gyflog, fel y dymunai'r meistr iddo wneud, gadawodd y gwaith gyda'r gweithwyr eraill: 'Rwy'n mynd i mas gyda'r bechgyn, doed a ddelo. Alla i ddim meddwl am gael fy ngalw'n *blackleg.*'

Aeth i weithio wedyn i Bontardawe, ond roedd y gwehydd-dai 'mor frwnt ac aflan fel y bum bron a blino ar fy mywyd', a chafodd waith wedyn, yn 1868, yn ardal Gorseinon, er nad oedd popeth wrth ei fodd yno chwaith: 'diffyg mawr, ie, gwir boenus i'm teimlad, oedd anfoesoldeb ac aflendid iaith tylwyth tŷ fy meistr'.

Yn y cyfamser, roedd John Williams wedi mynychu'r dosbarth Sol-ffa cyntaf a gynhaliwyd yn Abertawe, yn eglwys newydd Cwmbwrla, yn 1861, pan oedd yntau'n 12 oed. Llwyddodd yntau i ddilyn arholiadau'r Coleg Sol-ffa, ac ennill tystysgrifau, ac ennill wedyn ar ganu mewn eisteddfod awyr agored yng Ngwauncaegurwen yn 1868, a phan oedd yng Ngorseinon, cychwynnodd ddosbarth Sol-ffa ei hun. Wedi hynny, aeth i'r Coleg Normal yn Abertawe, ac yna i Goleg Boro' Road, Llundain yn 1870. Daeth ymhen amser yn brifathro Ysgol Waun-wen, ac yn drysorydd capel Ebenezer.

Er iddo ef adael byd y gweithfeydd, roedd yn falch bod yn fab i 'weithiwr cyffredin yn un o weithfeydd myglyd glannau'r Tawe', a disgrifia'r dref fel yr un 'fwyaf ei llwch, ei lludw a'i haroglau ansawrus o holl drefydd y Deyrnas Gyfunol'.[90] Nid y gweithfeydd yn unig a oedd yn tarfu ar awyr lân y dref: mae disgrifiadau John Williams o nosau Sadwrn Abertawe o gwmpas 1860 yn profi nad oes dim yn newydd yno heddiw,

> digwyddai ymrysonau ac ymladdfeydd yn fynych ar hyd-ddi [yr heol fawr] yng ngoleu'r dydd. Ond pan arllwysai y tafarndai eu sorrod allan o gylch 11 y nos, gwelid hanner dwsin neu ragor o ymladdfeydd yn mynd ymlaen ar yr un pryd . . . Yn wir, yn adeg fy maboed, gwelais rai o flaenoriaid yr eglwysi ar yr Heol Fawr â'u drych yn amlwg ddangos eu bod mewn diod.[91]

Roedd Abertawe'r pryd hwnnw'n gyfuniad o'r garw a'r crefyddol, a'r gweithwyr o Gymry'n rhan o'r ddau fyd. Yn ystod oriau mân y bore, hyd at 3 neu 4 o'r gloch fore Sul, byddai'r meddwon yn mynd heibio i dŷ rhieni John Williams, a hwythau'n cael eu tarfu am fod eu cymdogion ymhlith y rhai a lwyddai 'i wneud Waunwen, o'r Blue Bell hyd at bont y rheilffordd, yn bopeth oedd Ffair Gwagedd Bunyan.'[92] Roedd yn berygl bywyd agosáu at rai o'r rhain yn ystod yr oriau hyn.

Byddai ymladd mwy trefnus yn digwydd ar Graig-y-Dref uwchben Abertawe, a chofia John Williams weld 'dau ddyn yn noeth hyd at eu gwregys ac yn briwio eu gilydd'. Byddai torfeydd yn ymgasglu ar y Graig i weld dynion yr ymrysonau hyn yn ymladd 'nes yr analluogid y naill neu y llall' i ymladd rhagor.[93] Roedd 'yfed *fetching*' answyddogol hefyd yn boblogaidd ar y caeau, sef nifer o ddynion yn prynu digon o gwrw i feddwi. Ar y Sul, 'ymneilltuent i ryw fan allan o gyrraedd yr awdurdodau, ac yno y byddent yn ymyfed hyd oni ddibennid y cyflenwad cwrw.' Byddai ymladdfeydd yn digwydd, ac roedd hapchwarae'n boblogaidd ar yr adegau hyn. Cofia am ei dad yn 1859, ac yntau'n ddirwestwr erbyn hynny, yn clywed fod rhywrai o Bentre Estyll yn meddwi ar y caeau, ac yna'n mynd gyda'i gyfeillion i'w darganfod a'u hanfon yn ôl i'w cartrefi. Yn fuan wedyn ymunodd un o'r yfwyr â chapel Siloam.

Ond yn ardal Heol Fawr Abertawe'r adeg honno roedd y 'dosbarth truenusaf a'r mwyaf alaethus eu cyflwr o bawb.'[94] Dyma ardal y puteiniaid. 'Mor ddirywiedig oedd cyflwr y bobl hyn fel yr ystyrrid yr ymwelydd achlysurol â hwynt yn un hunan-esgymunedig o gymdeithas dda.' Er hyn, byddai awdurdodau'r dref yn caniatáu iddynt 'arddangos eu hunain yng ngheneuau yr heolydd er mwyn hudo yr anwybodus i'w gafael. Ac yn y blynyddoedd hynny anawdd iawn oedd tramwy yr Heol Fawr heb ddyfod i gyffyrddiad â phobl y *courts*.'

Wrth ddefnyddio'r golygfeydd mwy garw hyn, a rhoi ar gefndir Abertawe'r gweithwyr, y meistri, y diaconiaid a'r gweinidogion, y meddwon, yr ymladdwyr a'r puteiniaid, dechreuir cael syniad am fywyd cythryblus y dref, a hynny trwy gyfrwng y Gymraeg.

W. Samlet Williams

Rhinwedd gweithiau W. Samlet Williams yw ei fod yn dibynnu llawer ar atgofion pobl yr ardal a manyla ar rai cymeriadau a ddaeth i weithio yn y gweithfeydd glo neu'r gwaith copor, ac ar eu hymroddiad i'r capeli, yn y cyfnod y collodd y cwm ei 'wyrddlesni', a gorffen bod yn 'un o'r llanerchau prydferthaf ym Morgannwg'.[95] Tystiolaeth un Betty Dafydd yw bod cynulleidfa luosog yn dod o 'Glandwr, Cwmbwrla, Sketty, a St. Thomas, a Port Tennant' i gapel y Trinity, Abertawe a oedd ganol y ganrif ddiwethaf yng ngofal y Parch. David Howell, y canodd Islwyn iddo.[96] Edrydd Samlet Williams dipyn o'i hanes ef ac eraill sy'n gysylltiedig â'r Methodistiaid yn yr ardal, a'r un pryd cawn ambell awgrym o'r tyndra ieithyddol. Pan aed ati gan David Howell ac aelodau'r Trinity i godi ysgoldy yn San Helen, cafwyd anghytundeb 'pa un ai yn Gymraeg neu Saesneg y dylesid dwyn y gwasanaeth yn y blaen.'[97] Dewiswyd y Saesneg gan fod yr iaith honno ar gynnydd yn ardal San Helen.

Er i eglwys Crug-glas symud i'r Trinity, aethpwyd ati i ailagor y capel gwreiddiol yn 1866, a chanodd 'Alarchydd' gerdd ar yr achlysur:

> Hen gapel hynafol, boed iti rwydd hynt
> I feddu'r enwogrwydd feddienais ti gynt . . .

Ar ôl sôn am enwogion y capel sydd bellach yn eu bedd,

> Y'nt heddyw yn dawel yn ngwaelod y bedd,
> Yn fwydydd i bryfed—yn isel eu gwedd . . .

gofynna i Dduw roi bywyd i'r achos unwaith eto,

> Gwna eto arddangos gogoniant dy ras,
> Rhwng muriau hynafol hen gapel Crug-glas.[98]

Nid oedd amheuaeth, fodd bynnag, am Gymreictod ardal Cwmbwrla. Pan drefnwyd bod côr capel y Babell yn canu, yn y Saesneg, 'Hunting

Song' Mendelssohn, cafwyd gwrthwynebiad chwyrn gan Richard Hugh, un o'r diaconiaid. Ychydig iawn o Saesneg a ddeallai, a chymerai arno na ddeallai ddim. A'r côr ar ganol ymarfer un nos Sul aeth i'r oriel a holi'n uchel, 'Beth yw y canu Saesneg yma sydd gennych, fechgyn? Cofiwch mai achos Cymraeg sydd gennym ni yma, a goreu oll po leiaf o Saesneg a ddygir i mewn yma. 'Nawr, fechgyn, dim rhagor o ganu Saesneg, cofiwch.'[99] Dyna ddiwedd ar y darn Saesneg.

Campwaith Samlet Williams yw ei lyfr ar hanes Llansamlet a'r ardal fel yr awgrymwyd uchod. Mae hwn yn llyfr o ryw 300 tudalen, ac yn rhoi darlun cyflawn o weithgareddau cysylltiedig â chapeli'r ardal, a manylion am gymeriadau a'u cefndir, gan gynnwys gweinid-ogion, diaconiaid a chodwyr canu. Ceir ganddo hefyd ddisgrifiad manwl o weithfeydd glo a 'gweithfeydd tân' yr ardal, a hanes damweiniau a mentrau masnachol y cyfnod yn ogystal â sylwadau ar y pentrefi yn y cylch, ac mae ganddo adran ddiddorol ar arferion a gweithgareddau.

Wrth sôn am iaith y trigolion o gwmpas 1830, meddai, 'prin iawn oedd y wybodaeth gan neb o'r trigolion o'r iaith Saesneg i'w darllen, a llai na hyny am y ffordd i osod eu meddyliau mewn ysgrifen'[100] ac eto 'yr oedd un yma a thraw yn y plwyf yn gallu gwneud rhyw fath o ddarllen Saesneg, ond prinach oedd y rhai deimlent ar eu meddwl i hyfforddi arall yn y pethau hyn.' Sonia am ymdrechion i gychwyn ysgolion er mwyn ceisio gwneud iawn am y diffyg hwn. Roedd yr athrawon yn rhai amrywiol, yn aml wedi cael damwain a'i gwnâi'n amhosibl iddynt ddilyn eu galwedigaeth wreiddiol. Gŵr un fraich, er enghraifft, oedd Robert James, a gafodd ddamwain a oedd 'yn achos i gael ei fraich i ffwrdd'. Roedd hwn yn dilyn traddodiad yr hen filwr-athro, gan guro plant 'yn ddidrugaredd weithiau gyda'r fraich oedd ganddo, a rhai o honynt yn blant mawr'. Ychwanega Samlet Williams mai mab iddo oedd Ivor James, a fu'n gofrestrydd Prifysgol Cymru.

Wrth sôn am weithfeydd, mae'n ddiddorol sylwi bod gan y pyllau enwau Cymraeg ar y cyfan er mai Saeson gan amlaf fyddai'n eu sefydlu. Mae enwau fel Pwll y Llanerch, y Bigwrn, Pwll Dwbl, Pwll Bach, Pwll y Morfa, yn tystio i weithgaredd y Cymry Cymraeg yn y diwydiant hwn, ac roedd angen gwybodaeth fanwl y Cymry am y gwythiennau glo ar y perchenogion Seisnig. Dyna oedd hanes W. Pegg, a ddaeth yn llwyddiannus iawn wedi cael cymorth David Williams, Alaw Goch y bardd, a oedd yn arbenigwr yn y maes. Yn

eisteddfod Llwynbrwydrau, yng Ngorffennaf 1862, cerdd o fawl i W.
Pegg oedd y testun, ac enillwyd gan Ivander Griffiths a ganodd iddo ef
a'i deulu a oedd yn byw yn Birchgrove:

> Yr Yswain Pegg sydd wr o fri,
> Gwladgarwr mawr, dyngarwr gwir . . .
> I'w balas hardd, sef ty Birchgrove,
> Mae'n gwa'dd trwy'r gauaf, fel yr haf,
> Y llesg a'i gwyn sydd yn ei gof,
> Mae'n tywallt balm i glwyfau'r claf. [101]

Dyfynna Samlet Williams waith rhai o feirdd yr ardal a oedd yn eu
dydd yn 'feirdd o fri,—Eilir Mai, Gwilym Bedw' ac mae yn rhai o'u
cerddi dystiolaeth ddiddorol am yr ardal fel yr oedd, fel ym mhryddest
y Parch. Phillip Morgan ar Olygfeydd Dyffryn Tawe:

> Rhwng plwyfi Cyfelach a Samlet fe welir,
> Hen Dawe'n dolenu mewn hyfryd ddyffryndir.
> Lle bu y coedwigoedd tes gynt yn cysgody,
> Mae ychain a defaid ac wyn yn ymbesgu . . .

> Er na thyf yr ŷd fel y gwelwyd
>   Fwy na bodd y fan y bu,
> Ar Lysnewydd, fan dymunol,
>   Mor rhagorol oedd yr ŷd;
> A Gwaun Llysdy hen, mae'n debyg,
>   Un o harddaf fanau'r byd . . .

> Y Glais a'i chym'dogaeth a Chlydach a'i phentre,
> Yr hardd Ynys Tanglwys, a'r hen Ynys Tawe;
> Y Fforest boblogaidd a gweithiau Treforris,
> Gweithiau Glandwr a phontydd gor-gampus . . .

> Yn Nhreforris, fan dymunol,
>   Saith addoldy gennyf sydd,
> Mai saith eglwys enwog Asia,
>   'N gadarn iawn o blaid y ffydd;
> Yn Glandwr a Phlwyf Llansamlet,
>   Ac yn Abertawe fawr,
> Mae im' demlau heirdd, a deiliaid
>   Lu i'w gwel'd yn llon eu gwawr. [102]

Diddorol yn y cyswllt hwn yw'r sôn am Ynystawe a Llysnewydd. Byddai'r beirdd gynt yn ymweld â Hopcyn ap Tomas yn Ynystawe (neu Ynysforgan, fel yr awgryma'r Dr. Prys Morgan), a chanwyd cywyddau gan Lewis Glyn Cothi a Ieuan Deulwyn i Sion ap Dafydd o'r Llysnewydd, Cilfái. Fel hyn y disgrifiodd Lewis Glyn Cothi y croeso a gafwyd yn y plas,

> O win y mae mwy no mwy
> Yn y tai ar lan Tawy . . .
> Nid llai yng Nghilfái o fedd
> Nac o'r gwin nag eirw Gwynedd. [103]

Mae enw Llysnewydd i'w weld ar hen fapiau o'r ardal, yn enw ar dai a gafodd eu codi ar safle'r hen blas, ar ochr ddwyreiniol yr afon, ac i'r de o'r rheilffordd bresennol, lle yr oedd gweithfeydd y Mannesman Tube Company yn ddiweddarach. Dywed Samlet Williams fod y plas hefyd yn cael ei ddefnyddio fel llys barn. Roedd rhai o drigolion yr ardal yn ei chofio fel 'lle cynhyrchiol i wair, llafur, a ffrwythau'[104] a gelwid yr ardal gynt yn 'Ardd Morgannwg'.

Roedd corau'r ardal ar gynnydd, a byddai amryw yn canu gyda Chôr Undebol Dyffryn Tawe. Roedd y diddordeb mewn cerddoriaeth yn ddigon cryf i rai o'r ardal fynychu dosbarthiadau cerddorol John Hullah, a ddaeth i Abertawe yn 1848. Byddent yn talu swllt yr awr am eu gwersi, ac yn mynd iddynt deirgwaith yr wythnos am ddwy awr y tro, am dri mis.

Sonnir gan Samlet Williams hefyd am eisteddfodau a chyngherddau a gynhaliwyd yn yr ardal, gan gynnwys un eisteddfod nodedig yn y Music Hall yn Foxhole yn 1867. Medd fod pedwar math o gystad laethau'n cael eu cynnal, yn rhai 'dadganol', 'offerynol', 'barddonol' a 'traethodol'. Roedd cymanfaoedd canu hefyd wedi dod yn boblogaidd ar ôl iddynt gael eu cychwyn yn Aberdâr gan Ieuan Gwyllt yn 1858. 'Dichon mai yng Nghapel-y-Cwm ac Ebenezer oedd y canu corawl goreu.'[105]

Ymhlith gweithgareddau cerddorol yr ardal roedd canu plygain, a chofia'r awdur am bentrefwyr o ardal Pentre'rengine Uchaf, a Pentre'rengine Isaf yn mynd i Gapel y Cwm fore Nadolig, rhwng pump a chwech, i'r plygain.

Ni ddylid bychanu pwysigrwydd bywyd y dafarn i'r trigolion Cymraeg, ac yr oedd 24 ohonynt yn y plwyf; a chydnabyddir bod

'gwraig tafarn Bonymaen yn cael ei hystyried yn ddynes dduwiol.'[106]
Gyda thwf y clybiau dyngarol, a gyfarfyddai yn y tafarnau, parhaodd
y dafarn yn ganolfan gymdeithasol o bwys i Gymry'r ardal. Ceir
tystiolaeth o Gymreictod y clybiau hyn mor ddiweddar â 1890, yn
Nhreforys, pan ganodd Briallog gân o fawl i Glwb y Loyal Griffiths a
gyfarfyddai yn nhafarn yr Hen Dywysog:

> Mae yn byw mewn palas gorwych
> Pell uwchlaw yr aig;
> Ac ni ofnaf dd'wedyd wrthych
> Palas *Prince* y Graig,
> I'r Tywysog mae yn gares
> T'wysog yw ei phen,
> Hithau ydyw Tywysoges
> Clybiau Gwalia wen.[107]

O 1855 ymlaen, daeth achos dirwest yn gryf, a chyfarfodydd dirwest
mawr yn cael eu cynnal. Disgrifir un a gynhaliwyd ar y Nadolig, yn
dechrau am ddeg y bore yng nghapel Bethel. 'Cymerwyd rhan ynddo
gan yr amrywiol gorau ac aelodau y cymdeithasau dirwestol. Gorym-
deithiwyd i lawr i Gapel-y-Cwm erbyn dau o'r gloch. Cofiaf yn dda
ein bod yn cydganu ''Syrthiodd Babilon Fawr'', gyda hwyl a blas
mawr.'[108]

    Effaith y diddordeb mewn dirwest oedd dod â'r cwrw bach i ben, sef
noson neu ddiwrnod o yfed ar achlysuron arbennig a gynhelid mewn
tai, yn aml er mwyn rhoi cymorth ariannol i'r sawl a'i cynhaliai.
Disgrifir sut y byddai crythor yn 'ychwanegu at y llawenydd
weithiau', a'r dawnsio'n para hyd ganol nos, a'r cwmni'n canu ' ''Y
Ferch o'r Scer'', neu ryw ganeuon baledaidd neu wladgarol eraill.'
Cwyna'r awdur hefyd am 'ysbryd y ffair' a oedd yn dal yn gryf
ymhlith pobl yr ardal, a hwythau wrth eu bodd yn mynychu'r ddwy
brif ffair a gynhelid yn flynyddol. Roedd Ffair Castell-nedd yn cadw ei
phoblogrwydd—'Ffair y Fruits' oedd hon, wedi ei henwi felly mae'n
debyg am fod ffrwythau ar werth yno, a hithau'n cael ei chynnal ym
mis Medi. Ond y brif ffair oedd un Llangyfelach, a gynhelid yn ystod
dyddiau cyntaf mis Mawrth. 'Ffair gwlanen' oedd hon, ond meddai
Samlet Williams ei bod 'yn agos gymaint o ffair ddiod'. Byddai ei
mynychwyr yn cynnwys rhai'n canu offerynnau cerddorol: 'Crythwyr a
thelynwyr penboeth, a thinceriaid haner troednoeth. Rhai yn
wywlyd, gwael ac afiach, oll yn llamu i Langyfelach.'[109]

Dethlid hefyd, wrth gwrs, y Nadolig a'r flwyddyn newydd, a byddid yn ceisio cael gan berchenogion 'gwrw gwyliau' er mwyn dathlu'n deilwng. Effaith gyffredinol y twf yn y diddordeb mewn crefydd oedd dod â hen arferion eraill i ben hefyd, fel y 'rhedegfeydd ceffylau'. Byddai'r rhain yn cael eu cynnal ar draeth Crymlyn a medd Samlet Williams, 'y mae tua 50 mlynedd oddiar pan roddwyd i fyny yr annuwioldeb hwn . . . Cyrchai miloedd i'r fangre i weled y rhedegfa . . . byddai y gweithfeydd yn segur am ddyddiau, a byddai yr yfed a'r meddwi yn ddireol.'[110] Ymhlith y chwaraeon eraill roedd chwarae bando yn boblogaidd. Byddai'r gêm hon yn cael ei chwarae ar y Sul, eto ar draeth Crymlyn, pan fyddai cannoedd yn ymgynnull yn yr un modd, a chwaraeid hefyd ar draeth Margam. 'Cymerai cylchoedd iselaf cymdeithas o drigolion Abertawe, Castellnedd, Llansamlet, a Llangyfelach, ddyddordeb nid bychan yn y campau hyn,' meddir, a dyfynnir pennill yn sôn am fuddugoliaeth Llansamlet mewn un gêm:

> Mae bechgyn gwyllt, yn Coed-yr-Allt,
> Yn wylo'r dwr, a thynu gwallt;
> Yn byw ma'nhw, uwchlaw y don:
> Eu trechu wnaeth Llansamlet lon.[111]

Dylid cofio agwedd yr awdur at y campau hyn, wrth gwrs, agwedd a oedd, mae'n debyg, yn nodweddiadol o Gymry crefyddol y cyfnod, ac mae modd inni ymateb i'w ragfarn pan sonia am y gêm a oedd yn dechrau mynd â bryd y werin, pêl-droed: 'y mae yn flin gorfod ychwanegu y ffaith am ffolineb mawr y cyfnod hwn . . . sef "cicio'r bêl ddu" . . . Y mae yn resynus meddwl fod bryd ein hieuenctyd yn rhedeg ar y peth darostyngol hwn.' Fel cyfanwaith, mae'r llyfr hwn o eiddo Samlet Williams yn rhoi darlun o ran ogleddol Abertawe pan oedd hi'n dal yn uniaith i bob pwrpas, a'r Gymraeg yn cael ei defnyddio yn y gymdeithas, yn y gwaith, yn y dafarn, ym myd chwaraeon, ac wrth gwrs ym myd diwylliant a chrefydd. Ni allwn heddiw ond ceisio dychmygu berw'r gymdeithas Gymraeg yn Abertawe ganol y ganrif ddiwethaf, pan oedd y dafarn a'r capel yn cynnig dau begwn i fywyd cythryblus y gweithwyr metel, a hwythau'n cael eu tywys a'u gwthio gan addysgwyr, crefyddwyr, heb sôn am wleidyddion a meistri gwaith, at fyd a ddôi'n fwyfwy Saesneg. Ni ddaeth y newid yn sydyn; parhâi olion o gadernid y Gymraeg hyd at chwedegau'r ugeinfed ganrif: cofiaf werthu'r *Ddraig Goch* a'r *Welsh Nation* o ddrws i ddrws ym Mrynhyfryd, Llansamlet a Threforys, a gwerthu mwy o gopïau o'r papur Cymraeg. Ond hanes y can mlynedd o 1850 fu gweld y Gymraeg yn encilio i rai yn unig o'r peuoedd hyn, yn sgil y mewnlifiad cynyddol o Loegr, ac am resymau a awgrymwyd eisoes. Yna, pan gafodd yr iaith ei chau allan o fyd addysg, a phan ddaeth cymaint o weithgareddau seciwlar Cymraeg i ben o ganlyniad i ddylanwad y capeli, methodd â dal ei gafael ar yr ychydig beuoedd a adawyd iddi. Ganrif yn ddiweddarach, nid yw'r dasg o wrthdroi'r tueddiadau ieithyddol hyn yn Abertawe ond ar gychwyn.

NODIADAU

[1] E. G. Millward, 'Pob gwybodaeth fuddiol' yn *Brad y Llyfrau Gleision*, gol. Prys Morgan, 1991, 146-165.

[2] *Adroddiadau i Gyflwr Addysg yng Nghymru*, 1848, 12.

[3] Joshua Fishman, *Sociolinguistics, a brief introduction*, 1970, 86.

[4] Ibid., 87.

[5] *Adroddiadau i Gyflwr Addysg yng Nghymru*, 10.

[6] *The Cambrian*, 16 June 1846.

[7] *Adroddiadau i Gyflwr Addysg yng Nghymru*, 12.

[8] Ibid., 11

[9] Ibid., 4.

[10] *Y Drysorfa*, Mawrth 1848, 103.

[11] *The Cambrian*, 4 September 1863.

[12] O. M. Edwards, *Yn y Wlad*, 21.

[13] *The Cambrian*, 3 October 1845.

[14] *Seren Gomer*, XXII, 1819, 344.

[15] *Seren Gomer*, I, 1.

[16] David Jones, *Hanes y Bedyddwyr yn Neheubarth Cymru*, 1839, 526.

[17] T. Rees a J. Thomas, *Hanes Eglwysi Annibynnol Cymru II*, 1872, 39-40.

[18] *The Cambrian*, 1 May 1863.

[19] *The Cambrian*, 13 March 1824.

[20] Ivor J. Bromham, *Through Changing Scenes*, 1965, 24.

[21] *The Cambrian*, 31 May 1845.

[22] Ibid., 1 May 1863.

[23] W. Samlet Williams, *Hanes Methodistiaid Gorllewin Morgannwg*, 1916, 11-13.

[24] *Reports . . . into the State of Education in Wales*, 1847, 373.

[25] E. C. Williams, *The Baptist Movement in Swansea's Industrial Communities*, traethawd Diploma mewn Hanes Lleol, 1989, 67.

[26] T. Rees a J. Thomas, *Hanes Eglwysi Annibynnol Cymru II*, 1872, 81.

[27] *The Religious Census of 1851*, Caerdydd, 1976, xiii.

[28] W. T. R. Pryce, 'Language Area and Changes, c. 1750-1981', *Glamorgan County History VI*, gol. Prys Morgan, 1988, 269.

[29] Lewis Dillwyn, *Contributions towards the History of Swansea*, 1840, 52.

[30] *Census of England and Wales 1861, II*, 1863, 889.

[31] Paul Reynolds, 'Industrial Development', *Swansea, an Illustrated History*, gol. Glanmor Williams, 1990.

[32] N. A. Robbins, *The Enclosure of Townhill*, 1990, 18.

[33] gweler tud. 17 o'r adroddiad Cymraeg.

[34] Leslie Wynne Evans, 'Copper-Works Schools in South Wales during the Nineteenth Century', *Cylchgrawn Llyfrgell Genedlaethol Cymru*, XI, Haf 1959, rhif 1, 19.

[35] 'Datblygiad Cymdeithas Gyfoes Abertawe', *Abertawe a'r Cylch*, gol. Ieuan M. Williams, 1982, 61.

[36] *Reports . . . into the State of Education in Wales*, 1847, 373.

[37] Ibid., 487.

[38] *Hanes Methodistiaeth Gorllewin Morgannwg*, 46.

[39] gw. I. G. Jones a D. Williams, gol., *The Religious Census of 1851*, 1976, 260.

[40] *Reports . . . into the State of Education in Wales*, 1847, 386.

[41] *The Cambrian*, 31 January 1863.

[42] Ibid., 4 September 1863.

[43] gw. R. Tudur Jones, *Yr Undeb*, 1975, 26.

[44] *Cofiant y Parch. T. Rees D.D., Abertawy*, 1888, 192.

[45] Ibid., 212. Gwelir maint dylanwad y Parch. T. Rees yn y modd y llwyddodd i ennyn cefnogaeth Dan Isaac Davies o blaid achosion Saesneg, pan oedd yntau yn athro yn y Coleg Normalaidd yn Abertawe ac yn bennaeth arno, rhwng 1867 ac 1870. Ceir manylion hyn yn llyfr J. Elwyn Hughes, *Arloeswr Dwyieithedd*, 1984, 17-18.

[46] Thomas Rees, *Miscellaneous papers on subjects relating to Wales*, Llundain, 1867, 86-88.

[47] Ibid., 91.

[48] R. Tudur Jones, *Yr Undeb*, 110.

[49] John Williams, *Eglwys Gynulleidfaol Ebenezer Abertawe*, 1922, 89.

[50] gweler hefyd A. H. Williams, *Cymru Oes Victoria*, 1973, 16.

[51] John Thomas, *Cofiant y Parch. T. Rees Abertawy*, 1888, 173.

[52] John Williams, *Ddoe a Heddiw*, d.d., 24-5.

[53] *Hanes Eglwysi Annibynol Cymru*, 86.

[54] J. Thomas, *Hanes Eglwysi Annibynol Cymru, Cyfrol V*, 1891, 126.

[55] *Cofiant y Parch. T. Rees D.D. Abertawy*, 1888, 214-5.

[56] *Hanes Dechreuad a Gweithgareddau Cymrodorion Abertawy*, 1891, 5.

[57] *Hanes a Hynafiaethau Llansamlet*, 1908, 100.

[58] H. Gruffudd, 'Cydnabod yr Abertawe Gymraeg', *Y Traethodydd*, Ionawr 1992, 662, 35-45.

[59] Ibid., 39.

[60] *Gwaith Barddonol Islwyn*, Gwrecsam, 1897.

[61] Ibid., 485-7.

[62] Ibid., 487-8.

[63] Ibid., 489.

[64] Ibid., 497.

[65] Ibid., 531.

[66] Ibid., 535.

[67] Ibid., 566.

[68] Ibid., 573-581.
[69] Ibid., 585.
[70] Ibid., 792.
[71] Ibid., 831.
[72] Dolgellau, 1908, 316.
[73] Caernarfon, 1916, 408.
[74] Abertawe, d.d., 88.
[75] Caerdydd, 1922, 104.
[76] Merthyr Tudful, 1915, 154.
[77] Merthyr Tudful, 1909, 75.
[78] Aberdâr, 1917, 23.
[79] *Eglwys Gynulleidfaol Ebenezer Abertawe*, 31.
[80] *Ddoe a Heddiw*, d.d., 56.
[81] *Caneuon Gwyrosydd*, Caerdydd, 1909, 44.
[82] *Y Parch. William Humphreys*, 13.
[83] Ibid., 41.
[84] Ibid., 44.
[85] Ibid., 55.
[86] Ibid., 71.
[87] *Ddoe a Heddiw*, 6.
[88] *Eglwysi Annibynnol Abertawe a'r Cylch, 1915*, 6.
[89] *Ddoe a Heddiw*, 8
[90] *Eglwysi Annibynnol Abertawe a'r Cylch*, 6
[91] Ibid., 47.
[92] Ibid., 41.
[93] Ibid., 42.
[94] Ibid., 46.
[95] *Hanes Methodistiaeth Gorllewin Morgannwg*, 57.
[96] Ibid., 18.
[97] Ibid., 33.
[98] Ibid., 43.
[99] Ibid., 54.
[100] *Hanes a Hynafiaethau Llansamlet, 1908*, 147.
[101] Ibid., 223.
[102] Ibid., 247-8.
[103] *Gŵyr Llên Abertawe*, Eisteddfod Genedlaethol Abertawe, 1982, 30.
[104] *Hanes a Hynafiaethau Llansamlet*, 233.
[105] Ibid., 301.
[106] Ibid., 256.
[107] taflen, 1890, a gefais gan Mr. W. Rees, Llanlleianwen, Treforys.
[108] *Hanes a Hynafiaethau Llansamlet*, 258.
[109] Ibid., 293.
[110] Ibid., 292.
[111] Ibid., 297.

Gardd y Gweithiwr

Hywel Teifi Edwards

Ar sail tystiolaeth *Rhestr Eisteddfodau* D. M. Richards, nododd Hugh Thomas mewn erthygl ar 'The Industrialization of a Glamorgan Parish' fod o leiaf 17 o eisteddfodau wedi'u cynnal ym mhlwyf Llangiwg rhwng 1857 ac 1875. Nid yw'r oes gompiwteraidd hon eto wedi esgor ar brosiect a wnaiff fapio a chyfrif a gwerthuso holl eisteddfodau Cymru o 1789 ymlaen—prosiect sy'n gwbwl ymarferol bellach ac yn gwbwl hanfodol os yw'r diwylliant Cymraeg yn y cyfnod modern i'w brisio'n deg. Pan ymgymerir â'r dasg mae'n siŵr y bydd gofyn newid ambell ystadegyn hwnt ac yma, ond o safbwynt Cwm Tawe ni cheir achos i amau cyfoeth ei gyfraniad i'r diwylliant eisteddfodol.

Meddylier am Eisteddfodau Cenedlaethol Abertawe, chwech ohonynt i gyd—1863, 1891, 1907, 1926, 1964 ac 1982—a phob un ohonynt yn Brifwyl broffidiol i'w chofio. Nid i Gwm Tawe yn unig y mae'r diolch am hynny, mae'n wir, ond ni all neb bondro hanes y Prifwyliau hynny heb ymwybod ag egni a brwdfrydedd y cwm yn eu hydreiddio. Cyflawnwyd campau pob tro y daeth 'y Genedlaethol' i Abertawe.

Yn 1863 wele gantorion Côr Undebol Ivander Griffiths yn rhuddin Côr yr Eisteddfod, y cyntaf un o'i fath, dan arweiniad y Dr. Evan Davies a dechreuodd Oes Aur Gwlad y Gân pan ddaeth Côr Ivander wyneb yn wyneb â Chôr Undebol Silas Evans o Aberdâr a pheri i H. F. Chorley, gohebydd cerdd yr *Athenaeum*, ryfeddu. Yn 1891 rhoes y cystadlaethau corawl, ynghyd â pherfformiadau Côr yr Eisteddfod dan arweiniad Eos Morlais a datganiadau coeth tenor proffesiynol cyntaf Cymru a oedd yn *protégé* i'r Eos, sef Ben Davies o Bontardawe, fodd i fyw i'r cynulleidfaoedd o 15 mil a mwy a dyrrodd i'r pafiliwn.

Yn 1907 daeth 32 o gorau plant dan 16 oed i gystadlu am £10 o wobr. Perfformiwyd *Faust* Berlioz am y tro cyntaf yn Abertawe gan Gôr yr Eisteddfod. Ac am y tro cyntaf cynigiwyd gwobrau am gyfansoddiadau llenyddol a rôi fri ar dafodiaith a chydnabuwyd y 'dysgwyr' trwy gynnig gini o wobr i'r ferch a siaradai Gymraeg orau ar ôl tair blynedd o wersi. Daeth dirprwyaeth o Lydaw i beri cyffro a choronwyd bardd o ben ucha'r cwm, un a fyddai'n Archdderwydd yn ei dro ac yn gyfaill mawr i Lydaw, am ei bryddest ar 'Y Greal

Sanctaidd'. Prifwyl Dyfnallt, y cyn-löwr o'r Rhiw-fawr, oedd Prifwyl 1907.

Daeth yntau Gwenallt o'r Allt-wen yn 1926 i nythu yn y Gadair enfawr a ddaethai o Shanghai ar ôl i'r beirniaid ddyfarnu ei awdl ar 'Y Mynach' yn orau. Parhâi David Lloyd George yn ddewin Dydd Iau'r Brifwyl ac yr oedd y colsyn bach o basiffist a gawsai'i garcharu, ac a oedd nawr i'w gadeirio, wedi tyngu na wnâi ysgwyd llaw â'i erlidiwr. Hyd heddiw mae'r stori'n fyw yn y cwm iddo estyn ei law chwith i'r dewin. Mae'n ddigon teilwng o ysbryd Cwm Tawe i fod yn wir. Os nad yw, y mae'n ffaith anwadadwy fod côr godidocaf holl hanes y cwm wedi ymddangos ar yr un llwyfan â Gwenallt yn 1926. Nid enillodd Côr Mawr Ystalyfera dan fatwn W. D. Clee y tro hwnnw ond ymhen dwy flynedd byddai'i orchest yn tynnu sylw pell ac agos.

Yn 1964, a thîm criced Morgannwg yn curo Awstralia yn yr haul a ddangosodd ei fola drwy'r wythnos, perfformiwyd *Requiem* Faure gan ddisgyblion ysgol Gorllewin Morgannwg a *Hiawatha* Coleridge Taylor gan ryw fil o ddisgyblion ysgolion uwchradd y fwrdeistref. Coronwyd bardd, hefyd, a oedd yn gwbwl gydnaws â Chwm Tawe pan ddyfarnwyd pryddest Rhydwen Williams, 'Ffynhonnau', yn orau, a gofalodd Cwmni TWW, yn briodol iawn yn achos Rhydwen, am deledu ei glod cryn dipyn pellach na'r pafiliwn. Cwm Rhondda a roesai iddo'i gân a Phrifwyl Cwm Tawe a roes iddo'i wobr.

Fodd bynnag, ni ddaeth corau'r cwm i'r Brifwyl fel cynt na'r un prifardd, chwaith. Ac er i'r Pwyllgor Llên yn 1964 gynnig gwobrau am draethodau ar Fwyngloddiaeth, ni chafwyd yr un cyfansoddiad o bwys. 'Roedd lle i ofni fod mewnbwn eisteddfodol y cwm yn mynd i leihau—o ran nifer cystadleuwyr beth bynnag—yn ail hanner y ganrif, ond enillwyd y wobr am gerdd dafodiaith gan ryw Ddafydd Rowlands o Bontardawe a oedd i gipio'r Goron yn 1968 a'r Goron a'r Fedal Ryddiaith yn 1974. Ysgogodd hynny ei gyfaill er dyddiau ysgol, y Parch. Meirion Evans, i ddangos ei orchest yntau yn 1979 ac aeth Coron Prifwyl arall i Gabinet Tlysion Cenedlaethol y cwm. I fenthyca sylw syndodus un gohebydd wrth sôn am lif cantorion Cymru yn yr 1870au: 'And still they come!'

Yn 1982 braint y Brifwyl fu cael darparu llwyfan ar gyfer cadeirio bardd na all ond 'Ymadawiad Arthur' T. Gwynn Jones gystadlu ag ysblander ei awdl fuddugol. Y mae 'Cilmeri' Gerallt Lloyd Owen yn em yng nghoron traddodiad eisteddfodol Abertawe a'r cwm ac y mae'n arbennig o briodol ei fod wedi'i gadeirio mewn Prifwyl a gynhaliwyd am y tro cyntaf ar gampws un o Golegau Prifysgol Cymru, y Brifysgol y galwyd mor daer amdani yn 'Social Science Section' Hugh Owen ym Mhrifwyl 1863, a'r Brifysgol sydd eleni'n dathlu ei chanmlwyddiant ac yn cyflwyno gradd M.A. er anrhydedd i Gerallt Lloyd Owen mewn seremoni yn Abertawe. Byddai tadau eisteddfodol y ganrif ddiwethaf yn siŵr o lawenhau wrth weld dileu'r llinell ddeuaidd rhwng 'Prifysgol y Werin' a'r Brifysgol brifysgolaidd a deall fod Pencerdd y naill o leiaf cystal â Disgybl Ysbas y llall!

Dechreuodd bwrlwm dawn ac ymdrech Cwm Tawe lifo tua'r môr eisteddfodol yn y 50au pan oedd adeg lansio'r Eisteddfod Genedlaethol yn dynesu'n gyflym. Gwelwyd yn Eisteddfod Fawr Llangollen, 1858, ei bod bellach yn bosibl i greu strwythur eisteddfodol a allasai ledaenu bendithion math o ddiwylliant hunangymorth drwy Gymru gyfan a'r diwylliant hwnnw'n darparu ysgolion cyfle er hwyluso dringo o amlygrwydd lleol at gydnabyddiaeth genedlaethol. I amryfath gystadleuwyr datblygodd y mudiad eisteddfodol yn Oes Victoria yn gyfundrefn nawdd newydd, helaethach a mwy democrataidd na dim a welsid gynt, a diolch i'r rheilffyrdd gellid clera o'r 50au ymlaen ledled Cymru—a chyn belled ag America pe mynnid—gan wybod fod gwobrau lawer i'w hennill am fentro. Troes dyddiau 'Gofyn March' yn ddyddiau astudio amserlen 'y march tanllyd' i luaws o feirdd a chantorion â'u golwg ar eisteddfodau a oedd yn talu'n dda. Hwyrach nad un esboniad ar feithder peiriannol cymaint o lenyddiaeth y ganrif ddiwethaf yw ei bod hi'n gynnyrch awen rheilffordd. Hawdd dychmygu Llew Llwyfo a'i debyg yn cyfansoddi epigau i gyfeiliant olwyn a phiston ar daith trên o'r Gogledd i'r De.

Canfuwyd gwerth utilitaraidd yr eisteddfod yn fuan, er enghraifft, gan enwadau a oedd am adnewyddu capel neu godi un newydd, a chan gymdeithasau cyfeillgar a oedd am lesoli'r gweithiwr yn faterol, moesol ac ysbrydol. Nid digon difyrrwch, rhaid oedd dyrchafu'n ogystal a'r ffordd orau i arddangos difrifwch pwrpas oedd mynd ati i gyhoeddi cyfansoddiadau buddugol. Er pan ddaethai'r Eisteddfodau Taleithiol i ben yn 1834 bu cwyno cyson am amharodrwydd trefnwyr eisteddfodau i gyhoeddi'r cyfansoddiadau a chanmolwyd fel eithriadau anrhydeddus bwyllgorau Eisteddfod Frenhinol Aberffraw (1849), Eisteddfod Freiniol Rhuddlan (1850), ac eisteddfodau'r Wyddgrug (1851), Llanelli (1856), Maesteg (1857) a Llanbedr-Pont-Steffan (1859) am sicrhau nad mentrau undydd-unnos a gynhaliwyd

ganddynt. Daeth y cylchgrawn *Taliesin* (1859-61) ac yna *Yr Eisteddfod*,
I (1864), II (1866), i ategu gwaith pwyllgorau o'r fath, ond nid tan
1883 y dechreuodd yr Eisteddfod Genedlaethol atgyfodedig, hyd yn
oed, gyhoeddi ei chyfansoddiadau a'i beirniadaethau yn flynyddol.
Ar ddechrau Oes Aur y mudiad eisteddfodol gellid mesur difrifwch
amcan eisteddfod leol yn ôl parodrwydd ei hyrwyddwyr i gyhoeddi ei
chynnyrch. Gofynnai'r fenter honno am hyder ym marn y beirniaid
a dibynnai, wrth gwrs, ar wneud elw. Heb gynulleidfa dda neu
noddwyr hael, ofer meddwl am gyhoeddi.

Ymhell cyn 1860, ym Merthyr a Dowlais, Aberdâr a Phontypridd,
buasai'r hwyl eisteddfodol yn codi a byddai'n codi i'r berw o hynny
ymlaen. Priodol iawn oedd lansio'r Eisteddfod Genedlaethol yn
Aberdâr yn 1861 ar ôl gosod seiliau 'Yr Eisteddfod' yn Ninbych y
flwyddyn gynt. Yn Aberdâr boblog yr oedd trysorydd 'Yr Eisteddfod',
David Williams (Alaw Goch), yn frenin. Codasai, gyda chymorth
Crawshay Bailey, o fod yn löwr cyffredin i fod yn berchen pyllau glo,
yn ddiwydiannwr taer, cynyddgar a oedd, yn ôl pob hanes, yn fawr
ei barch gan ei weithwyr. Ac yr oedd yn eisteddfodwr eiddgar i'w
ryfeddu, yn gynganeddwr tra hoff o'r awen a pharod i wario er lles y
diwylliant Cymraeg yn gyffredinol. Yr oedd yn un o sefydlwyr *Y
Gwladgarwr* (1858-1882) a phan ddaeth corwynt o rywle i ddinistrio
pafiliwn yr Eisteddfod Genedlaethol gyntaf honno yn Aberdâr,
haelioni a gweithwyr Alaw Goch a arbedodd y sefyllfa. Onibai
amdano ef y mae'n ddigon tebygol y byddai menter 'Yr Eisteddfod'
wedi digwydd a darfod yn 1861, ac onibai am ei farw disyfyd yn 1862
y mae'r un mor debygol na fyddai dyled 'Yr Eisteddfod' wedi llethu'r
sefydliad cenedlaethol newydd-anedig yn 1868. Byddai diwydianwyr
eraill o bryd i'w gilydd yn cefnogi'r mudiad eisteddfodol, ond ni cheid
Alaw Goch arall i englyna ei ffordd i serchiadau'r Cymry.[1]

Yn sicr, ni allai Cwm Tawe yn 1860 ymffrostio mewn diwydiannwr
Cymraeg hafal i Alaw Goch ond nid oedd yn ddi-gefn o bell ffordd. Ar
26 Medi 1854 cynhaliwyd eisteddfod gyffrous yn Nhreforys dan
nawdd yr Iforiaid, digon cyffrous i S. Rees, Tre-boeth—'glas-grwt
troednoeth oeddwn ar y pryd'—feddwl amdani ymhen blynyddoedd
fel Eisteddfod Genedlaethol. Codwyd 'neuadd' ansad ar gyfer
cynulleidfa o dair mil y tu mewn i 'hen waith "pottery" wrth Bont y
Fforest ar Dawe', a chafwyd G. G. Francis, Maer Abertawe, i
lywyddu. Y Dr. Evan Davies oedd y beirniad cerdd a daeth yntau
Talhaiarn, yn llawn sêl Prydeinig a chlod i'r 'imperial tongue' i

Beirdd Eisteddfod Treforys, 1855

(*The Nationalist, 1909-10*)

feirniadu'r cyfansoddiadau llenyddol—cynifer â 250 ohonynt yn ôl y *Cambrian*. Bu cryn ganmol ar Vivians yr Hafod yn Eisteddfod Treforys, 1854, a rhoddwyd sawl cyfle i'r cystadleuwyr lawenhau yn natblygiad diwydiannol y cwm. Ond ni chyhoeddwyd mo'r cyfansoddiadau. Yr oedd Ystalyfera i ragori ar Dreforys yn hynny o beth. Cynhaliwyd yno ddwy eisteddfod yn olynol, yn 1859 ac 1860, a llwyddo i gyhoeddi cynnyrch y ddwy, sef *Cyfansoddiadau Buddugol Eisteddfod Ystalyfera, 5 Medi 1859* a *Gardd y Gweithiwr;* sef y *Cyfansoddiadau Gwobrwyedig yn Eisteddfod Ystalyfera, Mehefin 25, 26, 1860*. O'r ddwy, yr un a gynhaliwyd yn 1860 yw'r bwysicaf a'i chyfrol cyfansoddiadau a roes deitl i'r erthygl hon. Y mae, o'i bath, yn un o'r cyfrolau mwyaf diddorol i ddeillio o'r gweithgarwch eisteddfodol lleol sy'n un o bennaf nodweddion diwylliant Cymraeg Oes Victoria.[2]

Ni ellir mo'i thrafod heb yn gyntaf ei rhoi mewn cyd-destun ystyrlon. Y mae cyfraniad yr Athro Ieuan Gwynedd Jones wrth olrhain datblygiad y cwm wedi crisialu prif deithi ei ddiwylliant—a defnyddio'r gair hwnnw yma yn ei ystyr lletaf. Ni raid imi ond tanlinellu rhai o'r ffeithiau sy'n cyfrif am Eisteddfodau Ystalyfera yn 1859 ac 1860. Fel yn hanes cymoedd y Rhondda, Cynon a Rhymni yr oedd Cwm Tawe erbyn 60au'r ganrif ddiwethaf yn cael ei weddnewid gan y pyllau glo a'r gweithiau haearn, alcam a chopr a fu'n achos mewnlifiad miloedd o weithwyr a'u teuluoedd i'r cwm. Agorwyd Camlas Cwm Tawe yn 1798 ac erbyn 1868 'roedd y rheilffordd o Abertawe wedi cyrraedd Brynaman ar ôl cysylltu â Phontardawe yn 1860 ac Ystalyfera yn 1861. Yr oedd Cwm Tawe wedi hen beidio â bod yn encilfa wledig. Daethai'r byd ar ei gyfyl.[3]

Erbyn 1820 'roedd y gamlas yn cludo 66,104 tunnell o lo y flwyddyn ac yn y 30au cynyddodd yr allbwn yn gyflym gyda datblygiad y diwydiant haearn. A thyfodd y boblogaeth lawn cyflymed. Dywedir iddi gynyddu 432% rhwng 1831-61 a 509% rhwng 1801-1851! Ni thrigai ond 829 ym mhlwyf Llan-giwg yn 1801; trigai 2,813 yno yn 1841 ac o'r rheini 'roedd 946 heb eu geni ym Morgannwg. Erbyn 1851 'roedd 2,062 o'r 4,229 a drigai yn y plwyf yn fewnfudwyr ac erbyn 1861 mewnfudwyr oedd mwyafrif y trigolion—4,984 ohonynt allan o gyfanswm o 7,983. Ond, ac y mae hwn yn ond i'w bwysleisio, dôi mwyafrif mawr y mewnfudwyr o ardaloedd gwledig o fewn ugain milltir i blwyf Llan-giwg—2,135 o siroedd Morgannwg a Brycheiniog; 2,380 o siroedd Caerfyrddin, Penfro ac Aberteifi; 131 o weddill Cymru a 311 o Loegr, yr Alban ac Iwerddon. Ac eithrio tipyn o wahaniaeth tafodiaith nid achosodd trwch mawr y mewnlifwyr anawsterau ieithyddol a diwylliannol gwerth sôn amdanynt. Yn hytrach, daethant â'u dyheadau a'u hegni gyda hwy i greu cymdeithas nodedig o ymdrechgar a dawnus.[4]

Yn Eisteddfod Ystalyfera, 1859, gwobrwywyd y Parch. Phillip Morgan, Treforys am ei bryddest ar 'Golygfeydd Dyffryn Tawe o Abertawe i Abercrave'. David Owen (Brutus) oedd y beirniad ac eglwyswr oedd y bardd buddugol. Gwnaeth y beirniad yn fawr o'i gyfle wrth ganmol cerdd 'a gwlith yr Awen yn berlau tryloywon yn hongian wrthi... Mae y Bryddest hon, er nid heb ei cholliadau, yn gwbl o'r Awen wir naturiol, ac nid o'r Awen gwynt Carthen.' Digon fydd dweud heddiw fod y Parch. Phillip Morgan yn fwy o eglwyswr nag o fardd, ond y mae ei bryddest yn ddiddorol am ei bod, ar ffurf dadl rhwng 'Yr Allt Grug' (= Natur) a 'Chelfyddyd' (= Diwydiant), yn peri i natur dderbyn fod gan ddiwydiant hawl ar ei 'thrysorau cuddiedig' am fod lles trigolion y cwm yn dibynnu arnynt. Grym er daioni yw diwydiant ac y mae i'w groesawu. Fel harddwch, y mae stamp y Crëwr ar ei holl waith. 'Crefydd', fodd bynnag, piau'r gair olaf a daw fel 'rhyw hardd foneddiges' i bwysleisio mai trwyddi hi'n unig y doir o hyd i'r trysorau nad ydynt yn darfod. Mae natur a diwydiant yn cytuno â'i barn ac ar ôl canu 'God save the Queen' ar gais 'Yr Allt Grug' ceir ôl-nodyn 'Crefydd':

> Wele'r Mynydd Grûg yn oddaith,
> Dacw'i fwnau oll yn dân,
> Plasau, gweithiau, Abertawe
> Yn garneddau oll o'n bla'n.
> Mae Eisteddfod fawr y bydoedd,
> A theulu Adda iddi'n d'od;
> Dydd gwobrwyo gwir deilyngdod,
> Dydd i roddi'r Barnwr glod.
>
> Ni ddaw i'r Eisteddfod hono
> Ond un Beirniad ar y gwaith;
> Beirniad meddwl, gair, a gweithred,
> Pawb o deulu'r ddaear faith.
> Bydd yno wobrau gwerth eu mheddu,
> Gwobrau'n llond y nefoedd wên;
> Pawb o honom gaffo'u mheddu,
> Gyda hyn rhaid d'we'yd, Amen.[5]

Ni welai'r Parch. Phillip Morgan fod eisiau gofidio am ddrwg-effeithiau gweithfeydd Dyffryn Tawe. Ni ddywedodd air i drwblu llywydd Eisteddfod 1859, J. Palmer Budd. A'r un yn union oedd agwedd Daniel ap Gwilym o Lanfabon y cyhoeddwyd ei gerdd i 'Dyffryn Tawe' yn *Y Gweithiwr*, 1860. O ben ucha'r cwm hyd at Abertawe ni welai ond paradwys—

> Gwastadrwydd ei wyneb—uchelder ei gaerau,
> Tryloewder ei awyr, iachusrwydd ei hin,
> Digonedd amrywiaeth ei ddirif wrthddrychau
> A fythol ogleisiant y galon a'i rhin.

Mewn edmygedd yn unig y sylwodd ar y 'mawrion dânweithiau' a oedd drwy'r cwm yn 'fflamedig'. Gellid credu nad aethai'r Geri Marwol drwyddo ar ei hynt difäol yn 1832 ac 1849 a phrin y gallai neb ddisgwyl iddo ddychwelyd yn 1866 a dwyn 96 o drigolion Ystalyfera

rhwng Awst a Medi. Nid oedd a wnelai awen Daniel ap Gwilym â'r
amgylchiadau byw yn rhai o'r bythynnod a ddisgrifiodd y Dr. James
Rogers yn ei adroddiad, *A Sketch of the Cholera Epidemic at Ystalyfera in
1866* (1867). O! am awen Dafydd ap Gwilym i drosgynnu trueni un
o'r rheini. Ni sylwodd Daniel ap Gwilym fwy na'r Parch. Phillip
Morgan ar drigolion Cwm Tawe. Rhaid cymryd yn ganiataol eu bod
yn gwbwl fodlon ar eu stad.[6]

Deng mlynedd yn gynt gwnaethai'r Ystalyfera newydd gryn
argraff ar un o ohebyddion y *Cambrian*:

> The plot of ground upon which eleven blast furnaces now stand was
> twelve years ago overgrown with bramble bushes, so thick as to make the
> place almost inaccessible to man. Where you now hear the rattling
> thunder-like noise of dozens of trams and barrows, the cracks of haulier
> boys' whips, the powerful puffs of the best engines, etc., the place was
> thus, in winter undisturbed, and in summer the same, save by a few little
> birds, the flying about and the tick ticks which indicated to the passer-by
> that their nests were not far off. The neighbourhood then consisted of only
> about a dozen straw-thatched old hovels, instead of which there are now,
> within sight of the works, no less than one hundred and thirty neatly built
> workmen's cottages, a third of which have been built during the last four
> years, chiefly by workmen themselves ...

Achos y trawsnewid hwn oedd twf Gwaith Haearn Ystalyfera ar ôl i
James Palmer Budd ei brynu gan y Mri. Treacher a James yn 1838.
Yr oedd eisoes yn 1831 wedi prynu'r pwll glo proffidiol a suddwyd
ganddynt yn 1827 rhyw chwarter milltir yn uwch i fyny na Hen Waith
Haearn Ystalyfera. Gyda chyflenwad lleol digonol o fwn haearn a glo
carreg yr oedd posibiliadau'r Gwaith yn wych ac nid gŵr i golli ei
gyfle oedd Budd. Rhwng 1850 ac 1880 llywiodd fenter lwyddiannus
iawn. Erbyn 1870 yr oedd 42 ffwrnais ac 16 melin ar waith ganddo a
dywedyd yn 1863 ei fod yn berchen 'the largest tinplate manufactory
in the world' ac yn cyflogi rhyw 4,000 o weithwyr. Bu farw yn 1883,
dwy flynedd cyn i'r Gwaith yn Ystalyfera gau yn wyneb her y
diwydiant dur, ac nid oes amheuaeth am bwysigrwydd ei gyfraniad i
fywyd Cwm Tawe. Yng ngeiriau Hugh Thomas : 'For more than
forty years the works had been the colossus of the district and, more
than anything else, had been responsible for the transformation of the
latter's economic basis and social structure.' Y diwydiannwr

trawiadol hwn oedd llywydd y ddwy eisteddfod a gynhaliwyd yn Ystalyfera yn 1859 ac 1860.[7]

Mae'n syn na welodd neb yn dda hyd yn hyn i lunio monograff teilwng ohono. Y mae'n ei lawn haeddu. Pan fu farw yn Rhagfyr, 1883, ymddangosodd marwgoffa iddo yn y *Cambrian* yn galaru o golli '... another of those rare, indomitable men who, a few years ago, ranked amongst the foremost in this district for their energy and enterprise.' Ymddengys iddo ddechrau'i yrfa ddiwydiannol yng ngwaith copr yr Hafod cyn ymgartrefu gyda'i ail wraig, Emily Rawson, yn y plasty a gododd ar safle hen ffermdy Ynys-y-darren— 'a handsome residence, which now ranks, with its beautiful grounds, amongst the most desirable and picturesque in the district.' Cydnabu pwyllgor eisteddfod 1860 arbenigrwydd cyfraniad J. P. Budd trwy gynnig tair gini am dri ffotograff o Waith Haearn Ystalyfera a gini am ffotograff o Ynys-y-daren House, gwobrau a enillwyd gan Mr. Gulliver o Abertawe, un o gyd-drefwyr y beirniad, Henry Bath, yn un o'r cystadlaethau ffotograffiaeth cynharaf, mae'n rhaid, i'w threfnu ar gyfer eisteddfod. Yr oedd mor briodol fod cyflawniadau Budd yn achos dwyn awen y camera i ganol y beirdd ac ni ellir ond gresynu fod ffotograffau Mr. Gulliver heb oroesi.[8]

Yn ôl un o'i edmygwyr, Elizabeth Phillips, awdur *A History of the Pioneers of the Welsh Coalfield* (1925), daeth Budd i'r ardal pan oedd yn

Ynys-y-daren House, cartref J. P. Budd

Gwaith Haearn Ystalyfera

ddyn ifanc 'and, though poor, possessed remarkable mental capacities, and was handsome and prepossessing in person and manners.' Heb os, yr oedd ganddo ymennydd da. Darganfu ffordd o smeltio haearn a ddefnyddiai lai o lo carreg ac fe'i gwahoddwyd i'w hegluro gerbron gwybodusion Y Gymdeithasfa Brydeinig yn Abertawe yn 1848. Cyfrannodd lawer dros y blynyddoedd i'r *Cambrian*: 'He was an ardent student of physical science, and his letters on meteorology, and his observations upon, and register of, the prevailing winds and rainfall in the Swansea Valley were both instructive and useful for reference.'[9]

Fel y gellid disgwyl câi ei gydnabod yn ffigur o bwys. 'Roedd ganddo ddiddordeb gweithredol yn natblygiad Harbwr Abertawe a Rheilffordd Cwm Tawe. Yn eglwyswr a Rhyddfrydwr cadarn, ac yn ei dro yn Ddirprwy-Raglaw Morgannwg a Brycheiniog, yn Gadeirydd cyntaf Undeb Pontardawe dan Ddeddf y Tlodion, ac yn Ynad Heddwch, defnyddiai'i ddylanwad i bwrpas. Ei arian ef a gododd Eglwys y Drindod Santaidd yn 1845 ac a dalodd £100 y flwyddyn am wasanaeth curad. Ef a'i wraig a ddarparodd ddwy Ysgol Genedlaethol, y naill i'r merched yn 1842 a'r llall i'r bechgyn yn 1850, ac er na allai'r merched ddweud wrth y comisiynydd a alwodd i'w harolygu yn 1847 ar ba noson, a pham, y gwadodd Pedr ei Grist, rhoes eirda i'w hysgol: 'I should say that was a school doing real good in a quiet, unpretending way.' A phetai angen prawf pellach o awydd dilys Budd i addysgu'r bobol leol gallasai ymweld â'r Ystafell Ddarllen yr oedd mor gefnogol iddi'r adeg honno. Nodwyd iddo roi 78 o lyfrau ynddi ym mis Mawrth, 1849, a'i fod yn gosod copïau o'r *Economist* a'r *Mechanics' Magazine* ynddi o bryd i'w gilydd. Chwaraeai Budd ran y llesolwr Fictorianaidd o wirfodd calon ac o argyhoeddiad:

> The well-known maxim that 'property has its duties as well as its rights,' was never forgotten by the deceased gentleman. He was a rigid sanitarian, and always manifested deep interest in the moral, social,. and religious welfare of those in his employ.

Er gwaethaf cynodiadau anffodus 'rigid sanitarian' y mae'r darlun a geir o Budd, yn nhermau Oes Victoria, yn un apelgar. Ac fel y prawf ei lun yr oedd yn ddyn golygus.[10]

Os na fedrai siarad y Gymraeg, heb sôn am ei chynganeddu, byddai o ran buchedd a meddylfryd yn dderbyniol iawn gan y blaengarwyr a fynnai weld eisteddfod ddiwygiedig yr 1860au yn symud i gyfeiriad utilitaraidd heb adael i orofal am fuddiannau'r famiaith ei rhwystro. Os na ellid bardd ohono yr oedd ganddo gymwysterau a'i gwnâi'n *savant* parod ac yn llywydd eisteddfod delfrydol yn nyddiau'r mawr gynnydd. Ac yntau'n ddirwestwr pwy'n well nag ef i lywyddu'r eisteddfod a gynhaliwyd ym Medi, 1859, yn bennaf dim i hyrwyddo dirwestiaeth? Drachefn, â'i awydd mor daer i sicrhau gwell cyfleusterau i drigolion Ystalyfera, pwy'n well nag ef i lywyddu'r eisteddfod a gynhaliwyd ym Mehefin, 1860, yn benodol i godi arian ar gyfer adeiladu neuadd gyhoeddus? Ni byddai gŵr a fartsiodd ei weithwyr o Ystalyfera i Gastell-nedd i bleidleisio dros yr ymgeiswyr Rhyddfrydol mewn etholiad seneddol —'an election feat that completely astonished the supporters of the Conservative cause in Glamorganshire'—yn debygol o fethu â'u 'perswadio' hwy a'u teuluoedd i ddod i'r pafiliwn a godwyd ar dir Fferm Ystalyfera Uchaf. Daeth cynulleidfaoedd o ryw dair mil

James Palmer Budd

ynghyd i'r gwahanol sesiynau a'r cyngherddau, ond gwaetha'r modd bu'n rhaid i Mr. William Richards, pensaer o Abertawe, atal y wobr o 5 gini am gynllunio neuadd gyhoeddus i gynnwys mil o bobol y gellid ei hadeiladu am £1,000. Nid oedd y ddau gystadleuydd wedi cadw at ofynion y gystadleuaeth ac ni allai J. Palmer Budd, hyd yn oed, gyflenwi'r diffyg hwnnw.[11]

Yn ôl adroddiad *Seren Cymru* cawsai dderbyniad gwresog gan y gynulleidfa yn y pafiliwn a godwyd ar gae'r Swan Inn yn y Gurnos pan safodd i'w hannerch ar 5 Medi 1859. Cododd ei hwyl a phan ddyfarnwyd gwobr o 3 gini i Gwilym Mai am ganu 'Molawd' iddo, bu'n rhaid ei darllen ar goedd er mwyn ei chymeradwyo. Nid oedd o bwys na ddeallai Budd ei hun brin air ohoni. Ym marn y bardd—

> . . . Er nad yw yn Gymro o ach a hiliogaeth,
> Ei waed sydd cyn bured â'r gloywa'n y wlad;
> Pan gyntaf anadlodd awelon y dalaeth,
> Gymreigiwyd ei galon, a chochwyd ei wa'd.

Troesai Ynys-y-daren House a'i stad yn 'Ail Eden oludog' ac nid llai rhyfeddol ei gampau fel diwydiannwr:

> . . . Ei waith a ëangodd, a chododd ffwrneisi,
> A thybid y gwelid yr ardal ar dân;
> Mae swn y morthwylion yn crynu'r holl barthau,
> A mwg y peirianau yn codi i'r nen;
> Ac olwyn mewn olwyn, â'u cyflym droadau,
> Wna Ystalyfera yn glodfawr dros ben.

Yn ddyngarwr o'r groth, 'roedd ei haelioni, ei ofal am les ei weithwyr a'i gas at bob gormes yn ddihareb. Fe'i gwelai Gwilym Mai ef yn ffigur Crist-debyg a'i glodfori'n ddiymatal:

> Dilyna esiampl ei Arglwydd a'i Feichiau,
> Trwy dori cadwynau, a gwneuthur llesad;
> Rhoi rhyddid i'r caethion, ac agor carcharau,
> A chadw dynoliaeth rhag enllib a brad;
> Daw'r werin yn filoedd o'i amgylch i'w foli,
> Rho'ir iddo anrhydedd, pob parch, a mawrhad;
> Y gwyr gyda'r gwragedd, a'r plant sy'n ei godi,
> A BUDD gydnabyddir fel llywydd y wlad.
>
> Fe draethir ei glodydd o'r Gurnos dalgribog,
> Drwy waith Ynyscedwyn y rheda i lawr;
> Ond Ystalyfera, ro'nt fawredd coronog,
> A theulu'r Graigarw a'i parchant yn fawr;
> Y rhai'n oeddynt gynt megys llwythau gwasgarawl,
> Ond heddyw fel dinas, fe'u hasiwyd yn nghyd,
> Un galon, un teimlad, a'u llais yn gydunawl,
> A'u cais yw 'Hir einioes i BUDD yn y byd'.

Nid oedd dim yn rhy dda iddo 'rochor hon i'r bedd, na'r ochor draw, chwaith, a phan wobrwywyd y Parch. John Emlyn Jones (Ioan Emlyn) am ei gân Saesneg ar y dôn 'Rose of the Hills' yn dathlu adferiad Mrs. Budd wedi pum mis o salwch, gwelwyd fod yntau yr un

mor abl i uchelseinio clod—a diolch yn llaes ei foes. Gwasgar
bendithion addysg oedd cymwynas fawr Mrs. Budd. Daeth megis
gwaredreg i blith y Cymry—Cymry'r Llyfrau Gleision fe
ymddengys:

> ιn monoglot pensiveness erst did we roam,
> Nor knew we but little beyond our sweet home;
> Whilst Sol coursed the azure we grovelled in toil,
> Our genius was fettered—our minds had no soil;
> But now Education—thanks gracious fair—
> Will cheer the low cottage and lighten its care,
> Like rainbows of mercy o'er gulfs of despair.
> The great of the nation and favour'd in blood,
> Now stem the dark torrents of ignorance's flood,
> But none more effective than kind Mrs. BUDD.

Yr oedd Mr. a Mrs. J. Palmer Budd yn cyfrif yn Ystalyfera a'r cylch.
Darllener molawd Ifor Cynon iddo yn *Y Gweithiwr*, 1860, a gwelir ei
fod yn siarad yr un iaith yn union â Gwilym Mai. Y mae'n fwy na
thebyg iddo'i chyfansoddi ar gyfer y wobr a enillodd hwnnw yn
1859.[12]

Petaem yn cribo drwy bapurau a chylchgronau Cymraeg Oes
Victoria byddai gennym gasgliad sylweddol o folawdau eisteddfodol
i fân ysweiniaid a diwydianwyr ymhell cyn gorffen y dasg. Y rhain
oedd noddwyr yr oes newydd ac yr oedd eu moli yn broses *de rigueur*.
Fodd bynnag, y mae'n gysur gwybod nad oedd eu presenoldeb ar
lwyfan eisteddfod o angenrheidrwydd yn dofi'r eisteddfodwyr. Troes
Eisteddfod Ystalyfera, 1859, er gwaethaf urddas Mr. a Mrs. Budd ac
amcanion dyrchafol y trefnwyr, yn afreolus, a bu'n rhaid gohirio rhai
cystadlaethau tan y bore trannoeth. 'Gollyngwyd cythraul y canu yn
rhydd a bu'n gynddeiriog iawn.' Aeth Silas Evans o Aberdâr i wddf
y beirniad, Asaph Glyn Ebwy, a bygythiodd hwnnw ei roi mewn
potel: 'Yr oedd annhrefn mawr yn mhilth y gwyddfodolion, ac
oblegid hyny bu yr eisteddfod yn annyddorawl dros ben i lawer, a
thorodd un ddynes ei choes.'[13]

Ni ellir ond dychmygu beth oedd teimladau Mr. a Mrs. Budd, y
Dr. James Rogers, y Dr. W. Price, y Parch. Rees Evans, Graigarw,
y Parch. R. H. Morgan, ficer Ystalyfera a Llan-giwg, y Parch.
Robert Ellis (Cynddelw) a David Owen (Brutus). Yr oedd hyd yn oed

yr awydd i hybu achos dirwest wedi peri trafferth. Gofynnwyd i'r beirdd gyfansoddi 'Prydnawnol weddi y tafarnwr' ac fe'u cyhuddwyd o lunio cerddi di-chwaeth a oedd 'yn warth idd eu hawdwyr, ac yn annheilwng o'n cenedl.' Rhannwyd y wobr rhwng 'Meirion' a 'Tom Fox Hotel', er fod y gynulleidfa mor swnllyd fel na ellid clywed y dyfarniad. Pan ddaeth 30 o barau ymlaen i ganu deuawd, 'Edifeirwch y Meddwyn', mae'n amlwg i'r beirniad benderfynu na châi'r un ohonynt ddigon o arian i'w temtio i ddathlu yn y Swan Inn. Rhannodd y wobr o ddecswllt rhyngddynt—cafodd trigain bob o ddwy geiniog! Y cof am helyntion yr eisteddfod hon sy'n cyfrif fod John Davies, ysgrifennydd eisteddfod 1860, wedi sicrhau Asaph Cynon nad yr un pwyllgor oedd wrthi'n trefnu, '. . . y maent yn ddau bwyllgor gwahanol—pob Eisteddfod i sefyll yn hollol ar ei gwaelod ei hun, heb fod yn atebol am ddiffygion, nac â hawl i gyfranogi o glod neu elw y llall.'[14]

Wrth gyflwyno J. Palmer Budd i'r gynulleidfa yng nghyfarfod cyntaf 1860 ar fore Llun, 25 Mehefin, teimlai'r Dr. James Rogers, un o brif gefnogwyr y fenter, y gallai ganu clodydd y llywydd heb ystrydebu yn ôl yr arfer. 'Roedd gan Ystalyfera gymaint o le i ddiolch i'w 'untiring energy, liberality, and public spirit', gan iddo sefydlu mewn cwta chwarter canrif 'a colossal manufactory, and many hundreds of comfortable homes for a population of about six thousand souls, who look to you for that employment which furnishes them with all the necessaries, and many of the luxuries of life, in a district which, before that time, consisted of some two or three humble farmsteads, and a few rude thatched cottages, on a rugged hill-side.' Wrth gefnogi'r eisteddfod yr oedd eto'n rhoi prawf o'i fawr awydd 'to promote the cultivation of those means that render men something more than a mere machine out of which so many hours' labour per day may be obtained.'[15]

Gan gofio am ogwydd utilitaraidd meddwl Budd, aeth Rogers yn ei flaen i'w sicrhau fod yr hen eisteddfod bellach wedi'i haddasu i fod 'a means suited to the times and genius of the people; tending to foster, promote, and satisfy that craving for the acquisition of excellence in music, poetry, and of moral literature, which forms so striking a feature in the character and habits of the descendants of the Ancient British race...' Utilitariaeth neu beidio, yr oedd James Rogers, fel Cymro, am bwysleisio fod gan yr hen Frythoniaid barch arbennig i'r bardd 'who recorded their deeds of greatness on the scroll

of fame and the minstrel, who recited the same to the spirit-stirring
notes of the 'Telyn y Cymry'—a feature of character shared in by the
land that gave Burns birth, and only kept in abeyance among the
Cymry by ages of repressive policy, succeeded by contemptuous
neglect; repressed, but not extinguished, in the genius of the sons of
Cambria...' Heb elynion bellach i'w gwrthsefyll troesai'r bardd am
ysbrydoliaeth at ysblanderau natur a thegwch dyngaredd, a thestun
balchder oedd bod y gweithiwr cyffredin mor barod i arddel dylanwad
gwareiddiol barddoniaeth:

> The Awen of Hen Gymru still lives, and its influence is seen and felt in the
> humble home of the collier, in the wilds of our native land; and he whose
> brawny arm wields the hammer and the pick, when he returns to his home
> after his daily toil is done, finds a solace in literary pursuits in music and
> poetry, to an extent that would vainly be sought for amongst his class in
> any other nation in the world. [16]

Yn Eisteddfodau Cenedlaethol y 60au bu'n rhaid i'r beirdd ildio'u
lle canolog, traddodiadol i'r cerddorion a'r ymarferolwyr. O
safbwynt eu cynnyrch fe'u hystyrid yn anniddorol, a gwaeth na
hynny, yn annefnyddiol. O ran eu buchedd, 'roedd arnynt ormod o
sawr y dafarn. Yn wir, fe'u hofnid gan y diwygwyr. Ar drothwy
Eisteddfod ddiwygiadol Dinbych yn Awst, 1860, teimlai'r *Faner* fod
rhaid holi 'Ai tybed fod anfoesoldeb yn hanfodol i eisteddfodau?' Yn
y gorffennol aethai 'dynion da' i gredu nad oedd eisteddfod namyn
'cyfarfod mawr llygredig' gan fod cynifer 'o'n hen feirdd, ein hen
delynorion, a'r hen ddatgeiniaid pennillion, yn ddynion isel, diwaith
a diotgar.' Golygai puro'r eisteddfod—ac yn wahanol i 'ddrel-
gampau' y Saeson 'roedd modd ei phuro hi—fod rhaid rhoi lle llai
amlwg i'r beirdd ac 'roedd hynny'n gyfystyr â rhoi llai o amlygrwydd
i'r Gymraeg. Y mae geirda'r Dr. James Rogers i'r beirdd yn ei osod
ar ochor pleidwyr yr iaith ond pwysleisiodd na olygai hynny ei fod ef
a'i debyg am ailgodi 'the crumbling wall of monoglot isolation, which
has but too often served to keep out our men of genius and intellect
from competing for, and doubtless bearing away, the prize in many
a contest for honour in the world's wide battle-field.' [17]

Cyhoeddwyd anerchiad J. Palmer Budd yn ei grynswth yn *Gardd y
Gweithiwr* ac y mae'n enghraifft dda o'r modd y gallai diwydiannwr
o'i ansawdd ef fanteisio ar lwyfan eisteddfod a chynulleidfa

i bropaganeiddio'n enillgar ar ran ei ddosbarth. Lleisiodd Budd ei werthoedd a'i ddisgwyliadau yn goeth iawn—yn rhy goeth, mae'n siŵr, i lawer a'i clywodd ei ddeall. Gallai ddibynnu, fodd bynnag, ar wrandawiad gan y rhai yr oedd eu Saesneg yn ddigon rhugl i'w ganlyn a'r rheini, sef y llunwyr barn yn y gymdogaeth, a oedd yn cyfrif.

Ymddiheurodd, i ddechrau, am iddo fedru gwneud cyn lleied yn y gorffennol i lesoli'r gymuned y gwnaethai'i gartref ynddi, gan ymesgusodi am na chredai 'in Paternal Government, either politically or socially. The best Government is that which, whilst accomplishing its object, is felt the least.' Â'i ffydd yn efengyl hunangymorth Samuel Smiles ni fynnai ymyrryd ym marn na chredo'r un dyn, 'believing that self-exertion in Society, as in the individual, alone leads to healthy development.' Yn wahanol i ôl-Thatcheriaid gwantan ein llywodraeth bresennol, fodd bynnag, yr oedd o blaid ymyrryd i sicrhau addysg gymwys i blant ac iechyd da i'r cyhoedd: 'No one has the right to bring up children in ignorance; no one has the right to injure the public health. All the rest, I think, may be left to self-government...' Yr oedd y Mudiad Dirwest, er enghraifft, a oedd yn bod i rwystro 'the progress of a monster evil', yn brawf o'r gwirionedd fod Duw yn helpu'r sawl a oedd yn barod i helpu ei hunan.[18]

Ymfalchïai o weld cynifer o'i weithwyr yn y gynulleidfa ac ymhlith y cystadleuwyr. Rhinwedd yn y Cymry oedd eu bod wrthi'n ceisio ymddiwyllio heb fonedd i'w tywys fel o'r blaen. Derbyniasai'r gwahoddiad i lywyddu, er lleied a wyddai am y diwylliant Cymraeg, i ddangos ei fod yn ymuniaethu â'r gymuned ac yn gwerthfawrogi 'every mental and literary effort, especially when made, as in many instances around me, by men who have to earn their bread by the sweat of their brow.' Waeth beth am ei anwybodaeth, yr oedd megis llesolwyr *bourgeois* eraill, a chanddynt ofal arbennig am warineb a hydrinedd y dosbarth gweithiol, wedi canfod yn glir ddefnyddioldeb yr eisteddfod fel gallu llareiddiol mewn cymdeithas ffrwydrol ei gwead. Siaradai dros fuddiannau'i ddosbarth yn glir yn y darn hwn o'i anerchiad:

The great danger of modern life is its tendency to over-excitement. Men yearn after emotions of pleasure, and too often seek them in what only increases the wasting combustion of their vital powers. Literary pursuits, composition, reading, thought, living amongst the facts of the past and the hopes of the future, joining in, and mentally taking part with the events passing in the world without, in short, cultivation and refinement of mind, these, after religion, are the antedotes to this over-excitement, this seeking to fill the void within, which in the absence of the power of self-occupation, call for the baneful abuse of stimulants, to the destruction of the body and the soul. I therefore rejoice to see, in an assemblage like the present, the presence of many ministers of religion, who, I think, are here in their proper place, taking the lead, to which their sacred position and superior cultivation of mind entitle them, taking advantage of the love of the Welsh for their language and customs, to guide and direct popular thought towards literary and rational exercise, thus supplying the mind with resources within itself to resist the temptations which the tedium of inactivity succeeding to active labour always exposes the man with an empty mind.

Prin fod yr awydd *bourgeois* i helpu sylweddoli posibiliadau disgyblaethol yr eisteddfod erioed wedi'i fynegi'n well ac mae'r cyfeiriad at y gweinidogion 'who, I think, are here in their proper place...' yn arwyddocaol o gofio'r rhagfarn grefyddol yn erbyn eisteddfota. Ni ellid amau cywirdeb J.Palmer Budd ac yr oedd ei farn, o'r herwydd, yn un i'w pharchu.[19]

A beth am ei agwedd at y Gymraeg? Yn syml, tra'n canmol ymlyniad y Cymry wrth eu traddodiadau carai iddynt ddeall nad oedd o'r farn 'that all the parts of this great British Empire should not be fused in one great homogeneous whole...' ac yn sicr ni chredai fod y gorffennol yn rhagori ar y presennol. Trwy ymgymysgu ac ymbriodi â hilion eraill y cynyddai cenedl mewn nerth. Cyflwr diffrwyth oedd y cyflwr arwahanol: 'No fact in anthropology is better ascertained than the degeneracy of race caused by the intermarriage of near relations, and the history of the world teaches us that no aboriginal race, no people of unmixed blood, has ever been able to preserve an empire, I might add, independence.' 'Roedd cynnydd amlweddog yr oes fodern mewn amrywiol feysydd yn rhoi gwell cyfle nag erioed i ddyn wella'i stad a hyderai iddo yntau wneud ei ran yn enw'r cynnydd hwnnw: 'I therefore hope that, having been the means of introducing works, machinery, and population, into this once quiet district, the new elements of society have their virtues as well as the old, and that man has afforded to him more ample means of progress and improvement.'[20]

Rhwng diwydiant a'r iaith Saesneg gellid gwneud Cymru, dim ond i'w thrigolion weld eu lles, yn rhan integrol o, ac yn gyfrannwr hael at, ffyniant Prydain Fawr a'i hymerodraeth. Gallai Budd fel diwydiannwr siarad ag arddeliad am broffidrwydd 'ymdoddi' ac wrth wneud nid oedd ond yn canfasio yng Nghwm Tawe am gefnogaeth i'r cysyniad o 'homogeneity' y byddai'r Eisteddfod Genedlaethol yn ymwerthu iddo yn yr 1860au. Fel gallu i nerthu cyfunrhywiaeth Prydain y prisiai Matthew Arnold y 'Celtic magic' a ddarganfu wrth baratoi darlithiau yn Rhydychen, a chan mai dim ond trwy'r Saesneg y gellid ysbrydoli Prydain (= Lloegr), obsciwrantiaeth ffôl fyddai cuddio'r ddewiniaeth waredigol yn nerwen gam a chou y Gymraeg.

Yr oedd Budd yn rhy lednais i ddadlau'r achos yn ymosodol fel y gwnaeth Hussey Vivian wrth lywyddu yn Eisteddfod Genedlaethol Abertawe, 1863. Tra'n annog y Cymry i gynnal eu Cymreictod cyhoeddodd yn ddi-lol na allai'r un Cymro mwyach fforddio peidio â bod yn Sais, hefyd. Lloegr oedd y wlad orau yn y byd a Chymru oedd y rhan orau o Loegr! Bodlonodd Budd ar nodi'n gynnil mai aelod o deulu amlganghennog oedd y Gymraeg, ac er mor naturiol a chanmoladwy oedd ymlyniad y Cymry wrth eu mamiaith, 'the affection of a child to its parent', prin fod meddwl amdani fel iaith anghyfnewidiol ei phurdeb er Gardd Eden yn gydnaws ag oes yr oedd ei dysg, diolch yn bennaf i Darwin, yn 1860, yn chwalu pob hen goel. Dibynnai trawsnewidiad pobol ac iaith 'and the obliteration of minor distinctions of race and of idiom . . . on general laws, which have the character of immutability, and which lead to the greatest homogeneousness of the human race.' Yr oedd y Gymraeg yn un o'r 'cultivated languages' gan fod iddi draddodiad llenyddol hirfaith. Nid oedd ieithoedd o'r fath yn marw—nid am eu bod o ddwyfol ordinhad ond am eu bod yn ymaddasu i ateb gofynion pob cyfnod. Gallai'r Gymraeg 'fyw' yn unig yn rhinwedd cyfoeth ei llên, ac felly

It is by giving your ancient tongue a more general, cultivated, and literary form, by adapting it to the change in ideas and circumstances in the media that surround you, that it will the longer continue to be in popular use, and will be handed down in its literature to the remotest ages, even should the day ever arrive when not a Welshman may remain who has not adapted for common and daily use the language of the 'Saesons'.[21]

Cysur Sais gwâr a deimlai ym mêr ei esgyrn nad oedd dianc i'r
Gymraeg rhag esblygiad, er na fynnai gyhoeddi hynny o bennau'r
tai, a oedd gan Budd i'w gynnig. Byddai Talhaiarn wedi
cymeradwyo'i sylwadau yn frwd. Wrth annog awduron y Gymraeg i
gyfoesi eu llên rhoes Budd gyngor da iawn iddynt ond y mae'n amlwg
ei fod yn disgwyl i'r Saesneg lefaru fwyfwy dros y Cymry o'r 1860au
ymlaen er mai yn Gymraeg yr ysgrifennwyd y rhan fwyaf o ddigon o'r
traethodau a'r cerddi yn *Gardd y Gweithiwr*. Nid yw hynny'n syndod
o gofio natur ieithyddol cymunedau Cwm Tawe ar y pryd ynghyd â'r
ffaith fod y Gymraeg yn cael ei hystyried yn iaith lesol a dyrchafol ei
defnydd. Rhaid nodi, fodd bynnag, fod dwy wobr wedi'u cynnig am
gyfieithiadau, sef 2 gini am gyfieithu cywydd Goronwy Owen,
'Bonedd a Chyneddfau'r Awen' (The Origin and Properties of the
Muse)—enillodd y Parch. R. H. Morgan, Bedwellte a D. L. Moses,
athro beirdd Cwm Aman, bob o gini—a gini a enillwyd gan J. D.
Jones, Rhuthun am gyfieithu cerdd ricriwtio Tennyson, 'Riflemen,
Form!' (Rychynwyr, Ymunwch!). Câi'r Saeson wrando ar fardd o
Gymro (digon meddw ar adegau yn ystod ei fywyd) yn moli
dwyfoldeb yr awen tra câi'r Cymry wrando ar y 'Poet Laureate' yn
galw arnynt i ymfyddino dros Victoria.[22]

Yn y rhagair Saesneg i'r gyfrol gofynnwyd i'r darpar brynwyr
gofio mai gweithwyr llafurfawr oedd y rhan fwyaf o'r awduron a bod
eu cyfansoddiadau'n cael eu cyhoeddi yn y gobaith y byddent yn
ysbrydoli eu cydweithwyr i geisio ymddiwyllio trwy lenydda, 'than
which a better safeguard cannot be found against the degrading
influences too often brought to bear on the less favoured classes of the
community.' Ailadroddwyd hynny yn y Gymraeg gan bwysleisio
'mai dyrchafiad y gweithiwr yw yr amcan mewn golwg wrth ei
gyhoeddi', a chynnwys dau bennill gan Ieuan Ebblig i yrru'r neges
adref:

> Boed meistri a gweithwyr trwy Ystalyfera
> Yn enwog mewn rhinwedd, gwybodaeth a dawn;
> Gwna hyny bob annedd—bob mynwes trwy'r ardal,
> O bur a sylweddol ddedwyddwch yn llawn.
>
> Chwi, anwyl ieuenctyd, deffrowch o gysgadrwydd,
> Y cwrw a'r bibell ffieiddiwch trwy'ch oes;
> I gyrhaedd gwybodaeth ymdrechwch o ddifri',
> Gan bwyso am fywyd ar 'angeu y groes'.[23]

Mae'r traethodau arobryn a feirniadwyd gan y Dr. Evan Davies naill ai'n foesol-ddyrchafol neu'n uniongyrchol utilitaraidd. Yn Gymraeg, cyhoeddwyd 'Y dull goreu i'r gweithiwr dreulio ei oriau hamddenol'; 'Dyledswydd y meistr a'r gweithiwr at eu gilydd'; 'Y moddion effeithiolaf er diogelu hawliau a defnyddioldeb cymdeithasol y gweithiwr'; 'Y manteision o gynal Budd-gymdeithasau allan o'r Tafarndai' (y ddau draethawd cyd-fuddugol); a 'Haelioni; y pryd a'r modd i'w arfer' (y ddau draethawd cyd-fuddugol). Yn Saesneg, cyhoeddwyd prif draethawd yr eisteddfod, sef 'In Refutation of Henry Austin Bruce, Esq., M.P.'s assertion at Merthyr Eisteddfod, that "Wales has produced no men who have influenced the public opinion of Great Britain",' ynghyd â 'The advantages of a Railway to the Swansea Valley.'[24]

Yng ngoleuni anerchiadau'r Dr. James Rogers a J. Palmer Budd y mae'r prif draethawd yn ddadlennol gan i'r wobr o 3 gini, a ddenodd ddau gystadleuydd, gael ei hennill gan William Morris (Gwilym Tawe) o'r Stamp Office yn Abertawe. Ef, i bob pwrpas, a luniodd y Cyfansoddiad a fabwysiadwyd gan Gyngor 'Yr Eisteddfod' yn 1861, Cyfansoddiad a bwysleisiodd yn gyntaf dim mai priod bwrpas yr Eisteddfod Genedlaethol oedd hybu'r Gymraeg a'i diwylliant. Fodd bynnag, fel Cymro o Sais *a la* Hussey Vivian y siaradodd Gwilym Tawe yn Eisteddfodau Cenedlaethol 1861, 1863 ac 1866, ac y mae'n arwyddocaol na phrotestiodd o gwbwl pan amlygodd gwŷr y Cyngor eu parodrwydd i ddiraddio'r Gymraeg. Nid gofal am yr iaith a'i hysgogodd i ysgrifennu ei draethawd yn 1860 ond gofal am enw da'r Cymry fel cyfranwyr Prydeinig. Nid y cymhelliad llwythol fel y'i disgrifiwyd gan yr Athro T. J. Morgan a'i sbardunodd, sef yr awydd hwnnw i adeiladu'r diwylliant Cymraeg a esgorodd ar ddyrneidiau o gymwynaswyr o gyfnod y Dadeni Dysg ymlaen. Ple dros gydnabod fod yr athrylith Gymreig wedi bod ar waith er lles Lloegr ers canrifoedd yw ei draethawd, ple, chwedl Ned Thomas, dros 'contributionism', a phle dros chwarae teg i wlad fach a oedd wedi cyfrannu cymaint er ei holl anfanteision—yn ddaearyddol a pholiticaidd, yn economaidd ac addysgol. Yr oedd Henry Austin Bruce, A.S., yn siarad iaith 'Brad y Llyfrau Gleision' mewn acenion coeth pan dynnodd sylw at dlodi meddyliol y Cymry yn Eisteddfod Cymmrodorion Dirwestol Merthyr, 1859, ac yr oedd yn rhaid ei ateb. Ni fynnai anrhydedd y genedl ddim llai na hynny. Ymgadwodd Gwilym Tawe rhag ei bardduo, 'But we have endeavoured to withdraw the shade from our dear mother country, and to show, so far as in us lay, the nobility and utility of the race to which we belong.'[25]

Nid yw gofod yn caniatáu ymhelaethu ar y traethawd hwn. Y mae i'w brisio fel enghraifft o'r llenyddiaeth ymgynnal y teimlai cynifer o Gymry ar hyd y ganrif fod yn rhaid ei hysgrifennu yn wyneb dibristod Lloegr o'u gwlad. Hyd yn oed yn Eisteddfod Ffair y Byd yn Chicago, 1893, yr oedd 300 doler i'w hennill am ddraethawd ar 'Celtic Contributions to England's Fame and Power', ac nid oes lle i gredu mai syrffed a barodd nad oedd neb yn deilwng o'r wobr. Wrth gwrs ni wnâi traethawd fel un Gwilym Tawe ond helpu i droi olwynion melinau dychan a dirmyg y Sais yn gynt a phan fu'r *South Wales Daily News* yn 1877 mor ffôl â dannod i Bruce ei sen i'r Cymry yn 1859 ni wnaeth ond rhoi cyfle i'r *Times* eu gwatwar, eto fyth. Y ffaith syml fod trefnwyr Eisteddfod Ystalyfera yn 1860 yn teimlo fod yn rhaid ymateb—a hawlio cymaint wrth wneud—sydd, wrth gwrs, yn gwneud traethawd Gwilym Tawe yn ddogfen hanesyddol gwerth sylwi arni. Mae megis plat pelydr-X yn dangos cancr israddolder wrthi'n deintio Cymreictod Oes Victoria.[26]

Dim ond Gwilym Tawe ac un arall a ymroes i dawelu Bruce. Dim ond un a draethodd 'On the Benefits that would accrue to the Swansea Valley from the introduction of the Railway System of Communication.' Richard Morgan, 'pupil-teacher' 18 oed yn Ystalyfera oedd hwnnw, a barnai'r Dr. Evan Davies wrth roi'r gini o wobr iddo fod ei ddraethawd yn profi fod ei ddisgyblion mewn dwylo da a'i ddyfodol yntau'n llawn addewid. Fel y gellid disgwyl, o gofio y byddai'r trên yn cyrraedd Ystalyfera ymhen blwyddyn, 'roedd Morgan yn daer dros ei ddyfodiad. Yn union fel William Morgan o Dongwynlais a gyfansoddodd yr orau o bedair 'Pryddestodl i'r Rheilffordd', fe'i gwelai'n bŵer daionus i hwyluso masnach a chodi safon byw y cwm yn gyffredinol. Byddai'r rheilffordd yn tra rhagori ar y Gamlas o ran cyflymdra a'r gweithwyr fyddai'r cyntaf i wella'u byd:

It is melancholy on beholding those men in the iron and tin works of our Valley on a hot summer's day, naked to their waists, except a towel round their necks for wiping the perspiration, which would otherwise run down in streamlets into their very shoes, working hard before a fire which nearly roasts them, to think that they have nearly the same diet every day. This diet is generally tea or coffee with no milk in it, and bread with salt butter on it generally, for breakfast and tea; and nearly the same meat every day, with a few potatoes for dinner. It is enough to cause disease...

A'r fath fendith i'r plant o ran eu haddysg fyddai eu dwyn yn nes at ddylanwad lledneisiol Abertawe gan fod Cwm Tawe mor esgeulus ohonynt:

> We must acknowledge that there is not a place in Great Britain where education is so much contemned and neglected as this valley. Here most of the little children of both sexes, instead of being kept in school as they ought to, are permitted to range the streets wholly unrestrained, and unlooked after, till they arrive at the age of eight or ten, and then they are driven to work into the iron and tin works, and many of the boys underground into the collieries. Here they learn to curse and swear, to drink intoxicating liquors, and many other vices, so that when they grow up to be men, they are as ignorant and immoral as the inhabitants of any pagan country in the world. It is a startling fact that Ystalyfera, with a population of 7,000 to 8,000, should send daily only about 300 children to school; and about one-third of those are infants sent there, as their mothers say, 'merely to be safe and out of our way'.

Pan gâi eu rhieni, diolch i'r trên, gyfle i brofi diwylliant dyrchafol trwy fynychu cyngherddau, darlithiau cyhoeddus ac ati fe gâi'r plant well cyfle hefyd. 'Roedd y Richard Morgan ifanc yn ormod o eisteddfodwr, mae'n amlwg, i ystyried y posibilrwydd mai atyniadau llai ymenyddol Abertawe a gâi sylw. Beth, tybed, oedd ei ymateb i'r llith golygyddol ar 'The Great Social Evil' a ymddangosodd yn y *Cambrian* ar 22 Mehefin 1860, dridiau cyn ei wobrwyo? Datgelwyd fod arolwg a wnaed gan yr heddlu yn dangos fod yn y dref tua 'one hundred beerhouses and two hundred licensed houses; that there are forty-eight brothels, and no less than one hundred and fifty well-known prostitutes; whilst there are upwards of one hundred ticket-of-leave and convicted thieves at large in the town.' Datganwyd, yn wir, fod cyflwr moesol Abertawe yn dirywio'n gyflym a'r merched coch wrthi'n masnachu'n agored:

> Lewd and disorderly women, without bonnets and with gaudy dresses which are positively disgusting, parade the town even in mid-day with daring effrontery, setting morality and common decency at defiance, and committing acts which shock respectable females, and are a blotch upon the fair escutcheon of the town.

Byddai Rheilffordd Cwm Tawe, mae'n debyg, er gwaethaf tawed-
ogrwydd sawl Richard Morgan hen ac ifanc, yn dwyn y rheini, hefyd,
yn nes at gyrraedd chwant.[27]
    Am y traethodau Cymraeg bu'n rhaid i'r tri a ysgrifennodd 'Ar y
manteision a ddeilliai o gynnal y Budd-gymdeithasau allan o'r
Tafarndai' rannu'r gini o wobr rhyngddynt. Ni wnaeth y tri, sef
William Lewis o Bentyrch, David Lloyd o'r Bryn, Cwmafan a J. H.
Rowland, Gwaith Haearn Walker, Newcastle upon Tyne, ond
ychwanegu at y garnedd o lenyddiaeth ddirwestol, homiletig a
gynhyrchwyd yn y ganrif ddiwethaf a dyna'n unig y gellir ei ddweud,
hefyd, am englyn buddugol y llanc 18 oed, Evan Jones, 'Ar y llaw
estynedig at y cwpan meddwol':

                  Y Llaw grynedig a llwyd—a estyn
                      Yn ddistaw heb arswyd
                      At ei gwaith, y pot a gwyd
                      I ddofi'r wefus ddifwyd.

Dôi'r Evan Jones hwn yn llawer mwy cyfarwydd i'w gyd-Gymry yn
nes ymlaen fel y Parch. Evan Jones (Gurnos: 1840-1903), bardd
cadeiriol ac arweinydd eisteddfodol tra phoblogaidd.[28]
    Ymgadwodd y traethodwyr, gwaetha'r modd, rhag canolbwyntio
sylw'n benodol ar Ystalyfera. Dywedir fod 21 o dafarnau yno erbyn
1874 a bod nifer y Cymdeithasau Cyfeillgar ym mhlwyf Llan-giwg
wedi amlhau rhwng 1840 ac 1875. Erbyn 1875 yr oedd oddeutu 56 o
Gymdeithasau a Chyfrinfeydd yn y gwahanol bentrefi, y rhan fwyaf
ohonynt yn perthyn i'r Odyddion, Y Gwir Iforiaid a'r Alffrediaid, ac
yn y tafarnau y byddai'r mwyafrif ohonynt yn cwrdd. Cydnabu
Roger Thomas (Adolphus) yn ei draethawd buddugol yn Eisteddfod
Ystradgynlais, 1857, fod dyfodiad y gweithfeydd ar y dechrau wedi
peri fod 'meddwdod ac ymladdau yn ffynu yn mhlith y rhan fwyaf o'r
werin, a llawer o honynt trwy hyny wedi myned yn dra isel eu
hamgylchiadau bydol', ond yn 1857 gallai nodi fod cyfanswm o 10 o
addoldai yn Ystradgynlais, Gurnos, Cwmtwrch a'r Graigarw a
chanddynt 1,017 o aelodau, a chyfanswm o 23 o Gymdeithasau
Cyfeillgar a chanddynt 2,818 o aelodau. Cyfanswm y dirwestwyr
oedd 302, ac yr oedd 250 ohonynt yn y Graigarw.[29]
    Dadl syml y traethodwyr yn 1860 oedd fod y tafarnau trwy lyncu
arian y Cymdeithasau yn lleihau eu buddioldeb ac yn peryglu moes

a rhinwedd eu haelodau er eu gwaethaf. Byddai Budd wedi'i blesio'n fawr gan eu cyfansoddiadau o gofio'i awydd i rwystro'r ddiod, 'a monster evil', rhag ennill mwy o dir ar draul y boblogaeth leol. Llongyfarchodd y gynulleidfa ar fore Mawrth gan gofio helyntion 1859, mae'n siŵr, am brofi fod y Cymry bellach yn gwybod sut i hamddena 'without going to excess'. Ni welsai'r un dyn meddw, a chryfhaodd hynny ei gred 'y gall y Cymry ddangos eu hunain yn foneddigion.' Gwelsai gohebydd *Y Faner* un meddwyn, ond ni wnaeth hwnnw ond tanlinellu rhagoriaeth trigolion Ystalyfera: 'Rhyfedd mor sobr yr oedd pawb yn ymddwyn—ni welwyd ond un dyn meddw trwy y dydd, a hwnw oedd ddyn dyeithr yn gwerthu cnau, yr hwn a dderbyniodd nid ychydig o wawd gan y plant.'[30]

Yr oedd traethodau buddugol David Lloyd 'Ar y dull goreu i'r gweithiwr dreulio ei oriau hamddenol' ac 'Ar y moddion effeithiolaf er diogelu hawliau a defnyddioldeb cymdeithasol y gweithiwr,' wrth fodd calon Budd. Fe'i canmolodd ar goedd fel enghraifft o weithiwr a chanddo deulu mawr a fynnai ymddiwyllio er pob anhawster. Cawsai'r pynciau yr ymroes Lloyd i ysgrifennu arnynt gryn sylw ers tro byd yn y Gymraeg, fel yn y Saesneg, gan ei bod o'r pwys mwyaf fod y dosbarth gweithiol yn arddel ei gyfrifoldeb i'r drefn gymdeithasol osodedig. Pe gellid perswadio'r gweithiwr i ymddiwyllio yn ôl safonau'r dosbarth canol ymfodlonai ar ei le yn y drefn honno ynghyd â'i berthynas â'i feistr. Mae traethodau David Lloyd yn enghreifftiau nodweddiadol o'r llenyddiaeth anogaethol y disgwylid, neu o leiaf y gobeithid, i'r dosbarth gweithiol elwa ar ei doethineb. 'Roedd gan y gweithiwr a weithiai ddeuddeg awr y dydd ac a gysgai naw awr y nos 'eilwaith dair awr bob dydd o oriau hamddenol i'w treulio yn ôl ei ewyllys ei hun; ac fe allai bump neu chwech awr dydd Sul.' Ni ddylai eu hafradu ar oferedd. Yr oedd ceisio hunan-ddiwylliant, yn ôl David Lloyd a'i debyg, yn weithgarwch hanfodol a difrifol. Rhaid oedd diogelu iechyd y corff, wrth gwrs, ond yr oedd sicrhau iechyd moesol ac ysbrydol yn *sine qua non* y gweithiwr da.[31]

Ar gyfer pwy, tybed, y credai David Lloyd ei fod yn ysgrifennu? Mae'n siŵr mai ychydig iawn o weithwyr Budd a fyddai'n darllen ei draethodau. Nododd cyhoeddwyr *Gardd y Gweithiwr* mai nifer fechan o gopïau a argraffwyd ganddynt er ised pris y gyfrol. Go brin y byddai'r mwyafrif llethol o weithwyr Budd yn uniaethu â'r math o weithiwr a oedd gan David Lloyd mewn golwg, hwnnw yr oedd disgwyl iddo, ymhlith pethau eraill, 'fod yn feddianol ar ysbryd cyhoedd o wir ddefnyddgarwch, ac aidd sanctaidd gydag achos crefydd, er diogelu ei hawliau a'i ddefnyddioldeb cymdeithasol.' Nid âi gweithiwr David Lloyd ar gyfyl na streic na therfysg; ni thorrai'r un gyfraith. Hawdd iawn y gellid hawlio tegwch i un o'r fath gan ei feistriaid, oherwydd petai'n cydymffurfio â gofynion ei grëwr byddai'n debycach i angel nag i ddyn—chwaethach gweithiwr a orfodid i lafurio'n enbyd o galed dan amgylchiadau a oedd mor fynych yn annynol. Am fodau haniaethol—rhithiau eu delfrydiaeth neu eu hunan-dwyll—yr ysgrifennai llesolwyr y gweithwyr fynychaf. Y mae'r farwnad Saesneg i Dorman, 'overman' pwll Bryncoch, a enillodd 2 gini i James Lockhart, yn troi'r gwron a gollodd ei fywyd wrth geisio arbed eraill rhag boddi yn esiampl ystrydebus i'w gydweithwyr, a'r union awydd i draethu am bethau fel y dylent fod sy'n cyfrif am gynnwys traethawd buddugol William Lewis (Cawr Taf), 'Ar ddyledswydd y meistr a'r gweithiwr at eu gilydd,' sydd eto'n enghraifft dda o'i bath.[32]

Nid anwybyddodd pwyllgor Ystalyfera mo'r ffaith fod ysgrifennu i foddio'r dychymyg yn cael derbyniad parotach yng Nghymru erbyn 1860. Yr oedd pwyllgor eisteddfod 1859 wedi cynnig gini o wobr am 'Chwedldraeth' ac fe'i henillwyd gan John Davies, athro yn Ysgol Genedlaethol Llangennech, am foeswers estynedig, sef 'William Morgan; neu Wobr Diwydrwydd.' Yr oedd pyrth yr eisteddfod yn agor i'r nofel ac yn Eisteddfod Cymmrodorion Dirwestol Merthyr Tudful, 1859, fe'u gwthiwyd ar agor pan wobrwyodd Eben Fardd nofel Llew Llwyfo ar 'Y Meddwyn Diwygiedig' mewn cystadleuaeth arwyddocaol. Darparodd Eisteddfod Ystalyfera yn 1860 gyfle pellach i'r nofelwyr trwy gynnig £1.10.0 am 'Ffug-chwedl sylfaenedig ar Gastell Ynys-y-Ceinion a Tharen Gwyddon.' Rhannwyd y wobr rhwng dau o weithwyr J. P. Budd, sef John Davies, pwyswr o Ystalyfera ac ysgrifennydd yr eisteddfod, a Roger Thomas (Adolphus), glöwr o Gwmtwrch a diacon gyda'r Bedyddwyr yng nghapel Soar, Ystalyfera.[33]

Dwy stori fer—nid o ran crefft ond o ran hyd—a gafwyd ganddynt a'r rheini yn eu hanfod yn storïau onomastig. Esbonio enwau lleoedd oedd eu bwriad, nid creu plot na chymeriadau credadwy er mwyn portreadu bywyd cyfoes y cwm. O'r ddau y mae'n sicr mai Roger Thomas oedd y bywiocaf ei arddull a'r mwyaf dyfeisgar ei grebwyll a daliodd ati i ysgrifennu nofelau cyfres ar ffurf rhamantau hanesyddol gan mwyaf i'w cyhoeddi mewn papurau megis *Tarian y Gweithiwr*. Yn

1882 ymddangosodd yr ail argraffiad o *Gruffydd Llwyd neu Y Bachgen Amddifad, ac Ogof y Daren Goch*, ac yn ei ragymadrodd siaradodd Roger Thomas o blaid y nofel wrth gyfarch y darllenydd: 'Nis gelli wneyd dim yn well i agor dy ddeall, gwrteithio dy feddwl, a grymusu dy gof. Y mae darllen nofelau da yn un o'r pethau goreu a fedri wneyd. Paid ti a chredu yr hen ystori sydd yn disgyn ar dy glustiau yn barhaus a di-ddiwedd, mai anwiredd yw pob nofel.' Y mae'r ffaith fod diacon ymroddgar gyda'r Bedyddwyr, cyfrannwr ysgrifau ac erthyglau solet i gylchgronau'r enwad a'r wasg Gymraeg yn gyffredinol, yn chwennych ei gymryd o ddifrif fel nofelydd a oedd am lesoli'r Cymry, yn haeddu sylw. Gwaetha'r modd, ychydig iawn ar hyn o bryd a wyddom am ei fywyd ond y mae'n ddi-os yn un o'r awduron mwyaf eu gwerth a fu'n ceisio ennill cynulleidfa ehangach i'r nofel cyn i Daniel Owen ei phoblogeiddio.[34]

O'r cerddi a gyhoeddwyd yn *Gardd y Gweithiwr* y mae tair ohonynt yn werth eu darllen heddiw am eu bod yn dwyn bywyd y cwm i'n golwg a'n clyw mewn modd difyr iawn. Ceir ynddynt ddarnau bychain o'r hyn a eilw'r Saesneg yn 'felt life'. Mae'r cerddi a ystyrid o bwys yn 1860 wedi hen ffosileiddio. Enillodd Llew Llwyfo y brif wobr o 5 gini am bryddest ar 'Drylliad y ''Royal Charter'' ', llong ymfudo ar ei ffordd adref i Lerpwl o Awstralia a chwalwyd gan dymestl ar greigiau Porth Helaeth ger Moelfre ar 25 Hydref 1859. Collwyd ymron 450 o fywydau a chargo o aur, a syfrdanwyd trigolion Prydain Fawr. Heb os, gobeithid am bryddest hafal i awdl enwog Caledfryn ar 'Drylliad y ''Rothesay Castle'' ' a enillodd gadair Eisteddfod Daleithiol Biwmares iddo yn 1832. Ond er enbyted y drychineb i'r beirdd ymateb iddi, ni chafwyd clasur o ganu catastroffig a fyddai mor gydnaws â chwaeth yr oes. Yr oedd y Llew wrthi'n newyddiadura, heb sôn am farddoni a chanu, yn 1860, a thalodd ei awen bris y wasg. Adroddiad papur newydd ar fydr yw ei bryddest er gwaethaf clod Cynddelw i'r 'teimlad effro a chyffrous' a'i hydreiddiai. Nid oes ynddi'r un ddelwedd gofiadwy a rhaid darllen llyfrau Alexander McKee, *The Golden Wreck* (1961) a T.Llew Jones, *Ofnadwy Nos* (1971) i sylweddoli maint methiant Llew Llwyfo.[35]

Darn o farddoni Islwynaidd diafael yw cerdd Theophilus Williams, Pontardawe ar 'Y Nos a'i Phrydferthion', a rhigymau moes yn ôl y patrwm duwiolaidd yw cerddi J. H. Rowland a'r Parch. W. Thomas (Gwilym Marles) ar 'Dedwyddwch Teuluaidd', a cherdd J. H. Rowland, eto, ar 'Lle i bob peth, a phob peth yn ei le.' Ni fyddai gofyn i'r un meistr, waeth pa mor draws ei oruchwyliaeth, golli eiliad o gwsg fyth petai holl weithwyr Cymru yn dilyn cynghorion Rowland, ond chwarae teg iddo, ni ddôi'r un barnwr o Sais i 'eistedd yn Nghymru ar achos un dyn,' na'r 'un Esgob na Pherson,/Nac unrhyw Giwredyn o Sais', chwaith, i'w lordio hi ar dir Cymru. Hiraethai am y dydd pan fyddai—

> ... Pob dyn, a phob dynes, o'r henaf i'r ie'ngaf,
> Yn talu gwarogaeth i Lywydd y nen;
> Gwir grefydd yn mlaenaf, a'r byd hwn yn ailbeth,
> O! doed y fath amser ar fyrder i ben. [36]

Mae'r tair cerdd sy'n cael eu dwyn i olau dydd y dwthwn hwn yn yr erthygl hon yn lân o bob moesoli a llesoli syrffedus, ac wrth eu darllen sylweddolir cymaint y costiodd y moesymgrymu defodol i barchusrwydd iaith a mater i lenyddiaeth Gymraeg Oes Victoria. Rhannwyd y wobr am 'Cân ddigrif, yn rhoi desgrifiad o'r badwyr ar gamlas Cwmtawe' rhwng Robert Lloyd (Eos Clwyd) a David Morgan, Cwmtwrch. Lluniodd y ddau gerddi i'w canu ar donau poblogaidd, sef 'Mae Robin yn swil'—dewis Eos Clwyd, a 'Lili Lon'—dewis David Morgan. Cerdd Morgan a ddyfynnir yma am fod mwy o wynt cig a gwaed amrwd i'w ffroeni ynddi. Yr oedd Eos Clwyd, fe gofir, yn ysgolfeistr. Ifor Cwmgwys piau'r ddwy gerdd arall—dwy ddramodig ddigrif ydynt mewn gwirionedd—y naill 'Ar ddull ymddyddanion y mwnwyr yn ystod eu tanddaearol wiff', a'r llall yn hanes 'Cynadledd y Gwragedd, ar yr achlysur o gyflwyno ar enedigaeth plant.' [37]

Bardd o golier a grwydrodd gymoedd y De oedd Ifor Cwmgwys. Hanai o Landybïe a dywedir na ddysgodd ysgrifennu nes iddo gael gwraig. Serch hynny, yr oedd yn gynganeddwr parod yn enwedig pan oedd ganddo syched i'w dorri—ac yr oedd hynny'n aml. (Ni rwystrodd hynny mohono rhag magu o leiaf un mab i fod yn weinidog yr efengyl—ac yn grwydryn fel ei dad. Daeth y Parch. Ifor Thomas (Ap Ifor Cwmgwys) bob cam o Brookfield, America i ymweld â'i famwlad yn haf, 1886). Byddai Ifor Cwmgwys wedi bod wrth ei fodd yng nghwmni Twm o'r Nant a'i gymrodyr fel y prawf blas anter-iwtaidd ei ganu, ac mae'n sicr fod parchusion 'Yr Eisteddfod' yn gresynu na chawsai ei eni yn gynt pan enillodd wobr yn Eisteddfod Genedlaethol Aberdâr, 1861, am englynion yn dathlu'r undeb eisteddfodol rhwng De a Gogledd. Ifor Cwmgwys o bawb! Fel cystadleuydd, rhyfygai ddefnyddio ffugenwau megis 'Prince Albert' neu'r 'Earl of Cardigan' a mwynhâi'r werin ddiwydiannol ei ddawn i fydryddu sbort ar eu cyfer. Heddiw, byddai'n un o sêr 'Talwrn y Beirdd' a byddai gofyn i Gerallt Lloyd Owen ei drin yn ofalus. Ar ddechrau ail brynhawn Eisteddfod Ystalyfera darllenodd ei gerdd ar 'Cynadledd y Gwragedd' gerbron cynulleidfa o ryw dair mil a'i difyrru'n fawr. Gellir clywed hybarch olygydd *Y Faner* yn llyncu ei boer wrth ddychmygu'r olygfa. Dyna'r math o 'public poet' y gallai Gwalia lân wneud hebddo yn ei farn ef a'r agwedd honno, gwaetha'r modd, a roes daw ar Ifor Cwmgwys a'i debyg. Pan ofynnwyd am gerdd dafodiaith yn Eisteddfod Genedlaethol Abertawe, 1907, yr hyn a gafwyd oedd moeswers seiadaidd na allai iaith Cwm Tawe, hyd yn oed, ei bywiocáu. Mae'r cerddi a ddyfynnir yma'n fyw i ni heddiw yn rhinwedd dilysrwydd eu mynegiant. Mae eu hieithwedd yn gydnaws â'u mater ac o'r herwydd maent yn nawsio o gyfathrach real pobol real.[38]

CÂN DDIGRIF,

Yn rhoi desgrifiad o'r Badwyr ar Gamlas Cwmtawe

GAN MR. DAVID MORGAN, CWMTWRCH

Clywch ar hanes gywrain gywir, wyf yn draethu am y badwyr,
Sydd yn cludo pob trysore', ar y Gamlas yn Nghwmtawe.
    O gwrandewch, Gymry gwiw, O gwrandewch, Gymry gwiw,
    Ar yr hanes fwyaf ddigri' ag a glywsoch yn eich byw.

'Ro'wn i'n teithio ar ryw foreu, dros y Gamlas ar fy siwrneu,
Yn fy ochor clywn 'foldagu,' Wîl Nant Gwyni bron â boddi.
    O gwrandewch, Gymry gwiw, etc.

Pan gyrhaeddais *lock* Sion Gethin, ce's ddifyrwch anghyffredin,
'Roedd Twm Siams a John o'r Byrnant, yno'n bwgwth 'tori cilddant.'
    O gwrandewch, Gymry gwiw, etc.

'Nes i lawr ger tŷ Sion Hopkin, gwelais râs am *lock* y 'Scedwin
Sion Llangenech oedd yn gwaeddu, '*Come*, y gas', 'n awr, styra, Mary.'
    O gwrandewch, Gymry gwiw, etc.

Gwelais Sioni Gwllys Adda, 'r penaf oll o'r badwyr yma,
A'i hen geffyl tinwyn tenau, a hen raff â chant o g'lymau.
    O gwrandewch, Gymry gwiw, etc.

Sioni bach y badwr cywrain, oedd yn ochain ac yn llefain,
Ac yn gwaeddu, 'hen George Dinga, wedi 'nharaw ar fy nghopa'.
    O gwrandewch, Gymry gwiw, etc.

Gwelais Harry Bach Bryngwyne, fu trwy'r *padles* gant o weithie,
Er yr holl gynygion hyny, mae e' yma heb ei foddi.
    O gwrandewch, Gymry gwiw, etc.

Ianto'r Bath, *the best lock-keeper*, oedd yn ymladd â Wil Dinger,
Ond, er syndod, aeth Wil Dinger dwmbwr dambar lawr i'r gwter.
    O gwrandewch, Gymry gwiw, etc.

Pan e's lawr gerllaw y Cyfin, gwelais yno Daniel Hopkin,
Wedi llenwi llon'd ei fola, a'r hen fâd yn *fast* mewn 'llaca.'
    O gwrandewch, Gymry gwiw, etc.

Gwelais Phil Rees Phillip, wirion, yma gyda'r badwyr creulon,
Joly oedd yn pallu tynu, 'herwydd nad oedd Phil yn rhegu.
    O gwrandewch, Gymry gwiw, etc.

Meistr Fisher, cym'rwch sylw, o Phil Rees, sydd yn eu twrw,
Rho'wch *ddrams* iddo yn lle badau, neu 'fe aiff 'r un fath â hwythau,
    O gwrandewch, Gymry gwiw, etc.

Wrth *lock* isa'r *shop* mi wylltiais, 'r ofn mwya 'rioed a gefais,
'Iwp! *lock* lawn,' medd Sion y Gwagrwr, hyd nes aeth fy mhen i'n ddwndwr.
    O gwrandewch, Gymry gwiw, etc.

'Nes i lawr 'r oedd Siams y Ratlon, a hen geffyl heb un gynffon,
'Offio*, a gwasg ma's, Janto,' oedd y iaith a glywais ganddo.
    O gwrandewch, Gymry gwiw, etc.

T̄wm Sion Griffith a John Lewis, oedd yn wepsog ac yn beifis,
Twm yn gwaeddu, 'Gâd dy gleber, neu fi'th fystyna di fel lleder'.
    O gwrandewch, Gymry gwiw, etc.

Pan e's lawr at *lock* y Ddorwain, chwech o honynt oedd yn 'screchain,
'*Come*, y gas' der odd'na Offi,' a rhyw lawer iawn o regu.
    O gwrandewch, Gymry gwiw, etc.

*ceffyl

'Nes i lawr mi glywn gegledi, 'Iwb! Wb! *Murder*,' gan Dai Nani;
Pwy oedd yno ond Twm Nedi, 'n curo Dai nes oedd e'n gwelwi.
    O gwrandewch, Gymry gwiw, etc.

Pan gyrhaeddais i *lock* Nedi, lle annedwyd oedd 'fan hyny,
Buont bron byddaru'm clustiau, a'u iwp! iwp! a'u holl hen drystau.
    O gwrandewch, Gymry gwiw, etc.

Gwelais râs i gwnu'r *padle*, rhwng John Dai a Mocyn Dodle,
Moc' yn myned dan glynhercan, colli'r rhâs wnaeth wedi'r cyfan.

Pan gyrhaeddais *lock* y 'Smudw, O mor hyfryd oedd fan hwnw,
Gweni Siams yn canu'n hwylus, a Wil Jack yn dawnsio'n siapus.
    O gwrandewch, Gymry gwiw, etc.

'Nes i lawr wrth *lock* y 'Sterw, gwelais fadwr hanner meddw,
Pan oedd ef' yn myn'd i styro, cwympodd lawr—bu'n gyfyng arno.
    O gwrandewch, Gymry gwiw, etc.

Clywais Morgan Gelli Fowy,'n gwaeddu'n uchel, '*Come*, yr Offi,'
Pan oedd Moc' yn myn'd i regu, cwympodd lawr, bu bron a boddi.
    O gwrandewch, Gymry gwiw, etc.

Aethum 'chydig bach yn mhellach, hyd nes oeddwn bron yn
                                     Nghlydach,
Yno gwelais estyn gweflau, *battle* ffyrnig â'r allweddau.
    O gwrandewch, Gymry gwiw, etc.

Ce's ddifyrwch wedi hyny, rhâs Dai Milk a rhyw hen Nani,
Nani'n gwaeddu, 'Mae'r *lock* gen i, ar dy weitha di,'r hen slymgi.
    O gwrandewch, Gymry gwiw, etc.

'Nes i lawr mi glywn y crio, bwgwth cicio, lladd, a blingo;
E's i edrych beth oedd yno, pedwar bâd oedd wedi *jemo*
    O gwrandewch, Gymry gwiw, etc.

Twm Wil George a welais yma, pan gyrhaeddais y *lock* isa,
Hanes Twm sydd hynod 'smala,' 'n galw ar ei frawd* i'w fwyta.
    O gwrandewch, Gymry gwiw, etc.

Dyna hanes ddigri'r badwyr,mentraf dd'weyd ei bod hi'n gywir;
Chwi gewch glywed rhyw dro eto, fwy o'r hanes pan bo' i'n bado.
    O gwrandewch, Gymry gwiw, etc.
*y diawl

CÂN DDIGRIF

Ar ddull ymddyddanion y mwnwyr yn ystod eu tanddaearol wiff

GAN IFOR CWMGWYS

Mae rhyw ddyddordeb mawr i ddyn, yn nglŷn â wiff y mŵnwyr,
Ceir ganddynt hwy, mewn bratiog iaith, 'storïau ffraeth a difyr;
'N ôl iddynt gwrdd ac eiste' lawr, ar bartin mawr yr *hedin*,
Rhaid tynu'r bocs a'r bibell ddu, o'r llogell i gael mwgyn;
Gan ddechreu'r cwrdd â stori deg, a charthu'r gêg a chwerthin.

Gan fod pob un yn tynu'n gry', y mŵg a dry'n gymylau,
Ac at y *top* yn araf cwyd, yn donog lwyd gydynau;
'Does fawr o drefn yn eu plith, pob un a'i lith ei hunan;
Ceir rhai am fyn'd i mofyn pris, yn fawr eu brys a'u ffwdan,
A Mocyn Goch, a Wil, a Siams, am brinder *drams* yn clebran.

'N ôl iddi fyn'd yn ferw mawr, heb un gwrandawr na threfn,
Hoi, *gosteg* lads, medd Wil y crydd, distawrwydd fydd drachefn;
Ac yna cyfyd Mocyn Sam, i gynyg am ryw nifer,
I fyned at y meistr mawr i dori lawr y *gaffer*,
Yr hwn sydd, weithiau, yn ei bang, yn gwneuthur anghyfiawnder.

Bas digwydd na fydd yn eu plith, ryw un lled frith yn gwrando,
Yr hwn i'r *gaffer* yn ddigoll, a ddwg yr oll a glywo;
Un gwàrffalst, gwenog aethus yw, mae'n newid lliw eu geiriau;
O flaen y *gaffer* tŷn ei gap, *gwna gam* â *shap* ei weflau;
Pob brawddeg wesgir nes bo'n ddwy, wrth fyned trwy ei enau.

Maent fel Seneddwyr Prydain Fawr, wrth eiste' lawr i chwiffian,
Yn llawn o waith,—ond cilia'u grym, heb wneuthur dim ond clebran;
Bydd un yn cynyg y peth hyn, a'r llall a fŷn beth arall;
Y trydydd wrthwyneba'r ddau, ac felly mae cam ddeall,
Yn cadw'r cyfan fel yr o'dd, i ryngu bodd yr anghall.

'N ôl treulio dwyawr, weithiau, 'n nghyd, gan sôn i gyd am godi,
A myned at y meistr mawr, ac eiste' lawr er hyny;
Yn awr, medd un, gwell codi llaw, gael gwel'd pwy ddaw, neu beidio;
Ac ar y gair, yn lled ddifraw, i fynu daw y dwylo,
Ond gyda'r cychwyn ar y daith, bydd chwech neu saith yn nago.

Rhyw un a gyfyd ddadl fawr, rhaid eiste' lawr drachefn,
A thano'r bîb, gan godi twrdd, fu 'rioed fath gwrdd didrefn;

O dyna fenyw dda mewn tŷ, yw Mary ni, medd Eben;
Dim gwell na Nans, medd Twm Benbre, i daclu tê a theisen;
Nid oes trwy'r Shir ddim gwell, medd Sam, na Betto ni am *boten.*

Mae Gwèni ninau, medd Wil Huw, yn eithaf *triw* a gloyw;
Ond mae yr *andras ynddi* hi pan byddo hi yn feddw.
Wil Ifan:
Fu 'rio'd dynerach gwraig na Sus, nid yw yn *use* im' wadu:
Pan *dwa'i* adre'n feddw *dall*, mae hi mor gall a thewi,
Gan 'neyd ei goreu megys *ffrynd*, i'm *helpu fyn'd* i'r gwely.

Dai Shon:
Os dyall Neli ni fy mod i wedi bod yn yfed,
Mae fel y felldith yn y tŷ, ei thafod sy' ar gerdded;
Twm Rees:
Mae Shwnet ninau'n ddigon ffôl, yn fynych, 'n ôl im' feddwi
Nid o's un *fenw* yn y Shir mor *fydyr* i dafodi;
Ond pan y gwel hi 'nanedd i, mae'i hawen hi yn rhewi.

Mae'r gwaith a phwnc y meistr mawr, i gyd yn awr yn anghof;
Wil Ellis:
Mae'n well cael 'stori fechan gan Wil Rhys, o dan yr ogof;
Hoi, silens, fechgyn, 'n awr Wil Rhys, mae'n ddechreu'r mis a phob peth,
A nine'n g'nythyr llawer iawn, heb ddechreu'n iawn ar unpeth.
Trw' fyn'd o bawb 'n ei ffordd ei hun, chi welwch 'ry'n ni'n benbleth.

Wil Rees:
'Rwy'n gw'bod hyny, Wil Rhiw'r fuwch, ond gorchest yw'ch diwygio;
Pa les 'na'r stori ore' gawn, i'r rhai sy'n llawn o'r bendro;
Gwell gweyd y gwir, a thyma yw, er amled yw'n manteision,
Yn mhlith y mŵnwyr, ni a gawn, ryw lawer iawn o ddynion,
Yn debyg i y corgi bàl, sy'n treio dàl ei gynffon.

Hoi, *boys*, medd Daniel o'r Tŷ Draw, gan godi'i law i fynu,
Mi wn y dyle Dic o'r *Star*, fyn'd dan y bàr neu dalu;
Ar hyn 'r oedd Ned, a Lewsyn Ffranc, tuag at y llanc yn neidio,
Gan ofyn iddo'n ddigon hŷ, A ydwyt ti yn *lwo*?
On'te ni *gitchwn* yn dy wàr, a chaiff y bàr dy buro.

'Rwy'n gweled heddy' wedi myn'd, medd rhyw hen ffrynd i'r breci
Nid yw dydd Llun ar ôl y tâl i neb i'w ga'l na'i golli;
Gan hyny *bys mewn cap* yn awr, caiff Daniel fawr eu rhifo,

Ga'l gwel'd pwy ochor troiff y câs, ai myn'd i ma's neu beido:
Ma'r amser wedi myn'd y'mhell, beth fyddwn well o weitho?

Ac fe derfynir llawer *chwiff*, gan rai o gyff y mŵnwyr,
Trwy fys mewn cap, a myned ffwrdd, 'n ôl cadw cwrdd lled ddifyr.
Ant tua'r tafarn, yno bydd rhaid hala'r dydd i'w derfyn;
Gan ymgusanu, 'n fawr eu serch, â gwenog ferch Syr Heiddyn;
A hono fydd ar fyr o dro yn curo yn y coryn.

CYNADLEDD Y GWRAGEDD,

Ar yr achlysur o gyflwyno ar enedigaeth plant

GAN IFOR CWMGWYS

Mae llawer o ddefodau mâd, a hen arferion yn ein gwlad,
Sydd o ddyddordeb, lles, a bri, gan feithrin cariad rhyngom ni:
Yr arfer o gyflwyno sydd yn mhlith y Cymry 's llawer dydd;
Mae'n hen, ac eto'n llawn o nwyf, ac yn blodeuo'n llawer plwyf.

Ar ôl i blentyn ddo'd i'r byd, mae'r gwragedd yn ymgasglu'n nghyd,
Gan fyn'd yn llwythog tua'r lle, o wirod, shwgyr gwŷn a thê;
A llawer math o ddillad bach, a hen storïau lonaid sâch;
A phob un yn awyddus am gael gwel'd y *Babi bach* a'i fam.

Pali Hophi

Wel, Mary, mae yn dda gen i, ac ereill, dd'od i'ch gweled chi;
Chi fuoch mewn cyfyngder mawr, mae pob peth ar y gore 'n awr;
A y'ch chi'n teimlo'n weddol iach? Dangoswch im' y bachgen bach;
'Wel, dyma fe,' o'r bwtwn glân, mae'n d'od yn *nobl* yn y 'bla'n.

Sara Shon

Y plentyn perta' yw trwy'r wlad, mae bron i'r blewyn fel ei dad.
O'i gwrlog wallt, hyd *fla'n* ei *dro'd*, ni *welas* i ei fath *yrio'd*.

Shan o'r Star

Mae'i wedd yn swyno pawb a'i gwel;

Bess o'r Gilfach

Mae'i gusan anwyl fel y mêl;

Mrs. Rees

Mae rhyw beth yn ei lygad du, yn *ots* na neb a welais i.

O dri i bedwar y prydnawn, ceir gweled pawb yn ddiwyd iawn;
Ymrodda rhai i daclu'r bwrdd, a'r lleill i yru'r plantach ffwrdd;
Rho'ir clwt o'r deisen fras yn llaw y bachgen henaf am fyn'd draw,
I'r caeau'i edrych a fydd ci yn herlid oen y ddafad ddu.

'N ôl gyru'r plant o gylch y tŷ, eir at y gwledda'n ddigon hŷ;
Pan ddyry'r wraig fu'n trin y bwrdd, ryw araeth fèr i ddechreu'r cwrdd.

Shan Brynlloi

'N awr tynwch atoch, Meistres Rees; mae'r cyfan dan arwyddnod brys;
Mae fel y mae, gallasai'n mhell, pe celswn amser, fod yn well.

Mrs. Rees

Mae'n ddigon da i unrhyw ddyn, gwnaed pawb ei *ore'* drosto'i hun.

Mary'r Ddolgam

Fu *'rio'd ragorach* Shân Brynlloi, am daclu pryd o deisen froi;
Mae yn ei flas bob peth a ddaw i'r bwrdd yn wastad dan ei llaw.

Modryb Mawd

'Do's raid i neb gyhoeddi'i bri, hen *gook* Llansefin ydyw hi.

Hannah'r Tyllwyd

Rho'wch wel'd y plentyn bach i fi, a thynwch atoch, wraig y tŷ;
Os 'dych chi'n wàn, ymro'wch i dd'od, 'r y'm ni fel *chithe* wedi bod;
'D o's dim yn bod wna'r fron yn iach, fel syllu'n ngwyneb plentyn bach;
A'r fendith fwya' dan y ne', yw gwel'd pob aelod yn ei lle.

Mrs. Rees

Rho'wch glywed, Modryb Gwen o'r Bryn, gai'ch helpu *chi â drop o gin?*

Modryb Gwen

Wel, Meistres Rees, dyn dalo i chi, rhow'ch ryw ddiferyn bach i fi.

Mrs. Rees

A y'ch chi'n leico hufen lla'th?

Modryb Gwen

Ni wna fe'r tê un tamed gwa'th.

Mrs. Rees

Ymro'wch, mae digon ar y bwrdd, am unwaith cawsom gyfle'i gwrdd.

Shan Brynlloi

Gan fod y *Rum* yn well gan rai, mae genyf ddewis i'ch o'r ddau;
Fe all bod mwy o'r 'chydig hyn yn leico *Rum*, na leico *Gin*;
Mae llawer dros ei ddodi e' yn gryno i sefyll gyda'r tê;
Mae'n well gen inau, megys un, roi cyfle'i bawb i blesio'i hun.

Mrs. Rees

'Rwy yn gobeithio'ch bod chi gyd, yn gwir fwynhau'ch prydnawnol bryd;

Martha o'r Wern

O! ydym, oll, cànt parch i chi, fu 'rio'd ragorach, 'ddyliwn i.

Gwraig y tŷ

Na hydiwch *dolio* dim sy'n bod, mae yma ddigon wedi d'od,
A groeso'i bob un ei fwynhau, gan hyny, arno chi mae'r bai.

Bydd achos llawer ar y bwrdd, lle byddo'r gwragedd wedi cwrdd.

Ann o'r Dorwen

A glywsoch *chi* am Shân o Rhiw? Mae Wil a *hithe'n ffeilu* byw;
Mae Wil yn *trio gneyd i ma's*, ei bod hi'n *bartners* tua'r gwas.

Modryb Mawd

Fu *'rio'd* onestach merch na Shân, pan oedd hi'n *housemaid* yn Gwmbrân.

Mary'r Gof

Mae rhyw *ledwithdod* mawr yn *stil*, yn nglyn â rhai o dylwyth Wil;
Mae'n rhaid fod Shân yn *eitha cheap*, cyn *elsai* gyda gŵr o'i wèp.

Ann o'r Dorwen

Fu Wil yri'od yn hanner dyn, mae'n sefyll ar ei ben ei hun;
Fe fuse'n well gen i ga'l *black* yn ŵr, na'r llercyn hanner *crack*.

Mrs. Rees

Ymro'wch i *fyta*, Pàl, Nantgoi;

Pàl Nantgoi

Yn wir, mae pob peth arna'i'n troi.

Bess o'r Gilfach

Mi *wela*'n awr fod gwaith y n-s, a'ch natur *chithe*'n tynu'n gros.

Pàl, Nantgoi

Na, na, nid wy' yn hanner iach, ys rhai wthnose, Bessi fach.

Bess o'r Gilfach

Na hydiwch, Pàl, fe ddaw eich cur i'ch braich, a'ch arffed, cyn b'o hir.

Mary o'r Ddolgam

Mae gwraig Dai Rees, o ddydd i ddydd, yn dysgwyl am gael myn'd yn rhydd:

Mrs. Rees

Dyn helpo Nani, o Lanrhyd, mae dan ei gofal bron o hyd.

Shan o'r Star

Os jwinwch oll â fi, ni awn i weled Nani ryw brydnhawn;

Mrs. Rees

Dim ond *i chi* i dd'weyd pa bryd, dof gyda *phleser* i Lanrhyd.

Modryb Gwen o'r Bryn

A glywsoch *chi* am ferch Shôn Dan, fu gynt yn forwyn yn y Làn,
Mae dan ei gofal, mydde nhwy, ond nid oes dyn a wyr o bwy.
A oedd neb yn ei charu hi?

Hannah o'r Tyllwyd

Nac oedd, mydde nhw i fi;
Mae pwyo mawr ar hyd y wlad, gan lawer, pwy all fod ei dad.

Mrs. Rees

Mae bachgen brâf yn y Bryndu, 'r un wàr a thalcen a'i dadcu.

Mary'r Gof

O ran ei drwyn a'i lygad cam, mae'n debyg iawn i'w *ewyrth* Sam.

Modryb Mawd

Mae'i freichiau mawr, a dull ei *dra'd*, i'r blewyn fel mae eiddo'i dad.

Ann o'r Wern

Mae, yn ei lygaid gwyllt a glâs, yn tynu at 'r hen ŵr o'r Plâs.

Modryb Gwen

Ni gawn briodas cyn b'o'n hir, rhwng merch Bryncam a Twm Glynhir.

Shan, Brynlloi

Mae rhai yn *gweyd* ei bod hi'n llawn;

Modryb Mawd

Mae Twm yn *tendo*'n ddiwyd iawn.

Mrs. Rees

Y gleber sy' ar hyd y wlad, yw fod e'n *pleso*'i mam a'i thad,
A'u bod ar rentu'r Lletyclyd, i Twm a Sara'i ddechreu'u byd.

Shan o'r Star

Mor gas yw gweled Nans o'r Llwyn, mae'n *hachan* pawb, gan godi'i thrwyn;
Yr Hen Gyflwynwyr, eilw hi, mewn gwawd a dirmyg arnom ni.

Mrs. Rees

Na *hydiwch* am yr *hespen sur*, nid ydyw ond diffrwytho'r tir;
Mae'n teimlo *rhincod* ar bob dant, o herwydd na chaiff hithe blant.

Pali Hophi

Mae dwy efylles bert dros ben, ys dyddiau yn y Felinwen;

Modryb Gwen

(Pa fodd mae Shân?) Mae'n weddol iawn, bu'm yno *echdo* y prydnawn;
Mae'r merched bach yn d'od yn mla'n, o'r ddau yn well nac ydyw Shân;
Er ei bod hi, yn ôl ei ho'd, llawn cystal ag sy' le ei bod.

Y gwragedd oll

Dydd da *i chi* Mary, byddwch iach, *rho* gusan ffarwel, *bwtyn* bach;
Mae wedi myn'd yn hwyr brydnawn, mae'r nos yn nesu, dewch, ni awn.

Gwraig y tŷ

Ffarwel i gyd, nid oes gen i ond diolch am eich rhoddion chwi;
Trwy genad Duw, caf gyfle'n gloi, i dalu'n ôl i Pàl, Nantgoi.

Ar y llwyfan bu adrodd—a chanu wrth gwrs. Enillodd plentyn dall
o'r enw John Thomas o Gwmaman bum swllt o wobr am adrodd
'Pwy yw Hwn?' a decswllt arall am adrodd darn o waith Alun, 'The

Bard's address to Wales'. Rhannwyd pum swllt rhwng Watkin Jones, Ystalyfera a Thomas Jones, Llanelli am adrodd 'Beware' (Longfellow), a rhaid casglu fod y darnau Saesneg wedi'u dewis i blesio Mr. a Mrs. Budd. Plesiwyd y Cymry cyffredin pan ddaeth pum pâr ymlaen i adrodd 'Y Gynnadledd rhwng Wil a Mari wrth fyned i'r dafarn' a bu cymeradwyo brwd pan wobrwywyd David Morgan a Mary Thomas, Cwmtwrch. Waeth beth am gyflwyno moeswers ddirwestol cawsant hwyl ar dafodi ei gilydd, a'r tafodi a oedd yn cyfrif i'r gynulleidfa.[39]

Y mae'r Dr. Rhidian Griffiths yn ei bennod ar 'Dau Gôr' wedi nodi'r cynnydd cerddorol yn y cwm o 1850 ymlaen. Fe'i hamlygwyd ar lwyfan Ystalyfera yn 1859 ac yn y cecran wedi'r cystadlu; fe'i hamlygwyd drachefn yn 1860 pan fu'r delyn a cherdd dant yn ymgiprys â'r unawdwyr a'r corau am werthfawrogiad yr eisteddfodwyr. Rhoes Llywelyn Williams (Pencerdd y De) wobr o 5 gini i neb llai na Thomas Griffith, telynor Llanofer, am ragori ar Thomas Lewis, Aberdâr ac Ebenezer Rees, Castell-nedd a dywedir i'r gynulleidfa fawr wrando'n syn ar Griffith 'yn gwneyd i'r delyn siarad.' Ychydig a wyddent y byddai'r delyn, fel hen offeryn poblogaidd y Cymry, bron wedi peidio â bod erbyn diwedd y ganrif. 'Roedd yr unawdwyr a'r corau ar fin meddiannu'r llwyfan eisteddfodol.[40]

O Ferthyr, daeth dwy chwaer yr oedd eu tad-cu yn gefnder i Jane Williams, Aberpergwm i sgubo'r gwobrau o afael cantorion 'anghoethedig' Cwm Tawe. 'Roedd Mrs. Kruger a Miss Sarah Forey (a'r drydedd chwaer, Mrs. Matthews) yn nhermau Cymru 1860 yn unawdwyr proffesiynol a daethant i Ystalyfera fel rhagredegwyr i'r 'hustlers' a fyddai'n elwa'n fwriadus ar y gylchdaith eisteddfodol o hynny ymlaen. 'Roeddent eisoes wedi gwneud eu marc yn Eisteddfod Cymmrodorion Dirwestol Merthyr, 1859, lle bu Edith Wynne yn serennu ymhlith yr 'artistes' Llundeinig, ac 'roeddent i gael helfa dda drachefn yn Eisteddfodau Cenedlaethol 1861 ac 1863. Yn Ystalyfera, rhanasant bedair gwobr, pymtheg swllt yr un, am ganu gyda'r delyn 'Glan Meddwdod Mwyn'; 'Clychau Aberdyfi'; 'Syr Harri Ddu' ac 'Mae Robin yn swil'. Enillodd Miss Forey 2 gini am ganu 'Merch y Melinydd' mewn gwisg Gymreig a Mrs. Kruger gini am ganu penillion. Ac enillodd Miss Forey a Mr. Hopkins gini am ganu'r ddeuawd 'Morgan a'i Wraig' a gini am ganu 'The Gipsy Countess'. Cafodd y ddwy chwaer eisteddfod broffidiol iawn rhwng popeth—rhanasant bum swllt arall am adrodd 'Gwlad ein Tadau'—gymaint felly fel bod y Dr. Evan Davies wedi datgan yn gyhoeddus na ddylai'r cystadleuwyr lleol ddigalonni wyneb yn wyneb â manteision goramlwg y merched o Ferthyr. O ganlyniad, derbyniodd rhai ohonynt wobrau cysur gan Mrs. Budd a Mrs. Price, Glantwrch a byddai gwobrau o'r fath yn amlhau o 1860 ymlaen wrth i sawl 'hen law' ddod i weld yr eisteddfod fel man casglu budd-daliadau. Petai ffurflenni treth incwm i'w llanw yn Oes Victoria buasai gofyn i lawer yng Nghymru nodi eu henillion atodol fel 'cystadleuydd eisteddfodol'.[41]

Yn 1862, fel y dengys y Dr. Rhidian Griffiths, y ffurfiwyd 'Côr Mawr' cyntaf Cwm Tawe. 'Roedd ynddo gantorion capeli ac eglwysi o Gwmgiedd i'r Allt-wen ac Ivander Griffiths oedd yr arweinydd. Ym Medi, 1861, gyrrodd Ivander lythyr i'r *Gwladgarwr*[42] i ateb Asaph Glan Dyfi a oedd am drefnu Cyngerdd Cymreig Cenedlaethol yn y Crystal Palace. Mae'n werth dyfynnu ohono gan ei fod yn rhoi i ni gip ar brofiad un arweinydd arbennig a fu'n cynnal côr yng Nghwm Tawe yn ystod 50au'r ganrif ddiwethaf. Esboniodd Ivander nad oedd Côr Pontardawe wedi cwrdd am wyth mis:

> Mae wyth mis bellach oddiar pan y canodd côr Pontardawe, mae hyn yn fwy o fisoedd wedi eu treulio yn segur nag a dreuliwyd o ddyddiau o'r blaen, er dechreuad y canu, ys un flynedd ar ddeg. Ni ddylid rhyfeddu cymaint am hyn, wrth ystyried pa mor gyfnewidiol ydyw cantorion. Pe taflem ein golwg yn ôl dros ysbaid ein llafur, gwelem fyddin fawr o 300 i 400 o gantorion wedi bod dan ddysgyblaeth mewn pentref, a chôr mor fychan â hwn a rhyw gyffro a chynhyrfiadau parhaus ynddo, fel môr mawr digyfor bob amser—cymaint o weithio caled a cholli chwys—cymaint o fyned a dyfod—o ymuniad ac ymadawiad—cymaint o siomedigaethau a phleserau—o rwystrau a llwyddiant—yr holl yn ôl dull y byd hwn. Diamheu fod yr ymweithiad parhaus hwn yn tueddu i daflu bywyd newydd yn y gwaith, a rhoddi mwy o yni yn yr holl. Oddiar cyfarfu y côr ddiweddaf, y mae amgylchiadau ansicr a thlodaidd y lle wedi cyfranu rhan helaeth tuag at rhoddi terfyn ar y gân.

Â'r llythyr rhagddo i ddweud na fyddai Côr Pontardawe yn gallu cymryd rhan yn yr Ŵyl ddirwestol flynyddol ar ben Gellionnen a bod perygl i anundeb diarhebol y Cymry ladd unrhyw fwriad i drefnu Cyngerdd Cenedlaethol yn y Crystal Palace. Byddai Ivander yn barod i wneud ei orau a gellid dibynnu ar y Dr. Evan Davies yn Abertawe, John Watkins yn Nhreforys a William Watkin a M.

Alexander yn Ystradgynlais. Gellid dibynnu, hefyd, ar gantorion da Pant-teg, y Gurnos ac Ynysmeudwy. Ond ofnai Ivander na ellid disgwyl cyffelyb gefnogaeth ledled Cymru:

> Yr ydym wedi colli llawer o'n hurddas a'n mawredd cenedlaethol, a'n hunain sydd wedi ein hamddifadu o honynt, ac nid oes ond ein hunain a fedr ein hadferu. Gobeithiwn fod amser gwell ar wawrio, ac y cawn cyn hir weled y Cymry yn cymeryd yr un safle ag 'Orpheonistes' Ffrainc, yn y Crystal Palace.

Mae'r llythyr hwn gan Ivander i'w drysori am ei fod yn dangos y berthynas rhwng yr ymdrech leol a'r balchder cenedlaethol yng ngrym y gân a olygai gymaint i'r Cymry yn Oes Victoria. Yr oedd Cwm Tawe yn 1860 yn un o'r ffynhonnau a geisiai gadw'n irf yr urddas a'r mawredd y poenai Ivander am eu colli.

Ni raid amau nad oedd nifer o aelodau'r Côr Mawr a ffurfiwyd yn 1862 yn canu gyda'r corau a fu'n cystadlu yn Ystalyfera yn 1860— Côr Glantawe (Ystalyfera), Côr Soar (Ystalyfera) a Chôr Sardis (Ystradgynlais). Côr Glantawe a gafodd y wobr am ganu'r anthem, 'Methinks I hear the great celestial choir', ac am ganu 'Sing unto God', a rhannwyd y wobr o 5 gini rhyngddynt hwy a Chôr Sardis am ganu 'Arglwydd gwrandaw'. Côr Sardis aeth â'r wobr am ganu 'Nefoedd ar y ddaear' a dyfarnwyd Côr Soar, yr unig gystadleuydd, yn deilwng o'r 3 gini am ganu 'Waterflood' allan o'r _Union Harmonist_. Gwaetha'r modd, nid yw sylwadau'r Dr. Evans Davies wedi'u cynnwys yn yr adroddiadau a ymddangosodd yn y wasg, fel na ellir dweud dim am ansawdd y canu.[43]

Y mae'n sicr, fodd bynnag, fod eisteddfodwyr Ystalyfera yn 1859 ac 1860 wedi clywed math o ganu y byddai corau dan arweiniad Ivander Griffiths, Silas Evans, David Francis o Ferthyr a Griffith Rhys Jones (Caradog) yn ei godi i wastad cyffrous o uchel cyn diwedd y 60au. Canmolodd H. F. Chorley, gohebydd cerdd _The Athenaeum_, safon gerddorol corau Ivander Griffiths a Silas Evans yn Eisteddfod Genedlaethol Abertawe, 1863, a dotiodd gohebydd di-enw _All the Year Round_ ar ganu Côr yr Eisteddfod dan arweiniad y Dr. Evan Davies— côr a ddibynnai'n drwm ar gantorion Ivander:

> The singing of the chorus was a great pleasure and astonishment. The power and the pleasure of co-operation have got hold of the men who come up from the mines or ride home from the forge on a grimy waggon

along a tramway, in the midst of scoria or cinders, or work at trade in
town, or at husbandry in country . . . The spirit of melody lies deep in the
hearts of the Welsh.

Yr oedd y gohebydd hwnnw, pwy bynnag ydoedd, yn llygad ei le.
Cynhaliwyd dau gyngerdd gyda'r nos yn Eisteddfod Ystalyfera,
1860, a llanwyd y pafiliwn ddwywaith. Talentau lleol gyda help
cantorion o Ferthyr, Tafalaw o Gwmafan a'r ddau delynor, Thomas
Griffith, Llanofer a William Jones o Ferthyr a fu'n perfformio nos
Lun ac 'roedd tocynnau i'w cael am swllt neu dair ceiniog. 'Roedd
rhaid talu deuswllt neu chwecheiniog i glywed cerddorion o Abertawe
a Chastell-nedd ar nos Fawrth, gan gynnwys Dr. Denning a
chwaraeodd y piano a'r harmonium yn fedrus iawn: 'The attendance
again was very numerous and a capital bill of fare was gone through,
forming an agreeable sequel to the most successful congress of Bards
ever held in this valley.'[44]

Fel yn 1859, fodd bynnag, ni ddihangodd Eisteddfod Ystalyfera yn
1860 rhag pob ymdderu. Bu'n rhaid i Robert Lloyd (Eos Clwyd) fynd
i'r afael ar dudalennau'r *Gwladgarwr* â rhyw 'Wil Cwmtwrch' anynad
na chredai ac na fynnai ei berswadio fod y trefnwyr wedi gwneud eu
gorau i sicrhau eisteddfod reolaidd ymhob dim. I'r diwygwyr a
obeithiai greu Eisteddfod Genedlaethol antiseptig o 1860 ymlaen
'roedd 'y ffrae eisteddfodol' yn haint i waredu rhagddo am ei fod yn
diraddio diwylliant y genedl. Gellir cydymdeimlo â'u gofid tra'n
diolch, ar yr un pryd, am y goleuni a deflir ar yr ethos a'r *milieu*
eisteddfodol gan ffrae ar ôl ffrae ar ôl ffrae. Cymaint tlotach hebddynt
fyddai'n gwybodaeth am 'yr ysbryd cystadleuol' yng Nghymru, am
yr ymawyddu hwnnw am 'enwogrwydd' ar y gwastad lleol a
chenedlaethol. A chymaint llai o hwyl a gâi'r sawl sy'n dilyn stori'r
eisteddfod.

Diolch i *Gardd y Gweithiwr* (1861) a *Cyfansoddiadau Buddugol* (1860)
y mae gennym syniad da o'r modd yr oedd y Cymry mewn cwm
diwydiannol a oedd i gyfrannu cymaint at y bywyd Cymraeg yn
addasu'r eisteddfod, ar ddechrau cyfnod deinamig yn ei hanes, i
gwrdd ag anghenion cymdeithas a oedd, er Cymreicied ydoedd, dan
bwysau perswâd i glosio at y diwylliant Saesneg er ei lles ei hun. Yn
Ystalyfera yn 1859 ac 1860 llwyfannwyd yr union werthoedd a oedd
i lywio cwrs Eisteddfodau Cenedlaethol yr 1860au. Math o rihyrsal ar
gyfer Eisteddfod Genedlaethol Abertawe, 1863, a gafwyd yn

Ystalyfera ac mae'r ddwy ŵyl leol, yn ogystal â rhoi blas i ni o fywyd cymuned ddiwydiannol mewn lle arbennig ar adeg arbennig, yn rhoi golwg glir i ni ar rai o'r ffactorau diwylliannol a oedd i bennu cyfeiriad y diwylliant Cymraeg tan y Rhyfel Byd Cyntaf.

NODIADAU

[1] Hywel Teifi Edwards, *Gŵyl Gwalia. Yr Eisteddfod Genedlaethol yn Oes Aur Victoria 1858-1868* (Llandysul, 1980), 26-7.
E. B. Morris, 'Alaw Goch', *Cymru*, 27 (1904), 91-4.
Dafydd Morganwg (gol.), *Gwaith Barddonol Alaw Goch* (Caerdydd, 1903).

[2] S. Rees, 'Eisteddfod Treforris', *Cymru*, 24-25, 233-4; *The Cambrian*, 29 September 1854, 7-8; Y Parchedigion Thomas Williams a Rees Evans (golygyddion), *Cyfansoddiadau Buddugol Eisteddfod Ystalyfera, 5 Medi 1859* (Abertawy, 1860); John Davies a Robert Lloyd (Eos Clwyd), *Gardd y Gweithiwr; sef y Cyfansoddiadau Gwobrwyedig yn Eisteddfod Ystalyfera, Mehefin 25, 26, 1860* (Abertawy, 1861).

[3] D. G. Evans, *The Growth and Development of Organized Religion in the Swansea Valley 1820-1890*. Traethawd Ph.D. Prifysgol Cymru, Rhagfyr, 1977. Gw. Pennod I: 'Industrial Development and Social Distress: A Brief Introduction', 1-46; Hugh Thomas, 'The Industrialization of a Glamorgan Parish', *National Library of Wales Journal*, 19, 1975-6, I, (194-208), II, (227-42).

[4] 'The Industrialization of a Glamorgan Parish', 199-201, 228-33.

[5] *Dyffryn Tawe; sef Pryddest Fuddugol yn Eisteddfod Ystalyfera, yr hon a gynhaliwyd Medi 5, 1859, ar olygfeydd Dyffryn Tawe, o Abertawe i Abercrave . . . Gan y Parch. P. Morgan (Dyfnwal), Treforris* (Abertawy, 1860).

[6] *Y Gweithiwr*, 5 Mai 1860, 6; *The Growth and Development of Organized Religion in the Swansea Valley 1820-1890*, 31-2; 'The Industrialization of a Glamorgan Parish', 349-50.

[7] *The Cambrian*, 11 Jan. 1850 (dyfynnwyd gan D. G. Evans, 199); *The Growth and Development of Organized Religion in the Swansea Valley 1820-1890*, 12, 24; 'The Industrialization of a Glamorgan Parish', 227.

[8] *The Cambrian*, 14 Dec. 1883, 5; *Y Faner*, 4 Gorff. 1860, 633; *The Cambrian*, 29 June 1860, 8.

[9] Elizabeth Phillips, *A History of the Pioneers of the Welsh Coalfield* (Cardiff, 1925), 42; *The Cambrian*, 14 Dec. 1883, 5.

[10] *The Cambrian*, 14 Dec. 1883, 5; *The Growth and Development of Organized Religion in the Swansea Valley 1820-1890*, 298, 316, 439.

[11] *Seren Cymru*, 17 Medi 1859, 373-4; *Y Faner*, 4 Gorff. 1860, 633; *The Cambrian*, 29 June 1860, 8; 14 Dec. 1883, 5.

[12] *Seren Cymru*, 17 Medi 1859, 373-4; *Cyfansoddiadau Buddugol Eisteddfod Ystalyfera, 5 Medi 1859*, 99-101, 107-8; *Y Gweithiwr*, 28 Ebrill 1860, 6.

[13] *Seren Cymru*, 17 Medi 1859, 373-4.

[14] *Seren Cymru*, 25 Mai 1860, 49.

[15] *The Cambrian*, 29 June 1860, 8.

[16] Ibid.

[17] *Y Faner*, 25 Gorff. 1860, 675; 1 Awst 1860, 691; *The Cambrian*, 29 June 1860, 8.

[18] *Gardd y Gweithiwr*, gw. 'President's Address'.

[19] Ibid.

[20] Ibid.

[21] Ibid.; *Gŵyl Gwalia*, 348. Yn ôl Hussey Vivian, A.S.: 'At this time we are one whole united compact people. To the foreigners we are one . . . Remember that you are all Englishmen though you are Welshmen . . . Depend upon it we must consider ourselves Englishmen.'

[22] *Gardd y Gweithiwr*, 42-7; 179-80; *Y Faner*, 4 Gorff. 1860, 633.

[23] *Gardd y Gweithiwr*, gw. 'Preface' ac 'At y Darllenydd'.

[24] Ibid.

[25] Ibid., 28; Ceir hanes Eisteddfod Cymmrodorion Dirwestol Merthyr Tudful yn y *Cambrian Journal*, 6, (1859), 217-32.

[26] Hywel Teifi Edwards, *Eisteddfod Ffair y Byd, Chicago 1893* (Llandysul, 1991), 126-32; *The Times*, 11 December 1877, 5,9.

[27] *Gardd y Gweithiwr*, 38-42, 174-5; *The Cambrian*, 2 June 1860, 5.

[28] *Gardd y Gweithiwr*, 49-61; 61-70; 70-6; 184.

[29] 'The Industrialization of a Glamorgan Parish', 350, 354; Roger Thomas, *Traethawd ar Ddechreuad a Chynnydd Gweithiau Haiarn a Glo Ynyscedwyn ac Ystalyfera yn nghyd a sefyllfa Naturiol a Moesol y Trigolion. Buddugol yn Eisteddfod Ystradgynlais, Pasg, 1857.* (Caerdydd, d.d.), 30.

[30] *Y Faner*, 4 Gorff. 1860, 633.

[31] *Gardd y Gweithiwr*, 97-106; 134-54; *Y Faner*, 4 Gorff. 1860, 633.

[32] *Gardd y Gweithiwr*, 116-33, 47-8.

[33] *Cyfansoddiadau Buddugol Eisteddfod Ystalyfera, 5 Medi 1859; Gardd y Gweithiwr*, 77-88, 88-96; Maurice Davies, *Hanes Eglwys Soar, Ystalyfera 1843-1943* (Llandysul, 1943), 59.

[34] Roger Thomas, *Gruffydd Llwyd neu Y Bachgen Amddifad, ac Ogof y Daren Goch.* (Caerfyrddin, 1882).

[35] *Gardd y Gweithiwr*, 155-66.

[36] Ibid., 174-5, 167-8, 169-71.

[37] Ibid., 176-9, 180-1, 182-4.

[38] *Gŵyl Gwalia*, 125; *Y Gweithiwr Cymreig*, 28 Ebrill 1887, 6; *Y Faner*, 4 Gorff. 1860, 633.

[39] *Y Faner*, 4 Gorff. 1860, 633.

[40] *Seren Cymru*, 17 Medi 1859, 373-4; *Y Faner*, 4 Gorff. 1860, 633; *The Cambrian*, 29 June 1860, 8.

[41] *Y Faner*, 4 Gorff. 1860, 633; *The Cambrian Journal*, 6, (1859), 227-8; David Morgans (Cerddwyson), *Music and Musicians of Merthyr and District* (Merthyr Tydfil, 1922), 90-92.

[42] *Y Gwladgarwr*, 21 Medi 1861, 3.

[43] *Y Faner*, 4 Gorff. 1860, 633.

[44] *Gŵyl Gwalia*, 280-1; *Y Faner*, 4 Gorff. 1860, 633; *The Cambrian*, 29 June 1860, 8.

Dau Gôr

Rhidian Griffiths

Y cyfnod o tua 1860 hyd ddiwedd yr Ail Ryfel Byd yw oes y corau yng Nghymru: yn ystod y blynyddoedd hynny yr enillodd y Cymry yr enw o fod yn genedl o gantorion. Nid yn unig yr oedd amlder a phoblogrwydd eu corau yn destun edmygedd cenhedloedd eraill, ond daethpwyd hefyd i fawrhau canu'r corau hynny am ei dân a'i ansawdd ddramatig a chyffrous. Dyna'r nodweddion a bwysleisiwyd gan Percy Young pan soniodd, wrth gymharu cymeriad cerddorol gwahanol genhedloedd, am 'the *fervour* of Welsh choirs'.[1] Ac er bod brwdfrydedd dros y gân yng Nghymru yn ffenomen genedlaethol, rhaid cydnabod bod y De diwydiannol wedi cyfrannu'n neilltuol at ddatblygiad a pharhad y traddodiad corawl, yn enwedig traddodiad y 'côr mawr'; nid yn gymaint am fod llwch y glo yn well na llwch y chwarel am 'neud pobol yn ganwrs da', chwedl Caradog Prichard yn *Un nos ola leuad*,[2] ond am fod cymdeithas ifanc, fyw, megis ag a geid yng nghymoedd y De yn rhan olaf y bedwaredd ganrif ar bymtheg, wedi canfod mewn canu corawl ffordd o fynegi ei hunaniaeth. Er gwyched y lleisiau unigol a glywyd yng Nghymru ac a allforiwyd i lwyfannau'r byd, mae'n deg dweud mai canu corawl a greodd mewn gwirionedd fytholeg 'gwlad y gân'. Os mynegiant ydoedd, i ddechrau, o fywyd cymdeithas newydd, ac os sianel ydoedd ym mlynyddoedd cynnydd diwydiant i egni y gellid fod wedi ei afradu ar bethau heblaw celfyddyd, daeth, erbyn blynyddoedd blin y dirwasgiad a ddilynodd y Rhyfel Byd Cyntaf, yn symbol o wytnwch a gwrhydri cymdeithas mewn argyfwng, na fynnai ar un cyfrif ei threchu gan amgylchiadau economaidd.

Y mae mwy, llawer mwy, i hanes canu corawl na hanes corau unigol. Rhaid edrych ar weithgarwch y corau hynny yng nghyd-destun diwylliant cyfan eu bröydd a'r amgylchiadau cymdeithasol a'u magodd. Nid yw'r ysgrif hon yn cynnig dadansoddiad uchelgeisiol o'r math hwnnw. Cynnig y mae yn hytrach ddarlun o yrfa dau 'gôr mawr' o Gwm Tawe sy'n cynrychioli dechrau a diwedd traddodiad. Er mai oes gymharol fer a gafodd y ddau gôr, bu eu gweithgarwch a'u llwyddiant yn fodd i dynnu sylw at gyfoeth diwylliannol y Cwm, ac y mae gyrfa'r ddau yn ddrych o gyfraniad sylweddol yr ardal i ddiwylliant corawl Cymru gyfan.

Eisteddfodol a dirwestol oedd cefndir y mudiad corawl yn y De. Gwelwyd ffrwyth yr ymdrechion cynnar yng nghylch Merthyr, lle y bu John Thomas, 'Ieuan Ddu', yn mynd â chorau i gystadlu yn eisteddfodau Cymreigyddion y Fenni yn y pedwardegau cynnar.[3] Yn Aberdâr hefyd bu cyfres o eisteddfodau a gynhaliwyd yn nhafarn y Stag, Trecynon, 'eisteddfodau'r Carw Coch', yn fodd i hybu gweithgarwch corawl: yn 1846 rhannwyd gwobr o £1 10s. am gôr pedwar llais rhwng côr John Rees o Ferthyr a chôr Evan Rees o Aberdâr, a pharhaodd y cystadlaethau eisteddfodol trwy gydol y pumdegau.[4] Mwy arwyddocaol, efallai, oedd dylanwad y mudiad dirwest. Yr oedd canu yn elfen bwysig yn y gorymdeithiau dirwestol yn ardal Merthyr ddiwedd y tridegau, ac yn 1854 ffurfiwyd Undeb Corawl Dirwestol Gwent a Morgannwg, gyda'r bwriad o roi cyfle i gorau arfer eu doniau mewn gŵyl flynyddol o gyd-ganu. Corau dwyrain Morgannwg a chymoedd Sir Fynwy oedd amlycaf yng ngweithgareddau'r Undeb hwn. Yn 1861, er enghraifft, yr oedd naw côr yn canu yng ngŵyl yr Undeb yn Nowlais: Rhymni, Tredegar, Merthyr, Pontypridd, Cymer, Pen-tyrch, Dociau Caerdydd, a dau o Ddowlais ei hun, cyfanswm o bump i chwe chant o gantorion.[5] Dyma gychwyn y syniad o'r 'côr mawr', côr o gannoedd o leisiau wedi ei ffurfio o blith aelodau corau llai.

Peth cwbl naturiol oedd i ganu corawl ddatblygu mewn canolfannau poblog megis Merthyr a Rhymni. Yr oedd Cwm Tawe yn y pumdegau yn dal yn gwm o bentrefi gwasgaredig, ac yr oedd datblygu traddodiad corawl mewn ardal o'r fath yn her fawr. Prif symbylydd yr hyn a ddigwyddodd yno ddechrau'r chwedegau oedd William Griffiths, 'Ivander' (1830-1910), brodor o Aberafan a symudodd i Bontardawe yn 1850. Yr oedd Ivander wedi ei drwytho er yn ifanc yn elfennau cerddoriaeth ac mewn canu corawl, ac wedi symud i'w gartref newydd, ymroes i hyfforddi ac i arwain. Dechreuodd ddysgu bechgyn yr Ysgol Sul yn Nhrebanos i ganu, ac yn 1853 ffurfiodd un o'r gobeithluoedd cynharaf yng Nghymru. Yn sgil sefydlu Cymdeithas Ddarllen ym Mhontardawe y flwyddyn ganlynol ffurfiwyd côr dirwestol i ganu cytganau allan o'r oratorios, ynghyd ag anthemau gan John Ambrose Lloyd, un o'r ychydig gyfansoddwyr Cymreig yr oedd eu gwaith ar gael i gorau cyn y chwedegau. Fel yn nwyrain Morgannwg yr oedd dirwest a chanu yn mynd law yn llaw, a gwelodd côr Pontardawe lwyddiant mewn cyfarfodydd dirwestol ac mewn eisteddfodau yn y Cwm ac yng Nghastell-nedd, Aberafan, a mannau

eraill tua diwedd y pumdegau. Yn ystod yr un cyfnod bu Ivander
hefyd yn arwain côr yng Nghwmgïedd ac yng ngwaith haearn yr
Onllwyn.[6]

Nid oedd y gweithgarwch hwn ond yn baratoad. Tipyn o fenter
fyddai sefydlu côr unedig mewn ardal a oedd yn dal yn bur wledig, ond
dyna wnaethpwyd yn 1862. Nid gŵyl ddirwestol oedd y symbyliad,
ond eisteddfod. Fis Ebrill y flwyddyn honno cyhoeddwyd eisteddfod
i'w chynnal yng Nghaerfyrddin, 1 Gorffennaf, er budd yr ysbyty yno.
Nid yw'n eglur ai Ivander ei hun ai rhywun arall a gafodd y syniad,
ond penderfynwyd, 'wrth feddwl am gynysgaeth Dyffryn Tawe mewn
defnyddiau cerddorol,'[7] mai da o beth fyddai ffurfio côr unedig i
baratoi at yr eisteddfod:

> buasai hyny yn gyfrwng i wneyd lles annrhraethol [*sic*] i ganiadaeth y
> Cwm, drwy ymegniad nerthol i godi ei safon i'w le priodol, a dwyn
> teilyngdod ein cantorion i sylw y wlad.[8]

Hwyrach y gall y meddwl cyfoes edrych yn sinicaidd ar yr amcanion
aruchel hyn, gan mai er mwyn ennill gwobrau yr eid i gystadlu fel
arfer; ond er mai tair blynedd ar ôl y digwyddiad yr ysgrifennwyd y
geiriau uchod, nid goreuro wrth edrych yn ôl yr oedd William
Williams, ysgrifennydd 'Cymdeithas Gorawl Dyffryn Tawe'. Yr
oedd y pwyslais ar 'gynnydd' yn thema amlwg yn llenyddiaeth
gerddorol Cymru o gyfnod John Mills ymlaen, ac fe'i ceir yn gyson yn
ysgrifeniadau Ieuan Gwyllt yn *Y Cerddor Cymreig*, a sylfaenwyd yn
1861. Yr oedd arweinyddion crefydd, cerdd a chymdeithas yn credu'n
gryf yng ngwerth llafur i godi safon cerddoriaeth; yr oeddynt hefyd yn
gweld gwerth cymdeithasol i weithgarwch cerddorol, am ei fod yn
cynnig i weithwyr ffordd adeiladol—a moesol, yng ngolwg llawer—o
dreulio eu horiau hamdden prin. I Ivander a'i debyg yr oedd canu
corawl, fel dirwest, yn genhadaeth.

Y cam cyntaf oedd galw cyfarfod o bwyllgor yng nghapel Jerusalem,
Ystalyfera, ac o fewn pythefnos yr oedd côr o gant a hanner wedi dod i
fod. Cantorion y cysegr oeddynt, yn cynrychioli capeli ac eglwysi o
Gwmgïedd i'r Allt-wen, gan mai addoldai oedd prif ganolfannau
gweithgarwch cerddorol y cyfnod. Ymunodd côr capel Hebron,
Clydach, yn ei grynswth. Wedi ethol Ivander yn arweinydd, aethpwyd
ati i baratoi at eisteddfod Caerfyrddin, gan ymarfer yn gyson dros
saith wythnos. Cyn mynd i gystadlu, cynhaliodd y côr ddau gyngerdd,

yng nghapel Soar, Ystalyfera, 28 Mehefin, ac yng nghapel Beulah, Cwm-twrch, ddeuddydd yn ddiweddarach, er mwyn hogi'r arfau lleisiol. Yn ôl gohebydd *Y Gwladgarwr*, yr oedd yn argoeli'n dda, noswyl y cystadlu: 'nefoedd fach ar y ddaear' oedd cael clywed 'rhyw 150 yn troelli eu lleisiau yn y modd mwyaf soniarus, nes swyno yr holl dorf.'[9] Erbyn bore'r eisteddfod yr oedd yr *excursion trains* yn cyrchu i Gaerfyrddin nid yn unig o gyfeiriad Cwm Tawe, ond hefyd o Aberdâr a Rhymni, yn cludo cystadleuwyr profiadol a pheryglus. Yn ôl gohebydd y *Carmarthen Journal*, a fynnai barchuso pob dim hyd yr eithaf, yr oedd y diwrnod yn llai o eisteddfod nag o ŵyl:

a musical festival or a concert on a grand scale, where singers and instrumental performers competed for prizes.[10]

Cystadlu yw cystadlu, fodd bynnag; ac o flaen cynulleidfa o dair mil bu corau Aberdâr a Dyffryn Tawe yn ymgiprys trwy'r dydd am wobrau mewn gwahanol gystadlaethau. Aberdâr aeth â hi yn y brif gystadleuaeth, y gytgan 'O! cadw ni,' allan o *Ystorm Tiberias* gan Tanymarian ('a more dull, dreary, monotonous chant we never listened to' oedd barn y *Carmarthen Journal*); ond rhannwyd gwobr o ddecpunt rhwng Aberdâr a Dyffryn Tawe am ganu 'And the glory of the Lord' (Handel) a 'Deep repose of night' (Mendelssohn) mewn cystadleuaeth arall. Er i dri chôr ar ddeg gystadlu, y ddau hyn a rannodd y gwobrau ymron i gyd, gan adael cantorion Rhymni ymhell ar ôl; ac fe'u canmolwyd gan y beirniad, Dr Evan Davies, Abertawe, a'u cymharodd yn ffafriol â chôr enwog Henry Leslie o Lundain.

O safbwynt canu corawl yn Ne Cymru yr oedd hwn yn achlysur llwyddiannus ac arwyddocaol. Yr oedd yn gystadleuaeth gyda'r ffyrnicaf a welwyd ar lwyfan eisteddfod; ac yr oedd i gôr newydd Dyffryn Tawe, na chawsai ond rhai wythnosau i ymarfer, lwyddo i'r fath raddau, yn glod i ddawn Ivander fel hyfforddwr ac arweinydd. Ymhen tair wythnos cynhaliwyd ail eisteddfod yng Nghaerfyrddin, a chipiwyd y llawryfon gan gorau profiadol o Aberdâr, Dowlais a Rhymni: ni chawsai'r olaf lwyddiant o gwbl yn erbyn Ivander.[11] Cymaint oedd awydd y dorf i glywed y corau yn yr eisteddfod gyntaf ag i roi taw ar Reithor Castell-nedd, John Griffiths, a'i orfodi i orffen ei araith cyn pryd. Cyfarfodydd fel hwn a brofodd fod canu corawl wedi meddiannu calonnau eisteddfodwyr Cymru. Daliodd ei afael arnynt am yn agos i ganrif.

I gantorion Dyffryn Tawe nid oedd y gân ond megis dechrau. Cawsant lwyddiant pellach yng nghyfarfod cystadleuol Llwyn-brwydrau, 28 Gorffennaf 1862, o dan feirniadaeth Ieuan Gwyllt, a fu'n hael ei air yn *Y Cerddor Cymreig*:

> Nid oes ond ychydig o gorau yn y Dywysogaeth a ganant yn well na'r côr hwn.[12]

Ond, yn wahanol i lawer un a ddaeth ar ei ôl, yr oedd côr Ivander yn awyddus i'w brofi ei hun ar lwyfan amgenach na llwyfan eisteddfod. O fewn pythefnos i'r llwyddiant yng Nghaerfyrddin yr oedd wedi derbyn cynnig a wnaed gan David Prosser, aelod o'r pwyllgor, fod *Meseia* Handel i'w roi ar waith. Yr oedd yr oratorio honno wedi ei chlywed yn Ne Cymru cyn hynny, gan i Ieuan Ddu ei chyflwyno i gorau Merthyr yn y pedwardegau; ond erbyn 1862 yr oedd tŷ cyhoeddi Novello wedi cyhoeddi ei argraffiad rhad o'r gwaith, ac ni bu raid i Ivander lafurio fel Ieuan i gopïo'r rhannau â llaw. Denodd llwyddiant Dyffryn Tawe aelodau newydd: ar gyfer dysgu *Meseia* cafwyd cantorion ychwanegol o Abertawe, Glandŵr, Treforys ac ardaloedd eraill, nes chwyddo'r aelodaeth i rwng tri a phedwar cant.[13] Erbyn mis Hydref teimlent yn ddigon hyderus i gynnal rihyrsal cyhoeddus, a hynny ar ddiwedd cyngerdd yng Nghlydach i godi arian at yr ysgol leol.[14] Perfformiwyd yr oratorio gyfan bedwar tro yn ystod misoedd cynnar 1863: yng nghapel Pant-teg, Ystalyfera, 10 Ionawr; yng nghapel Hebron, Clydach, wythnos yn ddiweddarach; yng nghapel Bethesda, Abertawe, 16 Chwefror; ac yng nghapel Soar, Castell-nedd, 3 Ebrill. Yn Ystalyfera, Abertawe a Chastell-nedd canwyd i gyfeiliant cerddorfa, gyda nifer o'r cerddorion yn dod o Fryste. Yn Abertawe hefyd cafwyd nawdd nifer o wŷr amlwg, yn nhraddodiad cyngherddau clasurol y dref; ac felly y derbyniwyd côr Ivander yn rhan o fywyd cerddorol y fro.[15]

Yn unol â'r penderfyniad a wnaed fis Gorffennaf, 1862, aeth y côr yn ei flaen i ddysgu gwaith Cymraeg, yr unig oratorio Gymraeg a oedd ar gael y pryd hwnnw, sef *Ystorm Tiberias* gan Tanymarian. Yn y cyfamser bu'n cystadlu yn llwyddiannus yng Nghwmaman ac eto yn Llwynbrwydrau, yn ogystal ag yn yr Eisteddfod Genedlaethol a gynhaliwyd yn Abertawe ddechrau Medi, 1863. Pwysicach na'r cystadlu yn yr Eisteddfod honno, fodd bynnag, oedd y cyfle i fod yn rhan o 'Gôr yr Eisteddfod,' a chanu yn y cyngherddau, er mawr foddhad i'r gynulleidfa ac i'r beirniaid o Gymru a Lloegr fel ei gilydd. [16] Dros y gaeaf 1863-4 rhoddwyd sawl cyngerdd yn y Cwm, a choroni'r tymor â pherfformiad o *Ystorm Tiberias* yng Nghlydach, 26 Mai 1864; y gwaith yn gyflawn er mai cyfeiliant piano yn unig a gafwyd. Ym marn *Y Cerddor Cymreig* yr oedd yn ddatganiad 'rhagorol', ac fe'i hailadroddwyd yng nghapel Seilo, Glandŵr, 4 Mehefin, ac yna yn y Neuadd Gerdd newydd yn Abertawe, 25 Gorffennaf, y cyngerdd corawl cyntaf i'w gynnal yn y neuadd honno. Creodd y côr o ddeucant gryn argraff yn uchafbwynt y gwaith, yn ôl gohebydd a'i galwai ei hun yn 'Philo Ivandro' (nad oedd efallai yn gwbl ddiduedd):

Rhoddwyd amryw o'r Cydganau gyda llawer o nerth a chywirdeb; ond yn yr 'Ystorm,' yr oedd y gynulleidfa wedi cael ei meddianu i'r fath raddau fel y bu raid i'r arweinydd gydsynio i ganu y gydgan drachefn. [17]

Cytunai'r *South Wales Herald* ar deilyngdod y datganiad, a nododd gyda balchder fod gwŷr amlwg Abertawe, gan gynnwys y Maer, wedi cydnabod côr Dyffryn Tawe trwy eu presenoli eu hunain yn y Neuadd:

we pronounce an unqualified approval upon the whole performance, and hope soon to have another such treat from Mr. Griffiths and his Choir.

Barnai gohebydd y *Faner* yntau fod y côr 'ar ei fan goreu', ac yn creu awydd am gael ei glywed drachefn a thrachefn:

Er nad yw y côr hwn ond o sefydliad diweddar, y mae eisioes wedi cyflawni gorchestion o dan lywyddiaeth y fath arweinydd medrus a Mr. Griffiths (Ivander). [18]

Hwyrach taw'r perfformiad hwn oedd pinacl gyrfa Cymdeithas Gorawl Dyffryn Tawe. Rhoddodd rai cyngherddau dros y gaeaf canlynol, a chymerodd ran mewn gŵyl aflwyddiannus a drefnodd Dr. Evan Davies yng Nghastell-nedd; ac yr oedd y pwyllgor yn cynllunio at y dyfodol. Erbyn Mawrth, 1865, yr oedd statws cenedlaethol y côr gyfuwch ag i dderbyn gan John Griffiths, yr un John Griffiths y bu rhaid iddo dewi cyn pryd yn eisteddfod Caerfyrddin dair blynedd ynghynt, wahoddiad i fod yn gnewyllyn 'Côr yr Eisteddfod' yn Eisteddfod Genedlaethol Aberystwyth. Er na ddaeth dim o'r cynnig hwn, [19] yr oedd yn gydnabyddiaeth hael ac yn glod i gôr ac arweinydd.

Yn ôl yr adroddiad a gyhoeddwyd tua Mehefin, 1865, yr oedd y côr yn fyddin gref o drichant, a'i bwyllgor yn 54, yn cynrychioli pedwar cylch, sef, Ystalyfera ac Ystradgynlais; Llansamlet; Clydach a Phontardawe; a Glandŵr ac Abertawe. Yr oedd iddo ddau drysorydd, ac yr oedd yr ysgrifennydd, William Williams, yn edrych yn hyderus at bedwaredd flwyddyn o weithgarwch, ac yn cyhoeddi bwriad y Gymdeithas

> o gychwyn Undeb Cynulleidfaol tuag at wellhau a diwygio y canu yn y gwahanol addoldai;

gan ychwanegu fod y gwaith a wnaed eisoes ym maes canu corawl cysegredig wedi cael 'dylanwad drwy y Dywysogaeth'.[20] Ond gyda hynny y daeth rhawd y côr i ben, am y rheswm syml i Ivander roi'r gorau i'w arwain. Ffurfiodd gwmni i bwrcasu'r gweithfeydd haearn ac alcam yn Ynys-pen-llwch, lle'r oedd eisoes yn swyddog, a chael nad oedd ganddo amser bellach i gynnal y côr. Ddwy flynedd yn ddiweddarach, symudodd i Drefforest, ac oddi yno yn 1869 i Ogledd Lloegr, lle y dechreuodd ar yrfa newydd a dylanwadol ym myd diwydiant a'r gân.[21]

Yr oedd i'r côr ddod i ben pan ymddiswyddodd Ivander o fod yn arweinydd yn arwydd o ddibyniaeth lwyr y fenter ar ei allu a'i bersonoliaeth ef. Yn y cyfnod arloesol hwn yn arbennig, prin oedd y sawl a feddai ar y wybodaeth a'r gallu i arwain côr, a medr Ivander ei hun, a oedd, a barnu wrth ei lwyddiant ym myd busnes, yn rheolwr penigamp, a saernïodd gôr Dyffryn Tawe allan o elfennau amrywiol ac anaddawol. Cyfaddefai mai ei ddull oedd 'cymerid y defnyddiau bob amser fel y delent i law, heb un math o ddetholiad', yn y gobaith y byddai hyd yn oed y gwannaf yn dysgu.[22] Cawsai ef ei fagu mewn amwyrgylch gerddorol yng Nghwmafan, a phrofi dechreuadau canu corawl mewn capel ac eisteddfod; ac yn ystod ei drigias yng Nghwm Tawe daeth trosglwyddo'r etifeddiaeth honno yn genhadaeth iddo. Mesur ei sêl oedd ei barodrwydd i deithio i amrywiol ganolfannau ar hyd y cwm i ymarfer ei gantorion, a hynny cyn bod cyfleustra rheilffordd:

> Golygai ffurfio undeb o un pen i'r llall o Ddyffryn Tawe fod yn rhaid sefydlu pedair neu bump o adranau, ac i'r arweinydd agos bob nos o'r wythnos gerdded 8 milldir mwy neu lai, trwy bob math o dywydd, er

mwyn bod ar ei daith ymweliadol â'r amrywiol ardaloedd, ac yr oedd yn anmhosibl iddo gyrhaedd cartref fynychaf cyn haner nos neu yn hwyrach . . . [23]

Gwelwyd maint y parch at Ivander a'r hyn a gyflawnodd, wrth y dysteb a gyflwynwyd iddo yn 1864, ar ganol perfformiad *Ystorm Tiberias* yn Abertawe. Er bod y dysteb ynddi ei hun yn werthfawr—ffon aur a phwrs yn cynnwys trigain gini—yr oedd ei chyflwyno yn arwydd o rywbeth mwy, o wir werthfawrogiad o'r dyn ac o'i wasanaeth i'w gymdeithas. Gwelai Ivander ei hun werth mewn dwyn at ei gilydd, i ffurfio *cymdeithas* gorawl, gantorion o wahanol fannau

ag oeddent o'r blaen yn neillduedig, ac mor ddyeithr i'w gilydd a phe trigiasai rhai o honynt yn y Gogledd a'r lleill yn y De, er eu bod yn yr un Cwm neu Ddyffryn, i gyffyrddiad a chyfeillach â'u gilydd, nes agor gwyneb a chalon llawer un, a'u dwyn i deimlo fel brodyr a chwiorydd. [24]

Ond pwysicach na'r gwasanaeth cymdeithasol oedd swyddogaeth addysgol mudiad o'r fath. Yng ngeiriau'r Henadur Phillips, wrth gyflwyno'r dysteb:

He [Ivander] had laboured for years silently and perseveringly to educate the young men and women of Swansea Valley in the science of song. [25]

Addysg, ac nid sain a sŵn yn unig, oedd canu, ac i Ivander yr oedd cenhadaeth ddeublyg dirwest a chân yn genhadaeth gymdeithasol. Cyfrwng oedd canu i wella moes:

It was always essential to have the amelioration of the people, and their uplifting in view, in virtue and morals, as well as producing the best choral results from such material as was found at hand. [26]

Hynny hefyd oedd ei genhadaeth yn Workington, lle y sefydlodd nid yn unig eisteddfod amrywiol ac uchelgeisiol, ond pentref dirwestol a 'mission' yn ogystal; ac wrth gyflwyno tysteb iddo yno yn 1902, sylw'r Canon Rawnsley oedd bod Ivander, fel Luther, yn credu mai llawforwyn Duw oedd cerddoriaeth. [27]

Anodd, onid amhosibl, yw mesur effaith canu ar foesoldeb cymdeithas, ond nid oes lle i amau gwerth cerddorol ber yrfa ddwys Cymdeithas Gorawl Dyffryn Tawe. Yr oedd nifer o gorau bychain yn bod yn y cwm cyn ei sefydlu; ond yr hyn a wnaeth Ivander oedd arloesi syniad 'côr y corau' trwy alw ynghyd aelodau o'r corau bychain hyn i ffurfio un gymdeithas sylweddol, nid yn unig i gystadlu, ond i fentro ar dasg anos o lawer yng Nghymru'r 1860au, sef perfformio cyfan-weithiau. Mae'n werth cofio hefyd ei fod yn gwneud hynny cyn i'r sol-ffa ddod i fri a magu mwy o ddarllenwyr cerddoriaeth ymhlith y werin. Rhaid oedd paratoi a dysgu o dan amodau cyntefig ddigon, heb gymorth yr un offeryn ond llais yr arweinydd. Dan amodau felly yr enillwyd ei briod le i Gwm Tawe ar fap cerddorol Deheudir Cymru, fel y cofiodd Ivander gyda chryn falchder ddeugain mlynedd yn ddiweddarach, wrth sôn am eisteddfod Caerfyrddin yn 1862:

> Bu yn beth mawr i Gymru am flynyddau fod Aberdâr fel tref lle yr oedd hufen cerddorion a chantorion mor fedrus yn bodoli, a'i bod fel dinas ar fryn, tuagat ba un yr edrychai cantorion Cymru gyda pharch a mawr-ygiant; ac nid camp fechan oedd i gôr gwledig ac a lafuriai o dan gymaint o anfanteision, esgyn mor uchel fel ag i fod yn ochr yn ochr â hi. [28]

Ategwyd y farn hon gan D. Emlyn Evans mewn ysgrif yn y *Cardiff Times* pan hawliai fod safle côr Ivander yn y chwedegau yn uchel iawn:

> second to none in the Principality, and to which no other choirs could lay claim excepting those leading choral combinations which represented Merthyr, Dowlais and Aberdare. [29]

Yng Nghwm Tawe ei hun nid aeth camp Ivander yn angof. Bu'r dysteb a gyflwynwyd iddo yn Workington yn 1902 yn sbardun i'r sawl a oedd yn weddill o gôr Dyffryn Tawe i alw Ivander yn ôl a'i anrhydeddu. Nid oedd yr atgofion wedi colli eu rhin er gwaethaf y gweithgarwch cerddorol a fu yn y cyfamser. Dan arweiniad W. Samlet Williams, gweinidog a hanesydd a fuasai, pan oedd yn fachgen, yn canu alto yng nghôr Ivander, cynhaliwyd cyfres o gyfarfodydd dathlu ddechrau Gorffennaf, 1902, a chyflwynwyd i'r cyn-arweinydd sgrôl addurniedig wedi ei hargraffu gan D. L. Jones, 'Cynalaw', y cyhoeddwr o Lansawel a fuasai hefyd yn canu yn y côr. Yn yr holl gyfarfodydd pwysleisiwyd nid yn unig gyfraniad Ivander ond hefyd ddylanwad moesol ei waith, pwyslais a grynhowyd gan Samlet Williams mewn llythyr at olygydd y *Workington News*:

Côr Dyffryn Tawe a'i arweinydd W. Ivander Griffiths ar adeg aduniad 1902

I can easily recall the pleasure we had when taught by Mr. Griffiths to sing the oratorio, the 'Messiah'. I was a little boy then, working underground in a colliery. Nothing could prevent my comrades, older than me, and myself to come to the rehearsals—sunshine or rain we were at the rehearsals . . . we had excellent concerts . . . These were musical treats not only to the people of Swansea Valley and the surrounding district, but to many who resided many miles away in the bordering counties . . .

I remember well the moral aspect of the rehearsals. Truly they were religious gatherings. [30]

Gellid dadlau, wrth gwrs, nad yw tystiolaeth o'r fath yn ddiduedd. Yn absenoldeb recordiau y mae'n anodd amgyffred gwir safon côr Ivander, a hwyrach mai amrwd ac ansoffistigedig fyddai ei ganu i glust diwedd yr ugeinfed ganrif. Eto, ni ddylid diystyru effaith amlwg y symudiad ar y rhai a fu'n rhan ohono. Camp Ivander fu adeiladu ar draddodiad corau bychain, gwladaidd y capeli (mewn cyfnod cyn i ganu cynulleidfaol Cymreig ddatblygu ei nodweddion clasurol) a chreu rhywbeth mwy, y syniad o undeb neu gymdeithas gerddorol a allai fentro ar gerddoriaeth fwy uchelgeisiol. Yr un oedd nod yr Undeb Dirwestol yn nwyrain y sir, ond yno yr oedd yr adnoddau'n fwy. Er mor fer ei heinioes, bu gyrfa Cymdeithas Gorawl Dyffryn Tawe yn gam enfawr ymlaen yn yr hyn a alwodd D. Emlyn Evans yn 'musical awakening and development' y fro. [31]

Yn ystod y ddwy genhedlaeth a ddilynodd cyfnod bri côr Ivander, gwelwyd datblygiad pendant yn nhraddodiad canu'r Cwm, datblygiad a aeth law yn llaw â'r datblygiad diwydiannol a chymdeithasol. Yn y blynyddoedd a ragflaenai alanastra'r Rhyfel Byd Cyntaf yr oedd capeli'r fro yn ganolfannau i gyngherddau ac eisteddfodau, a hynny weithiau, megis yn y Tabernacl, Treforys, ar lefel uchel iawn. [32] Ceir nifer o gorau capel a fyddai'n mentro, gyda help capeli cyfagos, ar berfformiadau o oratorios, ac nid oedd syniad y 'côr unedig' yn un dieithr o bell ffordd. Nid tan ddauddegau'r ganrif hon, fodd bynnag, y gwelwyd eto yng Nghwm Tawe 'gôr mawr' a wnaeth yr un argraff yn genedlaethol â chôr Ivander mewn cyfnod cynt, ar lwyfan yr Eisteddfod Genedlaethol yn fwyaf arbennig. Daeth côr Ystalyfera i fod dan amgylchiadau pur wahanol i'r rhai a roes gychwyn i gôr Ivander; ond gwelir eto ryw gysylltiad â'r sefyllfa economaidd a fodolai ar y pryd. Yn yr 1860au a'r degawdau a'u dilynodd yr oedd ffurfio corau yn agwedd ar fywiogrwydd cymdeithasau ifainc; ond yr oedd corau'r 1920au a'r 1930au yn bod mewn dirwasgiad. Wrth feirniadu'r brif gystadleuaeth gorawl yn Eisteddfod Genedlaethol Aberafan yn 1932, lle'r oedd corau o Lanelli, Merthyr, Nantyffyllon, Pontarddulais, Rhymni ac Ystalyfera'n cystadlu, sylwodd David Evans, Athro Cerdd yng Ngholeg y Brifysgol, Caerdydd, mai peth hynod iawn oedd i Dde Cymru fedru cynhyrchu chwe chôr o faint mewn dyddiau mor anodd.[33] Un o amcanion Gŵyl y Tri Chwm, a sefydlwyd yn 1930, oedd gwrthweithio effeithiau andwyol dirwasgiad ar fywyd cymdeithasol cymoedd y De. Fis Hydref, 1933, arweiniodd Syr Walford Davies ŵyl gorawl yn Nhonypandy i aelodau clybiau o lôwyr di-waith. Sylw'r *Musical Times* oedd:

> Both musically and socially the festival was a great success, and provided a fine mental tonic in the prevailing conditions.[34]

Ac yn 1938, wedi i gôr Merthyr ddod yn fuddugol yn y brif gystad-leuaeth gorawl yn Eisteddfod Genedlaethol Caerdydd, cyhoeddodd y *Western Mail* gartŵn a ddarluniai oruchafiaeth ysbryd y cymoedd dros gyni'r amserau. Aeth canu yn symbol o benderfyniad di-ildio.

Goruchafiaeth ysbryd y cymoedd dros gyni'r amserau

(Western Mail)

W. D. Clee (1884-1946)

Dyfodiad yr Eisteddfod Genedlaethol i Abertawe yn 1926 oedd y
cymhelliad i ffurfio côr Ystalyfera. Yr oedd, fel côr Ivander, yn gôr
ardal, a deuai ei aelodau o gylch eang a gynhwysai Ystradgynlais,
Pontardawe, Clydach a Chwmllynfell; ond enw Ystalyfera fu arno ar
hyd ei yrfa. Eto, fel yn achos côr Dyffryn Tawe, dibynnai llwyddiant
Ystalyfera i raddau pell iawn ar bersonoliaeth garismataidd yr
arweinydd. Perthynai W. D. Clee (1884-1946) i un o hen deuluoedd y
fro, ac i draddodiad cerddorol teuluol; enillodd ef ei hun Gymrod-
oriaeth Coleg Brenhinol yr Organyddion (F.R.C.O.). Athro ysgol
ydoedd, a chyn arwain côr Ystalyfera bu'n cyfarwyddo yn llwyddiannus
iawn berfformiadau o operâu. Fel Ivander, enillodd glod am arloesi
ffordd neilltuol, nodweddiadol o ganu; ac efallai fod ei brofiad ym
myd opera wedi lliwio ei agwedd at ganu corawl, gan i Ystalyfera ddod
yn enwog ar bwys ei ganu dramatig.[35]
    Galwodd y brif gystadleuaeth gorawl yn Abertawe am gôr heb fod
yn llai na 150 o leisiau i ganu tri darn, o waith J. S. Bach, D. Vaughan
Thomas a'r cyfansoddwr Rwsaidd, Sergei Taneev. O'r saith côr a
ganodd, Ystalyfera oedd y mwyaf o ran nifer, a chreodd ymddangosiad
y 340 ohonynt ar y llwyfan gryn argraff ar y gynulleidfa. Yr ail wobr a

gafodd Ystalyfera, ond y côr newydd hwn a enillodd galon y dyrfa a
pharch beirniaid y wasg ('the most satisfying rendering on musicianly
grounds,' meddai'r *Birmingham Post*). Yng ngeiriau Islwyn Williams:
'y prynhawn hwnnw y ganwyd enw da Ystalyfera am ganu mawr.'[36]
Wedi'r llwyddiant cychwynnol hwn penderfynwyd cystadlu eto yn
Eisteddfod Genedlaethol nesaf y De, a gynhaliwyd yn Nhreorci yn
1928. O safbwynt eisteddfodol, hon oedd *annus mirabilis* y côr. Yr oedd
yr ornest ynddi ei hun yn deilwng o draddodiad cerddorol Rhondda:
tri ar ddeg o gorau yn ymddangos, un ar ddeg ohonynt o Dde Cymru,
un o Henffordd, a'r llall o Lundain. Dechreuwyd y gystadleuaeth cyn
cinio, a'i gorffen am 6.45 y nos. Dau ddarn prawf a osodwyd, sef,
'Blest pair of sirens' gan Hubert Parry, a ganwyd i gyfeiliant y
gerddorfa wadd, Cerddorfa Symffoni Llundain, a gosodiad digyfeiliant
John Hughes o eiriau John Morris-Jones, 'Cwyn y gwynt'. Cynrych-
iolai'r panel beirniaid hufen cerddoriaeth Gymreig y cyfnod: David
de Lloyd, David Evans, T. Hopkin Evans a Daniel Protheroe; a'r
beirniad 'allanol' oedd Syr Henry Coward (1849-1944), un o wŷr
amlycaf Lloegr ym maes canu a hyfforddiant corawl.[37] Mynegodd
Coward ei foddhad llwyr trwy ddatgan na chlywsai erioed well canu
corawl nag a gafwyd y prynhawn hwnnw, a llongyfarchodd y côr
buddugol ar rym a chymeriad neilltuol ei ganu. Dyfarnwyd i gôr
Ystalyfera 99 marc yr un am y ddau ddarn, a seliwyd ei enw da, ac enw
da ei arweinydd, yn y byd corawl Cymreig. Fe'i croesawyd yn ôl i'w
gynefin gan ddau fand lleol yn chwarae 'See the conquering hero
comes'.

Y mae'n anodd erbyn heddiw amgyffred mesur apêl boblogaidd y
brif gystadleuaeth gorawl yn y dauddegau a'r tridegau. Gyda sêl y
gellir ei chymharu â brwdfrydedd tyrfa o gefnogwyr y bêl hirgron,
byddai dilynwyr y corau yn amlygu eu teyrngarwch i'w harwyr.
Byddai tyrfa fawr yn ymgasglu i gapel Pant-teg i glywed ymarferion
olaf Ystalyfera cyn dydd y gystadleuaeth.[38] Dydd Mercher, diwrnod
y corau mawr, oedd uchafbwynt yr Eisteddfod i lawer. Ystyrier
disgrifiad gohebydd y *Western Mail* o ornest Treorci yn 1928:

> Every seat was occupied and it is only those privileged to see a National
> Eisteddfod gathering from the platform on chief choral day can quite fully
> understood how inspiring and magnificent a sight it is. A concourse of
> anything between 18,000 and 20,000 were submitting themselves into the
> hands of the conductor, knowing well that they were in for a rich flood of
> choral music.[39]

Cymdeithas Gorawl Ystalyfera, 1926-37

Hyd yn oed os anwybyddir y rhethreg newyddiadurol, gellir synhwyro pa mor arwyddocaol oedd y gystadleuaeth hon i eisteddfodwyr y cyfnod. Ddwy flynedd yn ddiweddarach, pan gynhaliwyd yr Eisteddfod yn Llanelli, yr oedd deng mil ar hugain ar y maes, y tu mewn a'r tu allan i'r Pafiliwn:

and it is literally true that there was absolute silence as each choir was ready for its performance.[40]

Ac yn Aberafan yn 1932, clywyd distawrwydd na fu ei fath erioed wrth i rhwng pymtheg ac ugain mil o 'arbenigwyr' glustfeinio ar y feirniadaeth:

Buddugoliaeth ryfeddol yw buddugoliaeth y cor mawr yn yr Eisteddfod Genedlaethol. Ond nid mwy rhyfeddol na chraffter y dyrfa aruthrol a fo'n gwrando arni.[41]

Beth bynnag am gywirdeb y rhifyddeg, nid oes lle i amau'r ysbryd byw a ddarlunnir yn y dyfyniadau hyn. Onid yw torf Parc yr Arfau yn ymdawelu'n huawdl pan baratoir i gicio gôl gosb dyngedfennol? Ac ar hyd gyrfa Ystalyfera fel côr cystadleuol, byddai ei ymddangosiad yn creu cynnwrf. Yr oedd sain y côr a grym ei ganu yn unigryw; ond yr oedd y gynulleidfa hefyd yn synhwyro bod cystadleuaeth y corau mawr yn ornest ymhlith cewri. Hyd yn oed ar ddechrau'r pumdegau yr oedd rhywrai'n dadlau o hyd am ddyfarniadau ugain mlynedd ynghynt.[42]

Parhaodd llwyddiant Ystalyfera yn Eisteddfodau'r tridegau. Daeth y côr yn gyntaf o bump yn Llanelli yn 1930, un marc yn unig ar y blaen i Bontarddulais, ac ennill yn erbyn Llangefni ym Mangor y flwyddyn ddilynol. Pontarddulais a orfu yn Aberafan yn 1932, ond ailadroddodd Ystalyfera ei lwyddiant yn Wrecsam, 1933, a Chastell-nedd, 1934, nes peri i gorau eraill ofni cystadlu. O achos hyn, penderfynodd pwyllgor Eisteddfod Caernarfon, 1935, wahodd y côr i gynnal cyngerdd yn yr Eisteddfod yn hytrach na chystadlu. Dylasai'r nos Sadwrn honno yng Nghaernarfon, a fu'n llwyddiant diamheuol, gloi gyrfa eisteddfodol y côr ag 'Amen' gorfoleddus, ond nid felly y bu. Yn groes i ddymuniad rhai o bwyllgor y côr,[43] penderfynwyd cystadlu eto yn Abergwaun yn 1936. Nemesis oedd i ddilyn, ac ni lwyddodd Ystalyfera i adfer yr hen ogoniant. Yn Abergwaun daeth yn bedwerydd o blith saith; ym Machynlleth yn 1937 yn bumed allan o saith, ac yng Nghaerdydd, 1938, yn bedwerydd allan o saith eto. O ystyried llwyddiant neilltuol y côr ym mlynyddoedd ei anterth, yr oedd diweddglo fel hyn yn beth trist.

Er na ddiogelwyd seiniau côr Ystalyfera ar recordiau masnachol— ac y mae hynny ynddo'i hun yn beth annisgwyl—ceir digon o dystiolaeth i effaith ysgubol ei ganu ar gynulleidfa. Dywedwyd am y datganiad buddugol yn Llanelli ei fod yn fawreddog iawn: 'the choir had a very massive tone capable of tremendous climaxes'; ac er nad Ystalyfera enillodd y gystadleuaeth yn Aberafan, dangoswyd dawn y côr i ganu'n ddisgybledig: 'a magnificent body of voices, splendidly trained'.[44] Yng Nghastell-nedd rhoddodd y beirniaid ganmoliaeth uchel i'w ddehongliad o ddarn anodd Armstrong Gibbs, 'The Highwayman', a chrynhowyd eu brwdfrydedd gan Syr Edward Bairstow (1874-1946), Athro Cerdd Prifysgol Durham a chynorganydd Eglwys Gadeiriol Caerefrog:

> We have been through a great experience. The emotional feeling imparted by the music was so great that I feel very much like a wet rag. Nevertheless, I would not have missed it for the whole world![45]

Ategwyd y farn honno gan ohebydd y cylchgrawn *Musical Opinion*, Norman Cameron, a oedd yn hallt ei feirniadaeth o'r Eisteddfod yn gyffredinol, am ei diffyg trefn a safon isel y darnau prawf, ond a deimlai fod canu Ystalyfera yn gwneud iawn am bob bai:

> in fact, their work in this long piece was so brilliant, so moving, so perfectly balanced that no praise could be too high. Every word was not only clearly enunciated but given its exact meed of musical emphasis; every detail of the score was intelligently phrased and moulded; every subtle inflection of light and shade was eloquently expressed, with great climaxes and exquisitely modulated pianissimi arising out of no arbitrary, calculated attempts at virtuosity, but growing naturally from the shape and content of the music itself. A marvellous and unforgettable experience.[46]

Gwelir yma bwysleisio'r nodweddion hynny a ganmolid yn gyson yng nghanu Ystalyfera: disgyblaeth lem, trylwyredd, geirio eglur ac uchafbwyntiau cofiadwy. Ond hwyrach taw'r deyrnged uchaf un a dalwyd i'r côr hwn o 'leisiau godidog, wedi eu disgyblu'n ofalus,'[47] oedd honno a glywodd Gareth Jones, gohebydd y *Western Mail* yn Eisteddfod Wrecsam, gan ŵr o'r Almaen a dystiodd na chlywsai erioed gystal canu â'r eiddo Ystalyfera, er ei fod ef yn dod o wlad Bach ei hun.[48]

Arwydd pellach o'r parch a enillodd Clee a'r côr oedd y sylw a roddwyd iddynt oddi ar lwyfan yr Eisteddfod. Diolch i Gibson Young, gohebydd y *Daily Express*, a oedd wedi ei swyno gan ganu Ystalyfera yn Eisteddfod Aberafan, cawsant gyngerdd yn y Queen's Hall yn Llundain, 2 Rhagfyr 1933, cyngherdd y darlledwyd ei ail hanner ar y rhwydwaith radio Prydeinig. Cydnabuwyd dawn W. D. Clee fel hyfforddwr trwy ei wahodd i ddarlledu sgwrs radio ar ganu corawl Cymru, 18 Tachwedd 1933, a mynegwyd siom na wahoddwyd ef i feirniadu yn Eisteddfod Abergwaun yn 1936. Bu'r côr yn darlledu sawl gwaith ar raglen y Gorllewin, fis Hydref, 1934, fis Chwefror, 1935, a mis Ionawr, 1936.[49] Fis Mai, 1935, côr Ystalyfera a wahoddwyd i ganu yn Hyde Park, adeg dathlu jiwbili arian Siôr V;[50] ac yn yr un flwyddyn bu'r beirniaid yn hael eu canmoliaeth i gyngerdd y côr yn Eisteddfod Caernarfon:

> Am gyngerdd poblogaidd nos Sadwrn—Cyngerdd Côr Ystalyfera—ni chlywir onid canmoliaeth gyffredinol, nid yn unig am safon uchel y canu a'i effaith drydanol, ond am amrywiaeth a chwaeth dda y rhaglen hefyd.[51]

Yr un flwyddyn hefyd cyflwynodd y cyfansoddwr T. Guthbert Samuels ei rangan 'Apollo a'i delyn' i 'Ystalyfera Choral Society, many times winners at the National Eisteddfod'.[52] Hawdd y gellir deall pam y cyfeiriodd H. S. Gordon at y côr fel 'the champion Welsh choir of today'.[53]

Eto i gyd, nid heulwen digwmwl oedd holl yrfa'r côr. Hyd yn oed ar uchelfannau ei lwyddiant clywid chwaon oer beirniadaeth, yn enwedig beirniadaeth ar arddull ei ganu. Barnai A. J. Sheldon, gohebydd y *Musical Opinion* yn Eisteddfod Treorci yn 1928, fod y corau i gyd yn euog o geisio gormod o effeithiau dramatig:

> they sang for effects instead of for *an effect.*[54]

Y duedd hon, nad oedd yn gyfyngedig i Ystalyfera, a barai anesmwythyd i T. Hopkin Evans wrth iddo feirniadu'r côr yn Eisteddfod Aberafan am 'or-wneud y *swells*'.[55] Anodd hefyd i gôr o faint oedd canu'n dyner

ac yn ysgafn, ac yr oedd tuedd Ystalyfera i ganu'n acennog yn
amhriodol weithiau i natur darn, beirniadaeth a roddwyd ar ei
ddehongliad o fadrigal William Byrd, 'All hail! thou merry month of
May', yn Eisteddfod Wrecsam yn 1933.[56] Tebyg oedd sylwadau
'F.B.' (sef Ferruccio Bonavia), gohebydd y *Musical Times*, ar gyngerdd
y Queen's Hall. Wedi nodi nad oedd y canu'n ddigon melys i gwrdd â
gofynion madrigal Byrd, aeth yn ei flaen i feirniadu'n bur hallt
amhriodoldeb arddull y côr i'r darn, 'Now hath the grace' gan Bach:

> They accented the first beat of each bar with such emphasis that Bach
> became a rival to Johann Strauss, and his texture was so softened that the
> music sounded like an 'Invitation à la valse.'[57]

Penllanw'r feirniadaeth hon oedd condemniad diarbed Syr Richard
Terry ar y côr yn Eisteddfod Abergwaun, a'i gyfeiriad dadleuol at
'vocal stunts', ymadrodd a gododd ddadlau chwyrn ymhlith cerddorion
Cymru, a faentumiai nad oedd Terry'n deall natur canu'r genedl.[58]
Ond tybed ai at hyn y cyfeiriai J. Lloyd Williams yn gynnil pan
gwynai, ar ôl Eisteddfod 1933, fod tuedd i gorau fod yn ffuantus yn eu
dehongliad o'r gerddoriaeth?

> Cynhyrchent amrywiaeth mawr o bwysleisiadau a graddoliadau cywrain;
> ond yn lle bod y rheiny'n codi'n naturiol o reidrwydd y geiriau, yr unig
> gymelliadau iddynt oedd yr *expression marks* ar y copi, ymarferiadau
> wythnosau o ganu, a gor-ddisgyblaeth ac awdurdod arweinydd egnïol.[59]

Ceir ffasiynau ym myd canu, fel ym mhob dim arall. Anaml y
clywid beirniadu ar Ystalyfera heb ganmol hefyd. Beth bynnag a
glywai Bonavia yn chwith yng nghanu'r côr yn y Queen's Hall, yr
oedd yn cydnabod bod y cantorion wedi eu hyfforddi hyd at berffeith-
rwydd, a'u bod, yn y gerddoriaeth briodol, yn ddiguro, yn canu 'with
a zest and spirit that can hardly be praised too highly'.[60] Er na fu
Ystalyfera yn fwy llwyddiannus yn Eisteddfod 1937 na'r flwyddyn
flaenorol, yr oedd y wefr drydanol i'w phrofi o hyd yn ei ganu:

> There were moments when its climaxes in the Brahms works, ''On this
> earth'', seemed to sweep the audience off its feet, so that one of the best
> musical critics in the country . . . said, 'I don't care who wins; that's the
> finest singing I have ever heard in my life.'[61]

Mae'n deg cydnabod hefyd i'r elfen danllyd fod yn nodweddiadol o ganu corawl Cymru er dyddiau Caradog: dyna'r union beth a wefreiddiodd feirniaid cystadlaethau'r Palas Grisial yn 1872 ac 1873. Etifeddion y traddodiad hwnnw oedd cantorion Ystalyfera, ac efallai iddynt ddioddef ym mlynyddoedd olaf gyrfa'r côr yn sgil newid ffasiwn. Sylwodd Islwyn Williams fod côr Pontarddulais, yntau fel Ystalyfera yn gwarchod y safonau corawl traddodiadol Gymreig, yr un mor aflwyddiannus yng nghystadlaethau'r Eisteddfod yn 1937 ac 1938.[62] Ond er i gôr Pontarddulais ddal ati am gyfnod hir wedi'r Ail Ryfel Byd, yr oedd oes y 'côr mawr' yn dirwyn i ben. Wrth i ddisgwyliadau cynulleidfaoedd newid, wrth i natur cymdeithas newid, wrth i chwaeth gerddorol newid, ni ellid disgwyl i'r hen geyrydd beidio â chwalu. A chyda diflaniad Ystalyfera wedi 1938 daeth cyfnod i ben yng Nghwm Tawe, onid yng Nghymru.

Bid a fo am farn beirniaid, fodd bynnag, ni ddylid bychanu camp W. D. Clee. Er nad oedd yn 'genhadwr' ym mowld Ivander, gwnaeth gyfraniad neilltuol i'w gymdeithas mewn dyddiau anodd. Yn 1933 gwnaeth H. S. Gordon ramant o hanes côr Ystalyfera ar gyfer darllenwyr y *Radio Times*; ond ynghudd yn y rhamant y mae gwirionedd sylfaenol am aberth ac ymdrech cymdeithas mewn cyni:

The choir you will hear singing in London was actually founded during a strike eight years ago. It is composed almost entirely of miners and tinplate-workers and their women-folk. Twenty-five per cent of the men are unemployed ... The choir has no wealthy backers. Out of its poverty—goodness knows how—Ystalyfera finds the money to keep its choirs and bands alive. It cost their choir £350 to travel to the last National Eisteddfod to compete for a prize of £150. Why do they do it? To ask that question is to show an Englishman's incapacity to grasp the fact that to these people Music is Life.[63]

Os gwir hynny, mai cerddoriaeth oedd bywyd, ac nid yn unig yn Ystalyfera'r dwthwn hwnnw, gwelodd pwyllgor Eisteddfod Caerdydd yn 1938 y gellid manteisio arno. Ar gyfer y brif gystadleuaeth gorawl gofynnwyd i'r corau baratoi *Requiem* Brahms yn ei grynswth. At y gystadleuaeth ei hun byddai'r beirniaid yn gofyn i'r corau ganu unrhyw ran o'r gwaith; ond câi'r pedwar côr gorau uno o dan arweiniad un o'r beirniaid, Syr Hugh Allen, i berfformio'r gwaith cyfan ar ffurf cyngerdd y noson honno. Ymatebodd cynifer â saith côr i'r her aruthrol hon, a chafodd Merthyr, Dowlais, Rhondda ac Ystalyfera, a ffurfiai rhyngddynt gôr o wyth gant, ganu yn y perfformiad. Talodd Allen deyrnged gynnes iawn i'r corau. Os oedd ynddi weniaith, yr oedd hefyd wirionedd:

> He believed that the music of Wales was the most wonderful, lasting and comforting thing that the nation had and urged Welsh choirs to go ahead and prosper.[64]

Diwedd cyfnod ydoedd, serch hynny, cyfnod pan ellid tynnu ar adnoddau lleisiol profiadol i ffurfio côr mawr ardal. Yr oedd aelodau côr Ivander a chôr Clee yn aelodau hefyd o gorau llai, ac yn brofiadol o wahanol fathau o ganu, yn arbennig y cynulleidfaol; ond wrth i'r sylfeini—cynulleidfaoedd y capeli, a'r cymdeithasau llai—ddechrau edwino ar ôl 1945, anodd fyddai adeiladu arnynt 'gôr mawr' o'r un ansawdd â chynt. Ni byddai corau Cymru wedi'r Ail Ryfel Byd yn ennyn yr un ymateb torfol, brwd. Dôi atyniadau amrywiol eraill i ddifyrru oriau hamdden. Dôi newid i arddull a phatrwm canu. Dôi newid pwyslais i'r Eisteddfod ei hun, a roes lwyfan i gantorion Dyffryn Tawe ar ddechrau'r cyfnod ac i gantorion Ystalyfera ar ei ddiwedd. Ac os bu tuedd i'r Eisteddfod fagu ysbryd cystadleuol afiach a di-ras ar brydiau,[65] rhoes hefyd hwb i lawer côr ymberffeithio trwy lafur. Yn y pen draw, gwir amcan pob diwylliant yw dyrchafu; a gwaith dyrchafol trwy bob math o anawsterau oedd gwaith Ivander a W. D. Clee fel ei gilydd. Hwyrach mai'r Sais, Hannen Swaffer, gohebydd ar y *Daily Herald*, wrth sôn am un ohonynt, a lwyddodd orau i gyfleu gorchest y ddau:

> Pan gyhuddir [Clee] gan yr arddullwyr culaf o 'styntio,' yr ystyr ydyw ei fod wedi ceisio *dwyn allan mewn cerddoriaeth deimladau a meddyliau y cymoedd y mae'n byw ynddynt* . . . os ceisiwch safoni canu Cymreig, sydd yn ymarllwys o deimladau naturiol y galon, . . . sydd yn nwydol yn hytrach na chlasur, yr ydych mewn perygl o dagu ffynonellau ei ysbrydoliaeth.[66]

NODIADAU

[1] Percy M. Young, *The choral tradition* (Llundain, 1962), 9.

[2] Mewn golygfa sy'n disgrifio 'Côr o Sowth', dynion ar streic yn canu am gardod i gynnal eu teuluoedd. Caradog Prichard, *Un nos ola leuad* (Dinbych, ail arg. 1973), 124.

[3] Meredydd Evans, 'Ieuan Ddu', *Taliesin*, 58, 1986, 61-71.

[4] W. J. Evans, 'Hanes cerddoriaeth yn Aberdar', yn: Undeb yr Annibynwyr Cymraeg. *Llawlyfr cyfarfodydd Aberdâr* (Aberdâr, 1935), 21-26.

[5] *Y Cerddor Cymreig*, I, 1861-3, 46.

[6] Cofnodir ei hanes yn fanwl yn: [William Ivander Griffiths]. *Record of over 50 years music, temperance, eisteddfod, and other mission work, in Wales and Cumberland, 1850-1903* (Workington, [1903]).

[7] *Adroddiad blynyddol Cymdeithas Gorawl Dyffryn Tawe* . . . (Abertawe, 1865), 3. Er gwaethaf ei deitl, un adroddiad yw hwn, yn rhychwantu'r blynyddoedd 1862-5.

[8] Ibid.

[9] Ibid., 4.

[10] *Carmarthen Journal*, 4 Gorffennaf 1862.

[11] *Y Cerddor Cymreig*, 1, 1861-3, 143.

[12] Ibid.

[13] W. Ivander Griffiths, 'Fy adgofion. VIII: Côr Dyffryn Tawe', *Y Cerddor*, 14, 1902, 96. Ymddangosodd yr atgofion hyn yn un ar ddeg o ysgrifau yn *Y Cerddor*, 1901 ac 1902.

[14] *Y Cerddor Cymreig*, 1, 1861-3, 167.

[15] Disgrifir bywyd cerddorol Abertawe yn y cyfnod hwn gan John Hugh Thomas, 'Cerddoriaeth yn Abertawe: y blynyddoedd cynnar', *Abertawe a'r cylch*, gol. Ieuan M. Williams (Llandybïe, 1982), 176-97.

[16] Hywel Teifi Edwards, *Gŵyl Gwalia* (Llandysul, 1980), 280-1.

[17] *Y Cerddor Cymreig*, 2, 1863-4, 144.

[18] *Adroddiad* . . . *Cymdeithas Gorawl Dyffryn Tawe*, 15-17. Am Ieuan Ddu o'r Alltwen, gohebydd y *Faner* ar yr achlysur hwn, gweler Huw Walters, 'Rhai o ohebwyr Y Gwladgarwr', *Taliesin*, 58, 11-25, ar 16-17.

[19] W. Ivander Griffiths, 'Fy adgofion. IX', *Y Cerddor*, 14, 1902, 108-10, ar 110.

[20] *Adroddiad* . . . *Cymdeithas Gorawl Dyffryn Tawe*, 21.

[21] Am yrfa ddiweddarach Ivander, gweler Huw Williams, 'William Griffiths (Ivander) (1830-1910)', *Welsh Music/Cerddoriaeth Cymru*, cyf. 7, rhif 8, Hydref/Gaeaf 1984-5, 40-6.

[22] *Adroddiad* . . . *Cymdeithas Gorawl Dyffryn Tawe*, 22.

[23] W. Ivander Griffiths, 'Fy adgofion. X', *Y Cerddor*, 14, 1902, 120-1.

[24] W. Ivander Griffiths, 'Fy adgofion. VIII'.

[25] *Adroddiad* . . . *Cymdeithas Gorawl Dyffryn Tawe*, 16.

[26] *Record of over 50 years* . . . Am le Ivander yn yr olyniaeth ddirwestol, gweler T. J. Morgan, 'Diwylliant gwerin' yn *Diwylliant gwerin ac ysgrifau eraill* (Llandysul, 1972), 7-84, ar 76-8, a Huw Walters, 'Chwifio baner dirwest: cenhadaeth Dafydd Daniel Amos,' *Cof cenedl V* (Llandysul, 1990), 85-115.

[27] *Record of over 50 years* . . .

[28] W. Ivander Griffiths, 'Fy adgofion. X'.

[29] Dyfynnir yn *Record of over 50 years* . . .

[30] Ibid.

[31] Ibid.

[32] T. J. Morgan, 'Diwylliant gwerin,' 45-7.

[33] *Western Mail*, 4 Awst 1932.

[34] *Musical Times*, 75, 1934, 82.

[35] Crynhoir hanes W. D. Clee a'r côr gan Islwyn Williams, *William David Clee a'r Côr Mawr Ystalyfera* (Llandybïe, [1955]).

[36] Ibid., 16.

[37] Yr oedd Thomas Beecham hefyd wedi ei wahodd i feirniadu, ond methodd ddod. Diddorol fyddai clywed ei sylwadau pigog ef.

[38] Williams, *Côr Mawr Ystalyfera*, 18, 25, 31.

[39] *Western Mail*, 9 Awst 1928.

[40] *Western Mail*, 7 Awst 1930.

[41] *Baner ac Amserau Cymru*, 9 Awst 1932.

[42] Williams, *Côr Mawr Ystalyfera*, 34.

[43] Ibid., 53-6.

[44] *Western Mail*, 7 Awst 1930, 4 Awst 1932.

[45] *Western Mail*, 9 Awst 1934.

[46] Norman Cameron, 'The National Eisteddfod at Neath,' *Musical Opinion*, 57, 1933-4, 1046-7.

[47] *Y Cerddor*, ail gyfres, 1·2, 1931, 291.

[48] *Western Mail*, 10 Awst 1933.

[49] *Radio Times*, 10 Tachwedd 1933, 461; 28 Medi 1934, 892; 22 Chwefror 1935, 32; 17 Ionawr 1936, 26. Yr oedd hyn cyn sefydlu rhaglen i Gymru.

[50] Williams, *Côr Mawr Ystalyfera*, 52. Mae'n eironig fod yr unig recordiad (preifat) o'r côr sydd ar glawr yn cofnodi'r ymddangosiad hwn, na fu'n arbennig o lwyddiannus.

[51] *Y Cerddor*, ail gyfres, 5, 1935, 231.

[52] Cyhoeddwyd y darn gan gwmni Snell yn Abertawe.

[53] H. S. Gordon, 'Song from a Welsh valley,' *Radio Times*, 24 Tachwedd 1933, 560.

[54] A. J. Sheldon, 'The National Eisteddfod,' *Musical Opinion*, 51, 1927-8, 1164-5.

[55] *Y Cerddor*, ail gyfres, 2, 1932, 261.

[56] *Western Mail*, 10 Awst 1933.

[57] *Musical Times*, 75, 1934, 76.

[58] *Western Mail*, 6 Awst 1936; *Y Cerddor*, ail gyfres, 6, 1936, 211; Norman Cameron, 'Music at the Welsh National Eisteddfod', *Musical Opinion*, 59, 1935-6, 1021-2; Williams, *Côr Mawr Ystalyfera*, 57-60.

[59] *Y Cerddor*, ail gyfres, 3, 1933, 290.

[60] *Musical Times*, 75, 1934, 76.

[61] *Western Mail*, 5 Awst 1937.

[62] Williams, *Côr Mawr Ystalyfera*, 59-60.

[63] Gordon, 'Song from a Welsh valley'.

[64] *Western Mail*, 4 Awst 1938.

[65] Ceir darlun cynnil o hyn, a chefndir cystadleuaeth gorawl iddo, yn stori Islwyn Williams, 'Y Cysurwr', *Cap Wil Tomos a storïau eraill* (arg. newydd, Abertawe, 1986).

[66] Dyfynnir, wedi ei gyfieithu, yn *Y Cerddor*, ail gyfres, 7, 1937, 204. (Fi piau'r italeiddio).

Tafodiaith Cwm Tawe
Robert Owen Jones

Ychydig dros ganrif yn ôl byddai trafod nodweddion tafodieithol wedi bod yn ddewis rhyfedd os nad yn un cwbl annerbyniol. Pwy yn ei synhwyrau fyddai eisiau darllen am iaith lafar Cwm Tawe, ac yn arbennig o gofio bod y cwm erbyn diwedd y ganrif ddiwethaf ynghanol bwrlwm chwyldro diwydiannol a chymdeithasol? Mewn ardaloedd tebyg ni ellid disgwyl dim gwell na bratiaith os nad cymysgiaith![1] Onid dyna oedd ar gerdded yng nghymoedd glo y De-Ddwyrain—mewnlifiad pobloedd a dirywiad ieithyddol ym mhobman.[2] Wedi'r cyfan, dim ond iaith y pregethwr, cyfrwng y Beibl, yr emynau a'r cofiannau—yr iaith lenyddol, honno yn unig a haeddai sylw a safle fel Cymraeg da. Gan drwch poblogaeth ardaloedd y pyllau a'r 'gweithie' nid Cymraeg derbyniol-gyhoeddus y capel a glywid yn y cartref, ar y stryd nac yn y gwaith, ond yn hytrach y patrymau y daethpwyd i'w hystyried yn rhai gwael a diurddas. Nodweddion rhyfedd, anghyfarwydd, geiriau sathredig ac ymadroddion annealladwy yn unig a ddisgwylid yn y tafodieithoedd.[3] Term am lafar aflêr pobl ddi-ddysg oedd 'tafodiaith' a'r eirfa a'r ymadroddion yn rhai y dylai'r dyn dysgedig a pharchus eu hosgoi! Yn ôl E. Bagby Atwood:

> The earliest observations on what we nowadays call dialect covered a variety of linguistic categories but tended to concentrate on lexical and grammatical peculiarities. They were moreover largely prescriptive . . . and observers usually regarded the collected material as something to be avoided.

Hyd at ddiwedd wythdegau'r ganrif ddiwethaf pur negyddol oedd y farn ynglŷn â thafodieithoedd ymysg ysgolheigion a'r di-ddysg fel ei gilydd. Mae'n wir i Edward Lhuyd ddyfynnu geiriau a ffurfiau tafodieithol yn ei *Archaeologia Britannica* (1707) ond ni cheisiodd lunio disgrifiad o unrhyw dafodiaith unigol. Yn 1753 cynhwyswyd rhai geiriau a ystyrid yn nodweddiadol o Forgannwg a Mynwy yng ngeiriadur Cymraeg-Saesneg Thomas Richards, *Linguae Britannicae Thesaurus*. Yn 1832 cyhoeddodd William Owen-Pughe *Dictionary of the Welsh Language* gan nodi rhyw gant a hanner o eiriau a oedd yn nodweddiadol o Dde-Ddwyrain Cymru. Ymddangosodd rhestrau o eiriau yn Coxe (1801)[4], Morgan (1862)[5] a Davies (1877-94)[6] a'r cyfan er mwyn pwysleisio hynodrwydd geirfa trigolion Sir Fynwy ac ardaloedd Penrhyn Gŵyr. Rhwng 1859 ac 1861 cyhoeddodd yr Hen Gyrus 'Brawddegau y Werin' yn *Taliesin, II*, (1860-1). Nid oes unrhyw werth i'r casgliad gan nad yw'n cymharu amrywiadau â'i gilydd. Ar un olwg rhyw ddiddordeb digon negyddol oedd yn gyfrifol am gasgliadau o'r fath. Rhain oedd y gwyriadau o'r ffurfiau safonol llenyddol, a'r rhai felly y dylid eu gwrthod.

Rhoddir llais i'r fath agwedd normadol mewn ymdriniaeth gan 'W.W.' yn 'North Walian Dialect' (circa 1794-1810). [7] Cais yr awdur egluro'r gwahaniaeth rhwng Cymraeg y Gogledd a Chymraeg y De, gan haeru fod tafodieithoedd y De wedi eu llygru a'u hanffurfio o'u purdeb gwreiddiol dan ddylanwadau allanol. Poenai'n fawr ynghylch dyfodol purdeb tafodieithol y Gogledd yn wyneb dylanwad cynyddol pregethwyr teithiol y Methodistiaid o'r De! Felly i 'W.W.' 'roedd tafodiaith a thafodiaith ac ystyriai'r rhai Deheuol yn llawer is eu statws na'r rhai Gogleddol.

Ar gyfandir Ewrob, chwarter olaf y ganrif ddiwethaf oedd y cyfnod pan gyneuwyd diddordeb gwirioneddol mewn astudio'r tafod-ieithoedd. Hwn oedd cyfnod yr arolygon tafodieithol cenedlaethol yn yr Almaen (1876)[8] ac yn Ffrainc (1896).[9] Dyma gyfnod sefydlu'r English Dialect Society (1873) a chyhoeddi gweithgarwch mawr Joseph Wright, *The English Dialect Dictionary* (1898-1905). Yn 1889 sefydlwyd yr American Dialect Society yn Unol Daleithiau'r Amerig er mwyn ceisio sianelu'r diddordebau tafodieithol a oedd yn egino yno. Daeth diddordeb yn y werin, eu harferion, eu diwylliant a'u hiaith yn bur ffasiynol, a brigodd i'r wyneb yng Nghymru hefyd fel yng ngweddill Ewrob.

Mor gynnar ag 1881 yn *Cymmrodor, IV*, cyhoeddwyd erthygl dan y pennawd, 'The Folk Lore of Wales', ac ynddi ceir anogaeth i sefydlu cymdeithas dafodieithol Gymraeg. Ni ddaeth dim o'r awgrym ar y pryd a thenau iawn yw'r cynnyrch tafodieithol a ddaeth i olau dydd yn ystod dau ddegawd olaf y ganrif ddiwethaf. Serch hynny maent yn ddrych inni o safbwynt a phwyslais y cyfnod. O'r pedwar gwaith ar hugain a gyhoeddwyd 'roedd pymtheg yn storïau mewn tafodiaith[10] a phedwar yn gasgliadau geirfaol, dau yn erthyglau cyffredinol a thri yn erthyglau ysgolheigaidd o safon derbyniol a'r rhai olaf yn waith dieithriaid yn hytrach na Chymry.[11] Digon arwynebol yn wir oedd y diddordeb ymysg y Cymry er gwaethaf sawl anogaeth yn y wasg. Yn 1888 ac yn 1889 ·ymddangosodd erthygl gan D. Morgan Lewis yn

Cymru Fydd dan y pennawd, 'Tafodieithoedd Cymru'. Ceisiodd hau y syniad fod astudio'r tafodieithoedd yn waith pwysig a haeddiannol yn enwedig o gofio mai hwy oedd cyfryngau cyfathrebol naturiol pobl Cymru. Dywed:

> Cyn y gallwn godi ein tafodieithoedd i barch rhaid i ni ein hunain eu parchu ac er mwyn i ni allu gwneud hyn rhaid i ni wybod eu neillduolion rhaid i ni eu hefrydu ... Nid edrych ar eu neillduolion fel geiriau i'w gochel neu eu hesgusodi ond fel ffeithiau i'w cydnabod, eu croniclo a'u hesbonio.

Dyna anogaeth wych, ond nid ymatebwyd iddi yn y modd mwyaf effeithiol gan mai storïau mewn tafodiaith oedd prif gynnyrch tafodieithol y degawd dilynol. Prin iawn oedd ysgolheigion y cyfnod a oedd yn fodlon ymysgwyd oddi wrth eu rhagfarnau ynglŷn â thafodiaith. Yr unig un a ddaeth yn weddol agos at dderbyn nodweddion tafodieithol fel rhai normal yn hytrach na rhai beius oedd Edward Anwyl. Yn ei *A Welsh Grammar for Schools*, I (1898), II (1899), cynhwysodd ffurfiau llafar a thafodieithol. 'Roedd yn fodlon cynnwys amrywiadau llafar ar ffurfiau cymharu 'agos, hawdd, ieuanc'. Derbyniodd y duedd i beidio defnyddio ffurfiau benywaidd gwahanol i'r ansoddair. 'Roedd hefyd yn ddigon hapus i weld y geirynnau rhagferfol 'mi' neu 'fe' yn y cyfrwng llenyddol. Yn 'Safonau yr Iaith Gymraeg' yn *Y Geninen*, 1906, dywed:

> Rhaid iddi fod yn iaith ei hoes o ran ei nodweddion cyffredinol: ni thâl iddi fod yn hynafol a dieithr yn orlawn o eiriau a ffurfiau ansathredig ac annealladwy.

'Roedd yn amlwg o blaid codi statws a derbyn ffurfiau llafar fel y rhai byw a allai ystwytho'r iaith lenyddol. Ond llais unig iawn ydoedd ar ddechrau'r ganrif hon a phwyslais ceidwadol, normadol J.Morris-Jones a orfu.

Yn 1889 sefydlwyd 'Cymdeithas Llafar Gwlad' dan adain Coleg Prifysgol Gogledd Cymru a honno yn benodol ar gyfer casglu tafodieithoedd:

> The importance of the study of Welsh dialects is becoming daily more fully recognised and it is urgent that the work be taken in hand at once as there is reason to fear that many dialectal words and idioms which have

important bearings upon the history of the Welsh language are now being disused.   (Bangor MS467A:5)

Er i hoelion wyth y genedl ar y pryd ymaelodi â'r gymdeithas, digon anhrefnus a dieneiniad oedd eu hymdrechion. Y Tywysog Lucien Bonaparte oedd y Llywydd a'r Canon Silvan Evans, ynghyd â'r Prifathro Reichel a'r Athro John Rhys yn is-lywyddion. Yr ysgrifennydd oedd John Morris-Jones, yr Athro John Morris- Jones yn ddiweddarach. Nid oedd cynllun gwaith pendant o'u blaen, ac nid esboniwyd yn iawn i'r cysylltwyr lleol beth yn union i'w gasglu. Mae rhai o'r atebion a gafwyd yn dangos yn ddigon clir fod ambell un yn cysylltu tafodiaith â geiriau od, anghyffredin neu ansafonol. Yn ei lythyr ar 30 Ebrill 1890 dywed Edward Foulkes o Lanberis:

> I don't think that this part of Caernarvonshire has many well-marked peculiarities of dialect.   (Bangor MS 467B)

Dyma ddywed H. Ellis y cysylltwr o Bennal, Machynlleth:

> Yr ydym wedi gwneud y casgliad a ganlyn wrth wrando ar ymadroddion, fel nad ydym yn gwarantu eu bod oll yn nodweddiadol o'r ardaloedd ond yr oeddynt yn ddieithr i mi.

'Dyn dwad' i'r ardal oedd Mr. Ellis, ac mae'n amlwg mai ei linyn mesur wrth gofnodi ffurfiau tafodieithol oedd ei lafar ei hun. Os nad oedd ffurf yn digwydd yn ei lafar ef, yna 'roedd yn un tafodieithol! Rhoddodd J. Morris-Jones beth sylw i'r tafodieithoedd yn ei gyfraniad ar yr iaith Gymraeg yn *Y Gwyddoniadur Cymreig* (1891) ond eto yn *An Elementary Welsh Grammar* (1921) roedd ei agwedd gwrth-dafodiaith yn ddigon eglur:

> The written language has been corrupted not only under the influence of false etymological theories, but in the opposite direction by the substitution of dialectal for literary forms . . . The value of the tradition is that it represents the language in a form which was everywhere recognized as pure, and of which the various dialects represent different corruptions.

Y safbwynt normadol traddodiadol hwn a orfu ac yn ystod tri degawd cyntaf y ganrif hon ymdriniaethau â geirfa oedd y maes tafodieithegol mwyaf toreithiog ond roedd yr eithriadau i'r pwyslais hwnnw yn weithiau o bwys ac yn gerrig milltir pwysig yn natblygiad gwybodaeth am dafodieithoedd y Gymraeg. Rhoddodd Thomas Darlington[12] (1900-1) sylw arbennig i nodweddion cynaniad yn y Canolbarth. Canolbwyntiodd J. Griffiths (1902) ar y Wenhwyseg.[13] Tafodiaith Dyfed oedd priod faes M. H. Jones (1905-7).[14] Yn 1913 cyhoeddodd O. H. Fynes Clinton[15] ei gampwaith ar dafodiaith ardal Bangor ac yn 1925 daeth i olau dydd astudiaeth allweddol Alf Sommerfelt ar Gymraeg ardal Cyfeiliog.[16] 'Roedd y rhod yn dechrau troi yn raddol fach a daeth astudio'r tafodieithoedd yn faes ysgolheigaidd amlycach o 1930 ymlaen, yn enwedig fel maes ymchwil traethodau M.A. Prifysgol Cymru.

Rhwng 1930 a 1980 cwblhawyd ugain astudiaeth o dafodieithoedd unigol ar gyfer graddau M.A. a dwy astudiaeth arall ar gyfer Ph.D. Er mor bwysig yw'r rhain, ni chwblhawyd digon o waith i allu cael disgrifiadau dibynadwy ar draws Cymru i gyd. Ni chafwyd arolwg cenedlaethol fel un Wenker (1876) yn yr Almaen, Gilliéron (1896) yn Ffrainc, arolygon niferus U.D.A., arolwg o dafodieithoedd yr Alban, yr Iwerddon a'r arolwg a ddechreuwyd gan Harold Orton o Saesneg Lloegr yn 1948. Dilynodd y rhain batrwm Wenker, sef cofnodi patrymau llafar yr hen bobl a hynny fel mater o frys cyn i'r genhedlaeth hynaf farw. 'Roedd hynny yn amlwg ddigon yn cydnabod bod llafar ardal yn newid ac yn wir bod rhai nodweddion yn rhwym o ddiflannu gyda'r to hynaf. Serch hynny, nid marw a wna tafodiaith ond newid, ac ar unrhyw un pwynt mewn amser gellir gweld olion y broses oherwydd mae amrywiadau tafodieithol ardal bob amser yn adlewyrchiad o gymdeithas ardal.

Yn y cyfrwng llafar cawn ddrych o batrymau, symudiadau a dylanwadau'r gorffennol yn ogystal ag amlinelliad o'r prosesau sydd ar gerdded yn y presennol. Mae patrymau llafar yn newid yn gyson. Geill siaradwyr y gymuned wrthod a dileu rhai ffurfiau, ymestyn patrymau arbennig, creu ffurfiau newydd a benthyca nodweddion eraill. Mewn gwirionedd nid astudiaeth o hen eiriau, y prin a'r hynod o fewn fframwaith ddaearyddol yn unig ydyw tafodieitheg bellach, ond ymgais i ddisgrifio iaith o fewn ei chyd-destun dynol. Mewn geiriau eraill, y bwriad ydyw dadlennu beth yn union a wna pobl mewn ardal arbennig â'u hiaith. Mewn rhai ardaloedd ar rai cyfnodau ychydig iawn o newid a fydd yn digwydd. Pan fydd

cymuned yn bur unffurf yn gymdeithasol a diwylliannol, pur fychan
fydd yr amrywiadau. Pan fydd newid cymdeithasol ar gerdded a
dylanwadau allanol yn gryf, yna cynydda graddfa'r amrywio.
Sylwodd J. a L. Milroy ar y fath dueddiadau yn eu hastudiaeth o
Saesneg tref Belfast. 'Linguistic change is slow in populations
established and bound by strong ties, rapid when weak ties exist in
populations.'

Enghraifft ardderchog o ddileu ac ymwrthod, o ymestyn a chreu
yw'r Gymraeg ym Mhatagonia. Aethai'r ymfudwyr cyntaf yno o bob
rhan o Gymru a rhai o U.D.A. Nid un dafodiaith sefydlog unffurf a
gafwyd ond cymysgwch cyfoethog o eirfa, gramadeg a chynaniad
sawl rhan o Gymru. Oherwydd amgylchiadau cymdeithasol,
rhwydweithiau cymdeithasol, economaidd a chrefyddol clòs,
ymdoddodd y gwahanol dafodieithoedd gan esgor yn llafar y to
ieuengaf ar dafodiaith a oedd yn debyg i'r llu tafodieithoedd a
ddygwyd i'r Wladfa, ond eto'n gwbl wahanol i unrhyw un ohonynt ac
yn unigryw fel Cymraeg Patagonia. Sicrhaodd natur glòs y
gymdeithas ryw gymaint o unffurfiaeth yn y bathu, yr ymdoddi a'r
creu. Wrth astudio'r eirfa yn 1971, yr hyn a'm rhyfeddodd yn fwy na
dim oedd y patrwm cymharol unffurf a gafwyd o un pen y dyffryn i'r
llall.[17] Y syndod mwyaf oedd mai geiriau o darddiad Gogleddol oedd
amlaf, fel *taid* a *nain* yn hytrach na *tadcu* a *mamgu*, *goriad* nid *allwedd*,
ffisig nid *moddion*, *iau* nid *afu*, *cur pen* ac nid *pen tost*. Ond cafwyd rhai
ffurfiau Deheuol megis *ffwrn* yn lle *popty*, *llaeth* yn hytrach na *llefrith* ac
oen swci yn hytrach nag *oen llywath*. Pam hynny, tybed, o gofio bod y
boblogaeth yn gymysg o ran ei tharddiad daearyddol yng Nghymru?
Nid oedd nifer y Gogleddwyr yn uwch na niferoedd yr ymfudwyr o
Dde Cymru. Nid oedd y patrwm gwladychu yn y gwahanol
ardaloedd ychwaith yn ffactor a gyfrifai am natur yr eirfa. Ar ôl
edrych ar y dystiolaeth,—hanesyddol, cymdeithasol, crefyddol a
diwylliannol—gorfu imi dderbyn 'nad proses o ogleddeiddio pur a
gafwyd yma ond yn hytrach safoni. Y patrwm fynychaf oedd iaith
addysg, pregethu a siarad cyhoeddus a'r rheini yn eu tro yn
sylfaenedig ar yr iaith ysgrifenedig'.

'Roedd arweinwyr y gymdeithas, hefyd, yn y dyddiau ffurfiannol
yn rhai a ddaethai o Ogledd Cymru megis Lewis Jones, Edwin
Roberts, David Lloyd Jones, ac R. J. Berwyn. Bu'r olaf yn Ynad
Heddwch, yn bostfeistr ac yn ysgolfeistr cyntaf y Wladfa.

Beth am dafodiaith Cwm Tawe? A yw hi'n wael, yn sathredig, yn ddiurddas ac yn ansafonol? Yn ôl syniadau normadol y gorffennol efallai ei bod hi; mae'n bur wahanol i'r cyfrwng llenyddol safonol, ond mae'n iaith fyw, yn naturiol, ac yn fyrlymus. Mae iddi gyfoeth geirfaol a chystrawennol, yn ogystal â nodweddion cynanu sy'n rhoi iddi gymeriad unigryw. Mae ynddi olion o hyd o hen batrymau gweinyddol y gorffennol. Yn y cyfnodau cynnar roedd ardal Cwm Tawe yn rhan o gwmwd a gysylltid yn bennaf ag Ystrad Tywi a'r Deheubarth yn hytrach nag â Morgannwg. O ran trefniant eglwysig roedd yn rhan o Esgobaeth Tyddewi. Felly byddai dylanwad patrymau'r Gorllewin yn bur drwm ar y cyrion hyn o'r Deheubarth. Ar ôl i'r Normaniaid ymsefydlu ar ran ddeheuol Penrhyn Gŵyr ac Abertawe (Gower Anglicana) cadwodd trigolion y 'Gower Wallicana' eu cysylltiadau hanesyddol a Chymreig â'r Gorllewin:

Datblygodd dwy gymdeithas ar wahân o fewn yr un cwmwd . . . [18].

Gyda'r Deddfau Uno cyplyswyd yr ardal ag Arglwyddiaeth Morgannwg i greu Sir Forgannwg. Canlyniad hynny oedd edrych tua'r Dwyrain gan fod yn fwy agored i ddylanwadau tafodieithol y De-Ddwyrain. Serch y newid gweinyddol parhaodd ar y ffin rhwng nodweddion llafar y De-Orllewin a rhai y De-Ddwyrain. Gellid disgwyl felly i Gwm Tawe fod yn ardal drawsnewid i nifer helaeth o nodweddion tafodieithol.

Gyda'r Chwyldro Diwydiannol llifodd pobloedd o ardaloedd eraill i'r pyllau glo a'r gweithfeydd metel ond yn wahanol i gymoedd y De-Ddwyrain, daethai rhan helaetha'r mewnfudwyr newydd o ardaloedd cyfagos yn hytrach nag o Loegr. Dyna o bosibl paham y daliodd y Gymraeg ei thir yng Nghwm Tawe. 'Roedd llafar y mewnfudwyr a'r trigolion gwreiddiol yn ddigon tebyg i fod yn gwbl ddealladwy i'w gilydd. Yn 1851 roedd traean poblogaeth Cwm Tawe wedi eu geni o fewn Sir Forgannwg. Daethai 20.3% o Orllewin Cymru a 2.6% o ardaloedd eraill yng Nghymru. Tua 10% yn unig o'r boblogaeth a oedd yn fewnfudwyr di-Gymraeg. 'Roedd y darlun yn bur wahanol i'r hyn a gafwyd yn Abertawe ei hunan lle roedd 45% o'r boblogaeth yn fewnfudwyr a mwy na hanner y rhai hynny yn ddi Gymraeg.

Ffig. I. Tarddiad Poblogaeth Maes Glo y Gorllewin yn 1851[19]

Etholaeth	Poblog-aeth	Morgan-nwg	Caer-fyrddin	Penfro	Gweddill Cymru	Gorll. Lloegr	Iwerddon	Eraill
Abertawe	16,993	54.6%	11.9%	4.2%	3.4%	11.9%	5.9%	8.1%
Cwm Tawe a Chastell-nedd	31,313	66.4%	16.3%	4.0%	2.6%	5.1%	2.3%	3.3%
Ardal Llanelli	11,599	4.3%	83.9%	3.7%	1.6%	1.9%	1.2%	3.4%

Yng Nghwm Tawe, wrth i'r gymdeithas newydd ymffurfio cafwyd yr union amodau cymdeithasol a allai hybu ymdoddi a chymathiad ieithyddol. Tyfodd y gwahanol bentrefi ar drothwy'r gweithle agosaf. Canlyniad hynny oedd creu rhwydweithiau gwaith, addoli a chymdeithasu a oedd yn glòs ac yn lleol ac arweiniodd hynny yn ei dro i unffurfiaeth tafodieithol—Cymraeg unigryw Cwm Tawe.

Yn ystod y ganrif hon gwelwyd cynnydd yn nylanwad y Saesneg a llawer un yn dod i gredu mai iaith wael, ddi-raen oedd Cymraeg Cwm Tawe, nad oedd yn werth ei chadw. Saesneg oedd iaith diwydiant, addysg a 'dod mlân' yn y byd. 'Roedd y Gymraeg yn fwy o lyffethair nag o fantais. Cefnodd llawer teulu ar yr iaith ac aeth eraill ati i roi 'grân' ar eu hiaith yn ôl canllawiau'r byd addysg. A oes dewis rhwng y ddau eithaf? Oes, yn sicr, drwy ddilyn cyngor D. Morgan Lewis gynt yn 1889 ynglŷn â'r dafodiaith leol, sef 'parchu . . ., gwybod eu neillduolion . . . eu hefrydu'.

Mae diflaniad nodweddion tafodieithol yn sicr yn achos gofid mewn amrywiol wledydd a gwahanol ddiwylliannau. Bellach daeth addysg a'r cyfryngau yn ddylanwadau unffurfiol brawychus o effeithiol. Hynny, bellach, yw gelyn pennaf y tafodieithoedd yng ngwledydd y Gorllewin. Dan bwysau allanol mae newid yn anorfod a dyna ddigwyddodd ac sy'n parhau i ddigwydd yng Nghwm Tawe heddiw.

Dyma ddarnau o ardal Treforys gan A. E. Thomas:

Yn tŷ Marged Ann, yt ti'n weld ethon y tri i byrnu wyrth cinog o loshins pimp. Odd yr hen fenyw mas a gyda fod Marged yn dwad a'r stwff nidodd Ianto ar i wddwg i a dychriws cysani fel tasa fe eb weld ferch ariod o'r blan. Ond fe nath camsynied i ryfeddi. Fe gitshodd yn y papur odd yn meddwl bise'n dala'r loshins, lan a fe iddi ben a miwn a twshged. Ti ddylet weld e'n regi wedi ni. Odd e wedi llyncu wyrth dime o biper odd Marged yn nôl i ferch ifanc yn aros ar bwis y drws.

Twym, twym! Clywsoch am y milwr anfarwol o'r Galiffornia, un o'r llefydd twyma'n y byd. Wn, ar ôl iddo farw a chyrredd y lle nid odd i Lasarus gyrredd, alodd daligram nol iw i wiorydd i mofyn i flanceti o erwydd fod e'n ôr arswydis a bron a sythi gyda'r oerfel. Nid os dim dadl abythi gwirionedd yr anes yn, achos weles i y lle ble odd y milwr yn arfedd logo a bues yn siarad gyda'r stwrden o wraig odd genno sawl waith.

Fel yr eglurais eisoes dyma'r math o gynnyrch tafodieithol 'poblogaidd' a ddaeth i olau dydd ar ddiwedd y ganrif ddiwethaf. Serch fod rhan fwyaf y storïau mewn tafodiaith wedi eu llunio i geisio darlunio hen gymeriadau gwreiddiol ardal, roedd ynddynt ymgais lew i geisio cofnodi ar bapur rai o brif nodweddion y gwahanol dafodieithoedd. Cawn nifer o awgrymiadau yn y darnau uchod.

1. CYNANIAD:
A. Nodweddion y De-Ddwyrain a'r De-Orllewin
i) **Absenoldeb 'u'**
   Mae hyn yn nodwedd sy'n gyffredin i Dde Cymru i gyd. Yn 1900 dangosodd Thomas Darlington fod ffin yr 'u' ogleddol yn croesi'r Canolbarth o'r Gorllewin i'r Dwyrain ychydig i'r Gogledd o aber yr afon Dyfi. Yn *Cymraeg, Cymrâg, Cymrêg*[20] nodir fod olion 'u' wedi eu cofnodi yn llafar hen frodorion pentref Glynogwr, Y Coety, Pencoed a Llanharan yng nghyff-iniau Pen-y-bont ar Ogwr yng Nghanol Morgannwg. Mae'n amlwg fod yr ardal hon wedi gwrthsefyll colli 'u'. Nid yw Cwm Tawe yn greirfan seinegol debyg achos 'i' yw'r sain a glywir yno yn y parau canlynol, tŷ—ti; mul—mil; gwely—gweli; llu—lli.

ii) **Colli 'i' gytsain yn y sillaf olaf**
   Yn ôl A. E. Thomas, *Cymru Fydd* (1890) cafwyd *cinog* a *nidodd* yn hytrach na *ceiniog* a *neidiodd*. Enghreifftiau pellach fyddai *pidwch* (peidiwch), *oilon* (hoelion), *hate* (hetiau), *gwithwr* (gweithiwr), *gire* (geiriau), *gwitho (gweithio) smoco (smocio)*.
   Pan ychwanegir terfyniad at gytsain ddilais ni cheir 'i' byth yn yr ardal ond ceir enghreifftiau o 'i' yn dilyn cytsain leisiol pan nad oes llafariad hir neu ddeusain yn rhagflaenu, er enghraifft, *cofio, cario, gruddie, gofidie, cryddion*.

Mae'r patrwm hwn eto yn nodwedd sy'n brigo i'r wyneb yn dra chyson yn y De yn gyffredinol.

iii) **'oi' yn lle 'au'**
Nodwedd Ddeheuol yw hon eto er ei bod o bosibl ar drai, a Chwm Tawe yn dangos y nifer lleiaf o enghreifftiau yn y De-Ddwyrain. Cofnodwyd pedair enghraifft ar hugain yn Ne-Ddwyrain Morgannwg[21] ond cafwyd cryn amrywiaeth o ardal i ardal gyda rhyw ddwsin o enghreifftiau yn agos at y norm ym mhob ardal ond am Gwm Tawe lle cofnodwyd chwe enghraifft yn unig: 'This is the area in which the feature seems to be at its lowest ebb.' Y ddau air sy'n gyffredin drwy'r De-Ddwyrain i gyd yw *doi* (dau) ac *oir* (aur). Y canlynol yw'r enghreifftiau a nododd Yr Athro Arwyn Watkins yn Llansamlet: *doi* (dau), *oir* (aur), *coi* (cau), *broi* (brau), *doinaw* (deunaw), *doipen* (deuben). Byddai dyn wedi disgwyl cael (doigen) a (doiddeg) ond *digen* (deugen) a *diddeg* a gofnodwyd.

Er mai nodwedd ymylol yw hon, mae'n parhau yn un ddiffiniol ar gyfer Cwm Tawe ac yn awgrym cryf fod y Cwm yn aml iawn yn ffurfio cyrion eithaf nodweddion y De-Ddwyrain yn ogystal ag yn ffin ddwyreiniol i rai nodweddion o'r De-Orllewin.

B.   Cwm Tawe a'r De-Orllewin
i)   Ni cheir [ae] *'a' hir fain* sy'n nodweddu tafodieithoedd De-Ddwyrain Cymru ond yn hytrach digwydd yr 'a' hir arferol fel yn y De-Orllewin.

Cwm Tawe	*De-Ddwyrain*
tad	taed
mab	maeb
cath fach	caeth faech
llath (llaeth)	*llaeth*
Cymrag	Cymraeg

ii) **'a' ac 'e' yn y sillaf olaf ddiacen**
Yn y De-Ddwyrain, hynny yw o ardal Sgiwen i'r dwyrain nid yw 'e' yn digwydd yn y sillaf olaf ddiacen. Ceir patrwm digon tebyg yn y Gogledd-Orllewin hefyd. Lle ceir 'e', 'ae', 'au' neu 'ai' yn

yr orgraff digwydd [a] ar lafar. Yng ngweddill Cymru digwydd [e] yn yr union gysylltiadau. Y patrwm olaf a geir yng Nghwm Tawe.

Ffig. 2. Digwyddiad a/e yn y sillaf olaf ddiacen

Orgraff	*Cwm Tawe/De-Orllewin*	*De-Ddwyrain*
bore	*bore*	*bora*
Gwener	*Gwener*	*Gwenar*
gadael	*gadel*	*gadal*
gafael	*gafel*	*gafal*
ffrwythau	*ffrwythe*	*ffrwytha*
cythraul	*cythrel*	*cythral*
rhyddiaith	*rhyddieth*	*rhyddiath*
cadair	*cader*	*cadar*

Mae Cwm Tawe i bob pwrpas yn ardal ffiniol. Er mai patrwm y Gorllewin yw'r un cynhyrchiol, cafwyd rhai enghreifftiau yn cynnwys [a] yn llafar hen bobl Llansamlet yn y pum degau. Sylwodd Yr Athro Arwyn Watkins y gellid cael [a] mewn rhai geiriau o flaen 'th' e.e. *cynhaliath, gwaniath, irath, cefnocath, newitiath* ond hefyd cofnododd *troedigeth, genediceth, profediceth*. Cafodd *gatel* a *gafel* ond *cyrradd*! Sylwodd hefyd ar rai ffurfiau a oedd yn amlwg ddigon yn enghreifftiau o 'or-gywiro' er mwyn bod yn wahanol i drigolion Sgiwen—cied (caead) adledd (adladd)![22]

Mae'r fath amrywiaeth i'w ddisgwyl mewn ardal drawsnewid. Bellach, ymhlith y to ifanc yn arbennig, patrwm y De-Orllewin a ddisgwylid, sef 'e' yn y sillaf olaf ddiacen.

iii) **'ae, au, ei' orgraffyddol yn y goben acennog**
Yng Nghwm Tawe fel yng Ngorllewin Cymru sylweddolir y rhain i gyd gan [i] yn bennaf (86%). Ym Mlaenau'r Cymoedd [ai] a ddigwydd amlaf (rhwng 72%-89%). Yn Ne Morgannwg [ai] geir amlaf am ae, [i] am eu ac [i] am ei.

Ffig. 3.   'i', 'ei', 'ai' yn y goben acennog

	Cwm Tawe		*Gog. Morg.*		*De Morg.*	
blaenor	[i]	*blinor*	[ei]	*bleinor*	[ai]	*blainor*
saethu		*sithi*		*seithi*		*saithi*
Saeson		*Sison*		*Seison*		*Saison*
gaeaf		*gia*		*geia*		*gaia*
treulio	[i]	*trilo*	[ei]	*treilo*	[i]	*trilo*
teulu		*tili*		*teilu*		*tili*
peidio	[i]	*pido*	[ei]	*peido*	[i]	*pido*
gweithio		*gwitho*		*gweitho*		*gwitho*
neidio		*nido*		*neido*		*nido*

Sylwer mai 'nidodd' a 'cinog' a gofnodwyd gan A. E. Thomas yn Nhreforys yn 1890.

C.   Cwm Tawe a'r De-Ddwyrain
i)   **Dim 'h'**
Mae diffyg 'h' yn nodwedd amlwg o Gymraeg a Saesneg y De-Ddwyrain. Hepgorir 'h' yn y dyfyniadau gan A. E. Thomas (uchod), er enghraifft, *eb* am *heb*, *anes* am *hanes* a *yn* am *hyn*. Ond sylwch fod y sain wedi ei chadw yn y gair *'hen'*. Yn ôl D. G. Evans,[23] absenoldeb 'h' oedd y norm yn 1930 hefyd. Awgryma ef y gallai 'h' ymddangos yn y geiriau lle y disgwylid hi pan oedd pwyslais ar y geiriau hynny, er enghraifft, *af* a *haf*, *alen* a *halen*, *on* a *hon*, ond ni ellid cael 'h' ar ddechrau gair mewn sillaf ddiacen gan na allai'r sillaf honno gymryd acen bwyslais e.e. *wylustod*, *yfrydwch*. 'Roedd hefyd yn bosibl cael 'h' o flaen gair a ddechreuai â llafariad yn arferol a hynny pan geid acen bwyslais ar y sillaf honno. Dyma rai o'r enghreifftiau a nododd: *hifed* (yfed), *hanap* (anap). 'Roedd hyn yn rhan o batrwm y De-Ddwyrain ond fod y patrwm hwnnw braidd yn anwadal, efallai, erbyn cyrraedd Cwm Tawe. Sylwadau tebyg a geir gan Yr Athro Arwyn Watkins:

> Ond nid oedd y bobl hynaf a'r rhai sydd heb dderbyn addysg yn yr iaith safonol yn gwybod ble i osod yr 'h' ar ddechrau rhai geiriau.

Fel gweddill Morgannwg ni cheir [rh] ychwaith ond yn hytrach [r] ar ddechrau ac ynghanol gair, er enghraifft: *reswm* (rheswm), *roi* (rhoi), *raid* (rhaid), *cyriddodd* (cyrhaeddodd), *parai* (parhau). Ni cheir [h] fel elfen o'r treiglad trwynol ychwaith. Felly ni cheir cyferbyniad rhwng mh ac m, nh ac n, ngh ac ng. Yn y De-Ddwyrain ac yng Nghwm Tawe ceir *y men i* (fy mhen i), *y nad i* (fy nhad i), *y ngi fi* (fy nghi fi). Yn y De yn gyffredinol ni ellir cael y cyfuniad 'chw' ar lafar fel yn y Gogledd, a'r hyn a geir fynychaf yw 'hw', ond yn y De-Ddwyrain ceir 'w'.

Ffig. 4.   Digwyddiad 'chw', 'hw' neu 'w'

Orgraff	*De-Orllewin*	*De-Ddwyrain a Chwm Tawe*
chwaer	*hwar*	*war*
chwilio	*hwilo*	*wilo*
chwerthin	*hwerthin*	*werthin*
chwant	*hwant*	*want*

Patrwm y De-Ddwyrain a geir yng Nghwm Tawe.

ii) **Taflodoli**—[dʒ] a [tʃ]
Yn y De-Ddwyrain bydd dilyniant o 'd' ac 'i' yn cymathu i'r sain affrithiol [dʒ] ar ddechrau gair fel yn [dʒ *oni*] (daioni), [dʒ *ogi*] (diogi), [dʒ aul] (diawl).

Ynghanol gair clywir y sain affrithiol ddilais [tʃ] fel yn *citshodd*, (cydiodd) *sgitshe* (esgidiau). Digwydd ar ddiwedd y sillaf acennog pan ddilynir gan lafariad. Mae'n cyfateb i [dʒ] yn nhafodieithoedd y Gorllewin a'r [tʃ] yng Nghwm Tawe yn ganlyniad 'calediad'—nodwedd gynhyrchiol yn y dafodiaith ar un adeg fel y ceisiaf esbonio yn yr adran nesaf.

iii) **Calediad**
Mae calediad yn nodwedd seinegol anarferol oherwydd dileisir yr atalseiniau lleisiol [b] [d] [g̊] gan roi [p] [t] [c̊] a hynny mewn cyd-destunau cwbl leisiol. Mae'n nodwedd greiddiol o dafodieithoedd y De-Ddwyrain, a digwydd mewn cyd-destunau penodol o fewn y gair. Fe'i cyfyngir i sillaf acennog geiriau lluosillafog pan ddilynir yn unionsyth gan lafariad neu gan [n] [r] [l] neu weithiau [f]. Felly mae'n bosibl cael calediad yn *atar* (adar), *acor* (agor), *atnod* (adnod), *etfan* (hedfan), ond ni ddigwydd yn *aderyn, agorodd, adnode, edfanodd,* am nad yw'r

atalsain yn y sillaf acennog. Dangosodd astudiaeth y Dr. C. H.
Thomas fod oddeutu 700 o enghreifftiau gwahanol o galedu
wedi eu cofnodi drwy Forgannwg hyd at gyrion dywreiniol
Dyfed a gogledd yr hen Sir Frycheiniog. Ni ddigwyddai pob
enghraifft geiriol ym mhob ardal. Mewn gwirionedd cafwyd
cryn wamalu. Yn Rhigos cafwyd *bical* (bugail), *atnod* (adnod),
sotla (sodlau), ond *dychmygi* (dychmygu), *shibwns, diarwybod.* Yn
Nantgarw cafwyd *bigal, adnod, sodla* ond *dychmyci, shipwns,
diarwypod.* Yn ôl Dr. Thomas:

> The feature is strongest in the three southern dialects (Dyffryn
> Elai, Coety-Rhuthun, Nantgarw) and Rhigos, but the three
> other hill dialects and Llansamlet in the west are still well within
> its domain.

Cofnodir calediad fel elfen amlwg yn nhafodiaith Cwm Tawe
gan D. G. Evans yn 1930. Yn ei astudiaeth o dafodiaith Llan-
samlet (1951) dengys Yr Athro Arwyn Watkins fod calediad yn
dra chynhyrchiol yn llafar yr henoed y pryd hwnnw, rhwng
llafariad y goben acennog a llafariad y sillaf olaf a rhwng llafariad
y goben acennog a [r], [n], [l]. Cofnodwyd enghreifftiau
ganddo ym mhob un o'r safleoedd posibl, ond hefyd nododd nifer
o eiriau nad oeddynt yn dilyn y patrwm a ddisgwylid.

Ffig. 5.   Enghreifftiau o galediad yn Llansamlet (1951)

	Calediad	Dim Calediad
Rhwng llafariaid	*moci* (mygu)	*aberth, cadarn*
	epol (ebol)	*saboth, tade*
	aten (aden)	*pobol, stwbwrn*
	acor (agor)	
	catw (cadw)	
Rhwng llafariad a[r]	*llatron* (lladron)	*dagre*
	motrw (modrwy)	*adrodd*
	llicri (llygru)	
a[n]	*grwcnach* (grwgnach)	*egni, adnod*
	tritnoth (troednoeth)	
a[l]	*datleth* (dadleth)	*anadlu, dadle*
	goclish (goglais)	*shiglo*
	gwaclaw (gwaglaw)	

Wrth gwrs nid yw pob un o fewn unrhyw gymuned yn siarad yr un fath â'i gilydd. Gall ffactorau fel oedran, cefndir diwylliannol, cefndir crefyddol, gwaith, diddordebau a phatrymau addysgol beri cryn amrywiaeth ieithyddol o fewn cymuned. Dyna'n union a geir yng Nghwm Tawe heddiw. Aeth deugain mlynedd heibio oddi ar astudiaeth Watkins. Tybed a yw'r enghreifftiau uchod i gyd wedi dal eu tir neu a yw calediad yn nodwedd sydd ar gynnydd? Barn Siân Elizabeth Thomas[24] oedd:

> ...my particular study made it clear that *calediad* as part of the dialect of Ystalyfera is slowly disappearing mainly due to the improvement in standards of education...

Dengys gwaith maes a wnaethpwyd yn Nhre-boeth, Treforys, Clydach ac Aber-craf yn ystod y degawd diwethaf, fod yr hyn a nodwyd am Ystalyfera yn dal am weddill y Cwm hefyd.[25] Yn llafar yr hen bobl amrywia canran digwyddiad calediad rhwng 68% yn Nhre-boeth a 40% yn Aber-craf, mewn geiriau lle y gellid disgwyl calediad. Cynrychiola hyn gryn ddirywiad yn ystod y deugain mlynedd diwethaf. Wrth symud o'r to hynaf i'r ieuenctid ceir patrwm pellach o wanychiad yn nigwyddiad caledu a hynny ym mhob ardal, fel y dengys y tabl isod.

Ffig. 6.   Canran calediad yn y gwahanol ardaloedd yn ôl oedran siaradwyr

	Henoed	*Canol Oed*	*Canol Oed Ifanc*	*Ifanc*	*Plant*
Tre-boeth	68	47	29	23	12
Treforys	61	36	26	29	11
Clydach	62	37	35	18	?
Ystalyfera	45	39	58	22	18
Aber-craf	41	49	33	27	26

Sylwch hefyd fod mwy o wahaniaeth rhwng hen bobl y gwahanol ardaloedd nag a geir rhwng y bobl ifanc. Mae'r patrwm daear-yddol yn un eithaf diddorol. Er fod calediad drwy'r cwm i gyd, awgryma'r uchod ei fod yn gryfach yn y rhan ddeheuol o'r dyffryn. Byddai hyn yn cyd-fynd â'r hyn a ddisgrifiwyd ar gyfer gweddill Morgannwg gan y Dr. C. H. Thomas. Wrth symud i fyny'r dyffryn tua'r gogledd a'r gogledd-orllewin, ceir patrwm gwannach i'r caledu. Nid oes patrwm cwbl glir i'r erydiad yn yr ardaloedd unigol heblaw am y ffaith ei fod ynghlwm wrth oedran a chefndir addysgol. O'r canol oed i fyny 'roedd diffyg calediad neu ganran digwyddiad is bron yn ddieithriad ynghlwm wrth lefel addysg yn y Gymraeg ac ymwybyddiaeth o batrymau'r iaith lenyddol. Ym mysg y canol oed ifanc a'r plant, y prif erydwr yw'r gyfundrefn addysgol Gymraeg.

O ystyried defnydd y gwahanol haenau oedran sylwais hefyd fod caledu cytsain o flaen [l][n] neu [r] yn eithaf prin hyd yn oed yn llafar yr henoed ac yr oedd i bob pwrpas wedi peidio'n llwyr yn llafar y canol oed ifanc, yr ieuenctid a'r plant. Dim ond mewn geiriau sy'n digwydd yn aml ar lafar y cadwyd y caledu, er enghraifft, *otw, llycat, blote, atar, icen, gwpod, napod, popi, dicon, peter, gwitw, weti ni*. Nid yw caledu bellach yn nodwedd gynhyrchiol yn llafar y cenedlaethau iau. Peidiodd y broses yn yr union gysylltiadau seinegol lle digwyddai'n ddifeth ar un adeg. Olion yn unig a erys a hynny heb fywiogrwydd a chyfoeth y gorffennol.

2. GEIRFA

Mae newid geirfaol yn rhan annatod o ddatblygiad pob tafodiaith ym mhob cyfnod. Gall fod yn ddrych o'r dylanwadau cymdeithasol sy'n ffurfio ac yn cynnal cymuned ar adegau arbennig. Yng ngeirfa Cwm Tawe gwelwn olion symudiadau cymdeithasol a gwleidyddol y gorffennol pell ac agos. Mae cyfran helaeth o'r eirfa wrth gwrs yn gyffredin i Gymru gyfan, ond drwy wahanol restrau o eiriau gellir cysylltu Cwm Tawe â'r Gorllewin ac â'r Dwyrain ac yn ogystal ceir geiriau eraill sy'n arbennig i gyffiniau'r Cwm yn unig. Yn *Linguistic Geography of Wales* (1973) ceir cyfoeth o wybodaeth am ddosbarthiad daearyddol rhai cannoedd o eiriau tafodieithol. Ar sail ei ddadansoddiad cyffredinol disgrifia Alan R. Thomas eirfa Cwm Tawe fel un a berthyn yn bennaf i ardal y De-Ddwyrain. Wrth fanylu, serch hynny, dengys yn gwbl glir fod i'r ardal rhwng Llwchwr a Nedd ei nodweddion gwahaniaethol ei hun. Ar sail y mapiau a geir gan Thomas, rwyf am ystyried digwyddiad rhyw bum deg un o eiriau a gofnodwyd yn llafar yr hen bobl yng ngwaith maes y *Linguistic Geography of Wales* yn ystod y chwedegau. Dewisais rhain am eu bod yn dangos nid yn unig eiriau hynod Cwm Tawe a'r ardaloedd cydiol agos, ond hefyd y dylanwadau eraill o'r Gorllewin ac o'r Dwyrain a fu ar ffurfiant geirfa'r fro. Rhestraf hwy isod yn wyth rhaniad yn ôl eu dosbarthiad daearyddol. Daw gair Cwm Tawe gyntaf, wedi ei ddilyn gan eiriau ardaloedd eraill.

A.   LLWCHWR—NEDD

1. *blote'r af* (freckles) smote'r af, sbryche, brychni
2. *cell* (dairy) llaethdy, deri, bwtri
3. *bilibala* (butterfly) iar fach yr haf, plyfyn bach yr haf, gloewyn byw
4. *itia* (ivy) iorwg, eiddew
5. *nafu* (to hurt) cael dolur, briwo, brifo
6. *dryned* (nettles) dyned, dynent, dalen poethion
7. *glowty* (cowshed) bidi, beudy
8. *mynaren* (ram) hwrdd, wrdd, myharen
9. *grido* (to singe) rhyddo, llosgi, deifio, sinjo
10. *hilydd* (strainer) hiddil, strenar, baser, hidlan, hidlen

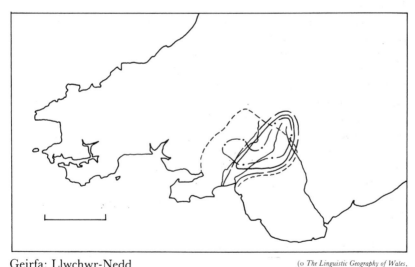

Geirfa: Llwchwr-Nedd

(o *The Linguistic Geography of Wales*, Alan R. Thomas, 1973, Caerdydd)

\- - - -   *blote'r af*
— · — ·   *cell*
_____   *itia, iddia*
— — —   *bilibala*

B. TYWI—NEDD
 11. *colfen* (tree) coeden
 12. *mashgal* (pod) plishgyn, coden
 13. *conan/ceintach* (to complain) cwyno, achwyn
 14. *ysu/bita* (to itch) cosi, nysfanu

C. DWYRAIN DYFED/BRYCHEINIOG—TAWE
 15. *crofen* (crust) crwstyn, crystyn, tonnen
 16. *bwa'r drindod* (rainbow) enfys, pont y glaw, bwa'r arch
 17. *gwinegon* (rheumatism) rhiwmatig, gwinie, crycmala

CH. TAWE A'R GORLLEWIN
 18. *dwymyn doben* (mumps) mwmps, clwy pennau
 19. *rig* (hiccoughs) ricobs, rhigian

D. CWM TAWE A'R DE-DDWYRAIN
 20. *mynd yn rhwydd* (to go fast) yn gloi, yn gyflym
 21. *mishgi* (untie laces) datod, daffod
 22. *macu* (a boil gathers) crynoi, crawni, casglu
 23. *sgleish* (small shovel) llwyarn, rhaw lydi fach, shefl dân/ludw

DD. DE-DDWYRAIN HYD AT LWCHWR
 24. *ffald* (sheepfold) lloc, corlan
 25. *can* (flour) fflwr, blawd
 26. *clwyd* (gate) gat, giat, iet
 27. *dishgil* (cup) cwpa, cwpan, tedish
 28. *cesel/ceser* (hailstones) cenllysg
 29. *sgwto* (to push) wpo, gwthio
 30. *nished* (handkerchief) macin, hances, hancisher, cadach, nicloth
 31. *dillad diwetydd* (evening clothes) dillad glân, dillad ail orau
 32. *dillad parch* (best clothes) dillad Sul, dillad gorau

E. DE-DDWYRAIN HYD AT DYWI
 33. *cnepyn* (lump) telpyn, twlpyn, lwmpyn, clap
 34. *llath glas* (skim milk) llaeth sgim
 35. *tosyn* (pimple) wimpyn, pimplyn, pigodyn, ploryn
 36. *caledu* (to air clothes) tempro, crasu, eirio
 37. *astu* (to hurry) brysio, gwylltu

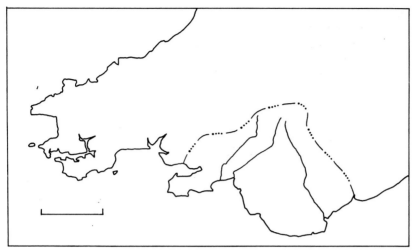

Geirfa: De-ddwyrain hyd at Lwchwr

(o *The Linguistic Geography of Wales*,
Alan R. Thomas, 1973, Caerdydd)

— ···· — ···· *dishgil*

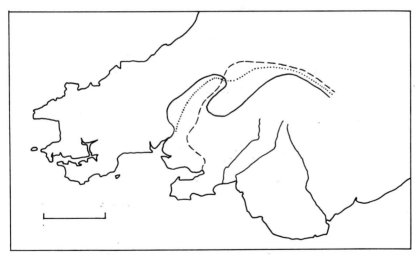

Geirfa: De-ddwyrain hyd at Dywi

(o *The Linguistic Geography of Wales*,
Alan R. Thomas, 1973, Caerdydd)

·····   *tosyn*
—————   *llaeth glas*
— — —   *perth*

38. *cwpla* (to finish) bennu, gorffen
39. *damsiel* (to trample) damsgen, damshyn, damshid, sathru
40. *taffish* (sweets) loshins, swits
41. *cymoni* (to tidy) cymennu, cymhwyso, teidio, tacluso
42. *tyle* (hill) rhiw, pitsh, gallt

F. CYFFREDIN I'R DE
43. *croten* (girl) merch, geneth, lodes, hogen
44. *crotyn* (boy) crwtyn, bachgen, rhocyn, hogyn
45. *cweiro* (to darn) darnio, brodio, trwsio
46. *dannedd doti* (dentures) dannedd gosod
47. *oifad* (to swim) moifad, noifad, nofiad, nofio
48. *cwato* (to hide) cwtsio, cuddio, cuddiad
49. *mas* (out) allan
50. *llwytrew* (ground frost) barrug
51. *arllwys* (to pour) powrio, tollti, tywallt

Cofnodwyd yr eirfa uchod gan D. G. Evans yn 1930 a phrin iawn oedd y newidiadau erbyn arolwg T. A. Watkins yn Llansamlet yn 1951. Yn y *Linguistic Geography of Wales* (1973) disgrifia A. R. Thomas eirfa hen bobl dechrau'r chwedegau ac er fod pob un o'r geiriau uchod wedi eu cofnodi ar y pryd yng Nghwm Tawe, ceir bod deuddeg gair ag un amrywiad arall iddo ac un gair wedi ei ddisodli'n llwyr gan air Cymraeg gwahanol, sef *llithdy* yn hytrach na *cell*. 'Roedd hwn yn enghraifft o air tafodieithol o Orllewin Cymru a ddisodlodd air a oedd yn nodweddiadol o ardal Llwchwr/Nedd yn unig. Yr un broses a oedd ar waith yn y tri dyblad *hilydd/hiddyl, glowty/bidi, mynaren/wrdd*. Y gair ymwthiol ym mhob pâr yw'r ail un. Ceir tri dyblad arall sydd hefyd yn dangos ymyrraeth geirfaol o gyfeiriad y Gorllewin. Cofnodwyd *macu* a *crynoi, sgleish* a *llwyarn*. 'Roedd y cyntaf ym mhob pâr yn air y De-Ddwyrain, a'r ail yn fenthyciad o'r Gorllewin. Ychwanegwyd gair arall o'r Gorllewin, sef *achwyn* at *cintach*, gair Tywi/Nedd. Yn achos *mashgal* o ardal Tywi/Nedd, ychwanegwyd *plishgyn* a oedd ar y cyfan yn derm a berthynai i'r De-Ddwyrain. Daeth dau air arall o'r De-ddwyrain er mai geiriau Saesneg ydynt, sef *riwmatig* at y gair traddodiadol *gwynegon* a *mwmps* at y term *dwymyn doben*. Mae'r tri dyblad arall yn cynnwys ychwanegu gair ehangach ei ddosbarthiad daearyddol at air sydd yn gyffredinol yn un Deheuol, sef *croten* a *merch, crotyn* a *bachgen, oifad* a *noifad*.

Er nad yw'r deunydd yn ddigonol i wneud unrhyw osodiad cyffredinol ysgubol, tybiaf ei bod yn ddigon teg nodi rhai tueddiadau a frigodd i'r wyneb o'r amrywiadau geirfaol uchod. Rhwng y tridegau a'r chwedegau ychydig iawn o newid a fu yng ngeirfa'r genhedlaeth hynaf o'r naill gyfnod i'r llall. 'Roedd siaradwyr D. G. Evans yn blant yn ystod chwarter olaf y ganrif ddiwethaf, a siaradwyr y *Linguistic Geography of Wales* yn blant ar ddechrau'r ganrif hon. Dyma'r union gyfnod pan welwyd y mewnlifiad mawr i ardaloedd diwydiannol Morgannwg. 'Roedd Cwm Tawe yn bur ddeniadol i bobl Brycheiniog a thrigolion gogledd Sir Gaerfyrddin. Erbyn degawdau cyntaf y ganrif hon, roedd proses Seisnigo wedi dechrau cael effaith ar dafodieithoedd Cymraeg y De-Ddwyrain. Tri gair yn unig a fenthycwyd o'r De-Ddwyrain ac roedd dau o'r rhai hynny eisoes yn fenthyciadau o'r Saesneg. Tybed a oedd statws uwch i'r amrywiadau a gysylltid â broydd Cymreig cefn gwlad y Gorllewin.[26] Ond eto rhaid pwysleisio nad oedd y deuddeg gair lleol wedi eu llwyr ddisodli gan yr amrywiadau o'r Gorllewin. Cydfodolai dau air mewn deuddeg o'r tair enghraifft ar ddeg. Byddai'n beryglus, serch hynny, honni bod hyn yn enghraifft o ddechrau erydiad ieithyddol oni ellid dangos fod y dybledau wedi peidio ar ôl y chwedegau a bod ffurfiau ymwthiol yr adeg honno wedi datblygu yn unig ffurfiau'r Cwm yn ddiweddarach. Dyna'r union dystiolaeth a geir o waith maes a wnaethpwyd yn yr wythdegau ac yn 1991.[27]

Mae erydiad geirfaol yn dal ar gerdded yng Nghwm Tawe a rhydd atebion henoed yr wythdegau a'r nawdegau ddarlun inni o'r hyn a nodweddai lafar canol oed y chwedegau. Hyd yn oed yr adeg honno roedd cynnydd amlwg yn y newid geirfaol wrth ystyried oedran siaradwyr. Yn y tair astudiaeth ddiweddar hyn, holwyd siaradwyr o bob oedran ac felly mae'n bosibl gweld yn glir pa brosesau sydd ar waith ar un pwynt mewn amser. Rhwng henoed y tridegau a henoed y chwedegau dim ond 2% o'r eirfa a newidiwyd. 'Roedd 98% o'r eirfa yn gyffredin i'r ddau gyfnod er bod 24% o'r eirfa yn dangos amrywiaeth rhwng gair tafodieithol a ffurf anlleol neu Saesneg.

Ffig. 7.   Tarddiad geirfa'r sampl o 1930-1990

	Tafodieithol	*Tafod/ Ardal arall*	*Ardal arall*	*Tafod/ Saesneg*	*Saesneg*
1930	100%	—	—	—	—
1960	74%	20%	2%	4%	—
1980(a)	53%	26%	12%	4%	5%
1980(b)	29%	2%	43%	2%	24%

Yn llafar henoed 1980/1990 cwympodd y canran tafodieithol o 98%
i 83% ac o fewn y canran hwnnw roedd 30% yn cynrychioli dybledau.
Fel y dengys Ffigwr 7 roedd yr erydiad rhwng y chwedegau a'r
nawdegau yn dra sylweddol a'r dylanwadau allanol ar yr eirfa yn
amlwg iawn. Dim ond 53% o eirfa henoed y tridegau a oedd wedi aros
yn ddigyfnewid yn llafar henoed 1980/90. 'Roedd 26% o'r eirfa yn
dangos amrywio rhwng hen air lleol a gair o ardal arall. 'Roedd 4%
yn dangos gwamalu rhwng hen air tafodieithol a gair Saesneg.
'Roedd 17% o'r eirfa wreiddiol wedi diflannu'n llwyr gyda'r
cynnydd pennaf yng nghyfartaledd geiriau Cymraeg ardaloedd
eraill. Erbyn hyn hefyd 'roedd rhai geiriau lleol (5%) wedi eu llwyr
ddisodli gan eiriau Saesneg. Pa ffactorau cymdeithasol a oedd yn
gyfrifol am y fath symudiad?

    Yr hyn a gawn ni yma yn sicr yw drych o'r newidiadau cymdeithasol
ac economaidd a effeithiodd mewn ffyrdd gwahanol ar bob cymuned
yn ystod ail hanner y ganrif hon. Sefydlwyd pentrefi a chymunedau
Cwm Tawe o fewn tafliad carreg i'r gweithle boed hynny'n bwll glo
neu yn un o'r 'gweithe' metel. Golygodd hynny sefydlu rhwyd-
weithiau cymdeithasol lleol dwys. Bu hyn yn ffactor dra phwysig yn
yr ymdoddi tafodieithol o fewn y Cwm. Bu'r fath batrymau
cymdeithasol sefydlog drwy gyflogaeth leol hefyd yn ffactor bwysig i
wrthsefyll newid geirfaol. 'Roedd henoed y chwedegau fel eu
cymheiriaid yn y tridegau, yn cymdeithasu, yn gweithio, yn addoli,
ac â'u cysylltiadau teuluol yn lleol. Nid yw'n syndod felly mai dim
ond un gair tafodieithol, sef *cell,* a ddiflanasai yn ystod y deng
mlynedd ar hugain. 'Roedd canol oed y chwedegau ar y llaw arall
(henoed yr wythdegau) yn rhai y bu'n rhaid iddynt yn aml deithio o'r
gymuned leol i'r gweithle. Wrth i ddiwydiant trwm y blynyddoedd
cynt edwino ac wrth i byllau glo lleol gau, gorfu i'r gweithlu deithio
o'r gymuned leol i ffatrïoedd ar ystadau diwydiannol, i swyddfeydd,
ysbytai a siopau yn Abertawe, Castell-nedd, Rhydaman a Gorseinon.
Daeth Cymry Cymraeg i gysylltiad dyddiol wedyn â chydweithwyr
fel hwy a oedd yn cymudo bellter ffordd i'r gwaith a'r rheiny fynychaf
yn teithio o ardaloedd i'r Gorllewin o Gwm Tawe. Dylanwad
tafodieithol o'r Gorllewin sydd drymaf ar y genhedlaeth hon eto fel ar
eu rhagflaenwyr yn y chwedegau. Rhaid cofio, hefyd, fod patrymau
hamdden a rhwydweithiau diwylliannol a chymdeithasol yn
gyffredinol wedi cynyddu i fod yn rhai all-gymunedol oddi ar y
chwedegau. Cyfarwyddodd siaradwyr Cwm Tawe â geirfa wahanol

i'r un leol drwy'r cyfryngau. Amlhaodd geiriau Saesneg er fod
geiriau Cymraeg digonol ar gael eisoes. Ciliodd dylanwad y capel yn
grefyddol ac yn gymdeithasol ac i lawer peidiodd y Gymraeg â bod yn
iaith gyhoeddus nac yn iaith diwylliant na llythrennedd ychwaith.
Collodd y dafodiaith, ac yn wir y Gymraeg, ei gafael ar genedlaethau
cyfain. Daeth yn ffasiynol i beidio 'wilia Cymrâg' â phlant gan dybio
fod 'Cymraeg Cwm Tawe' yn fratiaith wael, ddiurddas a bod y
Saesneg a'i disodlodd yn rhagorach! Druan ohonynt! Mae'n briodol
dyfynnu'r Parchedig G.Hartwell Jones[28]:

> Na frysied neb i ddinistrio iaith cenedl; oblegid wrth ddinistrio iaith,
> dinistriwch gymeriad cenedl ... Iaith yw'r ddolen gydiol rhwng y
> gorffennol, y presennol a'r dyfodol.

Erbyn yr wythdegau a'r nawdegau, er gwaethaf polisi araf Awdurdod
Addysg Gorllewin Morgannwg, enillodd cyfundrefn addysg Gymraeg
ei thir. Dichon mai'r cynnydd ym mhoblogrwydd addysg Gymraeg
yw'r dylanwad unigol pwysicaf bellach ar eirfa'r Cwm a hynny nid yn
unig yn llafar y genhedlaeth ifanc ond yn anuniongyrchol yn llafar y
genhedlaeth hynaf mewn llawer achos. Clyw mamgu a datcu eu
hwyrion yn defnyddio 'Cymraeg cywir' a cham bach wedyn ydyw
iddynt hwythau efelychu eu hepil. Mae defnyddio *enfys* a *bwa enfys* yn
lle *bwa'r drindod*, *cwpan* yn lle *dishgil*, *cuddio* yn hytrach na *cwato*, yn
enghreifftiau o'r fath dueddiad.

Yn Ffigwr 7 cawn ddarlun ystadegol o ddefnydd y to ifanc (1980b).
Dim ond traean o'r eirfa dafodieithol sy'n parhau, 29% yn gyson,
2% lle ceir gwamalu rhwng y gair tafodieithol a gair Cymraeg arall,
a 2% arall yn dangos amrywio â gair Saesneg. Bellach mae 67% o
eirfa'r ifanc yn y sampl hwn yn eiriau dieithr i'r dafodiaith. Er fod
cynnydd sylweddol wedi bod yn nylanwad y Saesneg ym mywyd y
Cwm, bu dylanwad yr ysgolion Cymraeg yn fwy. Yn llafar yr ifanc
roedd 43% o'r sampl yn eiriau Cymraeg o ardaloedd eraill a 24% yn
eiriau benthyg o'r Saesneg.

Hyd at y degawd diwethaf yr elfen dafodieithol oedd gryfaf ond
bellach yr elfen anlleol yw'r un fwyaf cynhyrchiol. Rhwng y tridegau
a'r chwedegau amlygwyd y newid yn bennaf drwy gael dybledau—
20% o'r sampl yn air tafodieithol ynghyd â gair Cymraeg arall a 4%
yn air tafodieithol ynghyd â gair Saesneg. O gymharu llafar yr
henoed a'r ifanc yn yr wythdegau â geirfa'r henoed yn y chwedegau,

gwelwn gynnydd yn yr elfen Gymraeg o ardaloedd eraill a hynny ar draul yr enghreifftiau dwbwl. Erbyn yr wythdegau collasai'r henoed hanner dybledau 1960 drwy gael y ffurf ymwthiol yn air arferol.

Ffig. 8.   Erydiad y dybledau

Chwedegau	Wythdegau
sgleish/llwyarn	*llwyarn*
mynaren/hwrdd	*hwrdd*
hilydd/hiddyl	*hiddyl*
glowty/bidi	*bidi*
dwymyn doben/mumps	*mumps*
gwynegon/riwmatics	*riwmatics*

Cadwyd y chwe dyblad arall ac ychwanegwyd saith pâr newydd atynt, gan roi *crotyn/bachgen, croten/merch, oifad/noifad, mashgal/ plishcyn, cintach/achwyn, macu/crynoi, rhwydd/cloi, taffish/loshin, cnepyn/twlpyn, clwyd/gât, cesel/ceser, crofen/crwstyn, caledu/eiro.* Am y tro cyntaf hefyd cofnodwyd ffurfiau Cymraeg eraill a geiriau Saesneg nad oeddynt wedi datblygu drwy'r patrwm dybledau, er enghraifft, *blode'r af* yn cael ei ddisodli gan *tose'r af, bita* yn peidio a *nynfa* yn ei le, *itia* a *dyned* yn troi yn *ivy* a *nettles.*

Wrth edrych ar eirfa'r ifanc yn yr wythdegau mae'n hawdd gweld i'r patrwm erydiad hwn barhau. Erydwyd y dybledau gan adael y geiriau ymwthiol ar ôl. Disodlwyd rhagor o eiriau tafodieithol gan rai Cymraeg eraill a benthyciadau o'r Saesneg.

Mae'r datblygiadau cyfoes yn llawer llymach na'r hyn a gafwyd wrth gymharu patrymau henoed un cyfnod â henoed cyfnod arall. Ymddengys fod y tueddiadau unffurfiol wedi cyflymu a'r prif ddylanwad ar eirfa plant yn sicr yw'r ysgol. Dyna paham y cafwyd *cwpan (dishgil), dillad gore (dillad parch), dillad glân (dillad diwetydd), rhaw fach (llwyarn), merch (croten), bachgen (crotyn), gwinio (cwiro), nofio (oifad), cuddio (cwato), cyflym (cloi).* Ym mhob enghraifft disodlwyd gair tafodieithol gan air neu ymadrodd ehangach ei ddosbarthiad daearyddol. Mae'n ddiddorol sylwi fod tri o'r uchod wedi newid ddwywaith oddi ar y tridegau.

sgleish	>	llwyarn	>	rhaw fach
oifad	>	noifad	>	nofio
rhwydd	>	cloi	>	cyflym

Mae traean o eiriau Saesneg yr ifanc yn dangos yr un datblygiad dau
gam,—gair lleol yn cilio o flaen gair Cymraeg arall, a hwnnw eilwaith
yn cael ei gyfnewid am fenthyciad o'r Saesneg:

cesel	>	*ceser*	>	*hailstones*
blote'r af	>	*tose'r af* *smote'r af*	>	*freckles*
bwa'r drindod	>	*enfys/bwa'r enfys*	>	*rainbow*
ysu/bita	>	*nynfa*	>	*itch*

Er fod canran o 24% yn fygythiol o uchel ar gyfer y geiriau Saesneg
yn llafar yr ifanc, ni ellir deddfu a dweud mai dyma fydd y patrwm yn
y dyfodol. I bobl ifanc yn eu harddegau mae dylanwad unffurfiol
cyfoedion yn sobr o bwysig ac yn yr oedran hwn dilynir ffasiynau ar
y lefel ieithyddol fel ar lefelau eraill bywyd. Nid oes felly unrhyw sail
dros haeru fod *hailstones, butterfly, nettles, rainbow,* ac *itch* yma i aros am
byth. Yn aml iawn bydd pobl ifanc yn eu hugeiniau yn ailgydio mewn
geiriau a wrthodwyd yn ystod cyfnod llencyndod. Mae'n eithaf posibl
na chollwyd *ceser, pilipala,* a *dryned* wedi'r cwbl ond y tebyg yw mai
enfys a *chosi* a ddaw yn lle *bwa'r arch* a *nynfa.* Onid yw *blote'r af* yn
gymaint gwell na *freckles* a'r *dwymyn doben* a *llaeth glas* yn llawer mwy
disgrifiadol na *mwmps* a *sgim milk*?

Wrth drafod y dylanwadau a welwyd ar lafar henoed y chwedegau
awgrymais mai'r dylanwad cryfaf oedd geirfa tafodieithoedd y De-
Orllewin. Wrth edrych ar eirfa ieuenctid yr wythdegau ceir bod
geiriau ac iddynt ddosbarthiad gweddol eang drwy Gymru wedi
cynyddu'n sylweddol. Yn 1960 roedd y geiriau Cymraeg eraill i *gyd*
yn rhai o'r De-Orllewin. Yn llafar ieuenctid yr wythdegau dim ond
54% o'r geiriau Cymraeg eraill a oedd yn rhai nodweddiadol o
dafodieithoedd Gorllewin Cymru, ac oddeutu 40% yn rhai â
dosbarthiad ehangach iddynt.

Ffig. 9. Geiriau Cymraeg eraill yng Nghwm Tawe

	Geiriau yn tarddu o'r *De-Orllewin*	*Geiriau ac iddynt ddosbarthiad* *ehangach na'r De-Orllewin*
1960	100%	—
1980		
Henoed	69%	23%
Ieuenctid	54%	40%

Felly'r patrwm cyffredinol yn ystod y ganrif hon fu cyfnewid geiriau lleol eu naws am eiriau ardaloedd cyfagos ond erbyn hyn enillodd geiriau ardaloedd pellach i ffwrdd eu lle yn llafar yr ifanc.

Ffig. 10.   Geirfa anlleol yr ifanc yn 1980-1990

De-Orllewin	Dosbarthiad Ehangach
losin	*merch*
fflwr	*bachgen*
gat	*nofio*
cloi	*cyflym*
crynoi	*dillad glân*
wrdd	*dillad gorau*
bidi	*gwinio*
llithdy	*cuddio*
hiddyl	*rhaw fach*
crwstyn	*cwpan*
achwyn	

Dichon mai arlliw 'safonol' siarad cyhoeddus a'u cyswllt â'r cyfrwng ysgrifenedig sydd yn ffafrio derbyn *bachgen, merch, nofio, gorffen, cyflym, gwinio,* a *cuddio.* Mae ôl y gyfundrefn addysg yn bendant yma. Esiamplau tebyg na chynhwyswyd yn y sampl yma fyddai *siarad (wilia), edrych (dishgwl), aros (sefyll), curo (middi).*

Nid nodwedd sy'n hynod i ieuenctid Cwm Tawe yn unig yw hyn. Yn y Canolbarth yn ardal Rhyd-y-pennau, cofnodwyd dybledau *crwtyn/hogyn* a *croten/lodes* yn llafar y genhedlaeth hŷn. 'Roedd dybledau Gogledd/Deheuol yn bur gyffredin yno. Yn llafar yr ifanc ar y llaw arall cafwyd ffurfiau cwbl wahanol sef 'bachgen' a 'merch'.[29]

Mae'n amlwg fod oedran yn ffactor gyflyrol bwysig yng Nghwm Tawe, ond mewn gwirionedd dylid ystyried llu o nodweddion eraill hefyd, megis rhyw, cefndir diwylliannol, cefndir economaidd, patrymau crefydda, daliadau gwleidyddol, ac unrhyw nodwedd gymdeithasol arall a allai rannu'r gymdeithas.

Pwysau unffurfiaeth a geir yma, a gellid dadlau yn wir y byddai hyn yn llesol er sicrhau dyfodol i'r iaith Gymraeg. Drwy leihau y gwahaniaethau bydd yn haws i bobl o wahanol ardaloedd gyfathrebu'n ddilestair â'i gilydd. Pris hynny fydd colli toreth o eiriau ac ymadroddion cyfoethog a lliwgar a chreu sefyllfa a fydd ar y gorau yn artiffisial a di-wreiddiau.

Nodwedd greiddiol tafodiaith fyw yw ei hynni a'i gallu i ymaddasu yn ôl gofynion ac anghenion ei siaradwyr. Gall siaradwyr ddileu geiriau, bathu rhai newydd, benthyca ac ymestyn defnydd geiriau eraill. Yn y bôn mae eu tafodiaith yn rhan ohonynt, yn diffinio eu hunaniaeth, yn adleisio'u cefndir, eu hardal, eu tylwyth a'u diwylliant. Mae'n ddolen gyswllt â'r ymwybyddiaeth o berthyn, yn cydio dyn â'r gorffennol yn ogystal ag â'i ardal. Mae tafodiaith yn cydio ddoe a heddiw a phery i'r dyfodol ond i'w siaradwyr weld gwerth ynddi, ymfalchïo ynddi a'i defnyddio. Dyma oedd sylwadau yr Athro Henry Lewis, un o blant Cwm Tawe:

> Ni pherthyn yr iaith Gymraeg i neb na dim ond y genedl Gymreig. Y genedl Gymreig yn unig a all ddifetha neu gadw'r iaith Gymraeg. A rhaid i'r genedl Gymreig gofio, pa beth bynnag a fynno hi ei wneuthur â'r iaith, mai ymwneuthur y bydd hi â'r unig sefydliad sy ganddi hi na fedr unrhyw genedl arall tan haul Duw mo'i lwyr feddiannu.[30]

Yn yr un modd mae tafodiaith Gymraeg Cwm Tawe yn gwbl unigryw a dim ond trigolion y Cwm a all sicrhau y bydd ei nodweddion i'w clywed yn y ganrif nesaf.

NODIADAU

[1] Gw. G. Lewis, 'Migration and the decline of the Welsh language' yn J. A. Fishman (gol.), *Advances in Societal Multilingualism* (1978), 265-303.

[2] Wrth drafod hynt a helynt y Gymraeg ym Mynwy yn ystod y ganrif ddiwethaf dyma groniclir yn Siân Rhiannon Williams, *Oes y Byd i'r Iaith Gymraeg* (1992), 17 '...ceir tystiolaeth bod Cymry uniaith bron yn ceisio siarad rhyw lun ar Saesneg bratiog â'u plant mor gynnar â'r dauddegau. Wrth ddisgrifio'i gyfnod fel athro ym Mhont-y-Pŵl tua 1821 sonia'r Parch. E. Evans, Nantyglo am safon wael y Saesneg a arferid, "Un o'r pethau a dynnodd fy sylw at iaith fratiog y werin oedd clywed gwraig nas medrai nemawr Saesneg yn ceisio siarad Saesneg â'r plant ac yn dweud wrth ei merch fach, "Go to shop yn gloi to fetch a pound of fenyn i fi. Make haste yn ôl"'".

[3] Dyma'r safbwynt a frigai i'r wyneb yn Unol Daleithiau'r Amerig yn ogystal ag yn Ewrob.
E. Bagby Atwood, 'Methods of American Dialectology', *Zeitschrift fur Mundartforschung*, 30, (1963), 1-30.
K.M. Petyt, *The Study of Dialects* (1982).
Wolfgang Viereck, 'The Growth of Dialectology', *Journal of English Linguistics*, 7, (1973), 69-86.

M.F. Wakelin, *English Dialects. An Introduction* (1972).

[4] William Cox, *An Historical Tour in Monmouthshire* (1801).

[5] C. D. Morgan, *Wanderings in Gower* (1862).

[6] J. D. Davies, *Historical Notes on the Parishes. . . in the Rural Deanery of West Gower.* Cyfrolau I-IV (1877-1894).

[7] 'W.W.', *North Walian Dialect.* (circa 1792-1810), Cardiff MS450, MS32.

[8] Dechreuwyd y gwaith yn 1876 gan Georg Wenker yn Prwsia a rhannau o Westphalia gan ymestyn y rhwydwaith yn ddiweddarach drwy'r Almaen i gyd. Ymddangosodd cyfrol gyntaf y *Deutsche Sprachatas* yn 1926 dan olygyddiaeth Ferdinand Werde.

[9] Cyfarwyddwr yr arolwg hwn oedd J. Gilliéron. Cyhoeddodd waith tafodieithol yn 1880 a daeth ffrwyth yr arolwg tafodieithol cenedlaethol i olau dydd rhwng 1902-1910 yn *Atlas Linguistique de La France.*

[10] Beriah G. Evans. (gol.), *Cyfaill yr Aelwyd* (1888)
  i) 'Tavodiaith Sir Von. Diwrnod yn ffair Llachmedd.'
  ii) 'Tavodiaith Morganwg: Ymgom rhwng dau ffarmwr yng Nghanolbarth Morganwg ar ddydd Marchnad.'
  iii) 'Cyngor tad idd ei vab. Yn iaith Vorganwg o lyfr Tomos Hopcin o Langrallo.'
      Cymru Fydd (1889)
  iv) 'Llafar Gwlad ardal Llanuwchllyn,' W. Lloyd, 327-9
  v) 'Ardal Llanfairpwllgwyngyll.' J. Morris-Jones, 438-40
  vi) 'Ardal Llansadwrn.' W. Lloyd Williams, 501-7
  vii) 'Ardal Tyddewi.' H. W. Evans, 584-5
  viii) 'Ardal y Wyddgrug.' Daniel Owen, 605-7
  ix) 'Ardal Bethesda.' J. Owen Jones, 676-9
      Cymru Fydd (1890)
  x) 'Ardal Treforis Abertawe.' A. E. Thomas, 46-9
  xi) 'Ardal Llanbrynmair.' R. Williams, 139-41
  xii) 'Ardal y Babell, Cwmbwrla.' W. Davies, 211-213
  xiii) 'Rhai o briod-eiriau Pennant Lliw.' Ifor T. Davies, 314-6
  xiv) 'Ardal Niwbwrch.' Robert Hughes, 331-4
      Cymru Fydd (1892)
  xv) 'Cawl o un o grochane Sir Gar.' W. E. Evans, 220-2

[11] Henry Sweet, 'Spoken North Welsh,' *Transactions of the Philological Society,* (1882-84), 409-84; Max Nettlau, 'Observations on the Welsh Verb,' *Y Cymmrodor* IX (1889), 56-116; 'Observations on the Welsh Nouns, Adjectives and Adverbs,' 259-303.

[12] Thomas Darlington, 'Some dialect boundaries in Mid Wales,' *Transactions of the Honourable Society of the Cymmrodorion*, (1900-01), 13-39.

[13] J. Griffiths, *Y Wenhwyseg. A Key to the Phonology of the Gwentian Dialect* (1902).

[14] M. H. Jones, *'The Demetian dialect of Carmarthen,'* *Trans. Carm. Antiquarian Society,* 1/2, (1905-1907).

[15] O. H. Fynes Clinton, *The Welsh Vocabulary of the Bangor District* (1913).

[16] Alf Sommerfelt, *Studies in Cyfeiliog Welsh. A Contribution to Welsh Dialectology* (1925).

[17] R. O. Jones, 'Amrywiadau Geirfaol yn Nhafodieithoedd y Wladfa,' *Studia Celtica,* VIII/IX, (1974) 287-298.

[18] P. T. J. Morgan, 'Abertawe a'r fro cyn y Chwyldro Diwydiannol,' yn I. M. Williams (gol.), *Abertawe a'r Cylch* (1982), 31-45.

[19] H. R. J. Davies, 'The Industrial Revolution' yn W. G. V. Balchin, (ed.), *Swansea and its Regions* (1971), 163-178.

[20] Beth Thomas a Peter Wynn Thomas, *Cymraeg, Cymrâg, Cymrêg* (1989).

[21] C. H. Thomas, 'Some Phonological Features of Dialects in South-east Wales,' *Studia Celtica,* X/XI, (1975-6) 345-67.

[22] T. Arwyn Watkins, *Tafodiaith Plwyf Llansamlet.* Traethawd M.A. Coleg Prifysgol Abertawe (1951).

[23] D. G. Evans, *Tafodiaith Cwm Tawe.* Traethawd M.A. Coleg Prifysgol Abertawe (1930).

[24] Siân Elizabeth Thomas, 'A study of Calediad in the Upper Swansea Valley' yn M.Ball, (ed.), *The Use of Welsh* (1988), 85-97.

[25] Y traethodau estynedig isod yn archif Adran y Gymraeg, Coleg Prifysgol Abertawe: Rhian E. Williams, *Astudiaeth o Galedu yn Nhre-boeth Abertawe* (1980); Kay Morgan, *Caledu yn nhafodiaith Treforus* (1983); Rhian W. Hughes, *Caledu Cytseiniaid yng Nghlydach* (1988); Siân C. James, *Digwyddiad Calediad yn nhafodiaith Aber-craf, Cwm Tawe* (1989).

[26] Dyfynnir argraffiadau Gwenallt am ei blentyndod fel a ganlyn yn Dyfnallt Morgan, *Writers of Wales—Gwenallt,* (1972),5: 'The Swansea Valley had a majority of Welsh speakers during that period, for the Welsh speaking natives were joined by migrants from Welsh speaking counties such as Carmarthenshire, Cardiganshire and North Pembrokeshire and a few North Walians.'

[27] Traethodau estynedig yn Adran y Gymraeg, Coleg Prifysgol Abertawe: Janice Morris, *Dadansoddiad o eirfa Cwm Twrch* (1981); Carolyn Watkins, *Astudiaeth o eirfa Ystradgynlais* (1981); Judith Aubrey, *Astudiaeth o erydiad geirfaol yn Ystradgynlais a'r Cylch* (1991).

[28] G. Hartwell Jones, 'Cadwraeth yr Iaith,' *Transactions of the Honourable Society of the Cymmrodorion,* (1924-5), 2-27.

[29] Gwaith maes a thraethawd estynedig yn Adran y Gymraeg, Coleg Prifysgol Abertawe gan Elin Jenkins yn 1993.

[30] Henry Lewis, 'Cadwraeth yr Iaith,' *Transactions of the Honourable Society of the Cymmrodorion,* (1924-5), 42-53.

Tywi yng Nghwm Tawe
Noel Gibbard

TYWI
Er cof am y Parch. J. Tywi Jones
Golygydd *Y Darian* gynt

Hyd at ben talar, cerddaist yn ddi-fraw,
Gan dorri cwys dy argyhoeddiad di
Drwy erwau geirwon, a'th loyw lygad draw
Ar nod i godi dyn i'w uchaf bri.
Codaist dy 'Darian' i'w amddiffyn ef
Rhag camp pendefigaethau byd a'u brad,
Ac er pob erlid, byth ni thawodd llef
Dy ddadlau dros iawnderau plant dy wlad.
Caseaist falchder gwag y mawrion glwth
Na pharchent iaith eu traddodiadau hen;
A cherddaist gyda'th lyfrau tua'r Bwth
I ddeffro hoffder gwerin at ei llên.
Teilwng dy orffwys wedi gwaith dy ddydd,
Ond llydan fwlch ar ôl dy fyned sydd.

D.E.W.

Nid yn ôl ei flynyddoedd y dylid mesur aeddfedrwydd John Tywi
Jones pan ddaeth i'r Glais, Clydach, yn 1906. Gŵr un mlwydd ar
bymtheg ar hugain oedd ef ar y pryd, ond cawsai brofiad helaeth fel
gwas ffarm yn Llanymddyfri, ei ardal enedigol, ac ym Morgannwg,
lle bu'n gweithio mewn sawl pwll glo hefyd. Tra'n Aberdâr mynychai
ysgol nos y Parch. R. J. Jones yn Nhrecynon er mwyn mynd i Goleg y
Bedyddwyr ym Mangor. Ar ôl gadael y coleg treuliodd bron ddeng
mlynedd fel gweinidog Llanfair Mathafarn Eithaf yn Sir Fôn.
Priododd ag Ellen Davies, merch Herbert Davies, teiliwr, Aberdâr,
ond ni chafodd hi Fôn yn fam a daeth yr alwad o Forgannwg fel y
ddeilen ym mhig y golomen i Noa gynt.[1]

Dod i'r Glais i fod yn weinidog Peniel, capel y Bedyddwyr, a
wnaeth Tywi. Y pulpud a lywodraethai ei waith a'i feddwl. O'r pulpud
yr edrychai ar y weinidogaeth ac ar gymdeithas a llenyddiaeth. Rhaid
bwrw golwg yn gyntaf ar ei waith ym Mheniel.

Pulpud Peniel

Dechreuodd Tywi Jones ei weinidogaeth ym Mheniel ar gyflog o bum punt y mis, a Sul bob mis i wasanaethu eglwysi eraill.[2] Bodlonodd ar fod yn weinidog eglwys fach, a chredai bod eglwys fach yn well nag eglwys fawr. Dim ond 56 o aelodau oedd ym Mheniel yn 1900, a 77 yn 1928.[3] Yn 1906 'roedd tân y Diwygiad wedi oeri ychydig, y ffwrneisiau'n dal i losgi, y Rhyddfrydwyr yn dal eu gafael ar Abertawe a'r cylch, ond 'roedd llais y sosialwyr i'w glywed yn *Llais Llafur*, diolch i'w olygydd ymosodol, D. J. Rees. 'Roedd T. E. Nicholas ym mhulpud Seion (A), Glais, yn darogan dyfodiad Mab y dyn, nid ar gymylau'r nef, yn ôl yr eschatoleg uniongred, ond yng 'nghalonnau gonest, pur, y werin'. Ym mhen ychydig, yn 1911, dewiswyd ef yn olygydd y *Pioneer*, ond nid oedd cynnwys y naill bapur na'r llall at ddant Tywi.

Teimlai Tywi a'i wraig yn gartrefol ym Morgannwg, gwlad y glo, y tûn a'r arian. Ganwyd Mrs. Jones yno, a bu Tywi'n cerdded ei chaeau a disgyn i'w phyllau glo. Y gweinidog yng Nghalfaria, Clydach, mam eglwys Peniel,[4] oedd T. Vincent Evans, tad Emrys Evans, a ddaeth yn brifathro Coleg y Brifysgol Gogledd Cymru, Bangor. Croesawodd Vincent Evans y gweinidog newydd, a'i wraig, yn gynnes, a thynhawyd cwlwm y cyfeillgarwch gan atgofion am Galfaria, Aberdâr. Yno y cafodd y ddau weinidog yr hyfforddiant cynnar ar gyfer gweinidogaeth y Gair. Er hynny, siom i Tywi oedd cyflwr y Gymraeg yn yr ardal, a dywed ef ei hun mai 'Saesneg siaredid ar lawer o aelwydydd Cymry yn y Glais'.[5] Nid cwyno a wnaeth Tywi, ond meddwl yn syth am ffordd i weithredu.

Penderfynodd y byddai pob plentyn yn cael ei hyfforddi yn y Gymraeg, a cheisiodd ddefnyddio iaith a fyddai'n ddealladwy i gynulleidfa Peniel. O'r cychwyn cyntaf rhoddodd Tywi sylw arbennig i'r ysgol Sul, a chadarnhau'r gwaith hwn yn y cyfarfod wythnosol i blant. Un dasg gyson oedd paratoi ar gyfer arholiad yr ysgol Sul, a gwnaeth Tywi'n siŵr na fyddai un o'r plant yn ateb yn Saesneg. Er mwyn eu cynorthwyo byddai'r athro, nid yn unig yn trwytho'r plant yn y maes, ond yn eu dysgu hefyd sut i sgrifennu Cymraeg.[6] Ar ddydd gwobrwyo'r plant, dim ond llyfrau Cymraeg a roddwyd iddynt. Yn aml iawn chwipiai Tywi'r eglwysi Cymraeg a roddai lyfrau Saesneg i'r plant, neu'r gweinidogion hynny a roddai ychydig Saesneg yn y gwasanaeth er mwyn bodloni'r rhai na thrafferthodd ddysgu'r Gymraeg. Ym mhen deng mlynedd llwyddodd y gweinidog

a'i gynorthwywyr i ddosbarthu tua phum cant o lyfrau Cymraeg i'r
plant.[7] O'r gweithgarwch hwn y tyfodd cyfarfod y bobl ifanc. Yn hwn
trafodid yr Ysgrythur a llyfrau buddiol yn y Gymraeg. Er enghraifft,
yn ystod tymor 1917, astudiwyd *Enwogion Canrif*, gan D. R. Jones,
Caerdydd, llyfr 'a ddarllenwyd gyda blas' yn ôl yr athro ei hun.[8]

Ehangwyd gorwelion y plant trwy gyfrwng y cyfarfodydd cystadleuol,
a drefnai Tywi ei hun i ddechrau, ac yna, wedi ailbriodi, gyda'i wraig
Moelona.[9] Mentrodd i fyd y ddrama a thynnu nyth cacwn am ei ben,
oherwydd ar ddechrau'r ganrif bresennol, y farn gyffredin oedd, nad
y capel oedd y lle i'r ddrama. Rhywbeth bydol oedd llwyfannu drama,
addas i leoedd y tu allan i'r eglwys a thuedd y perfformiadau hynny
oedd llygru moesau'r bobl ifanc, a'u denu o'r capeli. Ymatebodd
Tywi mewn dwy ffordd. Yn gyntaf, pan oedd cyfle, nid yn aml mae'n
wir, mynychai'r theatr.[10] Y perfformiadau diweddaraf a welodd
oedd, 'Arwydd y Groes', Wilson Barrett; 'Androcles a'r Llew',
Bernard Shaw, a 'Little Miss Llewelyn'. Ymatebodd, hefyd, trwy
ddysgu drama i'r bobl ifanc yn y capel. Dechreuodd sgrifennu ei
hunan, a chael aelodau Peniel i berfformio ei ddramâu. Ni welai Tywi
wrthdaro rhwng gwaith yr ysgol Sul a pharatoi drama, ac yn ei farn ef
medrai'r gweithgarwch hwnnw atgyfnerthu'r ysgol Sul.

Nod Tywi yn ei weinidogaeth oedd creu cymdeithas glòs ar sail
argyhoeddiad Cristnogol a Chymreictod. Pwysleisiai'n gyson
arbenigrwydd y gymdeithas Gristnogol. Pwyswyd arno i gymell rhai i
ddod yn aelodau er mwyn chwyddo nifer aelodau'r eglwys. Cydnabu
y gellid gwneud hynny i raddau, ond credai bod perygl mewn gormod
o gymell. Nid clwb yw'r eglwys.[11] Argyhoeddiad yw'r cymhelliad i
ymuno â hi, a gwasanaeth a ddylai nodweddu pawb sy'n perthyn iddi.
Y capel yw canolbwynt y gymdeithas yn gyffredinol, a byddai Tywi'n
ddigon parod i agor y capel bob dydd a'i wneud yn fan cyfarfod ardal
gyfan. Dyma gyfle hefyd i ennill y bobl ifanc, yn lle eu gadael i fynd ar
ôl y paffio, a dramâu gwael, Seisnigaidd.[12]

Cymdeithas Fedyddiedig oedd ym Mheniel, ond nid Bedyddiwr
unllygeidiog oedd Tywi. 'Roedd yn llawdrwm ar draddodiad cymun
caeth y Bedyddwyr. Dylid hyrwyddo gwell perthynas rhwng yr
enwadau anghydffurfiol ond rhwystr i hyn oedd y fath arferiad. Dylid
bod yn barod hefyd i dderbyn rhai o enwadau eraill heb fedydd, os nad
oedd capel cymwys o fewn cyrraedd iddynt. Yn wir, baich llethol oedd
enwadaeth yn aml, neu gadwynau'n rhwymo: 'Ganwyd fi i hualau
enwadaeth, ac ym mha le y mae'r arweinydd a'u tyrr?'[13] Pwysicach o

lawer na'r gwahaniaethau enwadol oedd ystyried natur bywyd ysbrydol yr eglwys, a'i ddylanwad ar gymdeithas yn gyffredinol.

Byrdwn neges Tywi oedd y deyrnas, y deyrnas nad yw o'r byd hwn, ond sydd eto'n cael ei sylweddoli ar y ddaear. Hynny yw, 'roedd trefn Duw'n wahanol i drefn y byd. Dyma'r gwrthdaro anochel. Dyma'r ci a'r gath. Yn y byd, gallu, anrhydedd a chyfoeth sydd i gyfrif, ond yn y deyrnas cariad, gwasanaeth a hunanymwadiad. Yn y byd y teyrn cyfoethog sy'n teyrnasu, ond yn y deyrnas y brenin tlawd. Yn hanesyddol, cam gwag oedd dwyn yr eglwys a'r wladwriaeth at ei gilydd. Yn amser Cystennin ef a reolai'r esgobion, a hwythau'n ei ddilyn i ryfel. Byth er hynny llygad-dynnwyd yr eglwys gan fawredd, parch a bri, ac 'roedd arweinwyr Cymru'n euog o feddwl mwy am yr Ymerodraeth Brydeinig nag am deyrnas yr Arglwydd Iesu Grist.[14] Y condemniad mwyaf ar yr eglwys yw bod yn debyg i'r byd, a dyma un o'r pethau a oedd yn loes calon i weinidog Peniel. Gwelai ddynion cybyddlyd, meistri diegwyddor pyllau glo, yn eistedd yn esmwyth yn sêt fawr y capel. Edrychent ar y capel fel rhan o'u hymerodraeth, a phe gallent carent gadw'r gweinidog dan eu bawd. Yn ôl gweinidog Peniel gwasanaethu, a hynny'n aml yn ddi-ddiolch, yw gwaith aelodau eglwysig, a sicrhau bod dylanwad Crist yn treiddio trwy bob rhan o gymdeithas.

Mae Duw'n frenin ar unigolion a chymdeithas, ond mae'r brenin yn dad hefyd. Mae'r brenin yn awyddus i weld y deiliaid yn byw'n ufudd iddo, ac mae'r tad yn awyddus i weld y plant yn un teulu cyfan. Tadolaeth Duw a brawdoliaeth dyn yw neges ganolog y Testament Newydd yn ôl Tywi, a dyma ffrâm ei holl weithgarwch, er na ddatblygodd hyn yn syniadol i'r un graddau â'i gyfaill Gwili. Y ffordd i sylweddoli'r deyrnas oedd trwy Iesu Grist. Arwr di-ildio oedd yr Iesu, a chariad yn llosgi yn ei galon, fel na fedrai dim sefyll rhyngddo a chyflawni ei fwriadau, dim hyd yn oed marwolaeth: 'Bu ei farw er siomedigaeth i'w elynion yn warth ac yn ddinystr iddynt. Iddo Ef ei hun bu'r ufudd-dod hyd angau, ie, angau y Groes, yn oruchafiaeth ac yn amlygiad o'r arwriaeth sydd "fil harddach na thoriad y wawr"'.[15] Tadolaeth Duw ac arwriaeth Crist oedd y ddwyres ar delyn Tywi.

Dangos cariad Crist yw gwaith yr eglwys, nid trafod hen athrawiaethau fel creiriau o'r gorffennol. Rhydd i bawb eu diwinyddiaeth, ond dilyn Iesu o Nasareth yw'r unig beth hanfodol. Rhyddfrydwr diwinyddol diedifar oedd Tywi. Mynegiant clir o hyn yw ei agwedd at y Beibl.[16] Rhaid derbyn beirniadaeth Feiblaidd, a chroesawai gynhaeaf y *Geiriadur Beiblaidd* (1926). Pwysicach oedd gweld y Beibl fel llyfrgell yn hytrach na llyfr, lle ceid amrywiaeth a gwrthdaro. Yn sicr nid oedd yr Hen Destament yn ysbrydoledig. Nid oedd ganddo ddim i'w ddweud wrth athrawiaethau fel yr Iawn, Etholedigaeth a Thrindod. Yn lle dilyn y traddodiadol dylid dilyn y newydd o dan arweiniad Rhondda Williams a Gwili. Nid oedd llawer o amynedd ganddo â'r hen bregethwyr, chwaith. Ar sail y gorffennol atgofiwyd Tywi'n aml i Christmas Evans a'i debyg bregethu am dri swllt a chwe cheiniog y bregeth. Parod oedd Tywi i bregethu am ddim os oedd raid, ond nid oedd yn barod i wneud hynny pan oedd digon o arian mewn eglwysi, 'lle 'roedd dynion a rifent eu cyfoeth wrth y miloedd, a rhai ohonynt yn berchenogion ar ffermydd mawr eu hunain. Y mae llu o weinidogion gweithgar a da wedi llafurio am bunt yr wythnos neu lai mewn eglwysi felly'.[17] Na, nid mynd yn ôl i'r gorffennol oedd eisiau, ddim hyd yn oed i Ddiwygiad 1904; 'tân gwyllt oedd Diwygiad 1904'.[18] Nid teimladrwydd yw crefydd ond ufudd-dod yr ewyllys. Eto i gyd, yr oedd newid yn bosibl trwy fynd yn ôl at symlrwydd Iesu'r Testament Newydd.

'Roedd yn gwbl amhosibl, felly, osgoi politics yn y pulpud. Mynegodd Tywi ei farn ar hyn lawer gwaith, a chynhyrfodd drwyddo pan glywodd am yr ymateb i un o bregethau'r myfyriwr, Ithel Davies, ym Mhenuel, Bangor.[19] Condemniodd y pregethwr ddialedd y 'Black and Tans' yn yr Iwerddon, ond gwrthwynebwyd ef o'r llawr, a chododd dau neu dri o'r diaconiaid i gefnogi'r gwrthwynebwyr. Cyhoeddodd Tywi i'r byd yn gyffredinol, ac i bobl Penuel yn benodol, bod holl ddysgeidiaeth yr Iesu yn ei bregethau a'i ddamhegion yn ymwneud â'r deyrnas: 'Ni fu teyrnas erioed heb bolitics'. Gorfodwyd ef i anghydweld hyd yn oed â Lloyd George, gŵr a barchai'n fawr. Ni ellid cadw mater Iwerddon, perthynas meistr a gweithiwr, a dirwest allan o'r pulpud, fel yr awgrymodd gwleidydd.[20] Yr unig beth y dylid ei gadw allan o'r pulpud oedd politics plaid. Mae hwn yn sylw teg oherwydd parod oedd rhai o feirniaid Tywi i dderbyn neges y Blaid Lafur o'r pulpud.

Gweinidog eglwys leol oedd Tywi, er bod cynulleidfa eang ganddo trwy ei waith gyda'r *Darian* a'i gynnyrch llenyddol. Nid oedd ganddo uchelgais i fod yn amlwg ar lwyfannau ei enwad ei hun. Byddai'n anodd iddo fod yn flaenllaw pe dymunai hynny. 'Roedd yn anuniongred yn ddiwinyddol, yn heddychwr, yn gosod pwys mawr ar gymhwyso'r efengyl i fywyd cymdeithas, nid oedd yn Fedyddiwr caeth ac yr oedd yn genedlaetholwr. Ar wahân i hyn medrai ef ei hun fod yn benstiff, a chymhlethai hyn y berthynas rhyngddo ag eraill, gan gynnwys rhai gweinidogion o'i enwad ei hun. Beth bynnag oedd y cymhlethdodau ceisiai Tywi ddangos dau beth o bwys yn y weinidogaeth, sef urddas a dewrder.[21] Nid oedd safle uwch yn y byd na bod yn weinidog i'r Arglwydd Iesu Grist. Y cam mwyaf gwrthun posibl oedd ei gam-ddefnyddio, trwy bregethu efengyl arall, neu ddefnyddio awdurdod er lles personol. Ni flinai Tywi ar atgoffa ei hunan, a'i bobl, mai braint yw bod yn was, ond mai peth ffiaidd yw gwaseidd-dra. Nid oedd lle yn y weinidogaeth i ofn. Unwaith y caiff gyfle mae'n parlysu. Mae gelynion oddi mewn ac oddi allan, ond cyfeiria Tywi at yr hyn a ddywedodd yr Iesu am y rhai sy'n lladd y corff ond eto'n methu â chyffwrdd â'r credadun.

Cryfder Tywi yw ei bwyslais ar gyfanrwydd bywyd. Nid oedd un iod i fod y tu allan i arglwyddiaeth Crist. Nid pregethu hynny'n unig a wnaeth ond ceisiodd yn gyson ar hyd ei fywyd gymhwyso'r egwydd-orion Cristnogol i'w fywyd ei hun, ei gynulleidfa a'i wlad. Dwy nodwedd amlwg ar ei fywyd oedd ynni dihysbydd a dycnwch di-ildio. Nid peth hawdd yw brwydro a gwybod y byddwch yn amhoblogaidd oherwydd hynny. Gwendid Tywi oedd ei ddiffyg diwinyddiaeth, ei esgeulustod o ochr ddeallol yr efengyl. Un canlyniad i hyn yw gwneud yr efengyl yn fater o egwyddorion yn unig. Collir golwg ar Berson a gwaith yr Arglwydd Iesu Grist. Mae'n wir fod yr Iesu'n esiampl clodwiw, ond esiampl ydyw o un a fy'n ffyddlon i'w argyhoedd-iadau. Gall eraill fod yn ffyddlon hefyd. Y gwahaniaeth rhyngddynt a'r Iesu yw iddo Ef gyrraedd tir uwch na neb o'i flaen, ac ni chafwyd tebyg iddo wedi hynny. O ganlyniad gall Tywi fod yn amwys, emosiynol a hyd yn oed yn ystrydebol, a sôn am 'argyhoeddiad sy'n bwysig', 'brawdoliaeth', neu 'arwriaeth y Groes'. Gallent swnio'n ardderchog ond nid yw'r ystyr yn glir bob amser.

Bu Tywi'n ffyddlon ar ychydig; cyflog isel, eglwys fach, ac ychydig o eneidiau hoff, cytûn oedd ganddo. Am bron ddeng mlynedd ar hugain torchodd ei lewys i wasanaethu Peniel a'r ardal. Ar wahân i hyn, teithiai bob wythnos, o 1914 hyd 1933, i Aberdâr, i ofalu am bapur *Y Darian*.

Desg *Y Darian*

Yn ei arddegau cyfrannai Tywi i *Tarian y Gweithiwr* a thyfodd y papur yn anwylyn ganddo. Loes calon iddo felly oedd bygwth troi'r

Y Parchedig John Tywi Jones

papur yn ddwyieithog yn 1913. Cyfarfu ychydig o garedigion yr wythnosolyn i drafod ei ddyfodol, a ffrwyth hyn oedd gofyn i Tywi fod yn olygydd. Gwnaethpwyd trefniadau brysiog er mwyn cael y papur o'i wely yr wythnos gyntaf o Ionawr, 1914. Llwyddwyd i wneud hynny, a diogelwyd *Tarian y Gweithiwr* fel papur cwbl Gymraeg ar wahân i rai hysbysebion. Diogelwyd y bwriadau a oedd ymhlyg yn yr enw, 'Papur yr Aelwyd Gymreig a Tharian i Iaith a Llen a Phurdeb a Moes ein Cenedl'.[1]

Llwyddodd y golygydd i gael dyrnaid o sgrifenwyr graenus ar wahanol bynciau. Bu Brynfab yn eistedd yng nghadair farddol *Tarian y Gweithiwr*, fel olynydd i Dafydd Morganwg, a bodlonodd barhau yn y swydd honno, ynghyd ag ysgrifennu ychydig ar amaethyddiaeth.[2] Dyfnallt oedd â gofal 'Colofn y Bobl Ieuanc', yntau, fel J. J. Williams, Treforys, yn un o ddisgyblion Brynfab yn *Tarian y Gweithiwr*.[3] 'Roedd 'Colofn y Plant' yng ngofal Moelona, a Lewis Davies, Cymer, yn tywys y darllenwyr ar hyd llwybrau 'Hanes Lleol'.[4] Olrheiniwyd 'Cwrs y Rhyfel' gan Beriah Gwynfe Evans,[5] a dau a ddechreuodd gyfrannu cyn ymuno â'r fyddin oedd D. D. Jones a Henry Lewis (yr Athro'n ddiweddarach). Yn fuan chwyddwyd y rhengoedd gan lewion y genedl, Henry Lloyd (Ap Hefin),[6] Prosser Rhys, Kate Roberts a bachwyd Meuryn i fod yn gyfrifol am 'Byd y Bardd a'r Llenor'. Ym mhlith awduron y gwahanol gyfresi yr oedd Brynfab, 'Beirdd y Bont' (Pontypridd), R. S. Rogers, 'Williams Pantycelyn', Saunders Lewis, 'Celf Drama', T. Gwynn Jones, 'Iwerddon' (a chyfresi eraill), a bu George M. Ll. Davies yn gyfrifol am sawl cyfres. 'Roedd croeso bob amser i E. T. John, A.S., a oedd yn un o arwyr Tywi, a diogelwyd ochr ysgafn y papur gan 'Y Trempyn'.

Gwell sylwi ychydig ar y cyfranwyr a'r cyfraniadau cynnar. Dyna Moelona a 'Colofn y Plant'. Ni chafwyd gwell colofn mewn unrhyw bapur Cymraeg. Daeth i fri fel awdur *Teulu Bach Nantoer* a chyfrannai'n sylweddol i fywyd Cymraeg ac academaidd Caerdydd. Yno yr oedd pan ddechreuodd sgrifennu i'r *Darian*. Sgrifennai Moelona hanesion i'r plant, o Gymru, Ffrainc a gwledydd eraill. Cofnododd ddarnau adrodd iddynt yn y Gymraeg, ac ar un achlysur yn Saesneg trwy ddelio â 'Poems of Wales'. Cyflwynodd amrywiaeth o ddefnyddiau iddynt, diarhebion cyffredinol ac amaethyddol, caneuon Calan, tribannau, hwiangerddi a phosau. Enghreifftiau o'r posau yw y rhain:[8]

Pren cam cymws
Yn y coed fe dyfws,
Yn y tŷ fe ganws
Ar yr helyg cysgws   (telyn)

Peth crwn fel cosyn
Duach na'r frân
Troedfedd o gynffon
A'i diwn yn y tân   (tegell)

Pennill Calan a gafwyd wythnos arall:[9]

Dydd Calan yw hi heddiw
    I ddyfod ar eich traws,
I mofyn am y geiniog
    Neu doc o fara caws;
O peidiwch bod yn sarrug
    Na newid dim o'ch gwedd,
Pan ddaw dydd Calan nesaf
    Bydd llawer yn y bedd.

Trefnai Moelona i'r plant sgrifennu ati hi hefyd—hanes eu hardal,
hunangofiant person arbennig neu het. Cafodd gyfle felly i hyfforddi'r
plant wrth ymateb i'w gwaith yn *Y Darian*. Nid ofnai gystadleuaeth
chwaith, gan addo llyfrau Cymraeg i'r goreuon. Pan addawodd wobr
un wythnos dyma'r rhestr i ddewis ohoni: *Yn Oes yr Arth a'r Blaidd*, T.
Gwynn Jones; *Llyfr Nest*, O. M. Edwards; *Ystorïwr y Plant*, H. Brython
Hughes; *Teulu Bach Nantoer*, Moelona; *Hanes Harri Puw*, W. M.
Roberts; *Straeon y Cyfnos*, W. M. Roberts a *Cartrefi Cymru*, O. M.
Edwards. Dyma'r pethau da a ddarparodd Moelona ar fwrdd y plant.
Bu tri o'r llyfrau, y cyntaf, y pedwerydd a'r olaf yn boblogaidd iawn
yng nghartrefi Cymru.[10]

Diddorol cofio yn y cyswllt hwn i Tywi ddal gafael ar bob cyfle i
annog athrawon i ddysgu'r plant i chwarae'n Gymraeg. Canmolai
Mrs. A. Davies am wneud hynny yn Seven Sisters, a thrwy D. Arthen
Evans hysbysodd Tywi'r darllenwyr am waith Mrs. Williams,
Woodlands Road, y Barri, yn cyfieithu chwaraeon poblogaidd fel
'Nuts in May' a 'Ring a ring of roses'.[11]

Nid oedd fawr o broblem i lanw'r 'Golofn Farddol'. Digon
cyffredin oedd amryw o'r cyfraniadau, ond ni ellir amau brwdfrydedd
y beirdd. Beirdd lleol y ceir eu henwau'n aml yn y golofn yw, Parc-

wyson, Aberdâr; T. Lloyd, Gwynwawr a Hedydd Milwyn o gylch Resolfen; Philip Jones, Birchgrove; Idris Ddu, Ysgeti; W. J. Roderick ac Afallon, Clydach; a Gwernogle Evans, Castell-nedd. Cyfranwyr o'r tu allan i'r cylch oedd Thomas Hewitt, Pontyberem; John Jones, Cross Hands, un o delynegwyr melys Cwm Gwendraeth, a Gwilym Myrddin, Rhydaman. Ceir safon uwch yng ngherddi ychydig o awduron, yn arbennig J. M. Edwards, B. T. Hopkins, Prosser Rhys a Dewi Emrys, pedwar a ddaeth yn hysbys trwy Gymru gyfan. Yn *Y Darian* yr ymddangosodd cerddi fel 'Yr Ardd', 'Wedi'r Gawod', Prosser Rhys; 'Yn Hedd yr Hwyr', B. T. Hopkins, ac emyn Vernon Lewis, 'Anfeidrol Dduw y cread mawr'.[12]

Derbyniodd Tywi awgrym gwerthfawr Ifor L. Evans y dylid cael cystadleuaeth yn y papur, a datblygodd 'Eisteddfod y Darian'. Dyma gyfle gwych i amryw ymarfer eu dawn, a hefyd ennill ychydig arian, er nad oedd y symiau'n sylweddol iawn. Er enghraifft, tair punt a gynigid am stori. Bu Wil Ifan yn beirniadu'r delyneg, Brynfab y 'Triban Etholiad', Crwys y 'Gerdd Ddychan' a T. Gwynn Jones y stori a'r englyn. Tyfodd cyfeillgarwch cryf rhwng Tywi a'r pedwar hyn, yn arbennig T. Gwynn Jones. Gohebent yn gyson, ac ymwelai'r bardd â Phantybugail, y Glais. Penllanw un ymweliad oedd mynd i Lyn-y-fan yng nghwmni Tywi.[13] Cynghorai'r bardd y golygydd ynglŷn â threfniadau 'Eisteddfod y Darian'. Ar un achlysur carai Tywi gael nofel hanesyddol a gwobr o ddeuddeg punt, ond gwell ym marn T. Gwynn Jones fyddai stori â chefndir hanesyddol, ac felly y trefnwyd.

Cafodd y golygydd ei hun gyfle godidog i fynegi ei farn ar wahanol bynciau, ac nid un i golli cyfle oedd Tywi. Medrai ddweud ei farn heb flewyn ar ei dafod. Pan ddechreuodd ar ei waith fel golygydd, dymunwyd yn dda iddo gan 'Sion Sana', un o'r gohebwyr, a chredai ef mai cymhwyster mwyaf Tywi oedd, 'ywch bod chi'n ddicon o ffwl'.[14] Bu Tywi'n ffŵl sawl gwaith cyn hyn, ond ni ofidiai daten am hynny oherwydd cael ei feirniadu a wnaeth am lynu wrth argyhoeddiad. Cyfle arall oedd y golofn olygyddol i gyhoeddi i'r byd yr hyn oedd i gyfrif iddo ef. Mae'n wir y medrai Tywi fod wedi tewi weithiau yn lle llefaru. 'Roedd ei deimlad ar ambell achlysur yn cymryd yr awenau oddi ar y pen.

'Roedd un peth mor glir â'r dydd i olygydd *Y Darian*, 'roedd yr iaith Gymraeg yn hanfodol i fywyd gorau Cymru: 'Corfforir gorffennol, meddwl a phrofiad cenedl yn ei hiaith, a rhaid mai gorffennol truenus sydd i genedl os nad yw eu hiaith a'i llenyddiaeth yn haeddu ei diogelu'.[15] Neu, fel y dywedodd mewn ysgrif arall: 'Ymgnawdoliad meddwl ydyw a chyfrwng cymundeb rhwng deall a deall, rhwng enaid ac enaid'.[16] Nid yw Tywi'n enwi Emrys ap Iwan, ond y mae'r geiriau yn eco o'i ysgrifau. Diddorol yn y cyswllt hwn hefyd yw cyfeiriad Tywi at bregeth y Parch. E. T. Jones, Llanelli, ar 'Genedlgarwch Paul', a oedd 'fel tân yn llosgi i'n cydwybodau'.[17] Dyma un dylanwad pendant ar ddatblygiad cenedlaetholdeb Tywi. Os yw'r iaith i fyw rhaid ei defnyddio ym mhob rhan o fywyd, gan gynnwys addysg. Tynnodd Tywi sylw at arafwch amryw o arweinwyr Abertawe yn y mater hwn. Y Cymry Cymraeg a oedd yn gwrthod gwneud y Gymraeg yn orfodol yn yr ysgolion cynradd, ac a oedd yn barod i sefyll ochr yn ochr â Horatio Bottomley, golygydd *John Bull*. Dylid yn hytrach edrych i gyfeiriad E. T. John. Nid oedd Cymry llugoer Abertawe ond 'epil ceiliogod rhedyn yn ei ymyl'.[18]

Un ffordd i hybu'r Gymraeg oedd ffurfio cymdeithasau ar hyd a lled y wlad. Trafodwyd hyn yn helaeth yn y papur, yn arbennig gweithgarwch Mudiad y Cymdeithasau Cymraeg. Yn wir, Tywi oedd ysgogydd y mudiad hwn.[19] Ef a awgrymodd alw cynhadledd i drafod y posibilrwydd o ffurfio cymdeithas felly, ond Arthen Evans, y Barri, a wnaeth hynny. Tywi a ddarllenodd bapur ar y mater. Cynigiodd yn ffurfiol y dylid cael cymdeithas 'a unai ac a angerddolai'r galluoedd gwasgaredig oedd yn ceisio gwneud rhywbeth dros iaith eu gwlad a chymeriad eu gwlad hefyd'. Nid oedd yr ymateb yn oer na brwd, ond cytunwyd fod Bryn Davies, arolygydd ysgolion, i drefnu cyfarfod yn ystod Eisteddfod Genedlaethol y Fenni, 1913, a Tywi i ddarllen papur eto. Digwyddodd hyn, a chafwyd cyfarfod yng Nghastell-nedd i lunio cyfansoddiad a dewis swyddogion. Trefnwyd cyfarfodydd lleol a rhanbarthol, ac mewn byr amser 'roedd pymtheg o gymdeithasau yng ngorllewin Morgannwg. Nid oedd pall ar ffyddlondeb Tywi i'r gwaith hwn. Mynychai'r cyfarfodydd, annerch sawl un ohonynt a sicrhau digon o ofod i'r gweithgarwch ar dudalennau'r *Darian*. 'Roedd Tywi'n awyddus i'r cymdeithasau nid yn unig gynnal cyfarfodydd, ond i hyrwyddo'r Gymraeg ym mhob ffordd bosibl. Cydnabyddai wahaniaethau gwleidyddol o fewn y cymdeithasau, ond dylai pob Cymro feddwl am fuddiannau Cymru.

Rhoddodd Tywi sylw manwl i gyfarfod y Cymdeithasau yn Abertawe, 17 Chwefror 1923. Ef oedd un o gynrychiolwyr gorllewin

Morgannwg, ond 'roedd yno hefyd i gyflwyno cynnig. Mae'n werth ei gofnodi'n llawn:[20]

> Ein bod yn cymell y rhieni i deimlo diddordeb mwy uniongyrchol yn yr hyn a ddysgir i'w plant, a'u bod, lle na byddo'r Gymraeg yn cael y sylw a ddylai mewn ysgol, yn mynd yn uniongyrchol at yr Awdurdod Addysg a hawlio ei dysgu yn effeithiol, ac os gwrthodir cydymffurfio a'u cais eu bod ar ol rhybudd digonol yn cadw eu plant o ysgolion felly, a bod y Cymdeithasau Cymraeg a'r Eglwysi yn sefyll wrth gefn y rhieni pe deuai angen am wneuthur protest o'r fath.

Bu dadlau brwd ar y mater, ond gwrthodwyd y cynnig. Yn ôl yr adroddiad 'roedd y cyfarfod o blaid gweddusdra, ac yn ofni streic. Beirniadwyd golygydd *Y Darian* gan y *Cambria Daily Leader* hefyd mewn ysgrif, 'The Wrong Way'.[21]

Cenedlaetholwr pybyr oedd Tywi ar hyd ei fywyd.[22] Datblygodd ei genedlaetholdeb yn ystod cyfnod anodd yn hanes Cymru. Machludodd haul 'Cymru Fydd' ac 'roedd gwawr Plaid Genedlaethol Cymru heb dorri eto. Dywed Tecwyn Lloyd am y cyfnod 1896 hyd 1925, 'Prin y gellir amau hefyd na bu'r genedl erioed mor agos i ddiflaniad llwyr na rhwng 1896 a 1925'.[23] Ar hyd y blynyddoedd hyn dadleuai Tywi dros genedlaetholdeb, yn ddiwylliannol a pholiticaidd, a chefnogi pob ymgais i gael mesur o hunanlywodraeth i Gymru. Edmygai hefyd Ryddfrydwyr fel Tom Ellis a Lloyd George. Ymlynai'n bersonol wrth E. J. John, a byddai Tywi, a'i wraig, yn siarad ar lwyfan etholiad i'w gefnogi, a hynny ar ôl i John ymuno â'r Blaid Lafur, ond safai dros Lafur a Chenedlaetholdeb Cymreig. Medrai Tywi a'i wraig ei gefnogi felly.

Medrai Tywi gydymdeimlo â Rhyddfrydiaeth, ond gwrthwynebai'n ffyrnig bob agwedd ar Sosialaeth. Edmygai Keir Hardie fel person, ond nid oedd ei gydymdeimlad â'r gweithiwr a heddychiaeth yn ddigon o reswm dros gyfiawnhau'r I.L.P. Dymunai Tywi, fel yr I.L.P., fod yn darian i'r gweithiwr, ond yr oedd gwahaniaethau mawr rhyngddynt yn ideolegol.[24] Nid oedd unrhyw amheuaeth ynglŷn â safbwynt *Y Darian*: 'Gweithiwr oedd Iesu o Nazareth, ac y mae y rhai a ddirmygant lafur dwylaw'r gweithiwr yn pechu mwy nag y tybiant'. Nid oedd yn syndod i un gohebydd ofyn cwestiwn i Tywi, a cheir ef yn rhifyn cyntaf Hydref, 1914: 'A ydyw'r *Darian* i'w defnyddio i wasanaethu yr I.L.P.?' Nid oedd amheuaeth o gwbl ynglŷn â'r ateb: 'Gwasanaethu cenedlaetholdeb Cymru yw prif amcan y Darian'.[25]

Rhydd y golygydd ei resymau dros y gwrthwynebiad. Yn gyntaf, materoliaeth Sosialaeth, a hawliai mai seiliau economaidd sydd i gymdeithas gyfiawn. Yn ail, oherwydd pwyslais y sosialydd ar ryng-genedlaetholdeb collodd olwg ar y genedl. Credai Tywi bod gweithwyr Cymru'n fyw i'w buddiannau fel gweithwyr ac aelodau o genedl. Dylid hybu'r ymwybyddiath hon. Yn drydydd, Seisnigrwydd y mudiad sosialaidd. Cyflwynwyd y neges trwy gyfrwng y Saesneg, a gresynai Tywi bod Cymry Cymraeg yn cael eu harwain gan estroniaid. Gellir nodi hefyd i *Llais Llafur* newid ei enw i *Labour Voice*. Yn olaf, ofnai Tywi'r elfennau gwrth-eglwysig a gwrth-Gristnogol a welai mewn Sosialaeth. Er bod rhai yn gadael yr eglwysi oherwydd eu diffyg diddordeb mewn problemau cymdeithasol, gwrthod Cristnogaeth yr oedd llawer yn ei wneud mewn gwirionedd. Un peth yw beirniadu'r eglwysi ond peth arall ydyw gwrthod Cristnogaeth.[26]

Nid oedd neb mor llym ei dafod wrth feirniadu'r eglwysi na Tywi ei hun, ond ni newidiodd dim ei farn mai'r eglwys oedd â'r neges ar gyfer dyn fel pechadur, gweithiwr a Chymro. Hyhi oedd i arwain ym mhob rhan o fywyd. Hyhi oedd i gadw gwerin Cymru'n Gristnogol a Chymraeg ei hiaith. Anodd dilyn yr hyn a ddywed Tecwyn Lloyd am farn Saunders Lewis a Tywi am y 'werin'. Dywed mai'r un oedd syniad y ddau ohonynt. Meddwl yr oeddynt am 'bendefigaeth Gymraeg'. Beth bynnag oedd y datblygiad hanesyddol i gynnwys y term 'gwerin', mae'n amlwg bod iddo yng Nghymru y rhinweddau a nodir gan Tecwyn Lloyd, ac nad oeddynt yn gwbl 'ddelfrydyddol'.[27] Aeth Saunders Lewis i sir Aberteifi i chwilio am y 'werin ddiwylliedig', a'i brofiad oedd 'chwilio gem a chael gwmon'. Medrai Tywi, heb goegni Saunders Lewis, fod wedi mynd ag ef i sawl cartref diwylliedig gan gynnwys cartref Moelona. Pan sonia Tywi am gyfraniad bechgyn y colegau, nid awgrymu a wna mai hwy oedd yn ffurfio'r werin, ond yn hytrach iddynt godi o blith y werin a dal yn rhan ohoni. Mae syniad Tywi am y werin yn agosach i'r hyn a geir gan T. J. Morgan yn 'Peasant Culture',[28] na'r hyn a awgrymir gan 'bendefigaeth Gymraeg' Saunders Lewis. Gwahaniaeth arall rhwng y ddau oedd, y credai Tywi mai yn y capel anghydffurfiol y ceid y mynegiant gorau o'r werin ddiwylliedig, lle 'roedd cyfle cyfartal i bawb gyfrannu, beth bynnag oedd nifer ei raddau a dyfnder ei boced. Ac, wrth gwrs, heddychwr oedd Tywi, tra gwahanol i Saunders Lewis yn hyn o beth. Carai'r ddau ohonynt Gymru'n angerddol, a dymunent weld Cymru

Gymraeg, ac eto, tra gwahanol a fyddai'r Gymru honno pe sylweddolid breuddwydion y naill neu'r llall.

Fel mater yr iaith, 'roedd heddychiaeth yn agos at galon Tywi. Dechreuodd fel golygydd *Y Darian* yn Ionawr, 1914, ac yn fuan chwalodd y cwmwl bygythiol uwchben Ewrob. Dywed Gwynfor Evans mai Thomas Rees oedd y cyntaf i sgrifennu'n glir yn erbyn y rhyfel, a hynny ddechrau Medi 1914.[29] Ar 6 Awst, bron fis cyn hynny, teitl ysgrif olygyddol Tywi oedd, 'Gwallgofrwydd Bwyst-fileiddiwch'. Arswydai o weld y gwledydd benben â'i gilydd, gwaed y milwyr yn llifo, a 'masnachwyr ffugwladgar yn gwneud budrelw o dorth fechan y tlawd'.[30] Rhaid oedd ymateb yn gadarnhaol, oherwydd nid peidio gwneud drwg yw heddychiaeth ond gwneud yr hyn sydd dda, nid peidio lladd ond caru cyd-ddyn. Mewn rhyfel mae'r gwan yn gwanhau, a'r cryf yn cryfhau ac ni ellir osgoi prinder bwyd a chodiad mewn costau. Ni fyddai Cymru heb ddioddef: 'Mae Cymru dlawd yn cael ei phrynu a'i gwerthu dan ei thrwyn'.[31] Wrth wraidd argyhoeddiad Tywi yr oedd dysgeidiaeth Iesu o Nasareth. Nid rhyfel ond yn hytrach cariad oedd ei arf ef i setlo problemau dynion.

Dyma safbwynt *Y Darian* ar hyd cyfnod golygyddiaeth Tywi: 'Yr ydym ar enw Iesu o Nazareth er yn ieuanc, ac nid ydym yn cywilyddio dweud hynny, nac yn petruso, cyn belled ag y mae golygyddiaeth *Y Darian* yn mynd, sefyll i fyny dros ei ddysgeidiaeth Ef ar gwestiwn rhyfel gan nad beth fyddo'r canlyniadau'.[32] I'r golygydd, rhagrith oedd cefnogaeth esgobion ac arweinwyr anghydffurfiol i'r rhyfel. Hyd yn oed ar ôl wythnos o anhwylder a threulio rhai dyddiau gyda'r *Darian* yn Aberdâr, ni fedrai Tywi gadw draw o gyfarfod cyhoeddus yng Nghlydach. Fe'i cadeiriwyd gan Percy Player, ac ymhlith y siaradwyr yr oedd John Williams, A.S., Davies y Post a Towyn Jones, A.S. Llwyddodd Tywi i wrando ar y ddau gyntaf, er yn anghydweld, ond yr oedd gwrando ar Towyn Jones yn ormod iddo, 'yr oedd araith Towyn Jones yn gwaedu fy nghalon'. 'Roedd yn 'sickening', a 'sarnu'r cysegredig' oedd cysylltu Gethsemane ag aberth maes y gad.[33]

Bu eraill hefyd o dan lach Tywi, dynion fel Syr W. Robertson Nicoll, golygydd y *British Weekly*.[34] Ni fedrai'r Cymro oddef y golygydd aristocrataidd, a oedd yn gwisgo'r Iesu mewn dillad milwrol, fel Saul gynt yn rhoi ei ddillad am Dafydd. Er hynny, 'roedd Tywi'n garedig wrth y rhai a welodd yn dda fynd i'r rhyfel, ac yn eu plith D. D. Jones, Henry Lewis a Dyfnallt. Ni wnaeth hyn ei arbed rhag beirniadaeth lem, a chynigiodd ymddiswyddo ond gwrthodwyd ei gynnig. Rhaid talu teyrnged i Mr. Seymour Berry, un o'r cyfarwyddwyr, a gydnabu ddiffuantrwydd Tywi, a gwrthod ymyrryd â pholisi'r papur, er bod argyhoeddiadau'r ddau yn dra gwahanol.

Llwyddodd Tywi i godi cylchrediad *Y Darian* o 2,000 yn 1914 i 3,500 yn 1921.[35] Cafwyd awgrym o amser caled yn 1921 a duodd y ffurfafen yn 1926. Gostwng yn araf a wnaeth y cylchrediad. Daliodd y papur ei dir am ychydig, yn arbennig felly oherwydd apeliadau caredigion, a'r pennaf ohonynt oedd George M. Ll. Davies. Daeth cyfnod golygyddol Tywi i ben yn 1933, ond parhaodd i gynorthwyo am ychydig fisoedd, ac Ap Hevin a fu'n gyfrifol am fisoedd olaf y papur. Diogelwyd *Y Darian* ar hyd yr amser fel papur Cymraeg, a hwn oedd y pwysicaf a ddaeth o Aberdâr.[36] Medrai'r golygydd fod yn ffres weithiau, ac 'roedd o hyd yn sylweddol ond medrai ailadrodd hyd at flinder hefyd. Cododd i dir uchel ambell dro, a dywed Prosser Rhys, 'Yr oedd ei ysgrifeniadau cyn etholiad 1918 yn gampwaith newyddiadurol'.[37] Ymunodd George M. Ll. Davies, Gwili a T. Gwynn Jones i dalu teyrnged i ddewin *Y Darian*. Cynhaliwyd cyfarfod hefyd i'w anrhegu yn y Cafe Mona, Aberdâr, 12 Gorffennaf 1933, gyda'r Parch. W. P. Thomas yn y gadair, ac Ap Hevin yn un o'r siaradwyr.[38]

Llais y Llenor

Dechreuodd Tywi lenydda yn ystod ei arhosiad ym Mlaenllechau pan anfonodd benillion syml i *Tarian y Gweithiwr*. Ar wahân i lythyrau ac erthyglau mewn cylchgronau canolbwyntiai fel awdur ar dri maes, y stori, y ddrama a'r emyn.

Y stori a aeth â'i fryd gyntaf. Yn 1908 ymddangosodd *Dirgelwch Dig neu Gyfrinach y Ffermwr Mawr*, o Swyddfa'r Darian, Aberdâr. Cyfres o atgofion a geir yn y gyfrol, neu fel y dywed yr awdur ei hun, 'mynd yn ôl trwy hen lwybrau y gorffennol'.[1] Mae rhyw fath o ddilyniant drwy'r llyfr a dyna paham y cyfeiriwyd ato fel nofel, ond efallai y byddai'n fwy cywir sôn am gasgliad o storïau a llawer o'r cymeriadau'n gyffredin iddynt. Os oes diffyg gofal ynglŷn â'r iaith a'r gelfyddyd o sgrifennu stori, mae'r hanesion yn ddifyr. Dyma gymeriadau a adnabu'r awdur, ac mae'n gartrefol yn eu plith. Yn wir bu storm yn hofran uwch ben Tywi am gyfnod oherwydd yr oedd yn gwbl eglur bod person arbennig ganddo mewn meddwl wrth bortreadu'r ffermwr mawr. 'Roedd y person ei hun yn ymwybodol o hynny, a bu bron â mynd â Tywi i gyfraith.[2]

Y gair allweddol yn y gyfrol yw 'mawr'. Ni fedrai Tywi oddef dyn mawr yn llawen, hynny yw, y person hunanbwysig, y ffermwr mawr, y manager mawr neu'r diacon mawr. Gŵr mawr oedd Risiard Prys, Cefngole, yn byw ar fferm fawr. Fel cyferbyniad ceir William Jones, y Llechwedd, braidd yn ddyn yn ôl Risiard Prys, yn byw ar fferm fechan. Yr hyn a ddigwydd yn aml yn y storïau yw bod William Jones yn gwneud ffŵl o Risiard Prys, a hynny, fel arfer, yn ddigon effeithiol. Yn y stori gyntaf gwelwyd cannwyll gorff yng nghapel Ainon, a thra 'roedd y ffermwr mawr ar ei liniau yn gweddïo am oleuni ar y mater, gan William Jones oedd y gyfrinach. Bet, gwraig y tŷ capel, a ddefnyddiodd gannwyll yn lle lamp olew. Gadawodd ddrws y capel ar agor a'r gannwyll heb ei diffodd, a phan aeth William Jones heibio aeth i mewn i'r capel, diffodd y gannwyll a chloi'r drws. Cyfle da i'r gwrthdaro oedd y cwrdd eglwys. Dyna lle y dioddefodd William Jones lawer gwaith, ond gwna'r awdur yn siŵr mai William Jones a gaiff y gair olaf ac nid Risiard Prys. Trwy'r cymeriad cyntaf dengys Tywi ei hoffter o gymeriadau syml, unplyg, a thrwy'r olaf ei gasineb at ragrith crefyddol.

Gall Tywi ergydio'n finiog weithiau. Wrth ddisgrifio Risiard Prys yn dilyn ei dad yn sêt fawr Ainon, dyma a ddywed y storïwr: 'Yr oedd Risiard Prys fel ei dad yn un o'r dynion hynny siaradent beunydd am yr hyn wnaethant hwy a'r teulu dros yr achos, fel pe bai yr Arglwydd mewn dyled iddynt, a rhyw amheuaeth o barthed i'w fwriad i'w digolledu'. Gŵr oedd y ffermwr mawr a welai bopeth trwy sbectol 'dignity', ac ef oedd 'cyhuddwr y brodyr'. Er hynny, ni all yr awdur fodloni ar fod yn gynnil. Ar ôl pigiad sy'n tynnu ychydig waed, mae'n mynnu defnyddio'r pastwn. Ar ôl nodi'n ddiolchgar bod cornel Risiard Prys yn y capel yn wag, dywed hynny yr ail waith, ac ychwanegu, 'arosed felly, a gwacâer hi ym mhob lle arall'. Anodd tynnu pregethwr o'i bulpud.

Yn *Chwedlau Hamdden* (Y Darian, Aberdâr, 1911),[3] mae Mr. Williams, Abertelid, yn cyfateb i Risiard Prys yn *Dirgelwch Dig.* Mynnai Williams gael 'Mr.' o flaen ei enw, a'i wneud felly y dyn pwysicaf yn yr ardal, ar wahân i'r sgweiar. Ac, wrth gwrs, 'roedd yn ddiacon yn y capel, cystal rhagrithiwr â Risiard Prys. Digwydd yr helyntion ynglŷn â Mr. Williams yn efail y Cwm, senedd Rhyddfrydwyr yr ardal. 'Roedd efail arall yno, lle nad oedd llawer o drafod, sef cyrchfan y Torïaid. Pan ymddangosodd y gyfrol canmolwyd hi'n fawr, 'Y mae'r Parch Tywi Jones yn prysur wneud enw iddo ei hun fel nofelydd bywyd gwledig sir Gaerfyrddin',[4] er na hawliodd yr awdur iddo sgrifennu nofel. 'Roedd Dewi Williams, y storïwr, yn fwy gofalus. Beirniadodd yr arddull lac, ac er cael ysgafnder nid oedd yn ddigon gogleisiol. Ond canmolodd 'Gefail y Cwm', gan ychwanegu, 'Ceir yn y gyfrol hefyd nifer o ddarluniau pin ac inc,—peth amheuthun mewn llyfr Cymraeg'.[5]

Dywed Tywi ei hun sut y dechreuodd sgrifennu drama. Dychwelai o Glydach yng nghwmni rhai o bobl ifanc y Glais ar ôl gweld chwarae *Y Ferch o Gefnydfa* gan gwmni Rhoscilbebyll.[6] Gofynnwyd iddo ddysgu drama i bobl y Glais, a'r awgrym oedd *Rhys Lewis*, ond gwyddai Tywi'n iawn fod hyn yn rhy uchelgeisiol, gan nad oedd bob un o'r cwmni yn rhugl yn y Gymraeg. Ei ateb oedd sgrifennu drama ei hun, sef, *Dic Sion Dafydd.* Mynnodd y cwmni ei chyhoeddi (Jones, argraffwyr, Pontardawe, 1911), a chostiodd hyn ddeugain punt iddynt. Erbyn diwedd y tymor cyntaf cliriwyd y ddyled a chostau eraill, a gwnaethpwyd deugain punt o elw.[7] Cyn pen blwyddyn chwaraewyd y ddrama un ar ddeg o weithiau gan gwmni'r Glais, sef, Brythoniaid y Glais. Cafwyd ailargraffiad a gwerthodd yr awdur yr hawlfraint i W. M. Evans, Caerfyrddin, am bum punt. Ffurfiodd J. P. Walters gwmni drama ym Mhlas-marl, a chwarae tair drama gyntaf Tywi Jones. Erbyn 1913 'roedd tua deugain o gwmnïau wedi perfformio drama gyntaf y gweinidog o'r Glais.[8]

Ail ddrama Tywi Jones oedd *Eluned Gwyn Owen* (Jones, Pontardawe, 1912, 2il argraffiad 1913). Sgrifennodd ei drydedd, *Jac Martin*, i *Tarian y Gweithiwr*, ond oherwydd y galw amdani cyhoeddwyd hi'n llyfryn (W. M. Evans, Caerfyrddin, 1913).[9] Parhawyd i berfformio dramâu Tywi yn ystod y rhyfel ond chwalwyd rhai cwmnïau, yn eu plith Brythoniaid y Glais. Yn union ar ôl 1918, ailgydiwyd yn y gwaith a sgrifennodd Tywi *Y Cranc* (Leader a'r Darian, Aberdâr, 1919). Y flwyddyn ganlynol, ymddangosodd *Eisteddfod y Pentref* (Aberdâr, 1920), sef 'Chwarae i Blant', a'r un flwyddyn cyhoeddwyd *Gŵr y Cefen.*

Hawdd adnabod cymeriadau'r storïau yn y dramâu hefyd. Yn y ddrama gyntaf y prif gymeriad yw Dic, mab Sion a Sioned Dafydd, ond aeth Dic i Lundain, a dychwelyd fel 'Richard Jones-Davies, Esquire'. Yn *Eluned Gwyn Owen* ceir Tom Scriw, John Morgan, siopwr anonest, a Richard Jones-Davies, Yswain, O.B.E., yw llywydd yr Eisteddfod yn *Eisteddfod y Pentref.* Creodd yr awdur gyfle iddo'i hun yn *Dic Sion Dafydd* i feirniadau addysg leol, ac yn *Y Cranc* addysg Prifysgol. Yn *Y Cranc*, hefyd, ceir helynt gwrthwynebwr cydwybodol, creadur prin yn ystod rhyfel 1914-18, a phrinnach fyth yn nramâu y cyfnod. Rhaid canmol yr awdur am ddewis thema felly, ond ni chanolbwyntiodd ar y cwestiynau dwys sydd yng nghlwm wrth heddychiaeth. Arhosodd yn ormodol gyda'r sefyllfa leol yn hytrach na thrafod yr egwyddorion perthnasol. Yn cydrhedeg â'r beirniadu mynegir cydymdeimlad â rhai fel Elwyn sy'n wrthwynebwr cydwybodol, Wil y Crydd, Crwydryn, sy'n faledwr a Twm Sam, idiot.

Nodweddir dramâu Tywi gan amrywiaeth o olygfeydd. Nid ystafell mewn bwthyn neu blas a geir yn unig, ond gellir symud i stryd yng Nghaerdydd, i'r stesion, ysgol leol, y dafarn neu gartref mewn pentref glofaol. Trueni na fyddai Tywi wedi datblygu'n fwy pendant natur y bywyd glofaol, ond rhaid dweud nad yw'n rhamantu fel rhai o awduron y cyfnod, neu ffilm mwy diweddar fel 'How Green was My Valley'. Ei nod wrth sgrifennu oedd dyrchafu a difyrru, a gwneud hynny trwy gyfrwng y Gymraeg. I Tywi cyfle oedd y ddrama i feithrin doniau lleol, rhoi mwynhad a diwyllio bywyd. 'Roedd yn argyhoeddedig fod y ddrama Gymraeg yn gyfrwng i hybu'r iaith, a'i gelynion hi yw cymeriadau llai dymunol y dramâu. Yn rhy aml try'r propaganda o fod yn was i fod yn feistr. Wrth ganolbwyntio ar ei neges defnyddia ormod o droeon trwsgl a gormod o Saesneg i barddduo cymeriad, a gall y ddeialog fod yn fflat ac ni cheir digon o ddatblygiad yn y cymeriadau.

Medrai Tywi Jones gydnabod gwerth cyfraniad y 'Drama League' a'r 'Little Theatre', ond gwelai berygl hefyd mewn gweithgarwch cwbl Saesneg.[10] Yn ôl Tywi dylai dramâu J. O. Francis i gyd fod yn y Gymraeg, a'r cymeriadau yn llai tebyg i'r rhai a gafwyd yng ngweithiau Caradoc Evans. Ymosododd D. T. Davies ar Tywi ac amddiffyn J. O. Francis. Dadleuai D. T. Davies i Tywi gamddeall lle'r ddrama yn niwylliant Cymru, a'i fod, er nad yn fwriadol efallai, yn dibrisio celfyddyd y ddrama.[11] Atebodd Tywi a dadlau bod eisiau pwysleisio dau beth, techneg a gwirionedd. Nid oedd cymeriadau J. O. Francis, er enghraifft y tad a'r mab yn *Change*, yn bobl o gig a gwaed ar ddaear Cymru, na'r potsiar yn y *Poacher*, a oedd, fel yng ngwaith R. G. Berry, yn ddyn caled a chreulon. Ni fedrai Tywi dderbyn y darlun hwn oherwydd ei adnabyddiaeth o sawl potsiar, ac yntau ei hun wedi dysgu'r grefft hefyd. Medrai Tywi er hynny werthfawrogi *Change*, J. O. Francis, a chael ei fodloni'n fawr o weld ei chwarae, ond ni fedrai

ddioddef y rhegi. Dylid diogelu safonau moesol mewn drama, a'i
gwneud yn rhywbeth y medrai pob oedran ei gwylio. Yn ôl D. T.
Davies, adlewyrchu'r gymdeithas a wnaeth J. O. Francis, a beth
bynnag, nid yw diogelu moesau yn un o ofynion y ddrama.

Daeth Saunders Lewis i'r maes â'i gyllell yn ei law i brocio ystlys
Tywi.[12] Yn ôl Saunders Lewis y glendid yn *Ar y Groesffordd*, R. G.
Berry, a'r *Cranc*, J. Tywi Jones oedd yr anfoesoldeb ynddynt, a
gwawdiai Saunders Lewis y rhai a anghymeradwyai amhurdeb
dramâu Saesneg. Ni fedrai Tywi idlio dim ar y mater hwn. Iddo ef
'roedd chwaeth yn bwysig, a dylid diogelu hyn mewn drama. Parhau i
hogi ei gyllell a wnaeth Saunders Lewis ac ymosod ar Ibsen.[13] Trafod
celfyddyd y ddrama a wnaeth yn yr ysgrifau, a beirniadu Ibsen a'i
gyfarwyddiadau manwl ar ddechrau drama, 'fel rhestr arwerthiant',
a dweud mai dyma'r 'dylanwad mwyaf anghelfgar a niweidiol a
esgynnodd i orsedd celf erioed'. Dylid yn hytrach ddilyn Shakespeare
a Moliere. Yr un adeg ymddangosodd cyfieithiad T. Gwynn Jones o
waith Ibsen, *Dychweledigion*, a'i ganmol yn fawr gan olygydd *Y Darian*.
Rhoddodd sylw i'r ddrama a'i chynnwys, a thestun ei ysgrif, 7
Mehefin 1920, oedd, 'Cenadwri "Dychweledigion" i Gymru'. Yn
groes i J. R. Morris, a feirniadodd y ddrama, croesawodd Tywi'r
trafod ar ryw: 'Yn awr, yn sicr, nid yw pwnc o berthynas y rhywiau a'i
gilydd i'w osgoi. Y cwestiwn yw cymryd yr osgo iawn tuag ato'. Tipyn
o biwritan oedd Ibsen yn dadlennu tueddiadau anffodus bywyd, a
dylid darllen *An Enemy of the People* ochr yn ochr â *Dychweledigion*.
Helpu'r darllenydd a'r gwyliwr i garu'r da a chasáu'r drwg a wna
Ibsen, a'n hatgoffa bod dincod y tadau ar ddannedd y plant. Yn y
cyswllt hwn dywed Tywi bethau caled am fywyd Cymru. Cyfeiria at y
cymeriadau rhywiol yn Ibsen, a'r cymeriad 'Black Flash' yn y gyfrol a
ddaeth o'r Alban, sef, *Underworld*. Nid oedd cymeriadau felly yn brin
yng Nghymru, a gwyddai am swyddogion gweithiau glo ac arweinwyr
eglwysig yn talu am gyfathrach rywiol.[14] Trefnodd Tywi i I. L. E.
(Ifor L. Evans, siŵr o fod), sgrifennu dwy erthygl ar Ibsen yr un
flwyddyn. Mynnodd y golygydd roi'r sylw mwyaf posibl i'r dramodydd.

Mae'n wir bod Tywi Jones wedi esgeuluso agweddau ar gelfyddyd
y ddrama, ond ni fedrai neb siglo ei argyhoeddiadau sylfaenol. Ei nod
oedd sgrifennu ar gyfer y bobl leol: 'Nid i'r Haymarket neu hyd yn
oed i'r Grand Theatre, Abertawe, yr ysgrifenasom ein dramodau
cyntaf. Roedd·yn rhaid i ni gymryd ein chwareuwyr, ein cynulleidfa,
a'r llwyfan oedd gennym i ystyriaeth. Nid oedd gennym gerddorfa, na

miwsig o un math'.[15] Credai'n bendant y medrai'r cwmnïau lleol, nid
yn unig wasanaethu ardal, ond y medrent fwydo'r Eisteddfod Genedlaethol hefyd. Yn y gwahanol ardaloedd medrai'r cwmnïau hyn
glymu'r eglwysi wrth ddiwylliant Cymraeg.

Nid sgrifennu a chynhyrchu'n unig a wnaeth Tywi ond beirniadu,
hefyd, yn lleol yn y gwyliau drama ac yn yr Eisteddfod Genedlaethol.
Yn y gwahanol ffyrdd hyn gosododd garreg swmpus ym mur diwylliant Cwm Tawe. Ymunodd ag adeiladwyr eraill fel J. J. Williams yn
Nhreforys, Ben Davies ym Mhant-teg, William George, Ystalyfera
('dramodydd cerddgar'), a Gwernydd Morgan, Pontardawe. Nid
rhyfedd i un gohebydd ddweud bod Cwm Tawe yn 'nythle drama', a
'magwrfa chwaraewyr'.[16] Trwy'r dramâu lledodd dylanwad Tywi
hefyd i'r mannau hynny lle 'roedd diddordeb yn y ddrama, yn
cynnwys Merthyr, Aberdâr, Abertawe, Tylorstown a Thonpentref.

Lluniodd y storïwr a'r dramodydd emynau, heyfd, bron ugain
ohonynt. Cyhoeddodd un casgliad, *Telyn Hedd* (Swyddfa'r Darian a'r
Leader, 1926).[17] Ceir pedwar ohonynt yn *Llawlyfr Moliant y Beddyddwyr*
(argraffiad 1952), rhifau 5, 94, 331 a 580. Yn ôl arfer y casgliadau
diwygiwyd ambell bennill, a hynny heb ganiatâd. Enghraifft o hyn yw
ail bennill yr emyn, 'Rwy'n troi fy wyneb Iesu da,' un o oreuon yr
iaith yn ôl T. Gwynn Jones:

'Rwyt Ti o hyd yn gadarn graig
　Ym merw mawr y byd;
Tra meddwl dyn fel tonnau'r aig
　'Rwyt Ti yr un o hyd.

Argraffiad 1952:

'Rwyt Ti i mi yn gadarn dŵr
　Ym merw mawr y byd;
Cyfnewid mae meddyliau gŵr
　Tydi sy'r un o hyd.

Diolch am gael gwared o'r 'aig', ond gellid fod wedi dodi 'môr' yn ei
le. Y pedair llinell olaf yw:

Yng nghynnwrf gwyllt feddyliau'r oes
　Y suddai egwan ffydd;
Ond bythol gadarn yw Dy groes
　A'th wên fel hanner dydd.

Argraffiad 1952:

> Dan bwysau cynyrfiadau'r byd
> Fe sudda f'egwan ffydd;
> Ond yng nghadernid Crist a'i groes
> Fy iachawdwriaeth fydd.

Yma eto y mae cryfhau a gwanhau. Mae'r llinellau'n rhedeg yn fwy
esmwyth yn argraffiad 1952, ond trueni mawr oedd colli, 'A'th wên fel
hanner dydd'. Mae llinell olaf argraffiad 1952 yn llawer mwy ystrydebol
na gwreiddiol Tywi.

   Naw emyn i oedolion a chwech i blant a geir yn *Telyn Hedd.* Yn
adran y plant, natur yw thema dau emyn, un yn sôn am natur yn
canmol Duw ac y dylai'r plant wneud hynny, a'r llall yn gwrando ar y
neges a ddaw oddi wrth Dduw'r Tad, 'Ar adain deryn to'. Mewn dau
arall o'r emynau cysylltir plant Cymru â llencyndod yr Iesu. Ceir un
yn diolch am yr ysgol Sul, a'r llall yn sôn am anturiaeth yr Iesu, a'i
rym i dynnu plant ato.

   Yn adran yr oedolion mynegir, mewn sawl emyn, fethiant y
credadun oherwydd ei wendidau ei hun a chaledi'r frwydr ysbrydol.
Er enghraifft:

> Du yw'r nos a chwerw 'nagrau
> Ing sy'n llechu dan fy mron,
> Ysig ydwyf dan guriadau
> Temtasiynau'r ddaear hon,
>   Ti yn unig
> All waredu f'enaid gwan.

Myfyrdod tawel a geir yn yr emyn, 'Awr dawel yn dy Dŷ', a gweddi
am yr Ysbryd Glân yw, 'O rho i mi, Nefol Dad'. Cyfeiria un pennill
o'r emyn olaf hwn at 'Arwriaeth bur y Groes', thema ganolog Tywi yn
ei bregethau a'i emynau. Denwyd ef gan 'ufudd-dod perffaith yr
Iesu', a 'phrydferthwch arwriaeth y Groes'. Canolbwyntia ar hyn yn
yr emyn, 'Yr Anturiaeth Fawr', a gyflwynwyd i George M. Ll.
Davies. Wrth fyfyrio ar yr 'arwriaeth hardd' mae'r emynydd yn sicr
o'i ddymuniad:

> . N'ad fi ddyfod at dy Orsedd
> ·   I gardota ffafrau rhad,

> Nac i geisio esmwyth feinciau
> Yn nhŷ bywyd mawr fy Nhad;
> Gofyn wyf am weledigaeth
> Loew ar dy ddewrder di,
> Dry'n deyrngarwch yn fy enaid
> Ac yn fflam o fawl i Ti.

Nid fflam wan oedd teyrngarwch Tywi.

Gellir bod yn feirniadol o Tywi Jones. Gwrthododd ymgodymu â phroblemau diwinyddol ei ddydd. Bodlonodd ar wfftio uniongrededd heb ddatblygu ei ddiwinyddiaeth ei hun. Ni lwyddodd i ddeall gŵr fel Keir Hardie, er bod hwnnw'n dweud llawer o bethau tebyg i Tywi ei hun ar berthynas Cristnogaeth a chymdeithas. Yn ei weithiau medrai fod yn ystrydebol, er nad yw hyn yn cyfiawnhau gosodiad ysgubol Kate Roberts, a rydd yr argraff mai dyma nodwedd amlycaf holl weithiau Tywi.[18] Nid yw hyn yn wir o gwbl. O gyfrif *Dic Sion Dafydd* fel nofel nid yw'n llwyddiant. Yn y maes hwn rhagorai ei wraig arno, fel y dywedodd 'Abon':[19]

> Yn syml hanes Moelona,—un o'i bath
> Gwn na bu yn Ngwalia,
> Ac am nofel ddel, wir dda,
> Ar ei gŵr hi ragora.

Er hynny erys ei gyfraniad mewn sawl maes. Am bron ddeng mlynedd ar hugain llafuriodd yn y Glais. Llwyddodd i glymu'r diwylliant Cymraeg wrth egwyddorion Cristnogol. Cynorthwyodd ei bobl i feithrin argyhoeddiadau dyfnion a diwylliant Cymraeg iach. Heb ei weinidogaeth colli'r iaith a wnaethai amryw o bobl y Glais. Anodd iddo ef oedd meddwl hyd yn oed am ddwyieithrwydd. Cymru uniaith Gymraeg oedd ei nod. Byddai'n ddiddorol ei glywed yn traethu ar raglen 'Heno'. Carai'r iaith yn angerddol, ac ni wnaeth dim bylu ei genedlaetholdeb. Ni chafodd y sylw haeddiannol yn y maes hwn, nac yn hanes heddychiaeth Cymru chwaith, er i Dewi Eirug Davies unioni'r cam hwn i raddau. Nid camp fach oedd golygu wythnosolyn Cymraeg am bron ugain mlynedd, a llwyddo i gael cyfraniadau cyson gan wŷr gorau'r genedl. Ar ôl ei gyfres yn *Y Darian* yn ystod 1920 cynigiodd Saunders Lewis sgrifennu'n gyson i'r papur, ond mae'n ddirgelwch paham y gwrthododd Tywi'r cynnig.[20] Un posibilrwydd yw'r anghydweld ynglŷn â natur a swyddogaeth drama. Petai'r cynnig wedi'i dderbyn mae'n debyg mai cofio am Saunders Lewis *Y Darian* y byddem yn hytrach na Saunders Lewis *Y Faner*. Fel llenor, prif gyfraniad Tywi oedd bod yn llais y llenor poblogaidd. Trwy ei weithiau llwyddodd i feithrin diddordeb yn y ddrama ac mewn darllen Cymraeg, yn y Glais a thu hwnt i'r pentref. Ceir pedwar o'i emynau yn *Llawlyfr Moliant y Bedyddwyr*, a byddai un neu ddau arall yn werth eu lle yno. Da cofio am Tywi, y bugail gofalus, y golygydd eofn, y llenor poblogaidd a'r emynydd ymbilgar. Llifodd yr afon yn ddyfnach ac yn gryfach pan ddaeth Tywi i Gwm Tawe.

NODIADAU

Pulpud Peniel

[1] Y cefndir: gwybodaeth gan Mrs. Gwyneth Thomas, merch Tywi Jones, a fy mam yng nghyfraith; casgliad J. Tywi Jones, Ll.G.C.

[2] Llythyr yr alwad, copi personol.

[3] *Adroddiad Peniel, Glais*, 1928.

[4] T. V. Evans, *Clydach a'r Cylch* (Tonypandy, 1901), 55, 57.

[5] 'Llenyddiaeth Gymraeg', *Y Darian*, 18 Hydref 1917.

[6] Ibid.

[7] Llythyr J. Tywi Jones at T. Gwynn Jones, 6 Gorffennaf 1917, casgliad T. Gwynn Jones, G3040, Ll.G.C.

[8] 'Llyfrau', *Y Darian*, 25 Hydref 1917.

[9] Elizabeth Mary Owen (1877-1953), awdur *Teulu Bach Nantoer*, ail wraig Tywi Jones; argraffiad o'r llyfr yn 1976. Ym mhlith ei gweithiau eraill, *Ffynnonloyw* a *Storïau o Hanes Cymru*. Maen coffa iddi ar fur y fferm, Moilyn, Rhydlewis, man ei geni.

[10] 'Colofn y Ddrama', *Y Darian*, 2 Gorffennaf 1914.

[11] *Adroddiad Peniel*, 1928.

[12] 'Nodiadau'r Golygydd', *Y Darian*, 23 Gorffennaf 1914.

[13] 'Crefydd Cymru', *Y Geninen*, 1926.

[14] 'Gwaith Gweinidog', *Seren Gomer*, Medi 1939.

[15] Ibid.

[16] 'Colofn y Bobl Ifainc',—'Y Beibl', *Y Darian*, 16, 23 Chwefror 1922; hefyd 15 Ebrill 1926.

[17] 'Y Weinidogaeth a'r Eglwysi a'u Beirniaid', *Y Darian*, 23 Ionawr 1919.

[18] 'Diwygiad Ysbrydol', *Y Darian*, 1 Mai 1919; hefyd 'Mr. Evan Roberts a'r Diwygiad Nesaf', 29 Ebrill 1926.

[19] 'Pregethu Politics', *Y Darian*, 19 May 1921; 'Yr Eglwys a Pholitics', 23, 30 Mehefin 1921.

[20] 'Yr Eglwys a Pholitics', *op. cit.*

[21] 'Gwaith Gweinidog', *op. cit.*

Desg *Y Darian*

[1] Dilyn y Parch. Silyn Evans a wnaeth Tywi, ond prin iawn yw'r cyfeiriadau at *Y Darian* yng nghofiant Silyn, er mai Ap Hefin a gasglodd y defnyddiau, *Cofiant a Gweithiau y Parchedig David Silyn Evans* (Aberdâr, 1937); 'Nodiadau'r Golygydd', *Tarian y Gweithiwr*, 1 Ionawr 1913.

[2] Williams, Thomas (Brynfab), 1848-1927, *Y Bywgraffiadur Cymreig hyd 1940* (Llundain 1953).

[3] Am gyfraniad Dyfnallt i ddiwylliant Dyffryn Aman, Huw Walters, 'Y Traddodiad Rhyddiaith yn Nyffryn Aman', *Cylchgrawn y Llyfrgell Genedlaethol*, Gaeaf 1990.

[4] Lewis Davies, awdur nofel boblogaidd, *Lewsyn yr Heliwr*; cof gennyf am y prifathro yn ysgol Bancffosfelen yn ei darllen i'r dosbarth ar brynhawn Gwener.

[5] Evans, Beriah Gwynfe (1848-1927), *Bywgraffiadur Cymreig, op. cit.*

[6] Lloyd, Henry (Ap Hevin); gŵr o Ddolgellau, symud i Aberdâr 1891, marw 1961; R. Brynley Roberts, 'Argraffu yn Aberdâr', *Journal Welsh Bibliographical Society*, XI.

[7] Kate Roberts, e.e., 'Y Diafol yn 1960', 14 Tachwedd 1918; drama, ar y cyd gyda Betty Eynon Davies, 'Y Fam', dechrau 27 Ionawr 1921; cerdd, 'Fy Iaith, Fy Ngwlad, Fy Nghenedl', 21 Ebrill 1921; *Deian a Loli*, dechrau 23 Ebrill 1925; nodyn ar Betty Eynon Davies, Dafydd Ifans, gol., *Annwyl Kate, Annwyl Saunders* (Ll.G.C., Aberystwyth, 1992), 29 n. 1. Tywi Jones, Kate Roberts ac Ap Hefin yn gyd-aelodau o Gymrodorion Aberdâr.

[8] Posau: 'Colofn y Plant', *Y Darian*, 21 Mai 1914.

[9] Calan: ibid., 8 Ionawr 1914.

[10] Ibid., 2 Ebrill 1914.

[11] 'Chwarae'r Plant', 1, 15 Gorffennaf 1920. Mrs. Davies oedd gweddw'r Parch. Daniel Davies, gweinidog gyda'r Bedyddwyr. Tynnodd Tywi sylw at ei gwaith yn 'Hwnt ac Yma', *Tarian y Gweithiwr*, 30 Tachwedd 1911.

[12] Prosser Rhys: 17 Gorffennaf, 16 Hydref 1919; B. T. Hopkins: 24 Gorffennaf 1919; J. Vernon Lewis: 20 Mai 1926.

[13] Tywi at T. Gwynn Jones, e.e., 7 Tachwedd 1925, 8 Awst 1926, Casgliad T. Gwynn Jones, Ll.G.C.; T. Gwynn Jones at Tywi, 12 Mehefin 1925, Casgliad J. Tywi Jones, Ll.G.C.

[14] 'Llythyra Sion Sana', 1 Ionawr 1914.

[15] 'Llenyddiaeth Gymraeg', *Y Darian* 18 Hydref 1917—ei anerchiad i'r Cymdeithasau Cymraeg yn Nhreforys.

[16] Ibid., 'Iaith a Chrefydd Cymru', 20 Medi 1923.

[17] 'Meddyliau Cymysglyd', *Y Darian*, 12 Rhagfyr 1918.

[18] Ibid., 'Hwnt ac Yma', 1, 22 Ionawr 1914.

[19] 'Cynhadledd y Cymdeithasau Cymraeg', *Tarian y Gweithiwr*, 15 Mawrth 1913, ac anerchiad Tywi, 10, 17 Ebrill; 'Angen Mawr Cymru Heddiw', *Y Darian*, 26 Gorffennaf 1926; llythyr Beriah Gwynfe Evans at E. T. John 26 Medi 1913, Casgliad E. T. John, Ll.G.C.

[20] 'Undeb Cenedlaethol y Cymdeithasau Cymraeg', 1 Mawrth 1923; agwedd at y Colegau, 'Y Colegau a'r Gymraeg', 27 Mai 1926; agwedd at y llysoedd, 'Meddyliau Cymysglyd', 12 Rhagfyr 1918. Hefyd 'The Gospel of Bigotry', *The Welsh Outlook*, Rhagfyr 1920, ateb i Gwilym Hughes, 'The Gospel of Bigotry,' ym mis Tachwedd.

[21] *Cambrian Daily News*, 20 Chwefror 1923.

²² Ymunodd Tywi â 'Byddin Ymreolwyr Cymru' yn gynnar yn 1925, fisoedd cyn sefydlu Plaid Genedlaethol Cymru ym mis Awst y flwyddyn honno; llythyr H. R. Jones at Tywi, 24:2:25, Casgliad Tywi Jones, Ll.G.C. Tywi'n unō'r siaradwyr yn y Gynhadledd gyntaf ym Machynlleth, Awst 1926; 'Yr Ysgol Haf', *Y Ddraig Goch*, Medi 1926.

²³ D. Tecwyn Lloyd, *John Saunders Lewis* (Gwasg Gee, 1988), 190.

²⁴ 'Nodiadau'r Golygydd', *Y Darian*, 12 Gorffennaf 1914. Yn yr un rhifyn sylwadau ar 'Iawnderau Dyn', Gwili, ei gyfaill. Y ddau'n ffrindiau agos, er iddynt ddatblygu'n wahanol yn wleidyddol; gweler J. Beverley Smith, 'John Gwili Jenkins', *Transactions Honourable Society Cymmrodorion*, 1974-75.

²⁵ 'Nodiadau'r Golygydd', *Y Darian*, 1 Hydref 1914.

²⁶ Ibid., 16 Ebrill 1914, 26 Awst 1915. Cyn ei gyfnod fel golygydd, 'roedd Tywi, fel 'Llywelyn', yn feirniadol iawn: 'Hwnt ac Yma', 6 Gorffennaf, 'Y Rhyfel yn Erbyn Cymru', 7, 21 Medi 1911, yn cynnwys ymosodiad ar y *Pioneer*. Gweler Kenneth O. Morgan, *Birth of a Nation* (O.U.P., University of Wales Press, 1982), pennod 6. Noder geiriau R. Tudur Jones, 'Ond y gwir amdani oedd fod y tu mewn i'r mudiad Sosialaidd athroniaeth a oedd yn feirniadol nid yn unig o'r polisïau a goleddwyd gan y capeli ers blynyddoedd ond o'r Efengyl y sefydlwyd yr eglwysi arni', *Hanes Annibynwyr Cymru* (Abertawe, 1966), 275.

²⁷ Tecwyn Lloyd, *op. cit.*, 222, 129-34.

²⁸ T. J. Morgan, 'Peasant Culture', *Glamorgan Historian*, IX (1973); a mynegiant o hyn yn Nhreforys, Trebor Lloyd Evans, *Y Cathedral Anghydffurfiol Cymraeg* (Gwasg John Penry, 1972), pennod 6.

²⁹ Gwynfor Evans, *Heddychiaeth Gristnogol yng Nghymru* (Cymdeithas y Cymod, 1991), 19; dim sôn am Tywi Jones o gwbl!

³⁰ *Y Darian*, 6 Awst 1914. Ni sgrifennwyd dim mwy grymus na hyn o safbwynt yr heddychwr.

³¹ Ibid., 'Llith y Golygydd', 18 Mawrth 1915.

³² 6 Awst, *op. cit.*

³³ Llythyr Tywi Jones at D. Rhys Phillips, 27 Medi (heb nodi'r flwyddyn), Casgliad D. Rhys Phillips, Ll.G.C.

³⁴ 'Nodiadau'r Golygydd', *Y Darian*, 14 Mai 1914; Dewi Eirug Davies, *Byddin y Brenin* (Abertawe, 1988), 115, a'r adran, 'Tystiolaeth y Darian', 123-26.

³⁵ J. Tywi Jones at E. T. John, 29 Gorffennaf 1926, Casgliad E. T. John, Ll.G.C.

³⁶ R. Brynley Roberts, *op. cit.*

³⁷ Rhisiart Hincks, *E. Prosser Rhys* (Gomer, 1980), 66; T. Gwynn Jones at Tywi, 18: 6: 34, Casgliad Tywi Jones, Ll.G.C.

³⁸ 'Cydnabod' Gan y Coch, *Y Darian*, 20 Gorffennaf 1933. Yn 1935 symudodd Tywi a'i wraig i fyw yn Hedd Môr, Lewis Terrace, Ceinewydd, Dyfed. Bu Tywi farw ar ddydd Sul, 22 Gorffennaf 1948, a'i gladdu ym mynwent Ainon, Birchgrove, y dydd Iau canlynol. Ym mhlith y siaradwyr 'roedd Wil Ifan a Crwys.

Llais y Llenor

¹ 'Cyflwynedig', *Dirgelwch Dig.*

² Ceir enw'r ffermwr mawr ar un o'r copïau yn fy meddiant.

³ Enghreifftiau eraill o storïau Tywi: 'Nanno', cyd-fuddugol yn Eisteddfod Môn,

ymddangos yn *Y Darian*, dechrau 7 Medi 1914; 'Stori Nadolig', *Seren Cymru*, Nadolig
1934—barn Gwili'r golygydd, 'Un o'r pethau hyfrytaf a fu yn y Seren ers tro', llythyr
at Tywi, 27 Ionawr 1935, Casgliad Tywi Jones, Ll.G.C.; 'Twm Siaci Dafydd', *Seren
Cymru*, 18 Mawrth-1 Gorffennaf, 1938.

[4] *Cymru*, Medi 1911.

[5] *Y Beirniad*, 1:287.

[6] 'Hwnt ac Yma', *Tarian y Gweithiwr*, 28 Mawrth 1912.

[7] 'Perthynas yr Eisteddfod a'r Ddrama', Casgliad Tywi Jones, Ll.G.C.;
'Y Ddrama yng Nghymru', *Y Darian*, 15 Ebrill 1920. Cwmni'r Rhos wedi perfformio
Dr Ifor Puw a *Gruffydd Llwyd* hefyd; canmol gwaith Clydach Thomas a Chwmni'r
Ddraig Goch, 'Hwnt ac Yma', *Tarian y Gweithiwr*, 28 Mawrth 1912.

[8] 'Rhagair', *Jac Martin*.

[9] Ymddangosodd yn *Y Darian*, dechrau 2 Hydref 1919.

[10] Cyfres, 'Y Ddrama yng Nghymru', 12, 19, 26 Chwefror, 4, 11, 18 Mawrth, 15
Ebrill, 1920.

[11] Llythyrau D. T. Davies, 4, 18 Mawrth, 8 Ebrill 1920.

[12] Ysgrifau J. S. Lewis, 20, 27 Mai, 10 Mehefin, 25 Tachwedd.

[13] 'Celf Drama', J. S. Lewis. Trafod yn y *Welsh Outlook*, J. S. Lewis, 'The Present
State of Welsh Drama', 1920.

[14] Trafod *Dychweledigion*, 27 Mai, 3, 10, 17 Mehefin 1920. Trefnodd Tywi i 'I.L.E.'
(Ifor L. Evans) sgrifennu dwy erthygl ar Ibsen, 5, 26 Awst 1920.

[15] Trafod 'Llythyrau at y Golygydd', 22 Ebrill 1920.

[16] 'Hwyl ar Chwarae', 15 Chwefror 1917.

[17] Ymddangosodd rhai ohonynt yn *Y Darian* yn ystod 1926. L. J. Roberts a T. J.
Morgan oedd yn gyfrifol am y gerddoriaeth. Bu T. J. Morgan, Cwm-bach, Aberdâr,
yn olygydd cerddorol *Y Darian* am gyfnod; ceir teyrnged iddo ar ennill y radd
L.R.A.M., 'Un o Feibion Cerddgar Cynon', *Y Darian*, 23 Hydref 1919.

[18] Dafydd Ifans, gol., *op. cit.*, 57.

[19] 'Mawl-Annerch i Moelona', *Y Darian*, 6 Ebrill 1922.

[20] Llythyr Saunders Lewis at Tywi Jones, 25:2:21, Casgliad Tywi Jones, Ll.G.C.

Cân y Fwyalchen: Golwg ar waith J. J. Williams (1869-1954)

Robert Rhys

Er bod arhosiad hir J. J. Williams yn Nhreforys yn ei gwneud hi'n hawdd cyfiawnhau ei gynnwys o fewn cloriau'r gyfrol hon, yr un mor briodol fyddai trafod ei waith yng nghyd-destun Cwm Rhondda neu Gwm Rhymni neu Gwm Cynon, gan iddo fyw a gweithio, fel colier a gweinidog, yn y llefydd hynny, a phrofiadau'r dyddiau hynny, yn hytrach na'r cyfnod yn rhan isaf Cwm Tawe, a ddehonglir yn y gweithiau y byddwn yn eu cysylltu rwyddaf â'r tirlun diwydiannol, sef y storïau a leolwyd yn y Gilfach Ddu a'r cerddi tafodiaith 'Dai', 'Magdalen' ac 'Yr Anglodd'. Y mae bro arall hefyd gan J.J., bro wledig ei blentyndod cynnar yn Nhai Gwynion ger Tal-y-bont yng Ngheredigion, bro barddoniaeth. ('Er i mi orfod ei adael ugeiniau o flynyddoedd yn ôl,' meddai am Dai Gwynion ym 1932, 'nid yw ef erioed wedi fy ngadael i.')[1] Yn y fro honno y'i ganwyd, mewn bwthyn bach to gwellt, ym 1869, ond oherwydd prinder gwaith gorfodwyd y tad i gyrchu 'Eldorado'r trefi', ac ar ôl cael hyd i waith y teulu'n codi'u gwreiddiau ac yn bwrw rhai newydd ym Mhenrhiw-ceibr ym 1882. Symud i Ynys-y-bŵl ymhen tua pedair blynedd, y teulu'n ymaelodi yng nghapel y Tabernacl, a'r J.J. ifanc, o dan anogaeth y gweinidog, R. O. Evans, yn dechrau pregethu. (Ei destun cyntaf, yn farddonol addas, oedd trydedd adnod y salm gyntaf, 'Ac efe a fydd fel pren wedi ei blannu ar lan afonydd dyfroedd...') Câi ei ddawn lenyddol gyfle i flodeuo yn yr eisteddfodau a'r cyfarfodydd cystadleuol a oedd yn rhan mor allweddol o'r patrwm cymdeithasol, a deuai canu ac adrodd mor rhwydd â barddoni iddo. Sylweddolai ei gydweithwyr a'i gydnabod nad yn y lofa yr oedd ei ddyfodol, a dyma gynorthwyo'r 'bachgen addawol' trwy gyflwyno tysteb o ryw ddeugain punt iddo gael addysg bellach. Ar ôl cyfnod yn Academi y Parch Dunmor Edwards, MA, ym Mhontypridd aeth i goleg ei enwad yn Aberhonddu ym 1891. Ym mis Chwefror 1894, cyn gorffen ei gwrs, derbyniodd alwad gan eglwys yn Abercynon, (neu Aberdare Junction fel y ceisid galw'r lle bryd hynny), ac fe'i hurddwyd yn weinidog ym Methania, Abercynon 22 Gorffennaf 1895. Symudodd i Foreia, Rhymni ddiwedd 1897; priododd Claudia Bevan ym 1899 ond bu ei

Y Parchedig John James Williams

wraig farw ar enedigaeth plentyn a bu'r plentyn, Alwyn, farw'n 17 mis. Yn yr un flwyddyn ag yr ailbriododd, (ag Abigail Jenkins o Bontlotyn, ym 1903) derbyniodd alwad i Siloh, Pentre, y Rhondda, gan symud i hen ofalaeth y diwinydd a'r esboniwr, Dr Lewis Probert, a benodasid yn Brifathro Coleg Bala-Bangor. Ym mlynyddoedd y Pentre mae J.J. fel pe bai'n sefyll yng ngwyntoedd croesion diwygiad crefyddol 04/05 a dadeni llenyddol dechrau'r ganrif. Yn ôl un ysgrif goffa 'cofiai gydag angerdd mawr o hyd gyffroadau'r Ysbryd Glân yn y cyfnod hwnnw yn y Pentre.'[2] Mae'n bosib bod modd gweld yn y cofnod a ganlyn, fodd bynnag, olion o'r gwrthdaro rhwng yr hen a'r newydd, neu'r diwylliannol a'r ysbrydol a adlewyrchir yn rhai o'r storïau a astudir gennym maes o law:

> Mae wedi bod yn nodedig o weithgar oddi ar ei ddyfodiad i'r lle, ac y mae rhif yr aelodau wedi cynyddu yn fawr. Adeiladwyd *manse* i'r gweinidog a chodwyd festri, neu ysgoldy, at gynnal math o *ragged school* mewn man diarffordd o'r lle, ac y mae yno dros gant o ysgol bob Sabboth. Hyderant drwy y cynllun hwn i ddiogelu ffrwythau y Diwygiad. Yn fuan wedi dyfod i Siloh cychwynnodd Mr Williams Gymdeithas Ddiwylliadol i bobl ieuainc, ac y mae yn ennill nerth bob tymor.'[3]

Tybed a fuasai sefydlu cymdeithas ddiwylliadol wedi bod flaenaf ym meddwl ei ragflaenydd, Lewis Probert? Yn ystod ei ail dymor yn y Pentre y cyhoeddasai Probert ei esboniadau cedyrn ar yr Epistolau at y Rhufeiniaid ac at yr Effesiaid, ond roedd cynnyrch J.J. yn y Pentre yn bur wahanol.[4] Prin yr oedd gwres y diwygiad wedi oeri cyn i weinidog Siloh ddod i amlygrwydd cenedlaethol nid fel diwinydd nac esboniwr ond fel bardd-bregethwr, hynny trwy gipio cadair Eisteddfod Genedlaethol Caernarfon, 1906, gyda'i awdl delynegol swynol a phoblogaidd, 'Y Lloer', a llwyddo eilwaith gyda'i awdl, 'Ceiriog', yn Llangollen ddwy flynedd yn ddiweddarach. Yr oedd hi'n ddyddiau cyffrous ar y ddrama Gymraeg hefyd, ac fe fu J.J. yn rhan o'r 'dadeni' hwnnw hefyd gyda'i ddramâu ysgrythurol, *Ruth* (1909) ac *Esther* (1911).[5] Mae'r gweithiau hyn yn cyfuno ymsonau ac ymddiddanion yn y mesur penrhydd a thelynegion i'w canu ar gerddoriaeth a gyfansoddwyd gan James Davies, Pentre. Yr oedd hefyd yn effro i botensial ffurf newydd arall, y stori fer. Cyhoeddwyd storïau byrion yn *Y Beirniad*, y cylchgrawn newydd a sefydlwyd gan Morris-Jones ym 1911; ymddangosodd stori enwog Dewi Williams, 'Clawdd

Terfyn', yn y rhifyn cyntaf, 'Aml Gnoc' gan W. J. Gruffydd yn yr ail, a 'Cadair Tregaron' gan J. J. Williams, Y Pentre, Rhondda, yn y trydydd rhifyn, Hydref, 1911.⁶ Yr oedd bellach yn ymsefydlu fel beirniad ym mhrif gystadlaethau'r Eisteddfod Genedlaethol. Cawsai eisoes y cyfle i ddyfarnu cadair i T. Gwynn Jones am awdl 'Gwlad y Bryniau' ym 1909, a choron i Crwys am y bryddest, 'Gwerin Cymru', ym 1911. Yn ystod y blynyddoedd dilynol cafodd ddyfarnu cadeiriau i Parry-Williams, Hedd Wyn, Gwenallt a Dewi Emrys, ymhlith eraill. Pan benderfynodd aelodau Eglwys y Tabernacl, Treforys yn eu cyfarfod eglwys nos Sul, 13 Rhagfyr 1914 estyn galwad i weinidog Siloh, Pentre gwyddent eu bod yn galw un o enwau mawr yr enwad a'r genedl, ac fe ddaeth Elfed i lawr o King's Cross i bregethu yn y cyrddau sefydlu. Cyhoeddodd storïau'n achlysurol yn ystod y blynyddoedd dilynol, gan eu casglu ynghyd ym 1931.⁷ Yn y tridegau y mae gyrfaoedd enwadol a diwylliannol J.J. yn cyrraedd eu huchafbwynt, ac fe dystia'r cronicl a ganlyn i'r statws a enillasai bellach o fewn y cylchoedd mwyaf dylanwadol. Derbyniodd radd MA er anrhydedd gan Brifysgol Cymru ym 1930; bu'n olygydd *Y Dysgedydd,* cylchgrawn misol ei enwad, rhwng 1933 a 1936, ac yn gadeirydd Undeb yr Annibynwyr ym 1935. Casglodd ei gerddi ynghyd yn gyfrol, *Y Lloer a Cherddi Eraill,* ym 1936, ac yn yr un flwyddyn dechreuodd ar dymor o dair blynedd yn Archdderwydd.⁸ Ar y gwastad lleol gwnaethpwyd gwelliannau sylweddol o gwmpas y Tabernacl ym 1938, ac ym 1940 cynhaliwyd cyfarfodydd i ddathlu chwarter canrif o weinidogaeth J.J. yn y Tabernacl. Ymddeolodd o'r weinidogaeth ym 1944 ond cymylwyd ar ei flynyddoedd olaf gan anghydfod digymod rhyngddo a swyddogion y Tabernacl; (adroddwyd yr hanes yn unplyg gan ei olynydd, Trebor Lloyd Evans.⁹) Bu farw ym 1954.

Addewid nas cyflawnwyd yw nodwedd amlycaf gyrfa lenyddol J.J.; mae hynny yr un mor wir am swm ei gynnyrch ac am ei sylwedd. O ystyried iddo fod yn rhan o symudiad adfywiol dechrau'r ganrif mewn tri chyfrwng gwahanol, barddoniaeth, drama a'r stori fer, cnwd siomedig a gafwyd ganddo. Wrth i'r darllenydd cyfoes droi at gynnyrch J. J. Williams bydd yn barod i weld diffygion fyrdd, a bydd yn ymestyn am ansoddeiriau fel 'sentimental' ac 'anghynnil'. Cyn gwneud hynny, fodd bynnag, dylai werthfawrogi'r doniau llenyddol diamheuol a arddangosir gan J.J.; dylai allu adnabod rhwyddineb sicr ei gyffyrddiad fel bardd yn y mesurau caeth a rhydd, (sicrwydd chwaeth a adlewyrchwyd yn ei feirniadaethau eisteddfodol) a dawn ddigamsyniol y llenor rhyddiaith i chwedleua, yn arbennig yn y cywair digrif, ac yn fwyaf arbennig yn y darnau tafodieithol, sy'n gweithredu fel gwrthbwynt angenrheidiol i arddull 'lenyddol' braidd yn faldodus ar brydiau. Mae'r darn hwn o'r stori 'Achub Wil Rees' yn enghraifft nodweddiadol o ddawn yr awdur rhyddiaith ar waith:

A'r côr, un nos, yn anterth hwylus un o'i ddarnau mawr, a chymydog Wil yn rholio taranau heibio'i glust—
'Bachan,' meddai Wil, dros y lle i gyd, 'paid â gweiddi felna. 'Rwyt ti'n canu ishta trombôn, 'chan. Rho shawns i rwun arall, w.'
'Beth ma shwd whisl din a ti'n wilia ?' meddai hwnnw. 'ta ti'n dishgwl ar y copi fe welsat fod Handel wedi doti *forte* man'na (y sain *forty* a rodd i'r gair dieithr, fel pawb arall yn y Gilfach Ddu), 'a ma pob un sy'n gallu gweiddi *yn* gweiddi man'ny.'
'Myn brain i,' meddai Wil, 'ta fe wedi doti *fifty* lawr fydda dim isha iti nithur shwd leisha 'na.'
Collodd yr arweinydd bob llywodraeth ar y côr. Tynnwyd yr ysgol gân i ben; ond y mae'r darn a genid heb ei orffen eto. Un o ganlyniadau anochel y tro hwnnw oedd iddo gael ei adnabod o hynny allan fel Wil Fifty gan bawb yn y Gilfach Ddu.'[10]

Dyma gywair llywodraethol ei ymgais i bortreadu 'bywyd glowyr Morgannwg ddeugain mlynedd yn ôl'. Yn ôl yr awdur 'bywyd yn llawn hapusrwydd, diddordeb, direidi, a natur dda oedd hwnnw.'[11] O'r dehongliad atgofiannol rhyddfrydig a melys hwn y tarddodd difyrion fel yr uchod, ond mae'n ein cyfeirio ni yn ôl hefyd at bryderon tebygol y darllenydd cyfoes, sef sentimentaliaeth hiraethus a dagreuol cymaint o waith yr awdur ynghyd ag absenoldebau'r elfennau ecrach hynny a ddisgwylid mewn ymdriniaeth â bywyd yn ei gyflawnder, a bywyd cymdeithas lofaol y storïau yn benodol. . . 'Nid dyma fyd glowyr y De, ni cheir yma na diweithdra na silicosis' meddai Derec Llwyd Morgan.[12] Eto ym marn yr un beirniad 'yn rhyfedd ac yn baradocsaidd ddigon y nodwedd amlycaf ar fyd dychmygol J. J. Williams yw ei ddynoliaeth.' Mi fyddwn i'n dadlau nad oes dim yn rhyfedd na pharadocsaidd ynghylch hyn o gwbl, ac yn wir bod angen i ni archwilio seiliau a rhagdybiaethau diwinyddol J.J. er mwyn gweld pam y bu iddo osgoi'r agweddau ecraf ar brofiad y cymunedau y bu'n rhan ohonynt. Cyn gwneud hynny, fodd bynnag, y mae angen i ni archwilio ei gymhellion llenyddol, a hynny yng ngoleuni ysgrif ddadlennol a gyhoeddodd yn *Y Dysgedydd* ym 1916, yng nghanol y Rhyfel Mawr.[13] Mae'r ysgrif yn enghraifft bellach o'r atalnwyd a feddiannai beirdd a llenorion Cymraeg yn eu hagwedd at y rhyfel, ac y dadansoddwyd rhai o'i simtomau yn ddiweddar gan D. Tecwyn Lloyd a Gerwyn Wiliams.[14] Sôn wysg ei ochr am y rhyfel a wna J.J. yn 'Gwroniaeth y Fam', gwneud ei orau glas i ymateb i'r drin heb gyfeirio ati yn rhy uniongyrchol. Canolbwyntio ar ofid a dewrder y mamau sy'n ffarwelio â'u meibion wrth iddynt gyrchu'r ffosydd a wneir, ac ystyried beth yw'r ymateb priodol i'r gwlad-weinydd a'r crefyddwr a'r bardd. Fe welodd J.J. yn ddiau, lawer o drueni a chaledi mewn sawl cylch ar fywyd, ac nid yw'n gwbl amharod i gydnabod hynny mewn cyd-destun 'rhyddieithol'. Dyna'r disgrifiad canlynol o'r erthygl dan sylw er enghraifft:

> Byth nid anghofiwn yr olygfa a welsom beth amser yn ôl. Yr oedd y trên ar gychwyn, a'r cerbyd yn llawn. Pwysai milwr ieuanc allan drwy'r ffenestr, a safai ei fam dlawd o'r tu allan. Yr oedd ef yn iach, a hoyw, a thal; a hithau yn dlawd ei gwisg a gwelw'i hwyneb. Siaradent â'i gilydd y pethau annwyl, olaf; a safem ninnau yn fud. Teimlai pawb y buasai siarad allan o le ar awr mor gysegredig yn hanes dwy galon yn ymyl. Pan gaed arwyddion cychwyn estynnodd y fam druan ei gwefus gwelw i gusanu ei bachgen. Gwyleiddiodd yntau a thynnodd ei wyneb yn ôl. Yr oedd yn amlwg na chusanasai ei fam ers bynyddoedd, a phetrusai wneuthur hynny ym mhresenoldeb eraill. *'Come, lad, kiss me once, never mind,'* ebai'r fam. Yna torrodd yr argaeau, syrthiodd ar ei gwddf, a bu raid i'r swyddog eu gwahanu. Aeth y trên i'w daith, a'r bachgen ei hun fu'r cyntaf i dorri'r distawrwydd, *'Hard, aint it?'* meddai.

Dyna ddiwedd y disgrifiad; y mae sylwebaeth bellach J.J. ar y digwyddiad yn arwyddocaol:

> Erys wyneb y fam honno o flaen ein llygaid byth. Mae miloedd tebyg iddi heddiw, a phwy fyth a draetha'r hiraeth, a'r pryder, a'r tlodi sy'n llechu o'r golwg mewn llawer cartref? Rhaid wrth wroniaeth gref i wynebu'r cwbl; a rhaid wrth awen lednais i ganu'r bennod hon.

Melltith yr 'awen lednais' yng ngwaith J.J. ac amryw o'i genhedlaeth, fel y gwyddom yn dda, oedd bod sentimentaliaeth a chrefyddolder gwag yn mynnu ystumio a chuddio'r darlun diriaethol. Doedd yr 'awen lednais' ddim yn addas i'r gwaith, wrth gwrs, fel y sylweddolodd

rheng flaenaf y beirdd i gyd yn eu tro, sylweddoli, yn un peth, yng
ngeiriau Gerwyn Wiliams, bod 'diffyg ieithwedd farddol briodol i
ddelio â'r trobwynt hwn yn hanes y ddynoliaeth.' Ond ymlaen yr aeth
J.J. yn *Y Dysgedydd* i ddyfynnu'n gymeradwyol o gerddi Ceiriog,
bardd a feddai'r lledneisrwydd priodol, mae'n debyg, wrth drafod
emosiynau briwedig y fam. Defnyddir y cerddi yn gyfrwng propaganda
cyfrwys o blaid y rhyfel hefyd, arferiad cyffredin yn ôl Gerwyn
Williams. Prin bod unrhyw amwysedd ynghylch bwriad yr awdur
wrth ddyfynnu'r llinellau cyfarwydd o gerdd Ceiriog 'I Blas
Gogerddan':

> Dy fam wyf i, a gwell gan fam
> It golli'th waed fel dwfr,
> Neu agor drws i gorff y dewr
> Na derbyn bachgen llwfr.
>
> . . . .
> Trwy Gymru tra rhed dwfr
> Mil gwell yw marw'n fachgen dewr
> Na byw yn fachgen llwfr.

Canmolir y fam am iddi gynnau 'fflam gwroniaeth yng nghalon y
bachgen llwfr' ac am iddi ymwroli yn wyneb angau aberthol ei mab.
Ceisia'r awdur gymhwyso rhinweddau'r fam yn y gerdd at y cyflwr
cyfoes: 'Awr dywyll i Gymru fydd honno pan elwir hi i rifo'i
lladdedigion; ac ymddengys wrth yr arwyddion heddiw y bydd
rhywrai yn dannod iddi bris yr aberth.' Try J.J. wedyn at gerdd arall
o waith Ceiriog, 'Maes Crogen', gan ganfod ynddi 'dant pellach
ynglŷn â gwroniaeth mam trannoeth y frwydr.' Drannoeth y gyflafan
daw brodyr, chwiorydd a mamau i faes y gad i gasglu y meirwon
ynghyd. Yn gyfeiliant i'r olygfa drasig hon y mae canu sionc ac
anghymarus y fwyalchen:

> Fe ganai mwyalchen er hynny
> Mewn derwen ar lannerch y gad,
> A'r coedydd a'r gwrychoedd yn lledu
> Eu breichiau dros filwyr ein gwlad
>
> . . . .
> Agorwyd y ffos, ac fe'i caewyd,
> Ond canai'r fwyalchen o hyd . . .

Bu union swyddogaeth y fwyalchen yn y gerdd yn achos penbleth i
J.J., ond daethai i'r casgliad 'mai amcan Ceiriog ydoedd awgrymu'n
llednais fod lleisiau pêr yn canu gobaith a chysur i'r neb sy'n wylo am
y dewr.' Amcan J.J. yn sicr yw gwneud y sefyllfa a ddisgrifir yng
ngherdd Ceiriog yn ddarlun o'r sefyllfa gyfoes, pan fydd 'bore du' yn
gwawrio yng Nghymru, bore claddu'r lladdedigion. Bryd hynny fe
roddir prawf pellach ar wroniaeth y mamau. Mor bwysig fydd hi felly
fod y fwyalchen yn canu. 'Hyderwn y clywant eto y fwyalchen yn
canu,—canu gobaith i'r galon, a thangnefedd i'r wedd (sic). Bydd
adfer yr anwyliaid yn amhosibl, ond bydd canu'r mwyeilch yn rhyw
gymorth i ddygymod â'r beddau. Bydd y fam a gollodd ei bachgen yn
un o broblemau yfory, a dylem ymbaratoi i'w hwynebu.'

Bydd gofyn, felly, i'r wladwriaeth, yr eglwys a'r bardd ymateb i'r
galw am fwyeilch i ganu cysur i'r trallodus. Dylai'r wladwriaeth
ddeddfu'n drugarog er mwyn symud beichiau tlodi, dylai'r pregethwr
gofio'r fam ddewr hiraethus wrth iddo esgyn i'w bulpud gan deilwra'i
bregethau i'w chysuro: 'rhaid i'r gwirionedd mawr o anfeidroldeb yr
enaid gael ei ddal yn amlach o flaen llygaid y fam, a bydd hwnnw'n
dlysach o edrych arno drwy'r dagrau. Rhaid pwysleisio gwerth
aberth er mwyn arall yn drymach nag erioed.' 'Y peth mawr,' meddai
J.J. wrth gloi, 'yw cofio y bydd yna'n fuan dristwch newydd yn y
wlad, ac y dylai pawb ohonom feddwl am y ffordd oreu i'w gyfarfod.'

Mae llawer yn yr ysgrif hon i ddiddori haneswyr cymdeithasol a
chrefyddol ond fe fodlonwn ni ar ddweud bod yma, ymhlith pethau
eraill, rhyw lun ar *apologia* llenyddol gan yr awdur, rhyw fath o
ddatganiad ynghylch priodol agweddau a swyddogaeth y prydydd yn
y byd drwg presennol. Ei swyddogaeth yw bod yn fwyalchen, a'i
waith yw pyncio caneuon tyner a llednais i leddfu poen a hiraeth. Nid
disgrifio trychineb dan ddaear neu erchyllterau rhyfel neu ddirwasgiad
llethol, ond canu cysur i'r dioddefwyr. (Yr hyn sy'n chwithig, yn
annymunol yn wir, ynghylch 'Gwroniaeth y Fam' yw bod yr holl sôn
am dynerwch a lledneisrwydd yn rhan o ymgais ddigon amrwd i
urddasoli propaganda o blaid y rhyfel, a'r seiliau a osodir ar gyfer
'cysuro' yn simsan a dauddyblyg.)

Mae'r agweddau a fynegwyd yn yr ysgrif hon yn mynd â ni gam o'r
ffordd tuag at esbonio'r absenoldebau yng ngwaith J. J. Williams.
Dyma pam mai defnydd dethol a difyrrus a wnaeth yr awdur o'i
gynhysgaeth brofiadol yn ei waith. Fe allai fod wedi dilyn trywydd
pur wahanol, oherwydd fe welodd 'y bywyd budr brau', chwedl

Morgan Rhys, ar ei futraf ac ar ei freuaf. Mi fyddai ambell fardd
cyfoes sy'n dymuno canu am waeau'r byd ond yn gorfod eu profi'n
annigonol ddirprwyol drwy sgrin y teledydd yn cenfigennu wrtho.
Clywch arno'n cofio'r dyddiau cynnar yng Ngheredigion, yn
saithdegau'r ganrif ddiwethaf:

> Y tlodi mwyaf y bûm i'n llygad-dyst ohono oedd hwnnw a ddilynodd
> gau'r gweithfeydd mwyn plwm yng ngogledd Sir Aberteifi. Effeithiodd y
> trychineb hwnnw mewn llawer ffordd. Ar ba sawl bwthyn gwag yr edrych
> Pumlumon i lawr heddiw? Maent yn gannoedd ar y llechweddau, fel
> cregin gwag a adawyd gan y trai. Pa sawl gorymdaith drist a welwyd yn
> tynnu at yr orsaf fach yn y wlad, i hebrwng y bachgen oddi cartref—i
> weithfeydd y De, i Lundain, ac i'r Amerig. Gorfu i famau Sir Aberteifi
> ymladd cwestiwn y diffyg gwaith hanner can mlynedd yn ôl. Yr oedd y
> frwydr yn anos nag ydyw heddiw am nad oedd *dole,* ond yr oedd yn haws
> am y gellid cael gwaith drwy fynd oddi cartref. Pa sawl mam a welwyd yn
> gwelwi pan ddaethai'r tad adref ar derfyn 'mis pump' heb geiniog am ei
> lafur? Gwelais roddi ychydig flawd i wraig dlawd i wneuthur torth o fara,
> a'r plant newynog yn ei gipio bob yn damaid o'r ffwrn cyn iddo orffen
> pobi. Gwelais fam twr o blant heb geiniog goch ar gyfair y casgliad
> blynyddol at y weinidogaeth, yn casglu hynny o bersli oedd ar ôl yn yr
> ardd, yna cerdded chwe milltir yn ôl a blaen i Aberystwyth, a rhoi pob
> dimai yn y casgliad. Ni soniai'r papur newydd am y tlodi hwnnw. Fe'i
> dioddefwyd yn dawel; a phan glywaf am arwriaeth, hed fy meddwl yn ôl
> i hen bentref fy mebyd. Ceir yr un arwriaeth heddiw yng nghartrefi tlawd
> Morgannwg, a dof ar ei draws yn fynych.[15]

'Ni soniai'r papur newydd', ac ni soniai'r llenor chwaith. Nid nad yw
J.J. y bardd yn troedio llwybrau'r dychymyg yn ôl i Geredigion, ond
yn y cywair telynegol, hiraethus, hyfryd y gwneir hynny, yn 'Cofio a
Fu' (Baradwys bêr, hyd oes y byd/Hiraetha 'mron am hon o hyd;/ Yn
dawel af i'r ardal wen/O weld y pyrth o led y pen;/Ni cheisiaf sain i'm
harwain mwy/I hedd di-ddirnad gwlad ddi-glwy/Ond arian dant
aderyn du/O'r llwyfen hen gerllaw fy nhŷ.) Yn 'Hen Baradwys'
('. . . Ac er im' gael wybrennau claer/A stormydd ar fy hynt,/Ni
chollais unwaith allwedd aur/Fy hen baradwys gynt') yn ogystal ag yn
y telynegion mwy adnabyddus 'Clychau Cantre'r Gwaelod' a
'Llanfihangel Genau'r Glyn'. Yr un llwybr a droedir yn ei englyn
enwocaf hefyd, ond bod cofnodi diriaethol awgrymus y pedair llinell
hyn yn fwy effeithiol farddonol na chyfanswm y telynegion ynghyd:

Gweld deryn gwyllt, gweld derwen gam,—gweld mawn,
   A gweld môr yn wenfflam;
Gweled brwyn ar dwyn dinam,
   A gweled mwg aelwyd mam.

Mae'n siŵr, gyda llaw, nad yw'r teyrngarwch broyddol rhanedig
hwn yn annodweddiadol o brofiad cymdeithasau symudol, ysgafn eu
gwreiddiau. Meddai un a fagwyd mewn cymdeithas o'r fath: 'Y mae
rhyw hiraeth yng nghalonnau llawer o bobl Morgannwg, hiraeth sy'n
rhan o'n gwneuthuriad fel pobl. Hiraeth ydyw am y ffynhonnau
bywiol.'[16] A'r awen lednais yw'r cyfrwng i fynegi'r hiraeth yng
ngwaith alltud Taigwynion.

Pan oedd yn olygydd *Y Dysgedydd* roedd yn ddigon parod i ymateb
i argyfyngau cyfoes y glowr. Dyma oedd byrdwn ei olygyddol ym
Medi 1934, ac er mwyn gwerthfawrogi'r ddeuoliaeth yn agweddau
J.J. y golygydd a'r llenor fe ddyfynnwn yn helaeth:

Ar waethaf pob addewid a phroffwydoliaeth, gwaethygu a wna cyflwr y
glôwr o flwyddyn i flwyddyn. Gwyddys ers llawer dydd fod cyfartaledd y
diwaith yn uwch yng Nghymru nag yn unman arall ym Mhrydain Fawr;
a gwyddys hefyd fod y cyfartaledd hwnnw'n eithriadol uchel ymhlith
glowyr De a Gogledd. Am ben hyn oll, profodd rhyw gytundebau
diweddar â gwledydd eraill yn golled i fasnach lo Deheudir Cymru, er eu
bod yn ennill i rannau eraill o'r wlad. Diau mai o ddiffyg gweledigaeth ac
nid o fwriad y digwyddodd hyn. Eithr ychwanega'n ddirfawr at
drymfaich y glôwr ym Morgannwg a Mynwy, ac yntau ar lethu dan y
baich a oedd arno'n barod. Tywyll fel y fagddu yw ei ragolygon am y
dyfodol hefyd. Dywedir wrthym pe deuai pob glofa ym Morgannwg i
'weithio'n llawn' y byddai miloedd o'r glowyr yn segur wedyn. Dyna'r
rhagolygon sy'n taflu'u cysgod ar ysbryd y glowr heddiw—miloedd na
bydd eu heisiau byth mwy beth bynnag fo cyflwr y fasnach. Beth ddaw
ohonynt? Rhwng popeth, gwelir bod cyflwr y glôwr yn resynus i'r eithaf.
Gallwn siarad yn hamddenol am y peiriant amhersonol a elwir y Fasnach
Lo, ond rhywle rhwng yr olwynion y mae'r glôwr â'r graith las ar ei
wyneb gwelw, yn berchen corff, enaid, ac ysbryd fel ninnau. Sut y
llwydda i gael ymborth a gwisg, addysg i'w blant, a swllt i'w gapel, sy'n
ddirgelwch anodd ei esbonio. Y mae'r dewrder a welwyd gynt yn wynebu
perygl a thanchwa yr un mor amlwg ar garreg yr aelwyd heddiw. Yr
anffawd yw nad oes neb mewn ffordd i'w gynorthwyo, canys y mae
siopwr ac amaethwr a phawb arall ar eu heithaf i gael deupen y llinyn
ynghyd. Ond tybed a ydyw yn wir na all neb gynorthwyo? Clywn am

drefi llewyrchus yn Lloegr na wyddant gymaint â bod dynion diwaith, a
darllenwn am ein Llywodraeth yn pleidleisio ugain miliwn o bunnau ar
awyrlongau rhyfel newydd. Awgrym yn ei le ydyw y dylai dau Dŷ'r
Senedd gael eu gosod yng nghanol Cwm Rhondda am flwyddyn.[17]

Gallai'r golygydd fwrw drwyddi, felly, ond gwaith y fwyalchen o
storïwr oedd canu am fywyd 'llawn hapusrwydd, diddordeb, direidi
a natur dda' ym 'Morgannwg ddeugain mlynedd yn ôl.' Er bod
dyfroedd diweithdra a dirwasgiad yn bygwth boddi maes glo y de,
mae'n ymddangos mai gwaith yr awdur, a defnyddio geirfa un o'i
gerddi enwocaf, yw sicrhau bod clychau Cantre'r Gwaelod i'w
clywed yn canu dan y dŵr.

Er mwyn cynnig ymateb cytbwys i waith J.J., fodd bynnag, mae
angen pwysleisio eto fod y fwyalchen hon yn medru canu'n swynol a
difyr i'w ryfeddu, a bod y bardd a'r llenor o'r herwydd yn sicr yn
cyflawni ei amcanion ei hun. Cymerwn, er enghraifft, y stori, 'Cadair
Tregaron.' Nid yw'n anodd cydymdeimlo ag afiaith T. Gwynn Jones,
a fynegwyd mewn llythyr at yr awdur yn union ar ôl darllen y stori yn
Hydref, 1911: 'Newydd ddarllen 'Cadair Tregaron' a'r dagrau heb
sychu o'm llygaid ... Dyma ddarn o fywyd, wedi ei ysgrifennu fel na
fedrai neb yn Ewrop ond Ffrancwr neu Gymro ei ysgrifennu.'[18] Darn
o fywyd—y darn melys hwnnw o gynhysgaeth ddiwylliannol Gymraeg
y de diwydiannol yn ail hanner y ganrif ddiwethaf, yn pefrïo gan gorau
ac eisteddfodau a beirdd a glasenwau a hiwmor a mwyn gymdeithas.
Dathliad hwyliog o bethau gorau'r gymdeithas honno a geir yn 'Cadair
Tregaron'. Mae'r paragraff agoriadol yn gosod y cywair ar gyfer darlun
cynnes, os sentimental, o werin arwrol, ddiwylliedig yr edrychir arni
tryw wydrau rhosynnog hiraeth:

Tua deugain mlynedd yn ôl, y côr canu enwocaf ym Morgannwg oedd côr
y Gilfach Ddu. Yr oedd canu yn eu gwaed yn y pentref hwnnw, a chystadlu
hefyd. Ni chlywai'r byd am y lle onibai am ei ganu. Aent ati ymron bob nos
i ystafell ddigon diaddurn yng ngwaelod y pentre; ac er bod y creithiau'n las
ar wynebau'r bechgyn, a llawer mam ieuanc â'i baban ar ei bron, nid wyf
yn disgwyl y clywaf byth ddim tebyg i'r canu hwnnw, ddeugain mlynedd yn
ôl. Erys ambell ddarn i chwarae o gwmpas fy nghalon hyd y dydd hwn, ac
fe'm caf fy hun fyth a hefyd yn mwmian canu hen dameidiau lleddf a glywais
yn y Gilfach Ddu.

Ieuan Gwent, 'yr unig un yn yr ardal a ystyrrid yn ''dicyn o fardd'',' sy'n cipio cadair Tregaron. Mae e'n golier-fardd yn y mowld traddodiadol, yn ysgrifennu ei bryddest dan ddaear ar y bocs cwrlo ac yn ei pherffeithio ar ôl gwaith wrth olau cannwyll. Yn y cyfamser mae'r côr yntau a'i fryd ar gipio'r wobr am ganu 'Worthy is the Lamb'. Y mae'r murlun diwylliannol a baentir yn un lliwgar a deniadol, ond fe gymylir ar weithgareddau'r pentre gan ddyfodiad *telegram* i swyddfa post y pentref, cennad newyddion drwg yn ddi-ffael, fel y tybiai'r pentrefwyr. Fe roddir cyfle wedyn i'r awdur lunio parodi digrif o'r math o argyfwng trallodus a ddeuai i ran y cymdeithasau glofaol. Yn nhŷ Ieuan Gwent y glania'r *telegram,* wrth gwrs, ac wrth i'r 'hen Ddafydd Ifan y diacon' fynd i nôl Ieuan o'r pwll mae'r cymdogion yn ymgasglu i gysuro ei fam ar golli ei mab arall, sy'n 'weinidog i Iesu Grist mewn capel bychan yn y wlad', canys beth arall allai fod yn gynnwys y brysneges? Y mae Ieuan yn derbyn y newydd gan Dafydd Ifan ac yn troi am adref o'r pwll; dyma'r dull o ysgrifennu a ddaeth â'r dagrau i ruddiau T. Gwynn Jones:

Tipyn o orchest i'r hen ŵr fu dilyn Ieuan y bore hwnnw. Ar y ffordd i fyny, gwelai arwyddion galar ar bob llaw. Yr oedd y *blinds* i lawr ar bob ffenestr yn y pentre, dyna un o'r traddodiadau na feiddid eu diystyrru yn y Gilfach Ddu. O'r diwedd cyrhaeddodd y tŷ, a chafodd olygfa nas anghofiodd hyd ei fedd. Eisteddai Marged Watcyn yn y gadair fawr yn y gongl nesaf i'r tân, a'i phen yn ei neisied boced. Ar bob cadair arall yn y tŷ eisteddai'r cymdogion, a'u neisiedi yn eu dwylo—mynnai'r traddodiad mai Marged yn unig oedd i gadw y neisied ar ei hwyneb! Ar y bwrdd yr oedd lliain cyn wynned â'r carlwm, ac ar y canol gorffwysai'r telegram—heb ei agor byth. Yr oedd golwg ryfedd ar Ieuan—ei wyneb yn ddu fel y glo, a dwy ffrwd o chwys wedi rhigoli'r llwch ar ei ddeurudd, fel ffrydiau'r gaeaf ar darenni'r fro.

'Dyna fel ma' hi, Ieuan bach,' ebe un o'r gwragedd, 'ma rh'wun dani o hyd.'

'Ia, ia,' ebe un arall, 'ma'r Beibil yn gwe'd yn eitha gwir: 'Ynghanol ein bywyd yr ydym yn anga'.'

'Rw'i wedi gwe'd wrthot ti lawar gwaith ma' nid yn y Beibil ma' hwnna,' ebe Dafydd Ifan.

'Beibil ne' bido, Dafydd Ifan, ma' fe'n eitha gwir, ta beth,' ebe'r wraig dafotrydd.

Bu distawrwydd am dipyn wedyn, ac amcan pennaf hwnnw oedd rhoi cyfle i Ieuan ddarllen y telegram. Yr oedd cywreinrwydd y gwragedd yn prysur gael y trechaf arnynt.

'Well i ti ddarllen e', 'machan i, i ni ga'l clŵed y gweitha,' ebe un ohonynt o'r diwedd.

Ufuddhaodd Ieuan, a bu tawelwch mawr. Syrthiodd mudandod ar bawb, ac aeth sŵn rhwygo'r telegram fel cledd i galon Marged Watcyn. Edrychodd Ieuan yn hir arno, a daliai pawb eu hanadl.

'Mam,' eb ef o'r diwedd, 'codwch y *blinds* 'na.'

'Bachan ofnadw!' ebe un ohonynt, 'cwnnu'r *blinds,* a dy frawd wedi marw!'

''Dyw 'mrawd ddim wedi marw,' ebe Ieuan; 'cwnnwch y *blinds* 'na.'

'O wel, wir,' ebe un arall, 'wa'th teligrafft ne' bido.'

Mawr fu'r ymgais i wybod beth oedd cynnwys y telegram, ond yr unig beth a ddywedai Ieuan oedd mai rhywbeth iddo ef ei hun oedd ynddo. Cwmni siomedig iawn a ymadawodd â thŷ Marged Watcyn y bore hwnnw.'

Dyna'r fwyalchen yn canu yn rhwydd a pheraidd ar nodau sydd o fewn ei chyrraedd. '*Wanted at Tregaron tomorrow. Come early, without fail*' oedd cynnwys y neges mewn gwirionedd, gan i bryddest Ieuan i'r 'Gwlith' gipio cadair yr Eisteddfod. Un arall o uchafbwyntiau digrif y stori yw'r disgrifiad o seremoni'r cadeirio, a chrochan brwd pentregarwch côr y Gilfach Ddu yn berwi trosodd pan welir mai un o'u plith nhw yw'r bardd buddugol. (Arddangosir dawn i ddychanu'n ysgafn hefyd, wrth barodïo'r ieithwedd archdderwyddol, dawn nas datblygwyd, gwaetha'r modd.) Mae Ieuan yn cael ei gadair, mae'r côr yn cael y wobr, a phawb yn cytuno bod diwrnod o wyliau o'r lofa i fod drannoeth. Nid yw J.J., fodd bynnag, yn bodloni ar orffen y stori yn ei blas, a chawn drafod arwyddocâd hynny yn y man.

Hyd yn hyn fe geisiwyd esbonio'r 'absenoldebau' y mae'r darllenydd yn ymwybodol ohonynt yng ngwaith J. J. Williams trwy eu priodoli i ddylanwad cyfyngol yr 'awen lednais' sy'n mynnu troi llenyddiaeth yn ddifyrrwch swcwr, a'r llenor yn gysurwr yn hytrach nag yn heriwr. Ond mae angen i ni ailafael yn yr awgrym bod dimensiwn crefyddol, diwinyddol i'r pwnc dan sylw yn ogystal; fe all fod yr absenoldebau yng ngwaith J.J. yn ein cyfeirio at dyndra yn ei fywyd a'i waith rhwng y diwygiadol a'r diwylliannol, rhwng crefydd 'yr hen saint a adnabûm' a'r ffordd newydd Gymreig o feddwl. Gwelsom eisoes i ddiwygiad 04/05 wneud argraff emosiynol gref arno; ond diwygiad oedd hwnnw a ddaeth ar ganol cyfnod o newid mawr yn hanes diwinyddiaeth ac athrawiaeth Gristnogol. Ymhen ychydig flynyddoedd byddai un o brif ysgolheigion diwinyddol yr Unol Daleithiau yn cyhoeddi cyfrol a ddadleuai fod crefydd newydd o'r enw Rhyddfrydiaeth wedi disodli Cristnogaeth ac wedi herwgipio'r eglwys.[19] Ym mhle y safai J.J. yng nghanol hyn i gyd? Hwyrach mai tystiolaeth anuniongyrchol y storïau sy'n dweud fwyaf wrthym; er hynny sylwodd R. Tudur Jones fod tuedd yn un o bregethau J.J. 'i ddeall barn yn nhermau effeithiau mecanyddol troseddu'r ddeddf foesol yn hytrach nag yn nhermau ymdaro personol rhwng pechadur a Duw. I Williams mae drygioni moesol yn dwyn effeithiau cymdeithasol a gwleidyddol sy'n gyfartal â chosb.'[20] Troseddu yn erbyn cyd-ddyn o fewn cymdeithas yw'r drwg mawr felly, pwyslais y clywir cyfatebiaethau eglur iddo yn y storïau, gyda'u strwythur pentref- a chôr-ganolog; 'yr argraff a geir yw mai'r côr ei hun yw eu prif gymeriad. Neu'r pentref, o ran hynny. Un galon sydd ganddo, un meddwl, un enaid, ac y mae ganddo allu achubol yn ogystal ag athrylith i drefnu a dawn i ymateb.'[21] Yr hyn sy'n rhoi gwarant i'r beirniad sôn am allu achubol yw proffes enwog Wil Rees yn y stori 'Achub Wil Rees', 'Nid yr Ysbryd Glân a'm hachubws i, ond bechgyn y Gilfach Ddu'. Un o nodweddion yr efengyl gymdeithasol, neu ryddfrydiaeth grefyddol, yw neilltuo profiadau crefyddol i'r gwastad dynol, tymhorol, tra'n dal i ddefnyddio geirfa crefydd oruwchnaturiol. Dyna a welir, i fesur yn sicr, yn storïau J.J. Mae dyn yn synhwyro mai wrth ysgrifennu nodiadau diwylliannol yr oedd hapusaf yn ystod tymor ei olygyddiaeth ar *Y Dysgedydd,* er bod y sylwadau 'ysbrydol' yn cynnig tystiolaeth awgrymog y bydd angen i ni ei thrafod. Fe gynhwyswyd nifer o'i emynau yn *Y Caniedydd Cynulleidfaol Newydd,* ac er eu bod yn ddigon traddodiadol o ran cynnwys, ymarferion dof a merfaidd ydynt. Dyn a garai'r llwybr didramgwydd oedd J.J., fe ymddengys, ac onid yw'n rhesymol tybio mai yn ei storïau, y tu ôl i gochl ffuglen, y gallai'r awdur deimlo'n rhydd i fynegi ei argyhoeddiadau ynghylch natur dyn a chymdeithas? Mae'r argyhoeddiadau hynny yn rhai heulog ac optimistaidd; does fawr ddim o'i le ar na dyn na'r byd na all cymdogaeth dda ei wella. Bod cymdeithasol hyblyg yw dyn, a'i rinweddau'n cael cyfle i flodeuo pan yw'n ymroi i fod yn un o'r bois. Ac yn 'Achub Wil Rees' y rhoddir y mynegiant croywaf i'r gred honno. Fe'i cyhoeddwyd am y tro cyntaf yn rhifyn Nadolig *Y Tyst,* 1930;[22] y mae ei hawdur bellach yn y weinidogaeth ers pymtheng mlynedd ar hugain. Hanes cymathiad 'dyn dŵad' a geir yn y stori, a hwnnw'n rhyw 'hanner pagan' na 'theimlai ddiddordeb mewn na chapel nac eisteddfod', gyda'r canlyniad iddo gael 'ei gloi allan yn llwyr o fywyd y pentre'. Y mae Wil druan yn gorfod lled-fyw mewn tir neb cymdeithasol, yn wrthodedig gan y pentref: 'Methai ef a'r Gilfach Ddu a deall ei gilydd; a rhyw ddioddef ei gilydd, ac edrych yn sarrug ar ei gilydd, a wnaeth y ddau am fisoedd.' Ond trwy gyfrwng cydweithwyr yn y pwll glo, 'bechgyn glân eu meddwl a'u moes. . . ond mor llawn o ddireidi â'r ŵyn ar lethrau Tyla'r Fedw gerllaw' daw i ymddiddori yn yr un pethau â nhw, 'siarad am gapel a chanu a chystadlu', a chaiff ei feddiannu gan yr un dwymyn gystadlu â phawb arall yn y pentref. Mae Wil ar y ffordd i'r bywyd helaethach, a chlensir y trawsnewidiad pan y'i gwahoddir i ymaelodi â'r côr. Yn un o ymarferion y côr y daw'r gwrthdaro digrif rhyngddo ag un o'r cantorion eraill a ddyfynnwyd eisoes ac a roes i Wil ei ffugenw, Wil Fifty. Nid dyma derfyn y bendithion a ddaw i Wil yn sgil y côr. Daw damwain i'w ran yn y lofa, 'ac ni allai ddilyn ei waith na dilyn y côr am flwyddyn gyfan.' Dengys y côr ei gydymdeimlad drwy roi iddo 'dwpwl shâr pawb arall'. Fel hyn yr adroddir am ymateb Wil i'r rhodd:

> Wetws a ddim . . . fe driws wêd rhwpath, ond fe ddath rhwpath idd 'i wddwg a, a fe dacws. Fe gitshws yn dyn yn y'm llaw i, ac yn lle mynd ymla'n, fel arfadd, fe drows 'nôl, ac ac fe a'th sha thre at Ann.

Selir tröedigaeth gymdeithasol Wil gan y weithred garedig hon, gan iddo ef a'i wraig ddilyn cwmni'r bechgyn i mewn i'r capel a fu'n ddieithr iddo cyn hyn, 'ac yno y buont yn ffyddlon am flynyddoedd.' Ymhen amser mae William Rees (canys felly y cyfeirir ato bellach) yn dychwelyd i'w hen gynefin. Mae un o lanciau'r Gilfach Ddu sydd bellach yn weinidog yn ei gyfarfod ar ddiwedd oedfa bregethu 'mewn capel bychan ar gyffiniau Siroedd Caerfyrddin a Morgannwg.' Ar ôl ailfyw'r hen ddyddiau yng nghwmni'i gilydd caiff y gweinidog hanes William Rees gan ei 'gydswyddogion yn y sêt fawr. Dywedent nad oedd ball ar ei ffyddlondeb, ac mai ei hoff waith oedd cynghori'r ieuainc i ofalu dewis cwmni da. Ychwanegent iddo ddywedyd ragor nag unwaith yn y gyfeillach: "Nid yr Ysbryd Glân a'm hachubws i, ond bechgyn y Gilfach ddu." Mae'r broffes a roddir yng ngeiriau ei brif gymeriad gan J. J. Williams yn chwyldroadol o hereticaidd yng nghyd-destun Cristnogaeth hanesyddol, a does fawr amheuaeth nad oedd yr awdur yn cydymdeimlo i fesur helaeth â hi. Sefydliad cymdeithasol cydradd (ar y gorau) â'r côr yw'r capel, ac mae'r naill yn fwy tebygol o fod yn gyfrwng bendith a 'gras' na'r llall, gan mai 'cwmni da' yw'r allwedd i achubiaeth. Y mae'n anodd darllen y stori hon a'i thebyg heb gofio beirniadaeth ddeifiol Saunders Lewis ar y symudiad yr oedd J. J. Williams yn rhan ohono yn y 'Llythyr ynghylch Catholigiaeth' ym 1927.[23] Prin y gellid amau bod ei ddadansoddiad ef yn berthnasol i natur gyfyngedig ein hymateb ni fel darllenwyr i storïau J.J. 'Gwan iawn a disylwedd yw'r syniad am "bechod" yng Nghymru heddiw. Nid yw neb o'r moderniaid na'r cyfrinwyr rhamantus yn eneidegwyr, ac oblegid na wyddant nemor ddim am eneideg nac am ymholiad, ni wyddant ychwaith am bechod. Trueni yw hynny. Colled i lenyddiaeth yw colli pechod. Heb bechod ni cheir fyth ddim oddieithr barddoniaeth delynegol megis y sydd yng Nghymru heddiw . . . Tuedd bendant crefydd y proffwyd yw dwyfoli dyn, troi pob dyn yn grist bach—hynny yw, colli ei ddynoliaeth gyflawn gyfoethog, a dwyn tlodi ar ddrama a nofel, a dinistrio llenyddiaeth eneidegol.' Mae'r geiriau hyn yn gymorth i ni esbonio anghyflawnder ein hymateb i waith J.J. Mae absenoldeb llwyr y gwastad eneidegol yn golygu mai tenau a brau yw'r gwaith llenyddol y disgwylir i ni gydymdeimlo â hi. Mae'n cynnig rhan o'r ateb hefyd pam mai'r agweddau heulog ar fywyd cymdeithas lofaol sy'n teyrnasu. Doedd y sawl a oedd yn gyndyn i ddisgrifio pwll du y galon ddynol, yn amharod yn wir i gydnabod ei fodolaeth, ddim yn awyddus chwaith i ddylunio egrwch ysgeler amgylchiadau allanol.

Ac eto yr oedd J.J., fel y crybwyllwyd, wedi gweinidogaethu yn ystod Diwygiad 04/05, ac wedi dod i adnabod 'hen saint' a oedd yn gynnyrch symudiadau cynharach, mwy nerthol o bosibl. 'Yr oedd hen dân ym Mynwy', meddai am ei gyfnod yn Rhymni, 'ac ni lwyr ddiffoddasai pan euthum i yno. . . . Cefais fy hun yno yng nghwmni hen weddïwyr mawr, hwyliog, yr oes o'r blaen; ni chlywais mo'u tebyg yn y Diwygiad a ysgubodd dros y wlad beth yn ddiweddarach.'[24] Er taw darlun digon nawddoglyd neu sentimental o'r hen saint hyn a geir yn ei lenyddiaeth, ceir rhyw arwyddion bod J.J. yn teimlo chwithdod wrth ystyried y newidiadau a'r croeswyntoedd cryfion a ysgubai trwy'r eglwys yn ystod cyfnod ei weinidogaeth. (A chofier taw cyfnod o weld dirywiad, o safbwynt niferoedd a dylanwad, fu cyfnod Treforys iddo fe.) Ar y naill law mae'n gefnogol iawn i weinidogion ifainc y to newydd sydd yn amlwg, er na ddywedir hynny yn blaen, yn pregethu rhyddfrydiaeth grefyddol: 'Nid wyf yn meddwl y cyfeiliornwn pe dywedwn mai nid yn adnodau'r Beibl y cânt eu testunau yn gymaint ag yn anghenion yr oes . . . Credaf fod Ysbryd Duw yn ein cyfarwyddo i newid y pwyslais o dro i dro, ac mai dan Ei arweiniad Ef y newidir heddiw. Nid yw hynny yn golygu o gwbl gefnu ar yr hanfodion na'r sylfeini.'²⁵ Ond fe fyddai amryw yn dadlau mai'r hyn a ddigwyddai yn ystod y cyfnod hwn oedd newid hanfodion a sylfeini ond cadw geirfa'r ffydd hanesyddol. Dro arall, fodd bynnag, mae'n medru ysgrifennu'n gynnes am yr efengylydd gwrth-fodernaidd, R. B.Jones—'Credai'n angerddol yn yr efengyl—efengyl yr ysgrythur. Nid amheuodd y Beibl ar ddim, ac am farn y Beibl yn unig y chwiliai.'²⁶ Mi fyddai'r sinig yn ymateb trwy ddweud nad yw hyn yn profi dim ond bod J.J. yn dipyn o Sioni-bob-ochor ond ni fyddai hynny'n esbonio'r anniddigrwydd dilys y synhwyrir iddo deimlo wrth weld nerth yr achosion Anghydffurfiol yn edwino, a'r broses honno'n cyd-fynd â'r pwysleisiadau newydd yr oedd yn barod i'w harddel. Mae'n ddiddorol cyfosod y sylwadau golygyddol canlynol. Cyhoeddwyd y cyntaf yn Nhachwedd, 1933, a'r ail union dair blynedd yn ddiweddarach:

> . . . daw'r arwyddion yn amlach bob dydd bod llifeiriant bywyd ieuanc yr oes yn rhuthro'n chwyrn i gyfeiriadau eraill. Ac oni ddaw rhyw gyfnewid yn fuan bydd y genhedlaeth nesaf yn ddi-gapel, yn ddi-Saboth, ac yn ddi-Dduw. Ni thybiwn fod perygl iddi ymollwng i'r bywyd anifeilaidd, isel a welwyd yn rhy fynych gynt. Unodd llu o ddylanwadau i wneuthur hynny yn amhosibl byth mwy. Ofnwn er hynny nad oes argoel y bydd iddi esgyn i'r haen uchaf o fywyd a oedd yng Nghymru gynt. Llawenhawn na bydd olynwyr i feddwon, ond ofnwn na bydd olynwyr i saint. Y perygl heddiw yw aros ar hanner y ffordd rhwng anifail a sant, a gwna hynny dafarn a chapel mor wag â'i gilydd. Cyn wired â bod y meddwyn yn marw o'r tir y mae'r addolwr yn marw hefyd . . . rhwng popeth ni byddem nepell o'n lle pe dywedem mai cynnyrch yr oes hon yw'r dyn *respectable* di-Dduw. Ac erbyn hyn ymffrostia yn y ddeubeth. Pleser, mwyniant, hunan-foddhad yw'r uchaf y chwiliant amdano; ac er iddynt wisgo Hunan â phorffor yn lle carpiau, Hunan ydyw o hyd. O ba le y daeth hyn oll? Paham yr aeth oriel y capel yn wag ar nos Sul?²⁷

> Dywedwyd ganwaith bellach fod y tadau â'u bryd ar ennill eneidiau, a'n bod ninnau yr un mor frwd ar achub cymdeithas. Y mae eisiau achub y ddau, bid sicr, a dichon mai ysbryd Duw a'n cyfarwydda i newid y pwyslais o dro i dro. Ychydig a sonnir am enaid heddiw, a chyfrifir y neb a wna hynny yn hen ffasiwn. Ond erys enaid o hyd, ac nis difodir wrth ei anwybyddu; a dichon ei bod yn bryd cyrchu'r gair 'enaid' yn ôl i lenyddiaeth yr oes. Dichon hefyd mai'r rhai a wrthododd ei alltudio yw'r rhai mwyaf llwyddiannus yng Nghymru, a Lloegr hefyd. Clywsom yn ddiweddar bregethwr galluog yn ymbil ag eneidiau, a theimlem fod rhyw ddwyster miniog yn ei genadwri na ellir ei osod yn yr apêl benagored at

gymdeithas ... Nid gair i bregethwyr yn unig yw hwn, ond i'r eglwysi'n
ogystal—canys eu perygl hwythau yn ddiamau yw anghofio bod a wnelont
ag 'achub eneidiau'. Trin y peirianwaith yw'r grefft boblogaidd yn awr, ac
anghofio diben y peiriant. Nid wyf yn meddwl imi deimlo cymaint cywilydd
ohonof fy hun erioed ag ar un nos Sul yng ngorsaf Glandŵr, wrth
ddychwelyd o'm cyhoeddiad. Cyfarfuaswn yno ag un o'm brodyr yn y
weinidogaeth, a throdd y siarad o gwmpas pregethu a chynulliadau. Gyda
hynny daeth trên o gyfeiriad Llanelli, a disgynnodd ohono un o swyddogion
Byddin yr Iachawdwriaeth. Wedi cychwyn o'r trên yr eilwaith, canfu un o'i
gyd-swyddogion ar y platfform gyferbyn. A dyma'r ymddiddan a fu rhwng
y ddau yn groes i'r cledrau, ac yng nghlyw pawb:
    'Where have you been today, Bill?'
    'Llanelly'
    'How many converts?'
    'Five.'
    'Praise the Lord!'
Edrychodd fy nghyfaill a minnau yn syn ar ein gilydd, a rhyfeddu na fyddai
cwestiwn o'r fath wedi ei gynnig ei hunan i ni. Ni feddyliai neb ofyn i mi
beth yw nifer y rhai a achubwyd, ac yr wyf i fy hun mor euog â hwythau.
Nyni oll a grwydrasom, ac y mae'n bryd inni feddwl am droi'n ôl, a chofio
mai nid ar adeg diwygiad yn unig y dylid sôn am achub eneidiau. [28]

Ym 1933 fe welodd J.J. bod yr ysgrifen ar y mur, ar fur y 'Cathedral
anghydffurfiol' hyd yn oed ; ond ni sigwyd ei ffydd mewn esblygiad
cymdeithasol, fel y tystia ei sylwadau diniwed ar feddwdod. Erbyn 1936
dyma'r dyn a gyhoeddodd stori am achubiaeth gymdeithasol Wil Rees
chwe blynedd ynghynt yn dod yn rhyfeddol o agos at gydnabod bod yr
efengyl gymdeithasol wedi gwagio'r capeli a'i bod yn bryd adfer y
pwyslais efengylaidd ar yr enaid unigol.

Os oedd y pethau hyn yn corddi yn enaid J. J. Williams, dyma wedd
arall ar ei gynhysgaeth brofiadol nas mynegwyd yn ei lenyddiaeth, er
iddo roi i ni un arwydd y carai wneud hynny. Yn rhifyn Nadolig, 1931,
Y Tyst, ac yntau newydd gyhoeddi *Storïau'r Gilfach Ddu*, ymddangosodd
stori newydd am yr un pentref dychmygol. [29] Ond mae'n arwyddocaol
wahanol i storïau'r gyfrol, ac yn awgrymu bwriad gan yr awdur i lunio
cyfres newydd a adlewyrchai densiynau penodol o fewn ei yrfa ei hun.
Mae'n fwy amlwg hunangofiannol na'r storïau cynharach. Y capel,
Capel Seion, nid y côr, yw canolbwynt y stori, 'Nadolig Llawen'. Mae
rhai o'r bobl ifanc yn awyddus i fynd o gwmpas y tai i ganu carolau, ond
'nid edrychai hen saint Seion yn rhy ffafriol ar y mudiad, a chaed gryn
drafferth i sicrhau'r festri i ymarfer.' Yr hen sant mwyaf cyndyn yw

'Y Cathedral Anghydffurfiol Cymraeg', Treforys

Dafydd John, 'yn Biwritan o'i sawdl i'w gorun.' Yn eu cyfyng gyngor
mae'r bobl ifanc yn ymweld â Mr Evans, y gweinidog; 'Dyn ieuanc
oedd Mr Evans, a gŵr bonheddig'. Ond yn ôl y disgwyl ni fanteisir ar
y cyfle i fyfyrio'n ystyrlon ar y croestyniadau a flinai anghydffurfiaeth
Gymraeg y cyfnod hwnnw. Greddf yr awdur yw llywio'r stori yn
ddiogel i hafan y diweddglo dedwydd, di-dyndra. Llwyddir i berswadio
yr hen Biwritan i blygu trwy i'w fab ei hunan arwain y ddirprwyaeth
apêl; penderfynir y bydd yr arian a gesglir yn cael ei roi yn anrheg
nadolig i Arthur Morgan, mab i wraig weddw a anafwyd yn y gwaith.
Mae noson y canu yn cyrraedd, a'r cantorion yn cael croeso yn y pentref
ac yn y ffermydd cylchynol; mynd i blas y gŵr bonheddig wedyn, ac, ar
ôl tro trwstan gyda'r ci, cael croeso gan y foneddiges. Brynhawn
Nadolig mae dirprwyaeth o'r capel yn mynd i gartref Arthur Morgan

a'i fam i gyflwyno'r rhodd. Mae'r diweddglo, gwaetha'r modd, yn nodweddiadol:

> Yn gynnar yn y prynhawn ymgasglodd nifer dda ohonom yn nhŷ Arthur Morgan, gan fynd yno bob yn un ac un. Synnai'r fam weled cynifer, a phawb yn aros; a meddyliasom fwy nag unwaith inni weled cwestiwn yn ei llygad. O'r diwedd cyrhaeddodd Dafydd John, a rhoddwyd iddo'r gadair wrth y tân. Aeth y distawrwydd mor boenus fel yr awgrymodd rhywun ei bod yn well dechrau ar y gwaith. Edrychodd Arthur ar y fam, a safodd hithau'n syn. Cododd Dafydd John yn araf, pesychodd yn annaturiol, a dywedodd—
> 'Wel, Arthur bach—'
> Methodd â dweud gair ymhellach. Daeth rhyw lwmp i'w wddf, a chryndod i'w holl gorff, a 'thorrodd i lawr' yn llwyr. Nid oedd Twm Sowldiwr na neb arall lawer gwell, ac edrychai pawb ar ei gilydd yn ddiymadferth. Pwy ddaeth i'r tŷ ar y funud ond Mr Evans, y gweinidog.
> 'Falle gwêd Mr Evans air,' meddai Dafydd John.
> Deallodd Mr Evans y sefyllfa i'r dim, a chyda'i *tact* a'i foneddigeiddrwydd arferol arweiniodd ni'n esmwyth o'r dyryswch. Ymadawsom â'r tŷ heb fod gan neb ohonom lawer i'w ddywedyd wrth y llall, ond bu gweddill y dydd hwnnw yn Nadolig Llawen iawn inni oll, ac ni ryfeddem glywed unrhyw funud gôr o leisiau peraidd yn canu uwchben y Gilfach Ddu— Gogoniant yn y goruchaf i Dduw, ar y ddaear tangnefedd, i ddynion ewyllys da.'

Mae'r stori yn sicr yn awgrymu'r math o wrthdaro y bu J.J. yn brofiadol ohono, yn sicr yn y cyfnod cyn symud i Dreforys, ac o bosib ar ôl hynny hefyd. Ai annheg fyddai tybio mai ef yw Mr Evans y stori, y gweinidog delfrydol cymodlon sydd ar yr un donfedd â'r bobl ifanc, ac yn medru bod yn nawddoglyd amyneddgar ei agwedd at yr hen saint sy'n gyndyn i symud gyda'r oes? Y mae crefydd ysbrydol yr hen saint hyn yn tueddu i fod yn ddiniwed a dagreuol—dyna ddiwedd Dafydd John yn y stori hon a dyna'i hanfodion yn y stori, 'Gweddi Wil Bach', hefyd. Mae Mr. Evans ar y llaw arall o deip yr arwr ifanc rhyddfrydol—'Dyn ieuanc oedd Mr.Evans, a gŵr bonheddig. Darllenai'r natur ddynol fel llyfr agored, ac enillai ei bwynt bob amser heb ymladd â neb; ac ar derfyn y frwydr credai'r gorchfygedig mai ar eu tu hwy yr oedd.' Mae'n bosib ei bod ym meddwl yr awdur i greu cyfrol arall o storïau'r Gilfach Ddu gan ganolbwyntio ar y capel, ond unwaith eto mae'n bosib mai dewis osgoi tyndra a gwrthdaro a wnaeth. Fe ddewisodd yn hytrach lunio ysgrifau hunan-gofiannol, am Nadolig 'slawer dydd yn Nhaigwynion, am dafodiaith y Rhondda, am y saint y daeth i gysylltiad â nhw; mae'n dewis ffurf lenyddol sy'n golygu llai o ailwampio ar y defnyddiau crai.

A yw rhagdybiaethau diwinyddol rhyddfrydol gyda'u pwyslais ar ddaioni gwreiddiol dyn ac esblygiad cymdeithasol yn rhwym o gynhyrchu gweithiau llenyddol eilradd? A yw'r confensiynau telynegol a fynnodd bod J.J. yn pwysleisio dedwyddwch cymdeithasol cymunedau glofaol ar draul sôn am anghyfiawnder a thrychineb yn esbonio'n *gyflawn* ddiffygion y storïau a'r cerddi? Fynnwn i ddim rhoi ateb diamodol gadarnhaol i'r cwestiynau hyn. Mae un ffactor llenyddol arall y mae'n rhaid ei chrybwyll. Byddai darllenwyr cyfoes yn debyg o gytuno bod storïau'r Gilfach Ddu yn amddifad o 'gynildeb', rhinwedd anhepgor pob stori fer yn ôl Kate Roberts a phob beirniad a drafododd y ffurf yng ngoleuni ei thestunau hi. Yr oedd J. J. Williams yn dechrau ysgrifennu cyn i gynildeb gael ei ddyrchafu'n egwyddor lywodraethol o fewn y stori fer Gymraeg. Fe dderbyniodd Kate Roberts y pwyslais hwnnw o ddwy ffynhonnell; o ran cystrawen fe'i dysgwyd gan John Morris-Jones mai crynoder clasurol a weddai i ryddiaith Gymraeg, y math arddull a welwyd gan, er enghraifft, Elis Wyn:

> Y dull cryf cryno sydd gan Elis Wyn; ond yr awron rhy fynych y gwelir y dulliau gwan gwasgarog a ollyngwyd i'n Cymraeg ysgrifenedig o iaith dlodaidd mân siaradach.[30]

Adleisio ei hen athro a wnâi Kate Roberts wrth gynnig cynghorion fel hwn: 'Y mae Cymraeg y Mabinogion yn syml, yn gwta ac yn gynnil. Ni wn am well hyfforddiant i ddysgu arddull stori fer.'[31] Nid yw'n hawdd condemio J.J. ar y pen hwn. Nid yw byth, ar ryddiaith nac ar gân, yn glogyrnaidd, a ph'run bynnag roedd ei ddefnydd helaeth o dafodiaith yn rhoi iddo iaith lenyddol 'amgen'. Ond mae tuedd yn naratif y storïau i droi'n farddonllyd delynegol. Ail ffynhonnell cynildeb storïau byrion Kate Roberts oedd y confensiynau naratif a ddysgasai gan Tsiecoff a'i ddilynwyr Saesneg. Roedd Tsiecoff, gan ragflaenu rhai o theorïau mwyaf poblogaidd ein dyddiau ni, yn ymwybodol iawn o swyddogaeth y darllenydd fel un a gydweithredai â'r awdur i gyflawni'r testun llenyddol. Er mwyn sicrhau ymateb deallus gan y darllenydd cydweithredol hwn roedd yn rhaid creu gofod iddo gyflawni'i rôl. Gwneir hynny trwy arfer 'cynildeb', hynny yw, trwy gynhyrchu testun sy'n rhagdybio ymateb creadigol ar ran y darllenydd ac yn ymddiried ynddo. Gwaith yr awdur yw gwneud lle i'r darllenydd fynegi ei deimladau trwy ymbellhau yn oeraidd oddi wrth y digwydd ei hunan. Gwaith yr awdur yw cyflwyno'r testun; gwaith y darllenydd yw canfod neu ddehongli is-destunau posibl. Yn ôl y ddamcaniaeth hon gwendid storïwyr eilradd yw eu bod yn mynnu ymyrryd â'r is-destun, yn cyfyngu ar botensial y darllenydd i ymateb trwy ddweud gormod, trwy gynnig sylwebaeth foesol/wleidyddol ar y digwydd. Heb ffydd yng ngallu'r darllenydd i ymateb i'r dramatig bydd yr awdur yn cyflwyno elfennau melodramatig. Mae'r hyn fyddai'n ennyn cydymdeimlad yn cael ei droi'n bathetig a sentimental gan ymyrraeth awdurol sy'n mynnu bod y darllenydd yn ymateb i'r testun mewn ffordd oddefol, gaeëdig. Lle y mae Tsiecoff neu Kate Roberts yn bodloni ar awgrymu is-destun trwy simboliaeth neu fanylu diriaethol ac yn caniatáu diweddglo 'agored' bydd yr awdur ymyrgar am gau'r testun cyn iddo gael ei ddarllen gan eraill. Derbyn a deall, nid dehongli a mesur arwyddocâd, fydd gwaith y darllenydd. Mae'n amlwg mai dyma'r math o gynildeb sydd ar goll yng ngwaith J.J. Gorawydd yr awdur i'n hargyhoeddi mai pobl dda yw ei bobl ef, yn trigo mewn heddwch â'i gilydd gan roi cyfle i bethau gorau'r diwylliant flodeuo sy'n maglu ei ddawn ystorïol. Mae diweddglo 'Nadolig Llawen', a ddyfynnwyd eisoes, yn syrthio i'r fagl trwy warafun i'r darllenydd yr hawl i ymateb i'r digwyddiad terfynol ac i ran y cymeriadau ynddo. Trwy ddweud gormod am Dafydd John a Mr Evans mae'r awdur yn eu teneuo. Ni all ymatal rhag pennu ei is-destun ei hun trwy gynnwys brawddeg glo sy'n tanlinellu arwyddocâd 'ysbrydol' y digwyddiadau. Gadawsom ei stori fwyaf poblogaidd, 'Cadair Tregaron', heb gyfeirio at y diweddglo. *Bathos* yw'r term technegol sy'n cyfleu orau yr hyn sy'n digwydd yma. Ar ôl llunio darn o gronicl cymdeithasol hwyliog a gwirioneddol ddigrif ar brydiau, ar ôl arddangos dawn ddiamheuol yn ei ddefnydd o gyweiriau iaith gwahanol, mae'r awdur fel pe bai am ein hargyhoeddi bod rhywbeth gwir aruchel ynglyn â'r hanes hwn; ond wrth ymgyrraedd at yr aruchel llithro i'r bathetig a'r sentimental a wneir. Wele'r ddau baragraff olaf:

> Dyna unig gadair Ieuan Gwent. Ymhen blwyddyn neu ddwy, gwelwyd fod yr afiechyd a aeth â'i dad i'w fedd yn ddeugain oed wedi gafael ynddo yntau; ac ymhen tipyn, gwelwyd gorymdaith ddu yn troi i'r fynwent tu allan i'r pentre, a Dai Jones ymlaenaf dan yr elor.

Rhyw gyfnos, yr haf diwethaf, pan oedd pelydr ola'r haul yn gorffwys ar Darren y Dduallt, euthum at ei fedd. Dichon mai rhyw wendid ynof i sy'n cyfrif am y peth, ond yn fy myw ni allwn lai na chredu bod mwy o wlith ar laswellt y bedd hwnnw nag yn unman arall drwy'r fynwent. Ac er bod y garreg yn llwyd, a'r golau'n wan, llwyddais i ddarllen y geiriau hyn:

'IEUAN GWENT
BARDD CADAIR TREGARON'

Gellid cadarnhau'r cysylltiadau rhwng y gwastadoedd cymdeithasol, diwinyddol a llenyddol trwy sylwi ar y cerddi tafodiaith cyfarwydd, 'Dai', 'Magdalen' ac 'Yr Anglodd', ac fe welir yn y rheiny yr un diffyg cynildeb.

Carwn ystyried ymhellach rhai cyfatebiaethau a chyferbyniadau yng ngwaith trinwyr geiriau eraill sy'n dal cysylltiad â Chwm Tawe. Gwenallt sy'n dod gyntaf i'r meddwl. Nid bardd yr 'awen lednais' oedd hwnnw, yn sicr; fe arswydai rhag y fath syniad. Wrth ei gydystyried ef a J.J. am funud, mae'r colofnau cyferbyniol yn ymffurfio yn barod yn y meddwl—uniongrededd v rhyddfrydiaeth, realiti cignoeth v sentimentaliaeth delynegol, ac yn y blaen. Y naill, o'i stydi yn Aberystwyth, yn edrych yn ôl ar 'y bobl a'r cynefin a fowldiodd ei fywyd e' yng Nghwm Tawe, gan bwysleisio tlodi ac afiechyd ac anghyfiawnder a marwolaeth a phechod; y llall, o'r mans yn Nhreforys, yn dianc ar aden hiraeth i Gwm Eleri neu Lanfihangel Genau'r Glyn, neu i gymoedd diwydiannol Cymraeg ei ieuenctid, ac yn dewis cofio'r pethau difyr, a'u dathlu. Y gweinidog yn tueddu i fynd gyda'r llif ac yn amwys ei ymateb i bwysleisiadau newydd, y darlithydd yn gwisgo mantell y proffwyd ac yn cyhoeddi gwae uwchben cyflwr ysbrydol ei gymdeithas—'Gwae i ni wybod y geiriau heb adnabod y Gair.'[32] Y mae parodrwydd Gwenallt i wynebu dyfnderoedd du y galon ac 'aflendid noeth' yr enaid ynghyd ag erchyll ganlyniadau diwydiannaeth o dan drefn gyfalafol ddidostur, yn tarddu o agwedd gwbl wahanol at fywyd a chelfyddyd. Ond er cymaint dymuniad y bardd o Bontardawe i'w dweud hi fel y mae, er nad yw'r cymhelliad proffwydol fyth ymhell o'r wyneb, mae ei waith yn llai ymyrrol bregethwrol, yn barotach i ymddiried yng ngrym geiriau i ennyn ymateb deallus gan y darllenydd. Mae'n amheus a fyddai J.J. a'i genhedlaeth yn ystyried y nofel hunangofiannol *Ffwrneisiau,* a gyhoeddwyd ar ôl marw Gwenallt, yn 'llenyddiaeth' o fath yn y byd, ond mae'r cofnodi ffeithiol, diriaethol am batrwm bywyd Tomos Hopcin, yn rhydd o'r confensiynau llenyddol amlwg ac yn awgrymu is-destunau cyfoethog eu harwyddocâd.[33] Wrth ddisgrifio Tomos Hopcin yn garddio ac yn lladd mochyn, a'i wraig yn pobi bara, cyflëir argraff bendant o drefn, argraff a gynhelir gan gystrawen gyfyng a phwrpasol:

Ar ôl palu un ochor i'r ardd, a phalu'r calch i mewn iddi, fe fyddai Tomos Hopcin yn gosod pishyn pren yn y pridd ar un pen a phisyn arall yn y pen arall, a chordyn rhyngddynt, ac fe fyddai yn troi un pishyn nes yr oedd y cordyn yn dynn; â phen y rhaca fe dynnai linell yn y pridd â'r cordyn, ac agor y rhych wrth ddilyn y llinell union yn ei chanol. Fe fesurai hefyd y lled rhwng pob rhych. Ar ôl agor rhych mi gariai ludw o'r domen dail mochyn ym mhen yr ardd i wilber, a'i wasgaru ar waelod pob rhych ar ben y lludw. Wedyn fe blannai'r tatws ar ben y tail, ac yr oedd ganddo ddarn o bren i fesur yr hyd rhwng pob taten. Yna fe gaeai bob rhych â'r rhaw, a llyfnhau pob ochor iddi â'r bâl. Ar ôl gorffen yr ochor honno o'r ardd fe edrychai ar y rhychau, a gweled pen pob rhych fel to union, a'r grynnau rhwng y rhychau yn gymesur: ac fe fyddai yn cofio am y caeau y bu ef yn eu haredig yn y Gelli Ucha. Myned i ochor arall yr ardd wedyn, a rhoi tail o'r domen wrth fôn y rhiwbob, y llwyni gwsberis, y coed afans, y coed cyrrens coch a'r coed cyrrens duon, y syfi a'r ddwy goeden afalau, y naill yn afalau bwyta a'r llall yn afalau digoni. Nid tail o'r domen yn unig a roddai, ond hefyd y dom yn y bwced o dan sêt y tŷ-bach a oedd ar dop yr ardd.[34]

Mae'r patrymau arddullegol cyson yn gyfeiliant i gyflwyniad o greadigaeth drefnus, lle rhoddir ystyr a phwrpas a gwerth i fywyd gweithiwr. Awgrymir arwyddocâd diwinyddol felly gan ddiwydrwydd cydwybodol y garddwr. A dengys brawddeg olaf y dyfyniad nad yw gor-ledneisrwydd yn cael ystumio'r gwir ddarlun.

Mae'r ddau artist arall yr wyf am eu crybwyll yn perthyn i'n cyfnod ni, ac yn adnabod Cwm Tawe y mae darn helaeth ohono yn ymdebygu i anialdir ôl-ddiwydiannol ac ôl-anghydffurfiol, lle mae hen batrymau cymdeithas yn chwalu, a rhai o'r hen gysyniadau am y gymdeithas honno yn annigonol. Er i Alan Llwyd fyw yn rhan isaf Cwm Tawe am y rhan fwyaf o'i yrfa lenyddol, ni roddir sylw amlwg uniongyrchol yn ei waith i dirlun na chymdeithas y fro, er iddo ganu llawer am ei deulu, a lleoli rhai cerddi traddodiadol eu dull, fel 'Meirch Llangyfelach', yn ei gynefin mabwysiedig. Ond mae'r cerddi a gyhoeddwyd yn wreiddiol uwchben enw Meilir Emrys Owen yn gynnyrch myfyrdod dwys ar gyflwr ein gwareiddiad ar ddiwedd yr ugeinfed ganrif, lle mae'r gwerthoedd a'r patrymau a ddethlid yn hwyliog gan J.J. ac a gofnodid yn ddygn gan Gwenallt wedi'u halltudio o'r tir. Lle bu Ieuan Gwent a Tomos Hopcin, wele yn awr:

> Jimmy Mullins, â'i fryd gwyrdröedig ar droi
> pob gorymdaith i gêm yn orymdaith
> i angladd, a'r gyllell winglyd
> yn tician fel cloc yn ei boced.

Y mae 'Bwth Ffôn wedi'i Fandaleiddio' yn nwylo'r bardd yn troi'n simbol o gymdeithas sy'n peidio â bod yn gymdeithas, lle mae cyfathrebu wedi darfod, a dyn yn unigolyn safndrwm ar goll mewn byd diystyr:

> Lle bu siarad cariadon,
> lle bu geirio yn cyweirio cweryl,
> lle bu cartrefu trafod,
> lle bu gair yn cydio am air ac yn chwalu'r muriau,
> lle bu lliniaru hiraeth,
> lle bu cyd-anadlu'n y nos,
> lle bu iaith ein holl obeithion
> yn ein hasio cyn dydd ein hynysu,
> lle bu . . .

Erbyn dyddiau Neil Rosser mae'r gân werin/roc yn gyfrwng poblogaidd i fynegi dehongliad dyn o'i gymdeithas, a'r delyneg wedi'i hen ddisodli. Magwyd Rosser heb fod ymhell o Dreforys, ac y mae rhai o'i ganeuon mwyaf poblogaidd yn archwilio'r profiad o fyw mewn cymdeithas ôl-ddiwydiannol Gymreig yng ngoleuni'r darluniau ystrydebol o'r gymdeithas honno, darluniau a hybid, gellid dadlau, gan lenyddiaeth ddihangol J. J. Williams a'i debyg. (Y gwir yw bod gafael ystrydebau'n tynhau ar ôl i'r sefyllfaoedd dilys a'u creodd ddiflannu o'r tir.) Chwalu'r mythau cyfeiliornus hyn, fe ymddengys, yw cymhelliad Rosser yn y caneuon, 'Lawr yn fy ardal i', a 'Ochr Treforus o'r dre'.

> .Lawr yn fy ardal i
> Ma na gore o gantorion

Sy'n cyfarfod pob nos Lun
Ond ma Bingo yr un noswaith
A ma mwy yn mynd f'ynny.

Ystrydeb rhamantaidd De Cymru
Ystrydeb plentynnaidd y cymoedd
Ma fe'n bryd bo' ni'n edrych ar y gwir

Lawr yn fy ardal i
Odd na goliers ar un adeg
Creithie glas ar ddwylo cryf
Ond ma'r pylle wedi caead
A'u diwylliant wedi mynd,
Lawr yn fy ardal i
Mae na rhai o'r enw Dai
A rhai sydd â gwallt du
Ond s'neb byth yn gweud 'Boyo'
A ma pawb dros five foot three. [37]

'Ma fe'n bryd bo' ni'n edrych ar y gwir'. Eu parodrwydd i wneud hynny ar gân yw'r peth mawr sy'n gwahanu Gwenallt ac Alan Llwyd a Neil Rosser oddi wrth J. J. Williams. Fe beidiodd cân y fwyalchen.

NODIADAU

[1] 'Nadolig mewn Hen Bentref', *Y Tyst,* Rhagfyr 22, 1932, 10.

[2] D. Brinley Pugh, 'John James Williams: Trem ar ei yrfa', *Y Dysgedydd*, 1954, 169-77; seiliwyd y ffeithiau bywgraffyddol ar yr ysgrif hon ac ar Taborfryn, 'Y Parch J. J. Williams, Pentre', *Tywysydd y Plant*, Chwefror, 1910, 35-9; Trebor Lloyd Evans, *Y Cathedral Anghydffurfiol Cymraeg*, Abertawe, 1972; Llawysgrifau J. J. Williams yn Llyfrgell Genedlaethol Cymru (Ll.G.C. 19053).

[3] Taborfryn, *art. cit.*

[4] Lewis Probert, *Esboniad Elfenol ac Eglurhaol ar yr Epistol at y Rhufeiniaid*, Wrecsam, 1890; *Esboniad Elfenol ac Eglurhaol ar yr Epistol at yr Ephesiaid*, Wrecsam, 1892.

[5] *Ruth, Drama Ysgrythyrol*, Caerdydd, 1909; *Esther, Drama Ysgrythyrol*, Caerdydd, 1911.

[6] *Y Beirniad*, 1911, 155-163.

[7] *Straeon y Gilfach Ddu*, Aberystwyth, 1931; ail argraffiad 1943.

[8] *Y Lloer a Cherddi Eraill*, Aberystwyth, 1936.

[9] T. Lloyd Evans, *op. cit.*, 107-9.

[10] 'Achub Wil Rees', *Y Tyst,* 25 Rhagfyr, 1930, Atodiad Rhifyn y Nadolig, iv, iii; *Straeon Y Gilfach Ddu,* 23-29.

[11] *Rhagair, Straeon y Gilfach Ddu.*

[12] Derec Llwyd Morgan, 'Y Stori Fer', *Y Traddodiad Rhyddiaith yn yr Ugeinfed Ganrif,* golygydd Geraint Bowen, Llandysul, 1976, 175-6.

[13] 'Gwroniaeth y Fam', *Y Dysgedydd,* 1916, 23-8.

[14] D. Tecwyn Lloyd, 'Llenyddiaeth Cyni a Rhyfel' yn *Llên Cyni a Rhyfel,* Llandysul, 1987, 11-42; Gerwyn Williams, 'Caniadau'r Somme', *Ysgrifau Beirniadol XVIII,* 245-291.

[15] 'Tlodi mewn Llên a Bywyd', *Y Tyst,* 21 Rhagfyr 1933, 10-11.

[16] Branwen Jarvis, 'Atgof a Theyrnged', *Dysg a Dawn, Cyfrol goffa Aneirin Lewis,* golygwyd gan W. Alun Mathias ac E. Wyn James, Caerdydd, 1992, 20.

[17] 'O Ben y Bwrdd', *Y Dysgedydd,* 1934, 257-8.

[18] Llyfrgell Genedlaethol Cymru, Llsgr. 19979 A.

[19] J. Gresham Machen, *Christianity and Liberalism,* 1923; argraffiad newydd, Grand rapids, 1981.

[20] R. Tudur Jones, *Ffydd ac Argyfwng Cenedl 1,* Abertawe, 1981, 190.

[21] D. Llwyd Morgan, *art.cit.*

[22] *Y Tyst,* 25 Rhagfyr 1930, iv, iii.

[23] Saunders Lewis, 'Llythyr ynghylch Catholigiaeth', *Y Llenor,* Haf 1927. Ail-argraffwyd yn Saunders Lewis, *Ati Wŷr Ifainc,* Caerdydd, 1986, 4-7.

[24] 'Hen Saint a Adnabûm', *Y Ford Gron,* 1935, 89-90.

[25] 'O Ben y Bwrdd', *Y Dysgedydd,* 1933, 67.

[26] 'O Ben y Bwrdd', *Y Dysgedydd,* 1934, 100.

[27] 'O Ben y Bwrdd', *Y Dysgedydd,* 1933, 323.

[28] 'O Ben y Bwrdd', *Y Dysgedydd,* 1936, 321-2.

[29] 'Nadolig Llawen', *Y Tyst,* Rhagfyr 24, 1931, 9, 12.

[30] *Gweledigaetheu Y Bardd Cwsc,* dan olygiaeth J. Morris-Jones, Bangor, 1898; rhagymadrodd, xxxiv.

[31] 'Sut i Sgrifennu Stori Fer', *Erthyglau ac Ysgrifau Llenyddol Kate Roberts,* golygwyd gan David Jenkins, Abertawe, 1978, 245.

[32] 'Ar Gyfeiliorn', *Ysgubau'r Awen,* Aberystwyth, 1938, 26-7.

[33] *Ffwrneisiau: Cronicl Blynyddoedd Mebyd,* Llandysul, 1982.

[34] *Ffwrneisiau,* 21.

[35] 'Etifeddiaeth', *Yn y Dirfawr Wag,* Abertawe, 1988, 84.

[36] 'Bwth Ffôn wedi'i Fandaleiddio', *Yn y Dirfawr Wag,* 91.

[37] 'Lawr yn fy ardal i', *Y Ffordd Newydd Gymreig o Fyw* (Label Ankst 05).

'Y Sant' Gwenallt

Peredur Lynch

I

Yn Aberystwyth, ym mis Mawrth, 1928, yr oedd yna ddarlithydd ifanc naw ar hugain oed mewn cryn benbleth a chyfyng gyngor. Cais gan berthynas iddo, D. J. Williams, oedd y rheswm am hyn oll. Roedd D. J. Williams am i'r darlithydd ifanc aberthu rhywfaint o'i wyliau Pasg i ymuno ag ymgyrch fawr dros Blaid Genedlaethol Cymru yn Sir Gaerfyrddin,[1] ac roedd ganddo reswm da dros gysylltu ag ef, a phob lle i gredu, mae'n siŵr, y byddai'n ymateb yn eiddgar i'r alwad. Mae'n ddigon gwir mai brodor o Forgannwg, o Gwm Tawe, oedd y darlithydd ifanc, ond roedd ei dad a'i fam yn hanu o Sir Gaerfyrddin, ac yn ystod ei yrfa, yn arwyddocaol ddigon, fe fyddai'r un darlithydd yn gwneud llawn cymaint â D. J. Williams ei hun i droi'r 'Shir Gâr' wledig, amaethyddol yn fyth ffrwythlon ym meddwl y Cymry. Ac eto, er gwaethaf hyn oll, ac yn dra annisgwyl, mae'n ddiau, llythyr nacaol a dderbyniodd D. J. o Aberystwyth y mis Mawrth hwnnw, llythyr brudiol o dywyll mewn mannau, yn cynnwys rhai o'r esgusodion odiaf a glywyd erioed dros wrthod cenhadu dros y Blaid:

> Gair mewn brys. Carwn yn fawr eich helpu yn eich ymgyrch yn Shir Gâr, ond ni welaf fy ffordd yn glir.
> Rhaid imi ddodi'r ardd, torri digon o goed tân hyd fis Awst; ond, yn bennaf, gadw cwmni i mam sydd wrthi ei hun, ac wedi disgwyl yn hir am wyliau'r ddau blentyn. Aeth eisoes dynnu papurau arholiad Mehefin â thri diwrnod o'm gwyliau.
> Ond y mae un rheswm arall sy'n bwysicach na'r rhain. Ni ddywedaf beth yw. Dengys hwyrach y dyfodol.
> Na gyfaill, ni allaf ddod wyliau'r Pasg, nid oherwydd claerineb cariad at egwyddorion godidog y Blaid.
> O charech gael help siaradwr bloesg yn nes ymlaen, mi ddôf ...[2]

Gwenallt, wrth gwrs, oedd y darlithydd ifanc, ac ymhen cwta bum mis fe ddaeth hi'n amlwg iawn beth oedd y 'rheswm arall' yma y cyfeirir ato yn y llythyr. Na, nid llugoerni gwleidyddol oedd yn ei rwystro rhag mynd i 'Shir Gâr'. Nid plannu tatws na thorri coed tân ychwaith. Ac er bod ei ofal yn fawr, mae'n siŵr, dros ei fam, a oedd yn weddw ers ychydig fisoedd, nid rhwymedigaethau teuluol oedd y gwir reswm. Yn hytrach, ym mis Mawrth, 1928, roedd D. Gwenallt Jones wrthi fel lladd nadroedd yn cwblhau awdl gogyfer ag Eisteddfod Genedlaethol Treorci. 'Y Sant' oedd y testun, ac roedd y dyddiad cau yn prysur nesáu.

Fe lwyddodd y bardd ifanc i gwblhau'r awdl—er gwaethaf ymyrraeth diniweitiaid gwlatgar fel D. J. Williams—a chyn ei phostio fe'i dangosodd i un o'i gyfeillion llengar yn Aberystwyth, y Prifardd Dewi Morgan. Roedd hwnnw, yn anffodus, yn bryderus ynglŷn â hi. Nid unrhyw anallu prydyddol ar ran Gwenallt oedd yn ei boeni, ac nid manion cynganeddol, ond yn hytrach diffyg gwedduster rhai o'r llinellau. Roedd Gwenallt, er hynny, yn gwbl ddiedifar, ac fe aeth â'i awdl am ail farn, at ei bennaeth yn yr Adran Gymraeg, yr Athro T. H. Parry-Williams. O'i weld, yr unig eiriau a ddaeth o enau'r gŵr eithafol bwyllog hwnnw, yn ôl y sôn, oedd 'Y Nefoedd Fawr!'.[3]

'Dengys, hwyrach, y dyfodol', meddai Gwenallt yn ei lythyr at D.J. ym mis Mawrth. Ac fe ddigwyddodd hynny. Mae tynged awdl Gwenallt yn stori haeddiannol enwog. Cadair wag a gafwyd yn Nhreorci, ond yn sgil y gadair wag honno fe gafodd Gwenallt y math o sylw y mae pob bardd ifanc herfeiddiol yn dyheu amdano. Yn ôl y beirniaid, Syr John Morris-Jones, Elfed a J. J. Williams, awdl Gwenallt, dan y ffugenw Llangathen, oedd yr orau. Ond doedd wiw rhoddi'r gadair iddo. Cynnwys ansensitif Llangathen a enynnodd y condemnio llymaf a ffyrnicaf, ac y mae'n ddiamau fod ambell i gymal o'r condemnio hwnnw ymhlith creiriau gwerthfawrocaf ein traddodiad Eisteddfodol. Yn ôl John Morris-Jones yr oedd yr awdl yn 'bentwr o aflendid',[4] ym marn Elfed roedd ynddi 'bethau salw hyd at fod yn ffiaidd',[5] ac yng ngeiriau ingol y Parchedig J. J. Williams, 'Aeth awen Cymru yn bryfedyn y dom'.[6]

Ymdrin ag awdl 'Y Sant', ac â'r helynt a ddilynodd y dyfarniad yn Nhreorci y byddaf i'n ei wneud yn yr erthygl hon. Ac y mae yna dri rheswm da dros wneud hynny. Yn gyntaf, o ran themâu a chynnwys, y mae awdl 'Y Sant' yn gerdd gwbl allweddol yn natblygiad Gwenallt ei hun fel bardd. Yn ail, y mae cadair wag Treorci, a'r ffraeo a'r tantro a gafwyd yn sgil hynny yn y wasg Gymraeg yn stori ddifyr odiaeth. Bust up eisteddfodol o'r iawn ryw sy'n haeddu sylw. Ac yn drydydd, nid â Gwenallt, nid ag un bardd ifanc yn unig yr oedd a wnelo'r holl helynt. Roedd y cwbl yn arwydd o wrthdrawiad chwyrn rhwng dwy genhedlaeth. John Morris-Jones a'i gymrodyr, ar y naill law, yn 1928, ddeng mlynedd ar ôl enbydrwydd y Rhyfel Byd Cyntaf, yn parhau i amddiffyn, yn barchus ddoeth, delynegrwydd pert dechrau'r ganrif. Ar y llaw arall, fel y cawn ni weld, criw bychan o lenorion ifainc ac egnïol a oedd am arwain llenyddiaeth Gymraeg i diriogaethau newydd. Wrth gwrs, oddi mewn i'r maes eisteddfodol, arwydd o'r un gwrthdrawiad fu'r dadlau a gafwyd yn 1915, yn sgil rhoi'r goron i T. H. Parry-Williams am bryddest 'Y Ddinas',[7] a phrin fod yn rhaid atgoffa neb o'r sgandal fawr a achoswyd yn 1924 gan bryddest 'Atgof' Prosser Rhys gyda'i chyfeiriadau at berthynas homo-rywiol rhwng dau lanc.[8] I raddau, penllanw'r gwrthdrawiad oedd Treorci, 1928. Ond roedd y gwrthdrawiad y tro yma wedi symud i diriogaeth yr awdl, tiriogaeth a fu dan warchodaeth eryraidd John Morris-Jones am ymron i ddeng mlynedd ar hugain.

II

Da cofio bod Gwenallt eisoes wedi dod i amlygrwydd cenedlaethol yn sgil cipio cadair Eisteddfod Genedlaethol Abertawe, 1926, ag awdl 'Y Mynach'. Fe fyddai hefyd yn cyflawni'r un gamp ym Mangor yn 1931 ag awdl 'Breuddwyd y Bardd'. Yn amlwg ddigon, y pum cyfrol a gyhoeddwyd rhwng 1939 a 1969, ac *Ysgubau'r Awen* (1939), *Eples* (1951) a *Gwreiddiau* (1959) yn benodol, a sicrhaodd i Gwenallt ei le yn yr ymwybyddiaeth lenyddol Gymraeg. Yno y ceir y caniadau mawr i'r Sir Gaerfyrddin wledig a chwm diwydiannol ei febyd, yno y'i gwelir yn ceisio creu synthesis rhwng traddodiad Cristnogol y naill ac arwriaeth ac enbydrwydd daearol y llall—*'Dyneiddiaeth y pwll glo, duwioldeb y wlad'*—ac yno y synhwyrir mai drych yw'r profiadau anwahanadwy hynny yn hanes y genedl o berthynas yr ysbrydol a'r cnawdol ym mhrofiad yr unigolyn. Na, nid oedd lle i anwybyddu rhaib diwydiannaeth yn achos y genedl fwy nag y medrid anwybyddu realiti arswydus pechod yn achos yr unigolyn. Mae'n ddealladwy, wrth gwrs, fod rhai beirniaid yn gweld yr elfennau hyn yn ei waith yn nhermau 'gwrthgyferbyniad llwyr a dramatig',[9] ac yn gweld Gwenallt fel 'llenor deufyd',[10] ond fe haerwn i mai gweld cyd-ddibyniaeth, neu undod, y gwledig a'r diwydiannol, yr ysbrydol a'r cnawdol, a wnâi Gwenallt, ac ar un ystyr, dyrchafu'r undod hwnnw er clod i Dduw oedd sylfaen ei wladgarwch, ac un o gonglfeini ei gyffes ffydd.

Er mai yn y tair cyfrol a enwyd y ceir yr olygwedd Wenalltaidd hon yn ei grymuster, rhwydd iawn yw anghofio bod iddi ei gwreiddiau yn awdlau eisteddfodol y dauddegau. Yn dra gwahanol i R. Williams Parry, a fu'n 'fardd Yr Haf' i'w werin ar hyd ei oes, a T. Gwynn Jones, wrth gwrs, a gaethiwyd gan ddychymyg ei ddarllenwyr rhywle rhwng Afallon a Gwlad y Bryniau, mae dyn yn teimlo bod hyd yn oed rhai o edmygwyr selocaf Gwenallt yn rhyw anghofio iddo ef erioed fod yn awdlwr eisteddfodol. Er enghraifft, prin fod J. E. Meredith[11] yn crybwyll y cynnyrch eisteddfodol yn ei astudiaeth ef o waith y bardd. A rhy hawdd, wrth gwrs, yw wfftio at yr awdl eisteddfodol druan fel ffurf. Onid ymarferiad rhethregol ydyw? Onid rhyw gyfle i ymblesera'n wag a glaslancaidd mewn geiriau, i golli gwyryfdod llenyddol? Ac eto, fel y dangosodd traethawd dadlennol, ond anghyhoeddedig, Non Mathias[12] yn ddigon eglur, o ran themâu y *mae* awdlau Gwenallt yn rhan bwysig o gyfangorff ei ganu. Yn 'Y Sant', mewn gwirionedd, y ceir y mynegiant cyflawn cynharaf o'r olygwedd ysbrydol/wleidyddol a fu'n sylfaen i'w gynnyrch diweddarach, ac a grynhowyd ganddo yn yr ysgrif a gyfrannodd i'r gyfrol *Credaf* yn 1943.[13]

Mewn pamffledyn, a gyhoeddwyd yn Rhagfyr, 1928, bedwar mis ar ôl Eisteddfod Treorci, y gwelodd 'Y Sant' olau dydd, a hynny ar y cyd ag awdl 'Y Mynach' (a oedd eisoes wedi'i chyhoeddi yng Nghyfansoddiadau 1926). Mae'n werth nodi mai'r pamffledyn hwn, o dan y teitl *Y Mynach a'r Sant*, oedd cyhoeddiad mentrus cyntaf Gwasg Aberystwyth, gwasg fywiog newydd a sefydlwyd gan y gwladgarwr H. R. Jones a Prosser Rhys, golygydd ifanc *Y Faner* ac wrth gwrs, am gyfnod yn y dauddegau, *bête noire* rhai o garedigion ein llên.[14] Ac er mor anhygoel o ddiniwed yr ymddengys holl helynt 'Y Sant' i ni heddiw, y mae'n arwyddocaol fod Gwasg Gomer wedi gorfod ymgymryd â'r gwaith o argraffu'r pamffledyn ar ôl i berchennog y *Cambrian News* yn Aberystwyth, Robert Read, nacáu i'w argraffdy droi allan yr hyn a dybiai ef oedd yn '[l]llenyddiaeth anniwair'.[15] Sut goblyn, felly, ar ôl cipio'r gadair yn 1926, a hynny gyda chanmoliaeth gymharol gan John Morris-Jones ei hun, y llwyddodd Gwenallt i sicrhau'r fath gwymp oddi wrth ras erbyn 1928? Beth oedd mor ffrwydrol ynglŷn ag awdl 'Y Sant'?

Mae'n deg cydnabod bod Gwenallt eisoes wedi mynd i'r afael ag

Cadeirio Gwenallt yn Eisteddfod Genedlaethol Cymru, Abertawe yn 1926

un o brif themâu 'Y Sant' yn awdl 'Y Mynach' yn 1926. Yr ymrafael rhwng y cnawdol a'r ysbrydol, a hynny ym mhrofiad un mynach dienw mewn rhyw fynachlog anhysbys, yw craidd yr awdl honno. Dim ond ar ôl cael gweledigaeth o Grist ar y Groes, a gweld y '*cnawd yn crogi*' a'r '*dolur o'r Traed a'r Dwylo*', y sylweddolodd y mynach fod y bywyd Cristnogol yn cofleidio'r corfforol a'r ysbrydol, a bod modd sancteiddio'r nwydau, a'u dyrchafu er clod i Dduw. Ond er mor arwyddocaol yw'r thema hon o ystyried gwaith diweddarach Gwenallt, o ran naws ac arddull, cerdd sy'n perthyn i rigol saff awdlau eisteddfodol dechrau'r ganrif yw 'Y Mynach' mewn gwirionedd. Digon gwir fod ynddi rywfaint o arbrofi mydryddol (nad oedd wrth fodd calon John Morris-Jones), eto, yn nhraddodiad 'Ymadawiad Arthur' ac 'Yr Haf', ieithwedd ddyrchafedig a glwth sydd ynddi, ac er nad dyna oedd bwriad Gwenallt, mae llyfnder a

chymesuredd y gynghanedd yn cyfleu rhyw fyd mediefal braf, ac i
gryn raddau yn llareiddio'n rhamantus y storm egr o gnawdolrwydd
a fu'n arteithio'r mynach truan. Mae'r ffaith mai 'un cyfanwaith
prydferth'[16] oedd yr awdl i Syr John Morris-Jones yn llefaru
cyfrolau.

Fe dybiwn i fod 'Y Mynach' yn enghraifft deg o ormes ffurf ar
gynnwys, yn enghraifft deg o fardd ifanc yn gaeth i ffasiynau
arddulliadol treuliedig ei ddydd a'r ffasiynau hynny yn dirymu ei
genadwri. Ac rwy'n credu hefyd fod Gwenallt ei hun, ymhen dim o
dro, wedi llawn sylweddoli hynny, ac fe fedrid dehongli 'Y Sant' fel
ymgais i ailgyfansoddi 'Y Mynach', ymdrech lew i fynd i'r afael â
chyfyngiadau'r awdl eisteddfodol fel ffurf, ymdrech i ddyfnhau a
lledaenu thema ganolog awdl 1926, a hynny, mae'n ddigon posibl, o
dan ddylanwad cyfrol tra dylanwadol Saunders Lewis, *Williams
Pantycelyn*, a gyhoeddwyd tua diwedd 1927. A chyfrol oedd honno,
wrth gwrs, a roddai bwyslais arloesol yn y Gymraeg ar seicoleg a
greddf rhyw.

Y peth cyntaf i'w nodi ynghylch awdl 'Y Sant' yw nad *sant*, yn ystyr
fanwl gywir y gair hwnnw, a geir ynddi o gwbl; nid Awstin, nid Dewi
neu Beuno na neb felly. Mae'n wir mai dyna yw disgwyliadau'r
darllenydd yn sgil yr agoriad rhamantaidd ei naws a roir i'r awdl:

> Yn heddwch ei flynyddoedd
> Hardd a dwys ei gerdded oedd,
> Dôi'n araf o'i ystafell,
> A'i drem welw ar dir ymhell
> Uwch byd mân ein ffwdan ffôl.
> Dywed imi, ŵr duwiol,
> Ai rhwydd santeiddrwydd i ti?
> Ai dawn ydyw daioni?
> Adrodd, ŵr y nef, hefyd
> Dreigl dy fyw drwy galed fyd.

Ydyw, y mae 'sant' Gwenallt yn ateb y cwestiynau hyn—a'i ateb
hirfaith ef sy'n ffurfio corff yr awdl—ond buan y gwelwn mai parodi
coeg yw'r agoriad hwn (a holl gynllun holi-ac-ateb yr awdl, mewn
gwirionedd) ar un o driciau rhethregol amlycaf awdlau dechrau'r
ganrif. Na, er ein disgwyliadau, *nid* rhyw Frawd Llwyd sy'n ateb y
cwestiynau hyn o niwl lledrithiol yr Oesoedd Canol. Creadigaeth
Gwenallt yw'r 'sant' sy'n llefaru yn yr awdl hon; Cymro cyffredin o'r

ugeinfed ganrif yw hwn—ymneilltuwr, wrth gwrs—yn traethu, mewn tair rhan, am ei dreialon yn y byd ac am droedigaeth ysgytwol a ddaeth i'w ran; rhyw fath o Theomemphus modern sydd yma.

Yr hyn y mae'r cymeriad dychmygol yma yn ei wneud, yn rhan gynta'r awdl, yw ein cyflwyno ni i frithluniau, i atgofion digon anghyswllt o'i blentyndod a'i adolesens ar aelwyd amaethyddol a chrefyddol yn Nyffryn Tywi. Mae'n sôn, er enghraifft, fel yr oedd yn eilunaddoli ei dad, ac fel y chwalwyd yr ymlyniad hwnnw pan gyrhaeddodd 'chwaer fach lân . . . A dwyn serch tad mwyn', a chanlyniad hynny, wrth gwrs, fu iddo encilio fwyfwy at ei fam. Ond er mor bytiog yr ymddengys y traethu yn y rhan hon o'r awdl, mae yna ddwy elfen benodol yn gysylltiedig â'r rhan fwyaf o'r atgofion hyn: chwantau rhywiol chwyrn, ar y naill law, a duwioldeb anghyffredin ar y llaw arall. Er enghraifft, pan oedd y 'sant' yn blentyn, fe gâi ei chwantau rhywiol fynegiant mewn ymddygiad sadistaidd tuag at bob math o fân greaduriaid:

> Carwn wneud dolur i greaduriaid,
> Ceisio, a chwalu cyrff, coesau chwilod;
> Dal iâr yr haf, a'i dolurio hefyd,
> Ei gwanu â phin er dygnu ei phoenau:
> Dychrynllyd im oeddynt, a gwynt eu gwaed.

Hefyd, pan oedd yn ifanc, fe adawodd un olygfa argraff annileadwy ar ei feddwl, sef gweld 'merch yr Hafod', gweld ei 'chorff yn plygu wrth wasgu ysgub':

> At waith cynhaeaf daeth merch yr Hafod,
> Un fain ei thwf, ac yn llyfn ei thafod,
> A'i gwallt ar wddf o liw'r gwellt aeddfed:
> Awn ar y maestir, dan rwymo ystod,
> A gwelwn ei hoen glân yn ei hwyneb,
> A'i chorff yn plygu wrth wasgu ysgub.

Yn wir, fe'i meddiannwyd gan yr olygfa hon, a throdd 'merch yr Hafod' yn wrthrych tanbaid i'w ffantasïau:

> Ar wellt tŷ gwair gwyddwn orwyllt gariad,
> A chrefai, brefai am ferch yr Hafod,
> Ei hwyneb, hirwyn wddf, a'i bron aeddfed;

Ar hyd ei blows biws rhedai blys bysedd;
Bwytawn ei chnawd braf yn y sagrafen,
Yfwn ei gwaed yn y meddw ddafnau gwin;
Yn sydyn yn nwyd emyn dôi imi
Filain wanc coch i'w thraflyncu hi.

Ond, fel y nodwyd, roedd yna dduwioldeb angerddol yn gysylltiedig
â'r atgofion hyn hefyd. Fe gofiai am ei fam yn 'mwmian emyn'; fe
gofiai fel y bu iddo ddarllen hanes merthyron yr Eglwys Fore, a
chofiai hefyd amdano'i hun yn encilio at yr afon ac i'r ydlan i daer
weddïo. Yn wir, roedd y Duwdod yn ymrithio o'i flaen yn y mannau
mwyaf annisgwyl:

Gwelwn Ei Grog wrth aradr ac oged,
Gwelïau Ei gur drwy glwy y gweryd;
Yn y clos, eilwaith, clywais Ei alwad
I ddwyn o'r llaid afradloniaid y wlad;
Ond Ei waed tost oedd yn nhân coed y tŷ,
A dagrau fy Nêr yn lleithder y llaethdy,
A'i hoelio dros y byd yn nhail drws beudy.

Yn ŵr ifanc, er hynny, fe drodd ei daerni crefyddol yn wrthryfel
chwyrn ac yn anghrediniaeth ronc. Ac fe ddigwyddodd hynny yn sgil
profedigaeth lem. Bu farw brawd i'r 'sant'. Ym medd ei frawd, fe
gladdwyd hefyd ei ffydd yntau:

Yn ei arch ddwys fe'i rhoed i orffwyso,
O ofn haint hen, yn y fynwent honno;
Rhois yno fy ffydd, a'm crefydd, is gro,
A rhoi'n y ddaear yr hen weddïo,
A gawswn o grud, yn gyson gredo,
Fy hoen am byth, fy ninam obeithio,
A'r Iddew o Dduw, yn nhir ei fedd o.

Diflasodd y 'sant' hefyd ar y bywyd gwledig digyffro yn Nyffryn
Tywi, cael llond bol ar y diwylliant capelyddol, ac yn y diwedd, codi
pac a'i heglu hi oddi yno.

    Yn ail ran yr awdl, fe ddywed y 'sant' wrthym am ei brofiadau
mewn dinas fawr a drwg. Ar ôl cyrraedd y ddinas, fe gyfareddwyd y
gwladwr syml gan ei 'strydoedd llydain' a chan 'ruthr y moduron', a
buan iawn yr aeth yn ysglyfaeth i ddeniadau cnawd a byd. Roedd y

llanc diniwed o Ddyffryn Tywi bellach yn rêl ceiliog dandi, yn
dawnsio oriau'r nos, ac yn llymeitian o'i hochr hi mewn rhyw
gilfachau myglyd ac amheus:

> Yr oedd ddihafal y carnifal nwyfus,
> Dawns y cannoedd, ar hyd y nos gynnes,
> Pob dyn yn dduw, yn cydio'n ei dduwies,
> Yn rhoi iaith i fwyn hiraeth ei fynwes
> Ym mrys yr hwyl a'r rhythm, res ar ôl rhes:
> Dawnsiwn, cymerwn lawer cymhares,
> Yn awr yng nghôl ysgafnhir angyles,
> Yn iasau tyn gwylltineb satanes,
> Neu gôl bronnau hagr, aroglber negres . . .

> Wedi blino'n deg, cyn dyfod blaen dydd,
> Awn i dŷ yn llawn o dân llawenydd,
> Cysegr hoywdant ac iasau gwirodydd,
> A'i beraidd gân uwch y byrddau gwinoedd,
> Nodau ei miwsig yn llawn nwyd a maswedd;
> 'R oedd lluniau noethni nwyd ar barwydydd
> Yn deg o olwg a digywilydd . . .

> Yfwn nwyd y gân, ysgafn enaid gwinoedd,
> A'u rhannu â phutain oedd mor gain ei gwedd.

Er hynny, fe ddôi rhyw bang o euogrwydd i'w arteithio ar dro, ac yr
oedd yna hiraeth am y fferm yn Nyffryn Tywi yn dechrau cyniwair yn
ei fron. Ond, wrth geisio dianc rhag ei gydwybod a'i gefndir, fe
suddodd ymhellach i drobwll tywyll o bechod. Ymhen dim, holl ystyr,
holl ddiben bywyd i'r cyfaill oedd porthi chwantau'r cnawd, ac
roedd yr ymneilltuwr o Gymro erbyn hyn wedi ei gaethiwo, yn
ffigurol, o leiaf, mewn rhyw isfyd o bleser sadistaidd, a'r isfyd hwnnw
oedd 'teml nwyd':

> Safai teml nwyd y brydferth broffwydes
> Mewn hedd yno, tan dwrf mân y ddinas;
> Llawn o addurn oedd hi o'r lluneiddia,
> Llenni swynol yn llawn lluniau Sina.
> Ifori gwyn delwau crefft Firginia,
> Aur yn bileri, riwbi Arabia,
> Neu liwiau mwynder teml Foslem India . . .

'R oedd yno luniau mil o fwystfilod,
Newyn gwres teirw, enyngar satyriaid,
A naead addwyn tan nwydau hyddod;
Maethgeirch feirch yn ymosod ar ferched,
Duwiesau lu gerbron nwydus lewod,
A dôi i'w hela y crocodilod:
Lluniau du, byw yn llawn udo di-baid,
A naid hoen filain nwyd anifeiliaid.

Yn nheml nwyd bu'n gymar i '*broffwydes dal*' a wisgai '*dalaith liw perlau*' ar ei phen, a '*gwregys . . . o fain a gemau*' am ei chanol, a bu'n cyd-weddïo â hi ar dduwiau'r cnawd, cyn i'r ddau gael eu llwyr orthrechu gan storm eu nwydau:

Yn ein nwyd wyllt y syrthiasom ein dau,
Dau yn lloerig wrth draed hen allorau,
Fy nannedd yn goch yng ngwaed ei bochau,
A iasau ei dagr rhwng f' asennau.

Yn y diwedd, fe drodd yr enbydrwydd masocistaidd hwn yn ddiflastod yn hanes y 'sant'. Fe sylwodd pa mor aruthr oedd ei gnawdolrwydd, ac fe gafodd ei ddadrithio'n llwyr gan y ddinas. Nid oedd dim amdani, felly, ond troi tua'r gorllewin, yn ôl am Ddyffryn Tywi. A dyna gyrraedd y drydedd ran a rhan ola'r awdl.

Ar ôl dod yn ôl i Ddyffryn Tywi fe suddodd y cyfaill i anobaith llwyr, ac ar ôl ei ddadrith yn y ddinas, nid oedd dim oll ond gwacter ystyr yn ei wynebu bellach. Weithiau byddai'n rhyw hanner hiraethu am y '*y ddinas a'i hias*', ond i bob pwrpas '*oferedd, gwagedd, gwagedd i gyd*' oedd bywyd yn ei olwg. Nid yn hir, er hynny, y parhaodd hyn. Un min hwyr, fe'i daliwyd yntau yn y rhwyd; cafodd droedigaeth ysgytwol. Fe sylweddolodd fod y pechod gwreiddiol yn ffaith arswydus, fe welodd fod y cnawdol a'r ysbrydol yn ymgiprys â'i gilydd yn hanes pob un ohonom ni. Ond ym mhair ei droedigaeth, fe'u gwelodd hwy'n un, a gweld fod modd dyrchafu'r daearol er gogoniant Duw. Ac nid dibwrpas o gwbl oedd ei afradlonedd yn y ddinas, ond cam ar y ffordd tuag at yr awr dyngedfennol hon:

Treigl amser, ffiniau lle a ddilëwyd,
Ac enaid yn noeth heb y cnawd a'i nwyd,
A'm heinioes yn nhragwyddoldeb munud.

A'r ecstasi mwyn yn newid f' wyneb,
Daeth, o enaid, lais dwyfol Doethineb:-
'Nid ofer yn dy gof yw d'ing, d'ofid,
Daw iechyd a nwyf o'th glwyf a'th glefyd,
Dy boen fydd grymuster hoen dy enaid,
Dy gnawd di yn rhan o asbri d'ysbryd,
Euogrwydd d' anfoes yn angerdd dy wynfyd,
A nwyd y beiau; un ydyw bywyd;
Dan y bedd a'r angau un ydyw'n byd,
A'r hen Ddiafol yn rhan o Dduw hefyd.

Fe'i hachubwyd. Ond nid hynny'n unig. Yn sgil ei droedigaeth yr
oedd bellach yn gweld prydferthwch Dyffryn Tywi a Sir Gaerfyrddin
mewn goleuni newydd a llachar. Yn bennaf, gweld harddwch
ystyrlon bywyd ei thrigolion. Ac roedd yr harddwch hwnnw yn
annatod glwm wrth hen draddodiad crefyddol y sir:

Y mae heddiw bob pant a chnwc yn santaidd,
Pob tywarchen a phren, gwartheg a phraidd; ·
Bu serch ar bob llannerch yn llawenydd,
Emynau heddwch ar y mynyddoedd,
A chyffro'r weddi uwch y ffriddoedd,
Y cyni, a'r ofnau drwy'r canrifoedd;
Y mae hen gewri'r sir yma'n gorwedd,
Gweddillion emynyddion yn ei hedd,
Y gwŷr hoff a gâi ynddi gorff a gwedd
Eu Gwaredwr briw; Ef, ag aradr bren,
Yn tynnu Ei rych dragywydd â'r ychen,
A'i Olwg siriol ar sefydlog seren.

Ac nid Dyffryn Tywi, nid Sir Gaerfyrddin yn unig oedd yn cael eu
cofleidio gan y weledigaeth hon, ond Cymru gyfan. Fe welodd y
'sant' Gymru o'r newydd, gweld mai'r un llinyn euraid oedd yn rhoi
ystyr i holl gwrs ei hanes oedd ei ffydd Gristnogol. Fe welodd hefyd
fod Cymru, fod morwyn Duw 'ar lwybrau distryw' ac 'Yn rhoi ei henaid
i'w charwyr annuw'. Ei genhadaeth ef bellach fyddai galw ar ei gyd-
wladwyr i'w rhwymo o'r newydd mewn teyrngarwch i'w cenedl. Ac
fe wyddai yn ei galon y byddent yn dod:

Daw'r gwyryfon ieuainc, daw'r gwŷr hefyd,
A henwyr o bell a ŵyr boenau'r byd,

Daw'r cynghorwyr, fel brodyr, doeth eu bryd,
Chwarelwyr, glowyr, a'r gweithwyr i gyd,
Y rhai bychain, a gwŷr heb eu hiechyd,
Gwŷr tan eu clwyfau, gwŷr tan eu clefyd,
Beirdd gloyw y gân, o'r broydd glo ac yd,
A'u rhoi eu hunain, a mêr eu henaid
It, O Fun deg, fe'th alwant 'Fendigaid,'
A'th ddidawl fawl a gân d'anifeiliaid.

Ar ôl traethu am y weledigaeth fawr yma y mae'r 'sant' yn tewi; yn codi *'ei sanctaidd law'* ar y bardd, yn ymadael, ac yn ymgilio i'r Nef ar alwad Duw ei hun.

Prin fod yn rhaid atgoffa unrhyw un sy'n gyfarwydd â gyrfa a gwaith Gwenallt, ac yn arbennig â'i ysgrif yn y gyfrol *Credaf*, fod yna gyfatebiaethau amlwg rhwng ei bererindod ysbrydol/wleidyddol ef ei hun a phererindod y 'sant' o Ddyffryn Tywi. Fe gollodd y 'sant' ei frawd, ac fe gofir, wrth gwrs, fod Gwenallt ei hun wedi colli ei dad mewn damwain ddiwydiannol erchyll yn 1927. Ac yn ôl ei gyffes ei hun 'pan ddywedodd y gweinidog mai hyn oedd ewyllys Duw, tywelltais oddi mewn i mi holl regfeydd yr "haliers" ar ei bregeth ac ar ei Dduw, a phan ganasant ar lan y bedd "Bydd myrdd o ryfeddodau" cenais yn fy nghalon "The Red Flag." '[17] A do, bu'r Gwenallt ifanc yn credu am gyfnod 'mai ysbaid fer yw ein bywyd ac y dylem lanw'r ysbaid honno â nwyd ac angerdd'.[18] Fe gofir, wedyn, fod Gwenallt yn rhoi lle allweddol yn ei ysgrif i'w ymweliad â phentref bach Spideal yn Galway yn 1929. Yno, mewn ysgol haf, wrth geisio siarad Gwyddeleg â gwladwyr diwylliedig, y gwelodd 'werth iaith, a diwylliant a thraddodiadau'r bywyd gwledig',[19] ac yno y sylweddolodd mai yn Sir Gaerfyrddin yr oedd ei wreiddiau. (Wrth gwrs, fel y nododd Pennar Davies, mae'r syniad fod Spideal yn rhyw drobwynt mawr yn ei hanes braidd yn gamarweiniol, gan fod 'Y Sant' yn profi ei fod 'eisoes wedi dechrau eistedd wrth draed gwladwyr Sir Gaerfyrddin'[20]). Yn 'Y Sant' y mae Gwenallt y Marcsydd a Gwenallt y rhyddfrydwr diwinyddol wedi hen ddiflannu. Y Gwenallt a ddarganfu'r pechod gwreiddiol yng ngwaith Baudelaire sydd yma, y Gwenallt a oedd yn drwm o dan ddylanwad yr Adwaith Catholig, y Gwenallt a gyfareddwyd gan Thomas Aquinas a'i bwyslais mawr ar undod y corff a'r enaid (da cofio bod y pamffledyn

Y Mynach a'r Sant wedi ei gyflwyno 'I Ysbryd Sant Thomas Aquinas'!) Ac wrth gwrs, y mae'r weledigaeth holl-gynhwysol yn rhan ola'r awdl— Sir Gaerfyrddin a'i hymneilltuaeth braff, Cymru a'i thraddodiad Cristnogol yn ymestyn yn ôl hyd at gyfnod Dewi a'r seintiau Celtaidd—yn gwbl ganolog i yrfa lenyddol Gwenallt o ddiwedd y dauddegau ymlaen. Ac fe welir bod dioddefaint y Deheudir dirwasgedig a'r 'gwŷr tan eu clefyd' eisoes yn dechrau ymffurfio yng nghanu'r bardd fel rhyw bwn daearol, ochr yn ochr â'r traddodiad ysbrydol hwn.

Mae'n amheus a fyddai'r awdl hon yn styrbio unrhyw un heddiw. Oes, mae yna rywbeth hyfryd o ddiniwed ynghylch ei chynllun. Pam oedd yn rhaid i'r 'sant' fynd i ddinas fawr er mwyn pechu? Oedd hi'n anodd gwneud hynny yn Sir Gaerfyrddin? Ac yn wyneb rhai o'r delweddau orientalaidd eu naws yn ail ran yr awdl, sy'n ymddangos braidd yn anghymarus ochr yn ochr â rhai o'r delweddau mwy egr a thywyll, oni'n temtir ni i biffian chwerthin, gan weld, er ein gwaethaf, rhyw *hick* o Ddyffryn Tywi yn nghanol y '*Llenni swynol*', yr '*Ifori gwyn*' a '*riwbi Arabia*'? Ac mor hawdd hefyd, yn sgil astudiaethau haneswyr fel David J. V. Jones[21] a Russell Davies,[22] fyddai mynd ati'n dalog a systematig i ddangos nad oedd traddodiadau'r '*hen sir*', na'i hymneilltuaeth, lawn mor ddilychwin a heulog ag y tybiai Gwenallt.

Oes, y mae yma wendidau, ond fe ddylem ninnau hefyd dymheru rhywfaint ar ein beirniadaeth. Yn ei hanfod, myth oedd 'Shir Gâr' Gwenallt—ac yr wyf yn defnyddio'r gair yn ei ystyr gadarnhaol yma—a chan mai myth ydoedd, *reductio ad absurdum* fyddai ceisio gwirio'r cwbl yn erbyn lleng o ffeithiau hanesyddol. Yn yr un modd, yr wyf yn rhyw ddistaw gredu mai dylanwad Baudelaire sydd i gyfrif am natur ddeuolaidd y delweddau yn ail ran yr awdl. Yn *Les Fleurs du Mal* mae pechod a phleser cnawdol yn gogwyddo rhwng bod yn ffantasi orientalaidd ac ecsotig, ar y naill law, ac yn egrwch bustlaidd a ffiaidd, ar y llaw arall. Ac o gofio mai yn 1928 y lluniwyd y gerdd hon, crintachrwydd beirniadol diamheuol, yn y pen draw, fyddai anwybyddu'r ffresni beiddgar sydd iddi mewn mannau, ac anwybyddu'r ffaith fod Gwenallt yn ceisio dwyn i faes yr awdl y math o ddatblygiadau a oedd eisoes ar droed yn hanes y Bryddest.

Un arwydd o'r ffresni hwnnw yw'r brithluniau yn rhan gynta'r gerdd. *Catharsis* o ryw fath a geir yma, yn union fel petai'r 'sant' o dan law seiciatrydd. Mae yma awgrym o gymhlethdod Oidipos ('*Cilio'n wŷl at fam annwyl wnawn innau*'), ac er nad yw Gwenallt yn dilyn syniadau Freud ynghylch rhywioldeb plant a thwf rhywioldeb llencyndod yn fanwl, fe gais awgrymu bod gwyrdroadau'r 'sant' yn y ddinas wedi eu rhagfynegi yn ystod ei lasoed.

Mae'n dra thebygol mai *Williams Pantycelyn* Saunders Lewis fu'r proc a yrrodd Gwenallt i gyfeiriadau seicoleg, ond tra arwyddocaol hefyd yw sylwi ei fod, yn y rhan hon o'r awdl, wedi addasu rhywfaint o'r atgofion a arllwyswyd o dan seicdreiddiad gan un o gleifion enwocaf Sigmund Freud, sef y claf y cyfeirir ato bellach fel 'Dyn y bleiddiaid'.[23] Un o 'atgofion' mwyaf trawiadol y 'sant' yw hwnnw am '*wneud dolur i greaduriaid*' a diddorol sylwi bod Freud yn sôn fel y cofiai 'Dyn y Bleiddiaid' amdano'i hun yn 'ymddwyn yn greulon tuag at fân greaduriaid, gan ddal pryfed a thynnu eu hadenydd, a sathru chwilod o dan draed'.[24] Fe gofir wedyn am dduwioldeb anghyffredin y 'sant' pan oedd yn blentyn, ac am y llinellau ymddangosiadol ryfedd hynny lle y sonia am weld '*dagrau fy Nêr yn lleithder y llaethdy, / A'i hoelio dros y byd yn nhail drws beudy*'. Y gwir plaen yw fod 'Dyn y Bleiddiaid' wedi cael pwl o grefyddolder cyffelyb yn ystod ei blentyndod, a'i fod yn cofio'n arbennig am 'yr obsesiwn o orfod meddwl am y Drindod Sanctaidd bob tro y gwelai dri thwmpath o ddail ynghyd ar y ffordd'.[25] Fe gyfeiria'r 'sant' at yr argraff fawr a wnaeth hanes merthyron yr Eglwys Fore arno, a chyffelyb oedd yr argraff a gafodd hanes merthyrdod John Huss ar 'Ddyn y Bleiddiaid'. Yn yr un modd, rwy'n credu bod rhywfaint o addasu wedi bod yn achos 'merch yr Hafod' yn ogystal. Fe sonia Gwenallt amdani 'yn plygu wrth wasgu ysgub', gan awgrymu bod y 'sant' yn syllu arni o'r tu ôl. Roedd gweld merched gwerinaidd yn eu plyg, neu ar eu pedwar, a hwythau'n cyflawni gwaith domestig gan amlaf, yn gysylltiedig ag ysfeydd rhywiol direol yn hanes 'Dyn y Bleiddiaid' hefyd.[26]

O sôn am newydd-deb a beiddgarwch, fe ddylid sylwi, yn ogystal, ar ffurf awdl 'Y Sant'. Ar wahân i'r pytiau o gywydd ar y dechrau ac yng nghorff yr ail ganiad, mae'r bardd wedi llwyr anwybyddu'r hen fesurau traddodiadol. Penillion amrywiol eu hyd yn cynnwys llinellau degsill, ac ar dro, naw sillaf ac un sillaf ar ddeg, a geir yn yr awdl. Weithiau y mae'r llinellau hynny'n odli, bryd arall yn proestio, ac fe sylwir nad yw'r proestio yn llwyr gydymffurfio â rheolau clasurol cerdd dafod. Mae yna ymgais fwriadol hefyd i gyfyngu rhywfaint ar ieithwedd goeth a rhamantaidd awdlau eisteddfodol dechrau'r ganrif, ac fel y sylwodd Non Mathias,[27] ymgais, yn ogystal, i ddefnyddio geiriau y byddai John Morris Jones yn eu hystyried 'islaw urddas awdl',[28] geiriau megis *'tail'*, *'gêr'*, *'picffyrch'* a *'grafel'*. Ffrwyth hyn, ynghyd â rhai nodweddion eraill, megis cymysgu odlau acennog a diacen, a chyfosod odlau a phroest, yw bod yma, mewn mannau, rhyw sŵn modernaidd sy'n torri'n ddigywilydd ar draws perseinedd yr awdl eisteddfodol, rhyw awgrym o'r ymadroddi caled a fyddai'n dod i nodweddu Gwenallt yn y man, ac awgrym o'r rhythmau a fyddai'n seinio mor hyfryd gras â gwellaif rhydlyd.

III

Ddydd Mercher, 9 Awst 1928, roedd y *Western Mail*, yn ei adroddiad o Eisteddfod Genedlaethol Treorci, yn gorfoleddu bod Syr John Morris-Jones wedi ei weld yn cerdded maes y brifwyl. Y flwyddyn flaenorol, yng Nghaergybi, bu'n rhaid iddo gadw draw oherwydd gwaeledd. Ond er mawr lawenydd i'r *Western Mail* roedd Athro Cymraeg Bangor, ac arwr diamheuol y werin eisteddfodol, wedi dychwelyd. *'Sir John is an institution in himself'*, meddai'r adroddiad, *'and eisteddfodwyr look forward with delight to his adjudication in the Chair Ode on Thursday'*. A hawdd iawn, o bosibl, yw anghofio pa mor llethol oedd presenoldeb John Morris- Jones ym mywyd diwylliannol ei gyfnod, a hawdd yw anghofio ei ddylanwad cyhoeddus aruthrol ar lwyfan y brifwyl fel lluniwr chwaeth llenyddol. Yn Nhreorci yn 1928 roedd John Morris-Jones yn beirniadu cystadleuaeth y gadair am yr ugeinfed tro. Yn wir, er 1920 yr oedd wedi bod yn beirniadu ym mhob un Eisteddfod Genedlaethol yn ddi-dor. Dau o uchafbwyntiau'r brifwyl erbyn hynny oedd araith David Lloyd George a beirniadaeth John Morris-Jones ddydd Iau y cadeirio. A'r rheswm pennaf, mewn gwirionedd, pam y cosbwyd Gwenallt mor llym yn Nhreorci oedd yr *institution* yma, a'i blismona llym ym maes yr awdl.

Ni raid traethu yma am ran allweddol John Morris-Jones yn nadeni llenyddol dechrau'r ganrif. Digon yw nodi bod ei ymdriniaeth â iaith ac arddull yn ei ragymadrodd i argraffiad 1898 o *Gweledigaethau y Bardd Cwsg*, ei *Welsh Grammar* (1913) a'r ymdrechion o'i eiddo a arweiniodd at gyhoeddi *Orgraff yr Iaith Gymraeg* (1928) yn gyfraniad ffurfiannol bwysig i lewyrch llenyddiaeth Gymraeg yn ystod y ganrif hon. Ac yr oedd ef ei hun, wrth gwrs, yn ymwybodol iawn o'i lwyddiant fel athro iaith cenedl gyfan, yn ymwybodol ei fod wedi darganfod y Gymraeg 'yn nyfnder isaf ei darostyngiad', ac wedi dysgu'i gyd-Gymry sut y dylid 'ei hysgrifennu yn ol ei theithi ei hun fel y'i gwelir yn nwylo'i champwyr o Ddafydd ap Gwilym hyd Oronwy Owen'.[29] Yn yr un modd, ei greadigaeth ef, yn rhannol, oedd awdl eisteddfodol y ganrif hon. Fe ddarganfu'r hen awdl druan yn llesg ac yn friw ei chynghanedd o dan law farwol prydyddion eisteddfodol y ganrif ddiwethaf, ac aeth ati gyda'i frwsh bras i ymosod ar ei rhethreg tywyll. Ef oedd yn gyfrifol am ddewis testunau newydd ac arloesol Eisteddfod Bangor, 1902, roedd hefyd yn un o'r beirniaid, ac yn awdl Gwynn Jones fe welodd flaen y wawr. O flwyddyn i flwyddyn ar ôl hynny bu wrthi'n meithrin a mowldio'r awdl eisteddfodol yn ei feirniadaethau. Ac onid ei blant maeth ef oedd 'Ymadawiad Arthur' a 'Gwlad y Bryniau' T. Gwynn Jones, 'Yr Haf' R. Williams Parry, 'Y Lloer' J.J. Williams, 'Min y Môr' Meuryn, a 'Gaeaf' J. Lloyd- Jones? Yn wir, oni fedrai gyhoeddi â chryn falchder tadol yn 1927 nad oedd 'dim amlycach yn hanes llên Cymru nag adnewyddiad yr awdl yn y ganrif hon'?[30]

Tri pheth, yn bennaf, oedd yn mynd â bryd Morris-Jones yn ei feirniadaethau eisteddfodol. Yn gyntaf, cywiro iaith ac orgraff y beirdd, yn ail, cywiro cynghanedd yn ôl patrymau'r cywyddwyr, ac yn drydydd, gorseddu arddull gain ac uniongyrchol. Roedd y cywiro iaith, wrth gwrs, yn gysylltiedig â chrwsâd mawr ei fywyd a'i yrfa academaidd, a'r cywiro cynghanedd hefyd yn adlewyrchu'r diddordeb ysol oedd gandddo mewn mydryddiaeth—diddordeb a fyddai'n arwain at gyhoeddi *Cerdd Dafod* yn 1925. Roedd y cwbl hefyd yn adlewyrchiad o'i obsesiwn mawr ynghylch rheolau a chywirdeb. Er mor allweddol angenrheidiol am gyfnod fu ei ddeddfu llym, ei deyrngarwch dall i awdurdod y gorffennol oedd ei sawdl Achilles yn y pen draw. Yn wir, wrth ei goffáu yn 1929, roedd hynny'n boenus amlwg i'w olynydd yng nghadair Bangor, Ifor Williams:

Nid â llaw rydd y tynnai lun, neu dorri llythyren, ond wrth batrwm, gyda chwmpas a phren mesur. Arfer dda ar ddyn, meddai'r hen feirdd, oedd 'llunio gwawd wrth y llinyn.' Efallai. Ond y mae hefyd angerdd sy'n dryllio rheol. Prin yw hynny yn ei farddoniaeth ef; ni charai ddim oedd yn torri mesur, yn ystyr lawnaf y gair mesur ... Ei ddelfryd mewn rhyddiaith a cherdd oedd eglurder tryloyw yn y meddwl, a'i ddatgan mewn iaith gain. Ac nid oedd ceinder iddo ef heb gynildeb, a hynny wrth safonau'r hen feirdd. Ie, cywirdeb wrth yr hen safonau, dyna'r peth mawr. A chan fod ein gwybodaeth o'r hen safonau yn ehangu flwyddyn ar ôl blwyddyn, newidiai ei safon yntau yn gyffelyb. Dyna oedd ei nerth a'i wendid. Credai yn ddiysgog fod safon, er darganfod o hyd fod y safon yn gomedd sefyll yn llonydd . . . Synnwn at ei ffydd, a pharchwn hi, er maint fy anghrediniaeth.[31]

Prin, felly, bod disgwyl i'r *institution* yma roddi rhyw groeso mawr i arbrofion mydryddol Gwenallt. Yn wir, oni ddywedodd John Morris-Jones yn blwmp ac yn blaen yn *Cerdd Dafod* mai 'gwaith ofer . . . yw *dyfeisio* mesurau'[32] ac mai rheitiach fyddai adfer rhai o batrymau mydryddol y Gogynfeirdd? Ac nid cynnal rheolau gramadegol a chynganeddol yn unig a wnâi. Roedd ganddo syniadau pendant a rheolau cyfyng ynghylch ieithwedd barddoniaeth, ac fe gofir, efallai, am y geiriau 'anfarddonol' hynny, megis '*trwyn*', '*ceg*' a '*boch*', a ddiarddelwyd ganddo o diriogaeth eirfaol y bardd.[33] Yn fwy arwyddocaol, roedd ganddo reolau, rhai Aristotelaidd i bob pwrpas, ynghylch priod swyddogaeth celfyddyd. Yn ei erthygl bwysig, 'Swydd y Bardd', a gyhoeddwyd yn 1902, fe nodir 'mai gwaith barddoniaeth ydyw efelychu'r natur ddynol'.[34] Ond, gan gyfeirio at y nawfed bennod yn *Barddoneg* Aristoteles, fe eglurir yn bendant nad ystyr hynny yw 'croniclo pethau fel y maent':

Wrth ddywedyd mai efelychu ydyw swydd y bardd, nid croniclo pethau fel y maent . . . a feddylia Aristotl. 'Nid adrodd yr hyn a ddigwyddodd,' medd ef, 'ydyw gwaith y bardd, ond yr hyn a all ddigwydd, a'r hyn sydd bosibl yn ol tebygolrwydd neu anghenrhaid . . . Am hynny y mae barddoniaeth yn beth mwy athronyddol a godidog na hanes; canys sonia barddoniaeth yn hytrach am y Cyffredinol, hanes am y Neilltuol'[35]

Y Cyffredinol, wrth gwrs, 'ydyw'r peth naturiol i ddyn o'r cymeriad a ddesgrifir ei wneuthur', y Neilltuol, ar y llaw arall, 'ydyw rhywbeth a wnaeth rhyw ddyn neilltuol, megys Alcibiades, y cadfridog'. Ymwneud â theipiau yn hytrach nag ymwneud ag unigolion a wna barddoniaeth felly. Mae'n wir mai defynddio'r dadleuon Aristotelaidd hyn yn 1902 i golbio diffrwythdra llenyddol yr Eisteddfod a wnâi Morris-Jones, ac i ddangos, er enghraifft, na ellid testun pryddest 'a mwy o'r Neilltuol a llai o'r Cyffredinol ynddo' na 'Rhys Pritchard'.[36]

Ac eto, o gofio am ei ddamcaniaethau beirniadol, onid sôn am
'rhywbeth a wnaeth rhyw ddyn neilltuol' a wnâi Gwenallt yn ei awdl,
yn hytrach na chreu â'i ddychymyg y 'Sant' rhesymol-ddisgwyliedig
a fyddai'n cydymffurfio â'r Cyffredinol neu'r teip, ac yn ymddwyn
fel y disgwylid i 'Sant' ymddwyn?

Fe ddylid cofio bod John Morris-Jones ei hun wedi bod yn rhyw
fath o rebel Eisteddfodol unwaith, yn datguddio twyll hynafiaeth yr
orsedd. Ac fe gafodd ei awr fawr yn Eisteddfod Genedlaethol
Llandudno yn 1896 pan ysgyrnygwyd yn gyhoeddus arno gan neb llai
na'r Archdderwydd Hwfa Môn.[37] Ond buan y trodd Proff. J.
Morris-Jones yn ffigur cwlt i'r werin eisteddfodol, ac yn ymgorfforiad
o'r addysg y rhoddai hi gymaint o bwys arno. Nid addysgwr rhyw
ddethol rai mewn tŵr ifori yn unig oedd hwn, ond un a fedrai drafod
treigladau'r Gymraeg gerbron chwarelwyr Blaenau Ffestiniog, un a
fedrai ddenu torf o rhwng tri a phedwar cant pan âi ar ei sgawt i
ddarlithio i Gymry Lerpwl.[38] Ac ar lwyfan y Brifwyl, wrth feirniadu'r
awdl, y câi ei gyfle blynyddol mawr i gyfareddu'r hen werin â'i lais
'tenoraidd, ysgafn, treiddgar'.[39] Dichon fod sawl hen begor yn cael
rhyw bleser sadistaidd wrth glywed y Proff. yn bwrw drwyddi ac yn
darn-ladd rhyw awdlau cloff a chwbl anobeithiol. 'Gwrthuni' oedd un
o eiriau mawr ei feirniadaethau, ac yn ei eirfa ef roedd y gair
hwnnw'n llwyr gyfystyr â meflau iaith a chynghanedd ac aneglurder.
Ac un ffordd oedd yna o ddelio â 'gwrthuni', ei bendolcian yn egr gas
o flwyddyn i flwyddyn ar lwyfan y Brifwyl. Ac wrth gwrs, pan ddeuai
at yr awdlau gorau, fel yn achos 'Min y Môr' Meuryn yn 1921, fe
fedrai swyno'r miloedd drwy lafarganu dyfyniadau meithion yn ei
ddull dihafal.[40]

Oedd, yr oedd Morris-Jones yn medru cyfareddu'r werin, ond yr
oedd yna ochr galed ac anoddefgar i'r ffigur cyhoeddus hwn hefyd.
Yn union fel y gall parch eithafol at gyfraith a threfn droi'n
dotalitariaeth, felly yr oedd John Morris-Jones yn gogwyddo rhwng
bod yn addysgwr taer, ar y naill law, ac yn unben llenyddol styfnig ar
y llaw arall. Roedd ganddo'r ddawn i labyddio pob math o bobl yn y
wasg, megis y teiliwr o Lerpwl, O. Eilian Owen, a fu mor ehud â
doethinebu am orgraff y Gymraeg yn *Y Genhinen*.[41] Fe fedrai fod yn
sobr o anhrugarog, yn ogystal, tuag at rai o'i gyd-ysgolheigion. Pan
gyhoeddodd y Ffrancwr, Joseph Loth, ymdriniaeth fanwl â'r
cynganeddion (*La Metrique Galloise*) fe'i tynnwyd yn gareiau gan
Morris-Jones gerbron holl Geltegwyr Ewrop, a bu'n rhaid dannod

iddo bod rhai o bostmyn Cymru yn fwy hyddysg nag ef yn y maes hwnnw:

> *if the volume had been written in Welsh it would be the laughing-stock of intelligent letter-carriers who dabble in poetry.*[42]

Fe gasâi hefyd unrhyw awgrym o ymhonusrwydd llenyddol. Fe gafodd T. H. Parry-Williams, er enghraifft, chwip dîn gyhoeddus ganddo yn Eisteddfod Bangor, 1915, am ddefnyddio'r ffugenw *Rhuddwyn Llwyd* ac am nodi mai 'Awdl gromatig' oedd ei 'Eryri':

> Goddefer i mi ddywedyd ar y cychwyn mai rhodres noeth (*affectation*) yw arfer term fel awdl 'gromatig,'—y llanc yn dangos ei ddysg, fel y dengys ei *gleverness* yn llunio ffugenw o'r tri lliw a ddefnyddia'.[43]

Ond er difyrred rhai o'r ergydion hyn, mae'n bwysig cofio bod yna elfen ddinistriol ymhlyg yn rhai ohonynt. A oedd taro â gordd mewn beirniadaethau eisteddfodol o flwyddyn i flwyddyn yn ffordd o roi hunan-hyder i feirdd ifanc? Yn ddiamau, fe glwyfwyd bardd ifanc fel Hedd Wyn gan y feirniadaeth lem a dderbyniodd ei awdl anfuddugol ef ym Mangor. A da cofio am y cam mawr a wnaed â'r un bardd yn Eisteddfod Genedlaethol Aberystwyth, 1916, lle rhoed y gadair, gyda sêl bendith John Morris-Jones a Berw, i awdl lân ei gramadeg gan J. Ellis Williams (un o fyfyrwyr J. M.-J.), er bod rhagoriaeth awdl Hedd Wyn yn dra amlwg erbyn heddiw, fel, yn wir, y dadleuodd y trydydd beirniad, J. J. Williams, ar y pryd.[44] Ac o droi at feirniadaeth John Morris-Jones yn yr Eisteddfod honno, y mae yna rywbeth *grotesque* ynghylch ei fytheirio llym ar gorn y llithriadau gramadegol yng ngwaith Hedd Wyn ('pa fodd y gall dyn a fedr ysgrifennu cynghanedd fel yna fod mor ddwl â chymysgu dwy gystrawen mor wahanol â'r ddwy hyn: "mi *d*eriais" ac "â mi yn rhodio, *t*eriais." ', &c.[45]). Yn enw popeth, a oedd disgwyl i Hedd Wyn, bardd ifanc a oedd yn boenus ymwybodol o ddiffygion ei addysg, wybod yn amgenach?

Fe feddai John Morris-Jones ar gryn dipyn o 'anianawd y bwli', chwedl R. M. Jones,[46] a gwaith hawdd, yn ddiau, oedd iddo godi ofn ar lencyn gwerinaidd fel Hedd Wyn. Ond o'r union gyflafan a arweiniodd at ei farwolaeth drasig ef y tarddodd rhai o'r grymoedd a fyddai erbyn 1928 yn herio'n agored ei holl ragdybiaethau beirniadol, ac yn tanseilio telynegrwydd dechrau'r ganrif. Yn sgil sefydlu Plaid Genedlaethol Cymru yn 1925 fe fyddai yna hefyd fwlch ideolegol yn prysur ymagor rhyngddo a'r genhedlaeth o lenorion a oedd yn dod i oed yn ystod y dauddegau. *'Mae'r hen delynau genid gynt/Yng nghrog ar dannau'r helyg draw'*, meddai Hedd Wyn yn ei gân fawr 'Rhyfel', a hawdd iawn erbyn 1928 fyddai cymhwyso'r geiriau hynny at yr awdl eisteddfodol a feithrinwyd mor eiddigus gan John Morris-Jones. 'Awdl brydferth odidog yw hon, y gynghanedd yn gref a phersain, yr iaith yn swynol a goleu'[47] oedd y geiriau canmoliaethus a ddefnyddiodd yn 1906 i ddisgrifio 'Y Lloer' (J. J. Williams), ac fe fyddai ar ôl y rhyfel yn parhau i ddotio at 'ganu swynol, a gloyw iawn'[48] ac yn cael pleser o ganfod 'aml bennill tlws'.[49] Fe gafwyd rhai awdlau tra derbyniol yn ystod y dauddegau, mae'n rhaid cydnabod, ond yn anorfod, ffurf flinedig a llesg oedd yr awdl eisteddfodol erbyn 1928, a thestun parodi, yn wir, i rai o'i phrif hyrwyddwyr gynt, megis R. Williams Parry. Ceisio atgyfodi a moderneiddio'r awdl â rhywfaint o'r egni deallus a oedd eisoes yn trawsffurfio llenyddiaeth Gymraeg y tu hwnt i ffiniau'r Eisteddfod a wnaeth Gwenallt yn 1928. Ond rhyngddo a chyflawni'r nod hwnnw yr oedd John Morris-Jones, a chwaeth gyhoeddus siwgwraidd a hyrwyddwyd dros hir flynyddoedd ganddo ef.

IV

Sibrydir dwy stori ryfedd yn awr ynglyn a chystadleuaeth y Gadair a'r goron yn Nhreorci. Y gyntaf yw mai cadair wag a geir eleni . . . Parthed y Goron dywedir bod 'y beirdd gorau' (pwy bynnag yw'r rheiny) wedi sefyll o'r neilltu eleni er mwyn i fardd arbennig gael y goron. Dywedir bod y bardd arbennig hwnnw yn un arbennig o anffodus ynglyn a'r Goron genedlaethol hyd yn hyn.

Yn yr *Yr Herald Cymraeg* (7 Awst 1928) ar ddechrau wythnos yr Eisteddfod yn Nhreorci yr ymddangosodd y geiriau lled-broffwydol yna. Celwydd noeth oedd ail ran y 'broffwydoliaeth'. Fe enillwyd y goron am yr ail flwyddyn yn olynol gan Caradog Prichard â'i bryddest ysgubol 'Penyd'. Ond, wrth gwrs, roedd *Yr Herald Cymraeg* yn llygad ei le yn achos y gadair. Ac nid atal y gadair oedd yr unig siom i'r dorf fawr o ugain mil a mwy yn y pafiliwn ar ddydd Iau y cadeirio. Er ei fod yn bresennol ar y llwyfan, roedd John Morris-Jones yn parhau'n rhy wan, ar ôl y gwaeledd a'i cadwodd o Eisteddfod Caergybi, i draddodi'r feirniadaeth, a bu'n rhaid i Elfed (*alias* Llofrudd yr Emyn) ddirprwyo.

O blith y naw a oedd wedi ymgeisio am y gadair, awdl *Llangathen*, sef Gwenallt, a roed ar y brig. Ond er cydnabod ei allu barddol, fe lwyr gondemniwyd ei awdl, a hynny ar dri chyfrif. Yn gyntaf, roedd yr arbrofi mydryddol yn annerbyniol. Yn ail, yr oedd ei awdl, i bob pwrpas, yn annhestunol, gan fod natur troedigaeth y 'sant', a holl gynllun y gerdd, gan hynny, yn annilys—'yn fethiant llwyr' yn ôl Morris-Jones.[50] 'Wedi trochi ei arwr mewn budreddi, gofynnir i ni gredu fod cofio ''hen sir a'i hwyneb siriol'' yn ddigon i'w waredu yn sydyn a'i droi'n Sant'[51] meddai Elfed. Cyffelyb hefyd oedd sylw ysgubol J. J. Williams: 'Mewn Cerdd i'r Goleuni ni ddylai'r bardd ganu mwy na'i hanner i Dywyllwch'.[52] Ac yn drydydd, yr oedd yr awdl, yn amlwg, yn rhy agos at yr asgwrn yng ngolwg y beirniaid. Fe gyfeiriwyd eisoes at fawr wae Elfed fod ynddi 'bethau salw hyd at fod yn ffiaidd' a thw-twtian J. J. Williams fod awen Cymru yn troi'n 'bryfedyn y dom', a digon yw dyfynnu condemniad enwog a therfynol John Morris-Jones:

> Ni ellir ei hystyried yn bortread boddhaol na derbyniol o'r gwrthrych a roed yn destun. A phan osoder testun i ganu arno, fe ddylai'r gân fod nid yn unig *ar* y testun ond yn *gweddu* i'r testun; a phan geir testun fel 'Y Sant', y mae anfon i'r gystadleuaeth bentwr o aflendid yn rhywbeth gwaeth na diffyg barn, y mae'n haerllugrwydd a digywilydd-dra.[53]

Do, bu'n rhaid atal y gadair, a hithau wedi ei chludo i Dreorci yr holl ffordd o Queensland drwy garedigrwydd y Blakstone St. David's Society! Fe roed dampar hefyd ar firi'r dorf wedi'r croeso ecstatig a roed ganddi i Lloyd George ar ddechrau'r seremoni. Ac yn y dyddiau dideledu hynny, fe ddisgrifiwyd y siom arteithiol â chryn emosiwn yn y *Western Mail* (10 Awst 1928):

> The great sword remained unsheathed and Gwallter Dyfi, the giant sword-bearer, looked on with an expression of blank despair as though his occupation had for ever gone ... Pedrog was a picture of woe, and even the shining smile of Elfed lost its lustre in the prevailing gloom.

WHY THERE WAS NO CHAIR.

ELFED'S DISCLOSURES.

POEM THAT WAS A JUMBLE OF WORDS

...T WERE "FFIAIDD."

GORSEDD OF A PICTURE OF WOE.

CHAIR AGAIN WITHHELD.

THRILLING WELCOME FOR MR. LLOYD GEORGE.

BY OUR SPECIAL CORRESPONDENT

Y DDRAIG GOCH.

ADDURN AR LENYDDIAETH CYMRU HEDDIW.

CHWEFROR, 1929

CWAITH ANCHYFFREDIN.

AWDL "Y SANT" GAN MR. D. GWENALLT JONES.

...ERS LEWIS.

Led-led yr Eisteddfod.

Ei Phobl a'i Phethau.

"Henferchedeiddiwch" mewn Beirniadaeth.

Gan Nid Euroswydd.

Rhai penawdau papur newydd cofiadwy

Ond cyn diweddu'r seremoni roedd gan yr Archdderwydd Pedrog un tric ar ôl i lonni'r dyrfa luosog, ac roedd gan y sefydliad Eisteddfodol hefyd un gelpan arwyddocaol arall i'w rhoi i'r to ifanc.

Fe fu'r Orsedd mewn sawl Eisteddfod yn ystod y dauddegau yn dyfarnu gwobr o hanner canpunt—gwobr Tom Rees, Efrog Newydd —am y llyfr Cymraeg gorau a oedd wedi ei gyhoeddi yn ystod y flwyddyn flaenorol. Roedd John Morris-Jones a John Edward Lloyd wedi cipio'r wobr yn y gorffennol, ac yn Nhreorci fe fyddid yn dyfarnu'r wobr i lyfr gorau 1927. O dan yr amgylchiadau fe benderfynwyd enwi'r buddugwr yn ystod seremoni'r cadeirio, a galw arno i'r llwyfan i eistedd yn y gadair wag. Elfed (unwaith eto!) a'r Canon Maurice Jones oedd y beirniaid, ac roedd Prosser Rhys wedi bod yn darogan ers wythnosau yn y *Y Faner* pa lyfr fyddai'n ennill.[54] *Williams Pantycelyn* gan Saunders Lewis oedd y llyfr hwnnw. Yr ydym eisoes wedi crybwyll ei ddylanwad posibl ar awdl Gwenallt, a theg cofio bod ei gyhoeddi wedi peri llawn cymaint o gyffro ac anniddigrwydd o rai cyfeiriadau ag awdl Gwenallt. Ond darogan gwag a gafwyd, ac mae'n syn meddwl mai cyfrol led anghofiedig gan Tom Richards, *Piwritaniaeth a Pholitics*, a gipiodd y wobr. Eironi chwerw, a ffordd ddiamheuol dda o roi'r halen ar y briw, fu rhoi Tom Richards, ar ôl baeddu'r Saunders Lewis ifanc, i eistedd yng nghadair wag Gwenallt.

Er na roddwyd y gadair i Gwenallt, o leiaf, fe esgorodd dyfarniad y beirniaid ar gryn drafod yn y wasg Gymraeg. Fe roddodd i ni hefyd ambell bennawd papur newydd cofiadwy. Er enghraifft, hwn yn y *South Wales News* (10 Awst 1928)—'WHY THERE WAS NO CHAIR.—ELFED'S DISCLOSURES.—POEM THAT WAS A JUMBLE OF WORDS—AND LINES THAT WERE "FFIAIDD." '. Fe gafodd *Y Brython* (16 Awst 1928), papur Cymraeg Lerpwl, gryn gysur moesol hefyd wrth gyhoeddi mai cadair wag a gafwyd 'rhag ei baeddu gan y bustl ffiaidd a awdlwyd ar ei chyfair'! Ac fe gafwyd cryn lythyru yn y *Western Mail*. Roedd y cyfaill Frederick J. Mathias yn gresynu at ddyfarniad y beirniaid—'*Skirts shorten, and wits sharpen, no matter what the elders may say*'.[55] Ond arall oedd barn y sawl a'i galwai ei hun yn *Cantab*. '*We outsiders who are not poets of the modern type, like our literature, as we like our meals, served up unsoiled by dirt of any kind*'.[56] Fe gyfrannodd y bardd Huw Menai yn ogystal at y drafodaeth fywiog yn yr un papur, gan ddadlau'n daer mai '*pulpit prejudice'* oedd y cyfan, cyn troi i holi'n grafog *'was the particular type of saint chosen as the subject of this ode meant to be sexless?'* [57]

Yn ychwanegol at y math yna o lythyru difyr, fe gafwyd ymateb llawer mwy arwyddocaol gan lenorion Cymraeg ifainc y dydd, megis Caradog Prichard, Prosser Rhys, Kate Roberts a Saunders Lewis. Mae'n ddadlennol hefyd, o gofio'u tueddfryd beirniadol diweddarach, fod dau ŵr ifanc arall, Thomas Parry a Iorwerth Peate, wedi ymrestru ymhlith cynheiliaid y *status quo* eisteddfodol, ac erbyn 1928 llwyr ddisgwyliedig oedd gweld W. J. Gruffydd yn eistedd, i bob pwrpas, ar ei ffens.[58] Ond y cyntaf, mewn gwirionedd, i fwrw amheuaeth ar ddyfarniad y beirniaid oedd enillydd Coron Treorci, sef Caradog Prichard. Yr oedd ef ar y pryd yn gweithio i'r *Western Mail*. Ac ar fore dydd Gwener yr Eisteddfod roedd ganddo sgŵp. Cafodd ddatgan mai Gwenallt oedd awdur yr awdl waharddedig, ac yr oedd, yn ogystal, wedi cael cyfle i fwrw golwg arni. Fe'i crynhodd yn ei adroddiad gan ddyfynnu rhai llinellau arwyddocaol. Fe aeth ymhellach hefyd:

> The chair has been with-held this year, but has there been fairplay? Have the adjudicators brought religious convictions and sentiments to bear upon their decision with the result that true Art has been denied its due?
>
> An ode of outstanding merit was this year submitted for the chair competition . . . And yet the chair has been with-held.[59]

Holi'n bryfoclyd ynghylch y dyfarniad a wnaeth Caradog Prichard, ac awgrymu'n gryf, megis y gwnâi *Y Tyst* (23 Awst 1928), mai 'sŵn rhyfel sydd yn y gwynt'. Ac yn Aberystwyth yr oedd golygydd ifanc *Y Faner* wedi hen flaenllymu ei waywffyn ac wedi hen baratoi ei feirch gogyfer â'r rhyfel hwnnw. Roedd Prosser Rhys eisoes wedi bod yn ganolbwynt i gythrwfl mawr coron Pont-y-pŵl yn 1924, ac ef, wrth gwrs, a ofalodd, yn y man, y byddai awdl Gwenallt yn cael ei chyhoeddi. Mae'n amlwg mai gweld y cyfan fel ymestyniad o frwydr Pont-y-pŵl a wnâi ef; gweld gorbarchusrwydd y sefydliad eisteddfodol yn mygu mynegiant llenyddol cyflawn a gonest, ac yr oedd hynny'n dân ar ei groen. Nid diplomat, wrth gwrs, oedd Prosser Rhys, ac yn *Y Faner* (14 Awst 1928), ni fedrai ymatal rhag dweud mai 'tair hen ferch' oedd beirniaid Treorci,[60] ac fe fathodd derm newydd i gyfleu eu hymagweddu beirniadol hwy—'Henferchedeiddiwch'!

Buom yn ddigon anffodus i weld atal y gadair oddiwrth y goreu,
'Llangathen,' am ei awdl i'r 'Sant' yn bennaf oherwydd nad oedd ar yr
ymgeisydd hwnnw ofn disgrifio profiad dynol, llawn, ac am na chuddiai
nwydau'r corff fel petaent dabŵ. Mi welais yr awdl hon, mi a'i darllenais
yn fanwl, ac y mae hi'n awdl nodedig iawn o ran gwreiddioldeb
ymadrodd ac awen, a hefyd o ran ysbryd crefyddol. Y mae'n wir bod
beirniadaeth Syr John Morris-Jones yn darllen yn rhesymol iawn, ond
gwir reswm yr atal, yn ol cyfaddefiad y beirniaid eu hunain yn ddistaw
bach, yw henferchedeiddiwch.
    Mi hyderaf y cyhoedda Mr D. J. Jones (Gwenallt)—ef biau'r awdl—y
gwaith yn y 'Llenor,' fel y gwelo'r wlad fwnglerwaith y tair hen ferch o
feirniaid, Elfed, Syr John Morris-Jones a'r Parch. J. J. Williams. Ni
feiddiai beirniaid y bryddest wneuthur camwri eglur fel hyn. Y mae'r
wers wedi ei dysgu iddynt hwy er 1915 ond hyd yn hyn bu'r awdl braidd
ymhell oddiwrth fywyd a meddwl y dydd. Ond fe'i dygpwyd i fewn
bellach . . . Y mae'r hen ferched eisoes wedi dychrynu am eu bywyd.

Ac nid dyna'i diwedd hi! Drwy gydol Awst parhaodd Prosser Rhys i
ergydio yn *Y Faner*, parhau i ddilorni'r syniad 'mai amcan
llenyddiaeth yw bod yn neis a didramgwydd' a pharhau i bledu'r
institution mawr o Fangor â'i herfeiddiwch geiriol. Roedd yn fodlon
cydnabod mai John Morris-Jones a'n 'dysgodd i sgrifennu
Cymraeg', ac yn fodlon cydnabod ei fod yn 'athro cynghanedd da',
ond nid beirniad llenyddol mohono o gwbl:

Nid yw Syr John yn feirniad llenyddol, ac ni chyfrannodd ddim yn ei
waith ei hun nac yn ei feirniadaethau at feddwl, at gwmpas, at ddeunydd
barddoniaeth. Yn ol pob argoel, nid yw ef dros ledu terfynau bardd-
oniaeth Gymraeg, nac ymhlaid rhyw lawer o arbrofion mewn crefft
ychwaith. Gallaf ddeall ei agwedd ef. Y mae ganddo bob hawl i fabwyso'r
agwedd honno. Ond anffawd yw dodi gwr o'i fath i feirniadu
barddoniaeth ar adeg fel y presennol pan yw prydyddion yn ceisio lledu'r
terfynau, a dywedyd pethau nas dywedyd mewn barddoniaeth
Gymraeg o'r blaen.[61]

Roedd yna lenorion ifainc eraill a oedd yn llawn mor llidiog a blin
â Prosser Rhys. Mae'n amlwg hefyd fod hyd yn oed rhai o gyn-
fyfyrwyr John Morris-Jones, megis Kate Roberts, wedi hen
sylweddoli mai traed llenyddol o glai oedd ganddo. Ac er mai mewn
llythyr preifat at Saunders Lewis y mynegwyd ei hanniddigrwydd hi,
y mae, unwaith eto, yn adlewyrchu'r tensiwn rhwng dwy genhedlaeth
a ddaeth mor amlwg i'r wyneb yn Nhreorci:

Yr oedd arnaf eisieu dywedyd wrthych pa mor ofidus oedd gennyf am y
cam a wnaed a chwi gan yr Orsedd ynglyn a'r wobr yna. Ni ddaeth i'm
meddwl i fod neb yn ddigon ffol i awgrymu llyfr ar yr un anadl a
Phantycelyn, a phan ddarllenais mai'r Dr. Tom Richards a'i cawsai, bu
agos imi a chael ffit . . . Onid oes yna bethau i'w dirmygu yng Nghymru
mewn gwirionedd? A dyna fusnes y gadair wedyn. Wel! Yr wyf yn
edmygu Mr Prosser Rhys am ei onestrwydd a'i ddewrder. A'r holl
bapurau eraill yn treio bod yn neis. Fe ddywedodd Syr John rywdro ym
Mangor, mi glywais, wrth gadeirio cyfarfod ynglyn a'r ddrama, nad
oedd ef wedi astudio'r ddrama na'r stori nac yn cymryd fawr o
ddiddordeb ynddynt. Os felly, nid oes ganddo hawl i feirniadu
barddoniaeth chwaith, oblegid yr un yw deunydd y cwbl. [62]

A beth am Saunders Lewis ei hun? Yr oedd hi'n anochel, wrth
gwrs, y byddai ef yn rhoi ei big i mewn. Ond â'i ysbryd sifalrïaidd
arferol, nid ymuno â'r gwffas ffyrnig ar lawr y buarth a wnaeth, ond
cyhoeddi erthygl ymddangosiadol bwyllog yn *Y Llenor* yn Hydref,
1928, yn ymdrin ag egwyddorion beirniadol John Morris-Jones. [63]
Rhoddodd gerydd caredig hefyd i un o'i filwyr troed byrbwyll,
Prosser Rhys, gan awgrymu mai annheg oedd credu 'mai am iddo
weld yn yr awdl "bentwr o aflendid," ac am hynny'n unig' y'i
condemniwyd gan John Morris-Jones. Er tegwch â Syr John, rheid-
rwydd, ym marn y marchog ifanc, oedd cofio ei fod wedi condemnio'r
awdl am nad oedd yn gweddu i'r testun, ac roedd hi'n hanfodol i'w
feirniaid roi sylw teg i'r egwyddorion llenyddol a oedd yn sail i hynny.
Ac, wrth gwrs, fe aeth ef ei hun ati i gyflawni'r dasg honno.
    Gweld gwrthdrawiad rhwng 'beirniad o gyfnod arbennig' (John
Morris-Jones) a 'bardd y gellir tybio ei fod yn nodweddiadol o gyfnod
arall' (Gwenallt) a wnâi yn yr erthygl, a gweld hynny mewn cyd-
destun Ewropeaidd eang a oedd yn ymestyn yn ôl hyd at y Dadeni
Dysg. Deinasor beirniadol oedd John Morris-Jones yn ei olwg, a
fyddai'n fwy cartrefol yn y cyfnod Clasurol a ddilynodd y Dadeni
Dysg. Digon gwir i'r Dadeni ddarganfod 'byd cig a gwaed a
meidrolion', ond y paradocs mawr a ddilynodd hynny fu gorseddu
Aristoteles ar gadair beirniadaeth, a chanolbwyntio o'r llenor a'r
bardd ar y 'teipiau' yn hytrach nag ar 'unigolion digyswllt'. Roedd
yna le, wrth gwrs, i gymeriadau a oedd yn gymysg o'r drwg a'r da,
ond yr oedd terfynau ar hynny, 'sef yr hyn sy'n briodol i'r teip', ac,
wrth gwrs, nid oedd 'sant' Gwenallt yn cydymffurfio mewn unrhyw
fodd â'r teip. Y rhain, ym marn Saunders Lewis, fu'r egwyddorion

llenyddol syflaenol a lywiodd lên Ewrop rhwng yr unfed ganrif ar
bymtheg a'r ddeunawfed ganrif, ond y syndod mawr, wrth gwrs, fu
'clywed llais y cyfnod hwnnw yn 1928; megis petai un ar ffordd
facadam yn taro'i droed ar faen Rhufeinig.' Ar y llaw arall, cynnyrch
y mudiad Rhamantaidd oedd Gwenallt, a hanfod rhamantiaeth, yng
ngolwg Saunders Lewis, fu cymryd 'yr unigolyn, a phrofiadau
unigol, di-deip, anghyffredin, yn destun iddi'. Ac er ei fod ef ei hun
yn dyheu am weld rhamantiaeth yn datblygu'n glasuriaeth newydd,
nid oedd dianc rhag 'egwyddor hanfodol rhamantiaeth'. Ac o
dderbyn yr egwyddor honno roedd yn rhaid mynd â hi i'r pen 'neu
syrthio i blentyneidd-dra'; roedd yn rhaid croesawu 'profiad yn ei
gyfanrwydd', a sylwi na 'threiddir ymhell i enaid un dyn byw heb
ddarganfod ''pentwr aflendid.'' ' Wrth gwrs, nid i lenyddiaeth
fodern y galwyd y sawl na fedrai oddef na stumogi y 'darganfod'
hwnnw. Ac fel y dywedodd Alun Llywelyn-Williams mewn cyd-
destun arall, dyna chwalu John Morris-Jones gydag ychydig bach
mwy o *finesse* na Prosser Rhys, ond ei chwalu, yr un modd.

Yn y man, fe fyddai Saunders Lewis, yn ogystal, yn troi ei olygon
at awdl 'Y Sant' ei hunan mewn adolygiad ar *Y Mynach a'r Sant* ar
dudalennau *Y Ddraig Goch*. [64] Addurn ar lenyddiaeth Gymraeg y dydd
oedd 'Y Sant' yn ei ddyb ef, a'r peth anghyffredin yn ei chylch oedd
bod ynddi lais newydd. Fe welai bod y gynghanedd yn cynnig i
Gwenallt eirfa gyfoes, ac yn creu 'rithmau sydd weithiau'n gyffrous-
anystwyth'. Yn wir, yr oedd yr awdl yn profi 'fod cerdd dafod i
barhau . . . ym myd y llong awyr a'r T.D.W. a gwyddor eneideg'.
Roedd i'r awdl ei gwendidau, er hynny. Y man gwan amlwg oedd yr
ail ganiad, a chŵyn fawr Saunders Lewis oedd fod Gwenallt yn
annheg tuag at ddinasoedd:

Mewn dinas y'm magwyd i, mewn dinasoedd y cefais brofiadau gorau fy
mywyd. Gwell gennyf ddinasoedd na gwlad, a bywyd dinesig na bywyd
gwlad. Y mae beirdd Cymraeg diweddar yn annheg tuag at ddinasoedd,
Gwenallt yn gystal a Chynan. Byw yn ddrwg yn eu caniadau hwy yw
mynd i'r ddinas. Cael tro at grefydd yw dychwelyd i'r bryniau a'r caeau.
Onid ydyw hyn yn anghwrtais? . . . Nid purdeb i gyd ychwaith yw bywyd
y wlad. Gellir bod cyn frynted mewn llofft uwchben beudy ag mewn
gwesty ym Mharis. Byddaf yn blino hefyd ar y modd y sonnir am win . . .
a chysylltu gwin bob amser a phuteinio. Nid realaeth yw hynny, ond
effaith addysg y Band of Hope adfydus.

Ond, o droi at y trydydd caniad, fe deimlai fod yr awdl, wrth ganu clod gwareiddiad Cristnogol, yn ymledu'n fawreddog fel Dyffryn Tywi ei hunan. Fe deimlai hefyd 'ar air a chydwybod' ei bod hi'n llwyr deilwng o gadair eisteddfod Treorci.

Dyna i ni rywfaint o'r gwrthymosod a fu ar John Morris-Jones a'i gymrodyr yn sgil eu dyfarniad yn Nhreorci, ac mae'n gwbl allweddol ein bod ni'n sylweddoli nad o gyfeiriad rhyw unigolion heb gyswllt â'i gilydd y daeth y gwrthymosod hwn. Yn gyntaf oll, yr oedd y ceiliogod cecrus hyn yn eu gweld eu hunain fel cenhedlaeth newydd, ac yn gwbl ymwybodol eu bod yn torri tir newydd ac yn ymosod ar ddiniweidrwydd llenyddiaeth Gymraeg. Ar y cyfan, yr oeddynt hefyd yn dra chyfarwydd â'i gilydd, yn glic bychan a oedd yn gysylltiedig, bron i gyd, â'r Blaid Genedlaethol. Hwy oedd 'y pedwar neu bump bardd a nofelydd' y cyfeiriodd Saunders Lewis atynt yn ei ragair i *Williams Pantycelyn*; y 'pedwar neu bump' a ymdrechai am 'onestrwydd a difrifwch'[65] mewn llenyddiaeth Gymraeg.

Wrth gwrs, roedd ymdrechu am 'onestrwydd a difrifwch' yn waith unig a dirmygedig yng Nghymru'r dauddegau, ac yn rhwym o greu pob math o gamddealltwriaethau. Yn *Y Tyst* (2 Awst 1928) fe ofidiai'r Parchedig E. Keri Evans fod beirniaid fel Saunders Lewis 'yn plygu fel gwiail helyg o flaen awel erotig yr oes'. Yn ystod yr un mis fe dybiai'r *Welsh Gazette* (23 Awst 1928) mai '*neo-pagans*' oedd beirdd yr 'ysgol newydd', a chythruddwyd *Seren Cymru* (17 Awst 1928) yn fawr o weld awdl fel 'Y Sant' yn cael ei llunio, a hynny 'ar law dynion ieuanc a fagwyd drwy aberth dynion crefyddol'. Ie, rhy hawdd oedd anghofio'r paradocs yn achos dau o'r 'dynion ieuanc' hyn, sef Gwenallt a Saunders Lewis, ac anghofio mai ffrwyth adwaith yn erbyn rhyddfrydiaeth grefyddol y dydd oedd eu hymchwil am realaeth a gonestrwydd. Arswyd crefydd Cymru iddynt hwy oedd ei bod wedi anghofio beth oedd pechod. Ac wrth gwrs, fe gofir brawddeg enwog Saunders Lewis yn y '*Llythyr ynghylch Catholigiaeth*' mai 'colled i lenyddiaeth yw colli pechod.' Iddo ef 'arbenigrwydd Cristnogaeth erioed fu rhoi bri neilltuol ar bechod'.[66] Yn yr un modd, fe ellid honni mai am 'roi bri neilltuol ar bechod' y cosbwyd Gwenallt yn Nhreorci.

Y mae'n allweddol cofio mai clic bychan oedd yn herio John Morris-Jones yn 1928, a bod ei gefnogwyr, a chefnogwyr y *status quo* eisteddfodol, yn osgorddau helaeth. A bron nad oedd hynny'n llythrennol wir! Yn ôl *Y Cloriannydd* (19 Awst 1928) fe basiwyd cynnig brys yng ngarddwest flynyddol Cymdeithas Gorsedd Beirdd Môn, a oedd yn nodi 'fod y gymdeithas yn teimlo'n ddiolchgar i feirniaid Cadair Eisteddfod Genedlaethol Treorci am eu datganiad cryf ar foesoldeb y gystadleuaeth, yr hyn a gredir fydd o werth dirfawr i farddoniaeth Cymru y dyddiau hyn'. Ac yn sicr, dyna oedd y teimlad cyffredinol a fynegwyd yn y wasg Gymraeg yn syth ar ôl yr Eisteddfod. Yn ôl colofn 'Y Llen Lliain' yn *Yr Herald Cymraeg* (14 Awst 1928)—ac mae'n debyg y dylid priodoli ei chynnwys i Meuryn — '[t]eimla pawb glan ei feddwl yn ddiolchgar i Syr John Morris-Jones am siarad mor gryf a phendant yn erbyn aflendid mewn llen'. A chyffelyb oedd y diolchgarwch a estynnwyd i'r beirniaid gan *Y Goleuad* (22 Awst 1928) a haerai mai 'dyledwyr ydym i'r dynion cryfion hyn am sefyll i fyny mewn lle digon anodd dros y glân a'r pur.'

Yna, mewn ymateb i ergydion Prosser Rhys yn *Y Faner*, fe drodd molawdau'r wasg i John Morris-Jones yn ymosodiadau chwyrn ac agored ar y to ifanc. Yn y *South Wales News* (17 Awst 1928) mynegi syndod a wnâi 'Y Golofn Gymraeg' fod unrhyw un yn medru amau barn 'y triwyr enwog fu'n cloriannu beirdd y gadair eleni'. Yr oedd yna sioc wirioneddol hefyd fod *Y Faner* wedi medru ymostwng i'r fath raddau â galw Elfed, J. J. Williams, a Syr John Morris-Jones, o bawb, yn dair hen ferch. 'Credwn . . . fod cydwybod gwlad yn protestio yn erbyn galw beirniaid yr awdl eleni yn ''dair hen ferch'' ', meddai colofn olygyddol *Y Darian* (23 Awst 1928). A chyffelyb, ond tra ffyrnicach, oedd protest angerddol y cyhoeddiad ymneilltuol o Ddolgellau, *Y Cymro* (15 Awst 1928):

Cadair wag a gafwyd yn Nhreorci, ond myn rhyw ddosbarth o bobl yn ein gwlad nad felly y dylai fod. Hyd y gwelaf fi rhyw ddau neu dri o'r beirdd ifanc, a fynnant eu galw'u hunain yn fodern, sy'n codi'r gri hon, a rhyfeddwn at haerllugrwydd y dosbarth hwn yn honni eu bod yn gwybod yn well na'r Athro Syr John Morris-Jones, ac Elfed a J.J. . . . Un o'r rhai sydd wedi gwneuthur mwyaf dros ysgol newydd o feirdd yw Syr John Morris-Jones. Yn wir iddo ef y gellir priodoli llawer o'r dyrchafiad a fu i farddoniaeth ddiweddar o'r hen rigolau. Yn awr wele'r Athro wedi rhoddi ei droed i lawr yn erbyn y cyfeiriad pwdr y tuedda barddoniaeth Cymru iddo, ac am iddo wneuthur hyn wele ef ar unwaith yn nhyb y 'beirdd newydd' bondigrybwyll, wedi disgyn yn un o'r beirniaid salaf. Gelwir ei waith ef ac Elfed a J.J. yn atal y gadair yn 'henferchedeiddiwch'. 'Y Sant' oedd y testun yn Nhreorci, ac os oedd rhywun yng

Nghymru a wyddai sut i ganu awdl ar y testun—ie, a barddoniaeth i fyny
â'r oes hefyd—y tri hynny oedd Syr J. Morris-Jones, Elfed, a J.J. Yn sicr,
y mae'n bryd i'r hanner dwsin oraclau ifanc sy'n gosod eu hunain yn
awdurdod ym myd llên Cymru, ac ym mhob byd o ran hynny—dosbarth
sy'n dilyn y pethau gwaelaf ym myd y Sais,—y mae'n bryd iddynt, mi
ddaliaf, wybod eu lle eu hunain a magu ychydig o ostyngeiddrwydd.

A'r un yn union oedd yr ymateb mewn mannau eraill. Drwy gydol
Awst a Medi bu Meuryn yn *Yr Herald Cymraeg* yn fflangellu'r 'gwyr
ieuainc opiniyngar',[67] ac yn dannod iddynt nad oeddynt ond 'haid o
efelychwyr pethau salaf cenedl arall'.[68] Yn wir, nid Prosser Rhys yn
unig oedd yn ennyn ei lid, ond Saunders Lewis yn ogystal:

> Y mae un eisioes wedi codi ei lef mewn protest yn erbyn atal y gadair yn
> Nhreorci. Mr Saunders Lewis oedd hwnnw. Ond y mae'r wlad bellach yn
> dechrau dyfod i ddeall na ellir derbyn ei farn ef fel dedfryd derfynol ar
> farddoniaeth Cymru. Mae ei gamddeongliadau yn rhy luosog a'i ogwydd
> yn rhy amlwg.[69]

Mae'n sicr i feirniaid Treorci gael cryn gysur o wybod bod gwerin
gwlad yn gadarn o'u plaid, a dichon mai sioc bleserus, yn ogystal, fu
deall nad oedd holl geiliogod ifainc y dydd ychwaith yn ffyrnig yn eu
herbyn. Yn Rhagfyr, 1928, fe roed sylw cymeradwyol i un gŵr ifanc
yn *Yr Herald Cymraeg*, a chyfeiriwyd yn dra ffafriol at adolygaid o'i
eiddo ar *Y Mynach a'r Sant* a oedd wedi ymddangos yn *Y Brython* (20
Rhagfyr 1928). Iorwerth Peate oedd y gŵr ifanc hwnnw, ac roedd *Yr
Herald Cymraeg* (25 Rhagfyr 1928) yn dra balch o'i adolygiad gan y
tybiai llawer 'fod Mr. Peate o'r un ysgol a'r awdur'. Yn ôl Peate yr
oedd 'Y Sant' yn awdl 'gwbl druenus'; nid oedd ynddi na chynildeb
na chwaeth, fe geid ynddi eiriau amhersain fel 'artiffisial', ac o ran ei
thechneg, yr oedd hi, unwaith eto, yn druenus. A chyffelyb, yn wir,
oedd sylwadau'r darlithydd ifanc o goleg Caerdydd, Thomas Parry,
mewn adolygiad yn *Y Llenor*.[70] Er nad oedd ef yn adweithio mor
ffyrnig â Peate yn erbyn cynnwys yr awdl, fe deimlai fod Gwenallt
wedi methu'n llwyr ag argyhoeddi ei ddarllenwyr, ac fe deimlai fod
yna anniffuantrwydd yn yr awdl, yn enwedig yn yr ail ran. Yr oedd
techneg yr awdl a dull y bardd 'o drin ei bwnc' yn dra diffygiol yn ei
olwg hefyd. Yn ei dyb ef ni fyddai'r hen feirdd 'â'u greddf anffaeledig'
fyth yn peri afreoleidd-dra fel y gwnâi Gwenallt drwy gymysgu odl a
phroest. Roedd Gwenallt, yn ogystal, yn anghofio mai miwsig ar y

glust oedd y gynghanedd ac fe dueddai i'w throi dan ei ddwylo 'yn
dincian amhersain'. Na, ym marn Thomas Parry nid oedd beirniaid
Treorci yn haeddu'r 'holl gondemnio llym a fu arnynt'.

Llawenydd i John Morris-Jones, mae'n ddiau, fyddai gweld fod un
o'i gyn-fyfyrwyr disgleiriaf yn dal i rannu rhywfaint o'i chwaeth
lenyddol ef. Ond er y gefnogaeth gyhoeddus eang a dderbyniodd Syr
John yn y wasg Gymraeg yn dilyn Eisteddfod Treorci, y mae yna
dystiolaeth sy'n profi ei fod yntau yn dechrau anniddigo erbyn yr
Hydref. Mewn dau lythyr dadlennol at y Parchedig D. Tecwyn
Evans y clywn ei anniddigrwydd, ac y synhwyrwn bod rhyw ddygyfor
nodweddiadol ar droed yng nghrombil yr hen losgfynydd rhyfeddol
hwn.

> Annwyl Decwyn,
>   Nid rhaid diolch i mi am a wneuthum ym mater y gadair yn
> Nhreorci. Ni allwn amgen; y mae'r peth yn wrthuni annioddefol. Y drwg
> yw, mae'n eglur, mai beirniaid y Goron sy wedi bod yn rhy lac o lawer,
> yn gwobrwyo yn erbyn eu greddf naturiol eu hunain, bethau na ddylesid
> erioed eu gwobrwyo. Yr wyf yn deall bod y Faner wedi bod yn ymosod yn
> chwerw arnom; ond ni welais yr un gair o'r druth. Y mae'r awdur, mi
> glywais, yn bygwth cyhoeddi ei awdl. Wel, gwnaed! Fe gaiff glywed
> pethau plaenach na dim a ddywedais i eto os gwna. Eithr efallai na bydd
> dim yn angenrheidiol; fe wêl y wlad ar unwaith ei wrthuni heb i mi
> ddangos ei wendidau . . . [71]

Yn yr ail lythyr y mae Syr John yn rhoi sylw byr i'r erthygl a
gyhoeddodd Saunders Lewis yn *Y Llenor*. Mae'n wir na cheir unrhyw
ymateb beirniadol o sylwedd ynddo, ond y mae'n llythyr tra
arwyddocaol sy'n profi bod y Saunders ifanc yn prysur drethu
amynedd y Proff. Fe ddengys y llythyr hefyd i ba raddau yr oedd John
Morris-Jones wedi colli cyswllt â chyffro llenyddol y dydd. Yn ôl ei
sylwadau, gwelir mai drwy law Tecwyn Evans y cafodd ef yr erthygl
o dan sylw, a medrir casglu, gan hynny, nad oedd ef yn un o
ddarllenwyr cyson *Y Llenor*, o bob cylchgrawn:

> ni welais ysgrif S.L. cyn cael y copi gennych chwi. Efallai mai da hynny,
> rhag fy nhemntio i'w ateb. Y mae'r bachgen hwn yn ein cymryd dan ei
> adain yn dadol (ai yn *famol* a ddylwn ei ddywedyd?) [72]

Fe ddengys y llythyrau hyn faint y gagendor rhwng John Morris-Jones a rhai o lenorion ifainc amlycaf y cyfnod. Mae'n dra amlwg hefyd ei fod yn cael ei demtio i ymateb yn gyhoeddus i'r beirniadu a fu arno. Yn wir, mae pob lle i gredu y gallasai'r ddadl hon fod wedi parhau a dyfnhau yn ystod 1929. Ond, yng ngwanwyn y flwyddyn honno, fe dawelwyd yr holl fagnelau pan fu farw Syr John Morris-Jones yn ddisymwth. Yn sgil hynny, fe drodd geiriau chwyrn Prosser-Rhys, hyd yn oed, yn deyrngedu moliannus ar dudalennau'r *Faner*,[73] ac fe ddaeth rhyfel 'Y Sant' i ben.

V

Yn ei ysgrif, 'Meddwl y Dau-Ddegau', testun syndod i Alun Llywelyn-Williams oedd y ffaith fod barddoniaeth yng Nghymru ar ôl y Rhyfel Mawr 'wedi llifo ymlaen' yn y gwely a dorrwyd ar ei chyfer ar ddechrau'r ganrif.[74] Ond er nodi hynny, ac er mor beryglus o hawdd, yn wir, yw ystyried diffyg ymateb uniongyrchol y beirdd i'r rhyfel yn nhermau rhyw 'fethdaliad diwylliannol' dramatig,[75] yr oedd Alun Llywelyn-Williams yn llawn sylweddoli bod y diwylliant Cymraeg wedi ymateb yn rymus anuniongyrchol i'r rhyfel mewn gwirionedd. Ffrwyth yr ymateb anuniongyrchol hwnnw, wrth gwrs, oedd bywiogrwydd llenyddol y dauddegau, ac fe'i gwelir amlycaf yn y feirniadaeth newydd a chyhyrog a ymddangosodd yn sgil sefydlu *Y Llenor* yn 1922. Daeth rhywfaint o ddifrifwch artistig i fyd rhyddiaith a'r ddrama, yn ogystal, ac fel y nododd Dafydd Glyn Jones, fe ddychwelodd problem yr enaid unigol 'o rywle fel corwynt',[76] gan yrru ymwybod atgyfodedig y cyfnod â phechod i gysgu yn yr un gwely tanllyd â seicoleg newydd yr oes. Yn hanes ieuenctid y Rhyfel Mawr, cyfnod o ailasesu diwylliannol a gwleidyddol fu'r dauddegau; cyfnod o dderbyn methiant rhyddfrydiaeth braf Cymru Fydd, cyfnod o greu mythau newydd. Yn llenyddol, yr oedd hi'n anorfod y byddai'r ailasesu hwn yn troi'n wrthryfel yn erbyn telynegrwydd llesmeiriol dechrau'r ganrif. Yr oedd gwarthdrawiad â rhai o brif gynheiliaid y telynegrwydd hwnnw, a chwaeth boblogaidd y dydd, yn llawn mor anorfod hefyd. Ac wrth gwrs, fel y dangosodd Alun Llywelyn-Williams ymhellach, ni lwyddodd yr Eisteddfod Genedlaethol hithau, fel prif sefydliad diwylliannol y Cymry, i ddianc yn ddianaf rhag y croeswyntoedd hyn.

Yn erbyn y cefndir yna y dylid gosod arbrofi cynhyrfus 'Y Sant' a'r cythrwfl rhwng dwy genhedlaeth a ddilynodd y dyfarniad yn Nhreorci. Ond er cymaint o gefndeuddwr fu'r safiad olaf hwn gan John Morris-Jones yn nannedd goruchafiaeth anorfod cenhedlaeth newydd o lenorion, y mae i'r digwyddiad ei baradocs. Arbrofi anodweddiadol o'r awdl eisteddfodol a gaed yn Nhreorci. *Fe* oroesodd dylanwad ffurfiannol John Morris-Jones ar yr awdl eisteddfodol fel ffurf, a hynny hyd ein dyddiau ni. Erbyn i Gwenallt ennill y gadair ym Mangor, yn 1931, fe fyddai wedi tymheru cryn dipyn ar ei herfeiddiwch arbrofol, ac er y byddai Gwyndaf yn dwyn y *vers libre* i faes yr awdl eisteddfodol yn 1935, fe fyddai'n rhaid disgwyl hyd ddyddiau Euros Bowen am arbrofion mor rymus ag awdl 'Y Sant' yng nghystadleuaeth y gadair—ac ysywaeth, rhai mor llwyr wrthodedig hefyd. Na, ni fu i Gwenallt agor pennod gyffrous newydd yn hanes yr awdl, ond o leiaf, fe gyflwynodd weledigaeth a chreu myth arwyddocaol yn 'Y Sant' a fyddai'n gynsail i weddill ei yrfa fel bardd.

NODIADAU

Carwn ddiolch i ddau aelod o staff Llyfrgell Genedlaethol Cymru, Mr. Gwyn Tudur Davies a Dr. Huw Walters, am sawl cymwynas tra bûm wrthi'n paratoi'r erthygl hon.

[1] Ceir hanes yr ymgyrch yn *Y Ddraig Goch* (Mai, 1928), 8.

[2] Llyfrgell Genedlaethol Cymru, 'Papurau D. J. Williams, Abergwaun': llythyr oddi wrth D. Gwenallt Jones at D. J. Williams, 26 Mawrth 1928.

[3] Gweler Nerys Ann Jones, *Dewi Morgan* (Talybont, 1987), 85, am yr hanesyn (lled-Apocryffaidd) hwn.

[4] *Cofnodion a Chyfansoddiadau Eisteddfod Genedlaethol 1928*, 4.

[5] Ibid., 14.

[6] Ibid., 12.

[7] Bedwyr Lewis Jones, *Poetry Wales* X (Summer 1974), 36-40.

[8] Gweler Rhisiart Hincks, *E. Prosser Rhys* (Llandysul, 1980), 85-109; John Rowlands, ' "Atgof" ' Prosser Rhys' yn J. E. Caerwyn Williams (gol.), *Ysgrifau Beirniadol XVI* (Dinbych, 1990), 141-57.

[9] Branwen Jarvis, 'Y Gristnogaeth' yn *Trafod Cerddi* (Caerdydd, 1985), 56.

[10] Dafydd Johnston, 'Dwy Lenyddiaeth Cymru yn y Tridegau' yn John Rowlands (gol.), *Sglefrio ar Eiriau* (Llandysul, 1992), 48.

[11] J. E. Meredith, *Gwenallt Bardd Crefyddol* (Llandysul, 1974).

[12] Rosemary Non Mathias, 'Bywyd a Gwaith Cynnar Gwenallt' (Traethawd M.A. Prifysgol Cymru [Aberystwyth], 1983).

[13] J. E. Meredith (gol.), *Credaf—Llyfr o Dystiolaeth Gristnogol* (Aberystwyth, 1943), 52-75.

[14] Gweler Rhisiart Hincks, *op.cit.* 146-7.

[15] Llyfrgell Genedlaethol Cymru, 'Casgliad Kate Roberts'— rhif 3468: llythyr oddi wrth E. Prosser Rhys at Morris T. Williams, 14 Tachwedd 1928 (*'Cafodd y "Cambrian News" gynnig ar ein llyfr cyntaf—awdl Gwenallt, ond yn fonheddig iawn gwrthododd Mr Read i'w wasg droi allan lenyddiaeth anniwair!'*). Nid yw'r sylw hwn yn cyd-fynd yn llwyr ag atgofion diweddarach Prosser Rhys ynghylch dechreuadau'r wasg (gw. Hincks, *l.c.*).

[16] *Cofnodion a Chyfansoddiadau Eisteddfod Genedlaethol 1926*, 6.

[17] J. E. Meredith (gol.), *op.cit.* 57-8.

[18] Ibid., 59.

[10] Ibid., 64-5.

[20] Davies Aberpennar, 'D. Gwenallt Jones' yn Aneirin Talfan Davies (gol.), *Gwŷr Llên* (Llundain, 1949), 58.

[21] D. J. V. Jones, *Crime in Nineteenth Century Wales* (Cardiff, 1992).

[22] Russell Davies, ' "Hen Wlad y Menyg Gwynion'': Profiad Sir Gaerfyrddin' yn Geraint H. Jenkins (gol.), *Cof Cenedl VI* (Llandysul, 1991), 135-59.

[23] Crynhowyd yr achos gan Harri Pritchard Jones, *Freud* (Dinbych, 1982), 49-60.

[24] Gweler James Strachey (ed.), *The Complete Psychological Works of Sigmund Freud— Volume XVII* (London, 1957), 26. Tybed a welir dylanwad pellach ar Gwenallt yn *Plasau'r Brenin* (Aberystwyth, 1934), 59, lle sonia Myrddin Tomos amdano'i hun yn blentyn yn lladd cyw 'er mwyn y pleser o'i ladd'; cyffelyb hefyd yw un o'r atgofion a briodolir i Tomos Hopcin yn *Ffwrneisiau* (Llandysul, 1982), 39.

[25] Gweler Strachey, *op.cit.*, 68.

[26] Ibid., 91-4. Dylid nodi bod yr obsesiwn hwn yn achos 'Dyn y Bleiddiaid' yn gysylltiedig â'r olygfa waelodol a fu'n sail i'w symptomau diweddarach, sef y ffaith ei fod, rhwng y blwydd a'r blwydd a hanner, wedi gweld ei rieni yn caru *a tergo* (o'r cefn); gweler Harri Pritchard Jones, *op.cit.*, 57-8.

[27] Rosemary Non Mathias, *op.cit.*, 160.

[28] *Cofnodion a Chyfansoddiadau Eisteddfod Genedlaethol 1902*, 8.

[29] *Cofnodion a Chyfansoddiadau Eisteddfod Genedlaethol 1912*, 2.

[30] Gweler rhagair J. Morris-Jones yn E. Vincent Evans (gol.), *Awdlau Cadeiriol Detholedig y Ganrif Hon 1900-1925* (ail arg. Llundain, 1930), vii.

[31] Ifor Williams, 'Syr John Morris-Jones', *Y Traethodydd* (1929), 148.

[32] John Morris-Jones, *Cerdd Dafod* (Rhydychen, 1925), 371-2.

[33] Ibid., 24-5.

[34] John Morris-Jones, 'Swydd y Bardd', *Y Traethodydd (1902)*, 466.

[35] Ibid., 469.

[36] Ibid., 470-1.

[37] Allan James, *John Morris-Jones* (Cardiff, 1987), 21.

[38] J. Gwynn Williams, *The University College of North Wales: Foundations 1884-1927* (Cardiff, 1985), 234.

[39] Thomas Parry, *John Morris-Jones 1864-1929* (Caerdydd, 1958), 12.

[40] Gweler ibid., l.c.

[41] Gweler Huw Walters, *John Morris-Jones 1864-1929: Llyfryddiaeth Anodiadol* (Aberystwyth, 1986), 18, 117.

[42] J. Morris-Jones, 'Welsh Versification', *Zeitschrift für Celtische Philologie* IV (1903), 142.

[43] *Cofnodion a Chyfansoddiadau Eisteddfod Genedlaethol 1915*, 5.

[44] Gweler Alan Llwyd, *Gwae Fi Fy Myw: Cofiant Hedd Wyn* (Llandybie, 1991), 165, 171-5.

[45] *Cofnodion a Chyfansoddiadau Eisteddfod Genedlaethol 1916*, 2.

[46] R. M. Jones, *Llenyddiaeth Gymraeg 1902-1936* (Llandybïe, 1987), 46.

[47] *Cofnodion a Chyfansoddiadau Eisteddfod Genedlaethol 1906*, 7.

[48] *Cofnodion a Chyfansoddiadau Eisteddfod Genedlaethol 1918*, 9.

[40] *Cofnodion a Chyfansoddiadau Eisteddfod Genedlaethol 1924*, 7.

[50] *Cofnodion a Chyfansoddiadau Eisteddfod Genedlaethol 1928*, 3.

[51] Ibid., 14.

[52] Ibid., 12.

[53] Ibid., 3-4.

[54] Gweler *Y Faner*, 31 Gorffennaf 1928; 7 Awst 1928.

[55] *Western Mail*, 13 Awst 1928.

[56] Ibid., 20 Awst 1928.

[57] Ibid., 16 Awst 1928.

[58] Gweler 'Nodiadau'r Golygydd' yn *Y Llenor* VII (1928), 129-30.

[59] *Western Mail*, 10 Awst 1928.

[60] Yn y golofn 'Led-led Cymru' yr ymddangosodd y sylwadau hyn. Prosser Rhys a arferai lunio'r golofn honno o dan y ffugenw 'Euroswydd' (gw. Hincks, *op.cit.*). 'Nid Euroswydd' oedd y ffugenw uwchlaw'r sylwadau ffrwydrol hyn. Ond, o sylwi ar sylwadau 'Euroswydd' ei hunan yn ystod yr wythnosau dilynol, mae'n eithaf amlwg mai Prosser Rhys oedd yr awdur, fel y cymerai Kate Roberts yn ganiataol ar y pryd (gweler Dafydd Ifans (gol.), *Annwyl Kate—Annwyl Saunders* (Aberystwyth, 1992), 44n1).

[61] *Y Faner*, 28 Awst 1928.

[62] Dafydd Ifans, *op.cit.*, 43-44; llythyr oddi wrth Kate Roberts at Saunders Lewis, 1 Hydref 1928.

[63] Saunders Lewis, 'Y Sant', *Y Llenor* VII (1928), 217-30.

[64] *Y Ddraig Goch* (Chwefror, 1929), 3.

[65] Saunders Lewis, *Williams Pantycelyn* (Llundain, 1927), x.

[66] Gweler Marged Dafydd (gol.), *Ati Wŷr Ifainc: Ysgrifau gan Saunders Lewis* (Caerdydd, 1986), 6.

[67] *Yr Herald Cymraeg*, 2 Hydref 1928.

[68] Ibid.

[69] Ibid., 21 Awst 1928. Bu ymosodiad pellach ar S.L. yn rhifyn 16 Hydref 1928: 'Mae barddoniaeth Cymru yn mynd yn beth rhyfeddach o ddydd i ddydd, a'r praw diweddaraf o hynny yw cywydd Mr. Saunders Lewis yn y "Llenor." [= cyfeiriad at 'Llygad y Dydd yn Ebrill'] Er nad oes ond ugain llinell yn y cywydd nid yw heb ei wallau cynghanedd, ac y mae'n gwbl ansoniarus, ac yn dangos ol ymdrech enbyd i gynganeddu o gwbl. Mae'r arddull yn debycach i ganu Saesneg eilradd nag i gywydd Cymru.'

[70] Gweler *Y Llenor* VIII (1929), 60; ymddangosodd yr un adolygiad yn *Y Dinesydd Cymreig*, 30 Ionawr 1929.

[71] Llyfrgell Genedlaethol Cymru, 'Papurau D. Tecwyn Evans': llythyr oddi wrth John Morris-Jones at D. Tecwyn Evans, 21 Medi, 1928. Cyhoeddwyd y llythyr yn ogystal yn G. T. Roberts, 'Rhai Llythyrau, (vii)', *Yr Eurgrawn* 150 (1958), 295.

[72] Llyfrgell Genedlaethol Cymru, 'Papurau D. Tecwyn Evans': llythyr oddi wrth John Morris-Jones at D. Tecwyn Evans', 22 Tachwedd 1928.

[73] Gweler *Y Faner*, 23 Ebrill 1929.

[74] Alun Llywelyn-Williams, *Nes na'r Hanesydd?* (Dinbych, 1968), 31-69.

[75] Wiliam Owen Roberts, ' "Gwreichion" Iwan Llwyd', *Taliesin* 80 (Ionawr/ Chwefror 1993), 27.

[76] Dafydd Glyn Jones, 'Caradog Prichard' yn D. Ben Rees (gol.), *Dyrnaid o Awduron Cyfoes* (Pontypridd a Lerpwl, 1975), 200.